Michael Hesemann

Papst Franziskus

Michael Hesemann

Papst Franziskus

Das Vermächtnis Benedikts XVI.
und die Zukunft der Kirche

Mit 16 Abbildungen

Herbig

Abbildungsnachweis:
L'Osservatore Romano, Vatikanstadt: S. 1–3, S. 4 o.l., S. 5 o., S. 6, S. 7 u.l.,
S. 7 u.r., S. 8; Picture alliance/dpa: S. 4 o.l.; Mark Gatt, Malta/O.R.: S. 4 u.;
Michael Hesemann: S. 5 u.; Yuliya Tkachova: S. 7 o.l.; Rabbi Abraham
Skorka: S. 7 o.r.

Dem Papst der Demut,
Benedikt XVI.,
in Dankbarkeit

© 2013 F. A. Herbig Verlagsbuchhandlung GmbH, München
Alle Rechte vorbehalten
Umschlaggestaltung: Wolfgang Heinzel
Umschlagmotiv: dpa picture-alliance, Frankfurt
Satz: EDV-Fotosatz Huber/Verlagsservice G. Pfeifer, Germering
Gesetzt aus: Minion Pro 10,25/13,6 pt
Druck und Binden: GGP Media GmbH, Pößneck
Printed in Germany
ISBN 978-3-7766-2724-4
Auch als

www.herbig-verlag.net

Inhalt

Einleitung 7

I. »Habemus Papam!« 11

II. Ein Jesuit namens Franziskus 37

III. Ein römischer Frühling 64

IV. Der Mann, der nie Papst werden wollte 77

V. Der Paulus-Papst 88

VI. Das Pontifikat der Versöhnung 109

VII. Reformer Ratzinger: Der unverstandene Papst 134

VIII. Das Erbe Benedikts XVI. 159

IX. Wie ein Blitz aus heiterem Himmel 188

Intermezzo I.: Interview mit HH Prälat Dr. Georg Ratzinger . . . 216

X. Vom Ende der Welt 221

XI. Die Zukunft der Kirche 251

Intermezzo II.: Gespräch mit Maria Elena Bergoglio 265

XII. Das Zeichen des Franziskus 270

Dank 283

Literatur 285

Einleitung

Die Ereignisse des »römischen Frühlings« von 2013 haben die Kirche verändert. Es war bereits von einer »stillen Revolution« die Rede. Seitdem blicken 1,2 Milliarden Katholiken und mit ihnen die ganze Welt auf den Mann, der jetzt seit fast einem Vierteljahr als Nachfolger Petri waltet – und sich lieber »Bischof von Rom« als »Papst« nennt. Mit seiner spontanen Herzlichkeit und demonstrativen Bescheidenheit hat Franziskus die Herzen der Menschen erobert, und das ist gut so. Denn seine Vision einer entweltlichten Kirche, eher nach dem Vorbild der frühen Christen als in der Tradition der mächtigen Herrscher über den Kirchenstaat, fasziniert. Und viele glauben, dass es genau das ist, was im dritten Jahrtausend gebraucht wird: neue Glaubwürdigkeit nach den Skandalen der letzten Jahrzehnte, Nähe zu den Menschen, konsequente, kompromisslose Nachfolge Christi.

Doch wer ist dieser geheimnisvolle Mann vom »Ende der Welt«, der jetzt die Kirche führt und dabei sein Hirtenamt so ernst nimmt? Das gute Dutzend von Biografien, das in den letzten zwei Monaten auf den Markt geschwemmt wurde, gibt oft nur widersprüchliche Antworten. Wie können sie auch ein tieferes Bild bieten, wurden sie doch zu einem großen Teil gleich in der Woche nach seiner Wahl geschrieben, als Gerüchte kursierten, überzogene Hoffnungen vieler und unbegründete Sorgen weniger die Diskussion bestimmten? Praktisch nur drei der ersten Titel haben dauerhaften Wert: die Chronik der Papstwahl des *Radio Vatikan*-Redakteurs Stefan von Kempis, Sergio Rubins Interviewband *El Jesuita* (dt.: *Papst Franziskus. Mein Leben, mein Weg*) und *Über Himmel und Erde*, das, ein kleine Sensation für sich, der heutige Papst zusammen mit einem Rabbi aus Buenos Aires schrieb. Doch auch sie sind nicht in der Lage, die zentrale Frage zu beantworten, die uns alle bewegt: Wohin wird Franziskus die Kirche führen? Das können, das wollen diese drei Titel auch gar nicht; das erste Buch versteht sich als Bildchronik, die beiden anderen entstanden Jahre vor der Wahl Jorge Mario Bergoglios zum Papst.

Insofern erhebt das vorliegende Buch einen bislang einmaligen Anspruch. Es basiert nicht nur auf einer Analyse der ersten 60 Tage seines

Pontifikats, sondern vor allem auf meinen Begegnungen mit vieren seiner engsten Freunde und Wegbegleiter, die ich in Rom und Buenos Aires interviewen konnte: seine Schwester Maria Elena Bergoglio, seinen Mitbruder Pater Peter Gumpel S.J., seinen vielleicht wichtigsten Freund, Rabbi Abraham Skorka, und seinen ehemaligen Pressesprecher Pater Guillermo Marcó. Auch auf diesem Wege möchte ich diesen vieren für ihre bewegenden Zeugnisse danken.

Als Historiker weiß ich, dass nur prognostizieren kann, wer die Vergangenheit kennt. »It is difficult to prophecy, especially the future« (»Es ist schwierig, etwas zu prophezeien, insbesondere die Zukunft«) lautet ein altes chinesisches Sprichwort. Trotzdem trägt dieses Buch dazu bei, die Zukunft zu erahnen, indem wir die Vergangenheit verstehen. Dazu aber haben wir drei Schlüssel: die gewiss turbulenten Ereignisse der letzten Monate, alles, was wir über Jorge Mario Bergoglio wissen, und das Pontifikat seines großen Vorgängers. Um eben diese drei Themen geht es auf den nächsten Seiten. Dabei gilt es auch, das Erbe Benedikts XVI. neu zu entdecken, das einen Franziskus erst möglich gemacht hat. Genau hier aber begegnen wir dem größten Missverständnis des neuen Pontifikats: dem Irrtum, es habe ein Bruch stattgefunden.

Wer Papst Franziskus für einen Revolutionär hält, der hat Benedikt XVI. nicht verstanden. Vielleicht ist es eine Revolution der Zeichen, die der Argentinier gezielt setzt, um seine Botschaft zu vermitteln, aber das ist alles. Inhaltlich setzt der Jesuit auf Kontinuität. Er ist der »Testamentsvollstrecker« des bayerischen Papstes, und das ist positiv gemeint. Populärer ausgedrückt: Benedikt war der Denker, Franziskus ist der Macher. Doch inhaltlich wollen sie das Gleiche: eine von Skandalen gereinigte, entweltlichte Kirche, die sich ganz auf Christus hin zentriert.

Zu den wichtigsten Hinterlassenschaften des Ratzinger-Papstes gehört seine Deutung des Zweiten Vatikanischen Konzils. Er, der als einer seiner wichtigsten Theologen und Vordenker gilt, wehrt sich gegen eine »Hermeneutik des Bruchs«, eine Deutung also, die besagt, das Konzil sei ein Bruch mit der Vergangenheit und ein völliger Neuanfang der Kirche gewesen. Stattdessen bevorzugt er eine »Hermeneutik der Kontinuität«, die Deutung, dass das Zweite Vatikanum in der ungebrochenen Tradition der Kirche steht. Es gibt keinen ernstzunehmenden Konzilsinsider, der anderer Ansicht ist. Doch trotzdem wurde es nach außen hin als Revolution wahrgenommen. Das reale Konzil war ein anderes als das »Konzil der Medien«, seine Darstellung in der Öffentlichkeit.

Gleiches kann man vom Pontifikat Benedikts XVI. sagen. Krampfhaft hatten die Gegner seiner Reformen versucht, ihn als Papst der »Pleiten, Pech und Pannen« zu diskreditieren, ihn bewusst missverstanden, um ja das Große zu verschleiern, das sich mit ihm ankündigte. Auch davon berichtet dieses Buch, um aufzuzeigen, dass nicht erst mit Franziskus, sondern bereits mit Benedikt XVI. eine neue Ära der Kirche begonnen hat. So gilt es umso mehr, das Erbe des Ratzinger-Papstes neu zu entdecken, das die geistige Grundlage seines Nachfolgers ist. Es könnte sich als letztes großes Licht des sterbenden Europas erweisen. Denn unbestreitbar signalisiert die Wahl des ersten Papstes aus der Neuen Welt einen Dammbruch, ja eine Zeitenwende. Die Zeit der eurozentrischen Kirche geht zu Ende. Europa steckt nicht nur wirtschaftlich in der Krise, auch geistig steht es vor dem Bankrott, weil es sich selbst von seinen Wurzeln abschneidet, der griechischen Philosophie ebenso wie dem christlich-jüdischen Menschenbild. So kann es durchaus sein, dass Ratzinger eines Tages als der letzte große Mahner des christlichen Abendlandes in die Geschichte eingeht, der freilich den Untergang nicht aufhalten konnte, schon weil der Prophet in seinem Vaterland so wenig gilt.

Die aufstrebenden, jungen und noch nicht an ihrer eigenen behäbigen Etabliertheit erstickenden Kirchen der »Dritten Welt« haben jedenfalls immer weniger Vertrauen darin, dass ihnen dieses Europa noch etwas geben kann. Daher kommen sie jetzt, um selbst im letzten Moment das Ruder zu übernehmen und das Schiff Petri wieder auf Kurs zu bringen. Insofern ist Franziskus wirklich ein »Petrus Romanus«, ein neuer Petrus, der aus der Ferne, über das große Meer, kam, um auch uns das Evangelium neu zu verkünden und, vor allem, vorzuleben. Mit ihm kehrt das Papsttum zu seinen Anfängen zurück. Was danach kommt, das weiß nur Gott allein.

An dem Tag, an dem ich diese Zeilen schreibe, genau zwei Monate nach seiner Wahl, weihte Franziskus sein Pontifikat der Gottesmutter von Fatima, der großen Warnerin aus dem Kriegsjahr 1917, die in ihrer Botschaft die Ereignisse des 20. Jahrhunderts bis hin zur Bekehrung Russlands so präzise beschrieb. Das ist ein gutes Zeichen, das hoffnungsvoll stimmt. Aber es zeigt auch, wie ernst der 265. Nachfolger Petri* seine Aufgabe nimmt. In einer mehr als schwierigen Zeit setzt er sein Vertrauen darauf, dass der Herr, der diese Kirche vor fast 2000 Jahren begründet hat, sie auch in Zukunft nicht im Stich lassen wird.

»Und jedem Anfang wohnt ein Zauber inne, der uns beschützt und der uns hilft, zu leben«, dichtete Hermann Hesse. Das gilt ganz besonders für ein neues Pontifikat. Papst Franziskus ist die Zukunft der Kirche. Hoffen wir, dass Gott ihm die Kraft und die Weisheit schenkt, die er in diesen Tagen mehr denn je brauchen wird.

Düsseldorf, am 13. Mai 2013
Michael Hesemann

---

* Franziskus ist nach offizieller Zählung im *Annuario Pontificio* (Ausgabe 2012) der 266. legitime Papst der katholischen Kirche (diverse Gegenpäpste werden nicht mitgerechnet), aber eben der 265. Nachfolger des hl. Petrus, der als erster Papst gilt.

I. »Habemus Papam!«

Ich stand im Regen und fror, während es langsam dunkler wurde. Doch ich war nicht allein. Um mich herum standen erst Hunderte, dann Tausende, schließlich Zehntausende unter ihren Schirmen, um nicht völlig durchnässt zu sein, wenn es denn so weit sein würde. Was sich freilich nicht ganz verhindern ließ, so heftig, wie es schüttete. Doch sie alle waren vor die beeindruckendste Fassade der Welt geströmt und standen jetzt zwischen den Kolonnaden des Bernini, die wie weit ausgebreitete Arme jeden empfangen, den es zum Grab des Apostels Petrus zieht. Auf ihnen reckten sich die Statuen der Heiligen dem wolkenverhangenen Himmel entgegen und glänzten vor Nässe. Dahinter, zumindest auf dem Braccio di Carlo Magno, der Verbindung zwischen den beiden halbkreisförmigen Säulengängen und Gottes Marmorpalast, standen und froren Hunderte Fotografen aus aller Welt. Über ihnen strahlten grelle Scheinwerfer in die grauste aller Abendstunden. Jede Dachterrasse rund um den Petersplatz war für horrende Beträge an die großen Fernsehsender der Welt vermietet worden, die dort mit Kamerateams und Korrespondenten, durch Plastik-Baldachine und transparente Planen vor dem Regen geschützt, auf die nächste Sensation dieses doch so ereignisreichen römischen Winters warteten: den neuen Papst.
Ich wusste, er würde an diesem Mittwoch, dem 13. März 2013, gewählt werden. Ich war mir sogar so sicher, dass ich für den nächsten Tag einen Flug nach Düsseldorf gebucht hatte, um abends in meiner Heimatstadt Neuss einen Vortrag zu halten. Der Termin stand schon ein halbes Jahr lang fest, und ich wollte ihn nicht absagen, warum auch. Es reichte aus, wenn ich am Freitag wieder nach Rom zurückkehren würde; an seinem ersten Tag hat ein neuer Papst genug damit zu tun, sich gratulieren zu lassen, da würde ohnehin nichts Wichtiges geschehen.
Ein bekannter Kollege sah es genauso und verwettete in einer Talkshow sein ganzes Vermögen, sprich: die Tantiemen aus mehreren Bestsellern, auf eine Papstwahl am 13. März. Er machte nur einen entscheidenden Denkfehler, als er versicherte, der neue Papst würde Angelo Scola heißen.

Scola (72) war mehr als ein »papabile«, einer der acht Kardinäle, denen die Presse zutraute, sie könnten der nächste Nachfolger Petri werden. Er galt, wenn es denn so etwas im Vatikan gäbe, praktisch als Kronprinz. Es war kein Geheimnis – mir war es aus dem engsten Umfeld des ehemaligen Papstes bestätigt worden –, dass Benedikt XVI. ihn gerne auf dem Stuhl des Apostelfürsten gesehen hätte. Denn Scola war nicht nur ein guter Theologe, der vieles genauso sah wie Ratzinger, er besaß auch eine Eigenschaft, die dem Deutschen auf dem Papstthron manchmal gefehlt hatte: Er konnte sich durchsetzen! Er besaß die feste Hand (um nicht zu sagen: die eiserne Faust), die jetzt nötig war, um aufzuräumen. Um Ordnung zu schaffen in einer Kurie, die durch den Vatileaks-Skandal ins Zwielicht geraten war. Um die Ortsbischöfe weltweit daran zu erinnern, dass noch immer Rom in der Glaubenslehre die Entscheidungen trifft. Seine Schultern wären breit und kräftig genug, um das Schiff Petri sicher durch den Sturm zu steuern, in dem es trieb. Es sickerte sogar schon durch, welchen Papstnamen er sich zulegen würde, nämlich Leo XIV. Ein echter Löwe ist dieser einstige Patriarch von Venedig, den Benedikt XVI. in die marode Diözese Mailand geschickt hatte, um dort (erfolgreich) aufzuräumen. Nur leider hat er auch den Charme einer Bulldogge.

Scola war so »sicher« als neuer Papst, dass man ihn schon in einem der ersten Wahlgänge gewählt hätte. Spätestens beim dritten, wenn klar wäre, dass kein anderer Kandidat gegen ihn eine Chance hätte. Doch dass stattdessen am Mittwochmittag um 11.41 Uhr schwarzer Rauch aus dem Schornstein der Sixtinischen Kapelle strömte, konnte nur eines bedeuten: Es war Kardinal Angelo Scola nicht gelungen, die notwendige Zweidrittelmehrheit auf sich zu vereinen. Und damit wurden die Karten neu gemischt, war er praktisch »aus dem Rennen«.

Erst später kam durch die Indiskretion einiger italienischer Kardinäle heraus, dass Scola nie eine breite Basis gehabt hatte. Die beiden mächtigsten Kurienkardinäle, Staatssekretär Tarcisio Bertone und sein Vorgänger, Kardinaldekan Angelo Sodano, eigentlich Rivalen, waren beide zu unterschiedlichen Anlässen schon mit ihm in Konflikt geraten. So standen auch die 28 italienischen Kardinäle, selbst wenn sie vielleicht von einem Papst aus ihren Reihen geträumt hätten, nicht geschlossen hinter ihm.

Für die Nichtitaliener unter den Kardinälen aber gab es von Anfang an zwei Prämissen: Bloß keinen Italiener und bloß keinen Kurienkardinal zu wählen! Zu sehr lagen die Vorwürfe von Vetternwirtschaft und Korruption, die von der Presse eifrig kolportiert wurden, in der Luft. Überhaupt traute man Europa nur noch wenig zu. Die Alte Welt, so hatte schon Benedikt XVI. treffend diagnostiziert, steckt in einer Identitätskrise. Sie leugnet ihr christliches Erbe. Ihr Reichtum hat sie blind und taub gemacht für Gott. Priestermangel, Kirchenaustritte und ein starker Rückgang der Gottesdienstbesuche sind nur die augenscheinlichsten Symptome. In Asien, Afrika und Lateinamerika dagegen nimmt die Zahl der Gläubigen und der Berufungen deutlich zu. Also war es an der Zeit, sich einen Hirten zu suchen, der aus einer jener gesunden, starken Ortskirchen stammte und ihre ganze Hoffnung verkörperte.

Der erste Blick fiel auf Afrika, wo die Kirche so rapide wächst wie nirgends sonst. Seit 1978 hat sich dort die Zahl der Katholiken von 55 Millionen auf 186 Millionen erhöht, d. h. von 12,4 Prozent der Bevölkerung auf 17,3 Prozent. Der Prozentsatz an Afrikanern unter dem weltweiten Priesternachwuchs hat sich sogar vervierfacht; er liegt heute bei 22,6 Prozent. So wurde ein Afrikaner, Kardinal Peter Turkson (64) aus Ghana, zu einem der am häufigsten genannten »papabile«. Er war sogar der Favorit der Buchmacher, die Wetten darauf annahmen, wer als »Sieger« aus dem Konklave hervorgehen würde. Seine Anhänger (oder waren es seine Gegner?) desavouierten ihn allerdings schon im Vorfeld damit, dass sie in ganz Rom »Wahlplakate« (»Al Conclave vota Turkson«) mit seinem Foto aufhängten. Auch mit seiner Aussage, die Ursache für den Missbrauchsskandal sei die Akzeptanz der Homosexualität im Westen, machte er sich wenig Freunde. »Die Zeit ist noch nicht reif für einen Afrikaner«, hieß es bald in Kurienkreisen.

Was aber war mit Lateinamerika, wo über 40 Prozent aller Katholiken leben? Da hatte man schnell Kardinal Odilo Scherer (63) ins Auge gefasst, den Erzbischof von São Paulo in Brasilien, der drittgrößten Diözese der Welt. Seine Familie stammt aus dem Saarland, er spricht fließend Deutsch, half sogar in Bad Vilbel als Pfarrer aus; mit ihm wären wir noch immer ein wenig »Papst« geblieben. Doch ihm wurde zum Verhängnis, dass ausgerechnet die Kurienkardinäle Sodano und Re seine Kandidatur unterstützten. Als ihm dann noch am Sonntag vor dem Konklave, als er in seiner römischen Titelkirche mit Gläubigen das Messopfer feierte, eine Hostie aus der Hand rutschte und auf den Boden fiel, sah man darin schnell ein Zeichen. Scherer schaffte es nicht über die ersten Wahlgänge hinaus.

Vielleicht besser ein Nordamerikaner? Der Kanadier Marc Ouellet (68) etwa, der emeritierte Erzbischof von Québec? Er gilt als exzellenter Theologe in der Tradition Benedikts XVI., spricht acht Sprachen und hatte jahrelang in Südamerika gewirkt, was ihm die Sympathie der südamerikanischen Kardinäle sicherte. Johannes Paul II. hatte ihn schließlich an die römische Kurie berufen und zum Kardinal ernannt, wo er nicht nur als Sekretär des Rates für die Einheit der Christen brillierte, sondern auch als Aufklärer im Missbrauchsskandal. Doch vielleicht war das schon zu viel »römischer Stallgeruch«, zudem wirkt Ouellet bei Predigten wenig charismatisch – beide Faktoren dürften seine Chancen gemindert haben.

Schließlich kam noch ein vierter Name »ins Rennen«: Kardinal Sean O'Malley, der Erzbischof von Boston, bekannt dadurch, dass er in seiner Diözese nach dem Missbrauchsskandal für Ordnung sorgte und das »Null-Toleranz«-Programm Benedikts XVI. rigoros umsetzte. Vor allem aber ist O'Malley Kapuziner, trägt die einfache braune Kutte seines Ordens und einen längst weißen Vollbart, dazu braune Sandalen. Ein Schüler des heiligen Franziskus also, ein Ordensbruder zudem von Padre Pio, dem Mystiker und Volksheiligen aus San Giovanni Rotondo in Apulien, dessen Bild in jeder italienischen Pizzeria, jedem römischen Krämerladen und den meisten Taxis südlich der Alpen hängt. Ein Papst in Sandalen, mit dieser Idee konnte auch ich mich anfreunden, ein Franziskaner noch dazu, das wäre gut für die Glaubwürdigkeit der Kirche. Gegen O'Malley sprach eigentlich nur seine Nationalität; auch im katholischen Lateinamerika grassiert der Antiamerikanismus, von den muslimischen Ländern ganz abgesehen, deren Katholiken fortan bezichtigt würden, »Agenten der USA« zu sein. Dass die amerikanischen Kardinäle beim Vorkonklave geradezu als Block auftraten und, entgegen aller Absprachen, sogar gemeinsame Pressekonferenzen gaben, trug nicht gerade zu ihrer Beliebtheit bei ihren Amtsbrüdern bei. Als sich dann noch Barack Obama zu Wort meldete, wahrscheinlich eher, um einen amerikanischen Papst zu verhindern (obwohl er natürlich das Gegenteil sagte), war klar, dass auch O'Malley wenig Chancen hatte.*

Da half also nur noch beten! Genau dazu hatte die katholische Bewegung Jugend 2000 aus Bayern mit ihrer Initiative »Adopt a Cardinal« aufgerufen. Wer sich über das Internet anmeldete, dem wurde einer der wahlberechtigten 115 Purpurträger zugewiesen, für den er fortan beten sollte, dass der Heilige Geist ihn bei seiner Wahl lenke. Über 550.000 Gläubige aus aller Welt hatten sich schließlich dazu verpflichtet und damit auch die Initiatoren (und die Kardinäle) völlig überrascht.

Ebenfalls den Heiligen Geist und noch dazu alle Heiligen der katholischen Kirche hatten auch die Kardinäle angerufen, als sie am Montag, dem 11. Mai im Petersdom die Missa pro eligendo pontifice, die Messe vor der Papstwahl, feierten. Zu den Klängen des *Dominus fortitudo plebis suae* (»*Der Herr ist die Stärke seines Volkes*«) zogen sie in den Marmorpalast Gottes ein, jetzt nicht das Violett der Fastenzeit, sondern das helle Rot des Heiligen Geistes tragend.

Man hatte mir einen guten Platz zugewiesen, und so konnte ich aus der ersten Reihe verfolgen, wie Kardinaldekan Sodano seine Vision eines modernen Papsttums propagierte. Der mit allen Wassern gewaschene Diplomat »alter Schule« machte keinen Hehl daraus, dass ihm Benedikt XVI. stets zu »entweltlicht« gewesen war. »Er ist Papst, und was macht er? Er zieht sich zurück und schreibt seine Bücher!«, soll er sich mehr als einmal beklagt haben. Tatsächlich war Joseph Ratzinger auch als Papst nie ein Politiker oder Diplomat gewesen; dafür war er charakterlich viel zu gradlinig und bedingungslos der Wahrheit verpflichtet. Doch dass Gott sich auch etwas dabei gedacht haben könnte, ausgerechnet einen Professor auf die Kathedra Petri zu setzen, kam seinem Kritiker nie in den Sinn.

Sodanos Predigt offenbarte einmal mehr die Doppelzüngigkeit des Kardinaldekans. Auf der einen Seite dankte er Benedikt XVI., »dem geliebten und ehrwürdigen Papst (...) für das leuchtende Pontifikat, das

---

* Weitere Namen, die im Vorfeld des Konklaves fielen, waren die der Kardinäle Timothy Dolan (New York), Christoph Schönborn (Wien), Peter Erdö (Budapest) und Luis Antonio Tagle (Manila).

er uns mit seinem Leben und Wirken (...) gewährt hatte«, und erhielt daraufhin minutenlangen Applaus. Doch dann kritisierte er ihn auch, durch die Blume natürlich, genauer gesagt durch die Heilige Schrift. Auf das Johannes-Evangelium eingehend, das Wort Jesu »Es gibt keine größere Liebe, als wenn einer sein Leben für seine Freunde hingibt« (Joh 15,13), betonte er: »Die grundlegende Haltung jedes guten Hirten ist es also, sein Leben hinzugeben für die Schafe. Das gilt vor allem für den Nachfolger Petri, den Hirten der universellen Kirche.« Der Papst muss im Amt sterben, statt in den Ruhestand zu treten, schien Kardinal Sodano damit sagen zu wollen. Er stand mit dieser Meinung freilich nicht alleine da.

Als er dann auf »die Sendung des Papstes« einging, entwarf er das Bild eines primär politischen Pontifikats, das wenig mit Benedikts Vision einer »Entweltlichung« der Kirche zu tun hatte: »In der Nachfolge in diesem Liebesdienst an der Kirche und der ganzen Menschheit haben die letzten Päpste viel Gutes getan für die Völker und die Weltgemeinschaft und haben sich unablässig für Gerechtigkeit und Frieden eingesetzt. Beten wir dafür, dass der zukünftige Papst dieses Werk unermüdlich auf der weltlichen Ebene (›a livello mondiale‹) fortführen möge.« »Die Vision Sodanos skizzierte die Rolle des Papstes und der Kirche als Partnerin anderer Regierungen und Institutionen in dem Bemühen um Frieden und Gerechtigkeit in der Welt«, fasste mein Kollege Robert Moynihan vom *Inside the Vatican*-Magazin den Tenor der Predigt zusammen, um anzumerken: »Dieses Bild ist nicht falsch, aber unvollständig.« Es fehlte völlig der Verweis auf die geistliche Aufgabe der Kirche und des Papstes.

Zudem war der Text der Predigt, wie ihn das vatikanische Presseamt verbreitete, unvollständig. Wie jeder nachprüfen kann – eine Videoaufnahme ist auf der Website von *Radio Vatikan* veröffentlicht –, sprach er nicht nur von »Gerechtigkeit und Frieden«, sondern auch von der »Weltordnung« (»ordine mondiale«), für die sich der Nachfolger Petri einsetzen sollte; eine Ergänzung, die Sodanos Wunsch nach einer weltlich-politischen Orientierung des Papsttums noch unterstrich. Ansonsten aber war es eine schwache Predigt. Offenbar wollte Kardinal Sodano nicht den Fehler seines Vorgängers Joseph Ratzinger wiederholen, der als Kardinaldekan 2005 die Predigt der Missa eligendo romano pontifice gehalten hatte. Sie war so brillant gewesen, dass er nur zwei Tage später zum Papst gewählt wurde.

Noch während Sodano sprach, brach der Himmel über Rom auf. Minutenlang donnerte es heftig und so laut, dass die Übertragung durch das Vatikan-Fernsehen CTV gestört war. Hagel prasselte auf die Ewige Stadt und ließ Zehntausende Pilger erschaudern, die sich auf dem Petersplatz versammelt hatten, um die Messe zur Eröffnung des Konklaves auf den dort aufgestellten Großbildschirmen zu verfolgen.

Nach der Eucharistiefeier stand das Mittagessen der Kardinäle auf dem Programm, gefolgt von einer längeren Siesta, in der viele erst in das vatikanische Gästehaus Domus Sanctae Marthae einzogen, wo sie während des Konklaves wohnen sollten. Andere nutzten die Zeit, um noch einmal die Ereignisse der letzten Tage Revue passieren zu lassen und ihre Gedanken zu sammeln.

Eine Woche lang, vom 4. bis 11. März, hatte das Vorkonklave gedauert, das die Aufgabe hatte, die Situation der Kirche nach dem Rücktritt Benedikts XVI. zu sondieren, und den Kardinälen die Möglichkeit gab, sich besser kennenzulernen. Nicht viel ist über diese Tage bekannt geworden. Nur dass es 133 Wortbeiträge gab und die Hauptthemen »die Kirche in der Welt«, »die Reform der Kurie« und »das Profil des neuen Papstes« waren. Am 8. März hatte man zumindest entschieden, das Konklave vier Tage später beginnen zu lassen, was eine der letzten Entscheidungen Benedikts XVI. möglich gemacht hatte. Denn wenn ein Papst verstirbt, dann müssen 15 bis 20 Tage vergehen, bis die Kardinäle seinen Nachfolger wählen; so hatte es Johannes Paul II. 1996 in der Apostolischen Konstitution *Universi Dominici Gregis* (»Hirte der gesamten Herde des Herrn«) festgelegt. Für den Sonderfall seines Rücktritts hatte Benedikt XVI. es den Kardinälen überlassen, den Zeitpunkt des Konklaves frei zu bestimmen. Der entscheidende Faktor für eine Vorziehung war der Palmsonntag, der in diesem Jahr auf den 24. März fiel. Bis dahin, so war man sich einig, musste der neue Papst bereits im Amt sein. Nicht nur, dass eine Amtseinführung schwer in den ohnehin gedrängten Zeitplan der Karwoche gepasst hätte, die meisten Kardinäle waren zugleich Erzbischöfe und mussten zu diesem Zeitpunkt längst wieder in ihren Heimatdiözesen sein, um dort die Osterfeierlichkeiten zu leiten. Das verlieh dem Konklave eine gewisse Dringlichkeit, wenn auch sonst die Bedingungen so viel angenehmer waren als noch im 20. Jahrhundert, geschweige denn im hohen Mittelalter.

Das Wort Konklave hat seinen Ursprung im Lateinischen »cum clave«, »mit dem Schlüssel«, was freilich nichts mit den »Schlüsseln zum Himmelreich« zu tun hat, die Jesus einst dem heiligen Petrus und seinen Nachfolgern versprach, sondern damit, dass die Kardinäle buchstäblich eingeschlossen wurden, um ihnen das Leben zur Hölle zu machen, wenn sie nicht endlich einen neuen Papst wählten.

Im frühen Mittelalter wurde der Nachfolger Petri »per acclamationem« vom römischen Klerus und Volk gewählt. Das führte freilich dazu, dass abwechselnd römische Adelsfamilien das Papsttum in Beschlag nahmen oder deutsche Kaiser mit Waffengewalt einen ihnen genehmen Kandidaten durchsetzten. So beschloss die Lateransynode 1059, dass künftig die Kardinäle den Nachfolger Petri zu wählen hatten, der nur noch durch das Volk und den Kaiser bestätigt werden musste. Doch unter den zerstrittenen Kardinälen, deren Familien oft seit Jahrhunderten miteinander verfeindet waren, den Richtigen zu finden, war gar nicht so einfach und manchmal auch extrem zeitaufwändig.

Das gläubige Volk reagierte mit drastischen Maßnahmen. Nach dem Tod Gregors IX. 1241 kamen die Kardinäle – damals gerade einmal zwölf an der Zahl – im alten Palast von Settizonio auf dem Palatin in Rom zusammen. Wochen und Monate vergingen ohne eine Einigung. Um sie unter Druck zu setzen, sperrten Senat und Volk von Rom die Purpurträger kurzerhand ein; der Begriff des Konklaves war geboren. Wochenlang harrten die Kardinäle in der römischen Hitze und unter katastrophalen hygienischen Bedingungen aus, bis einer von ihnen verstarb und andere erkrankten. Dann einigten sie sich und wählten Coelestin IV., der, gezeichnet von den Strapazen, schon nach 17 Tagen verstarb. Das gab den Kardinälen aber immerhin die Chance, nach Anagni zu gehen, wo sie, jetzt ohne äußeren Druck, weitere zwei Jahre stritten, bis Innozenz IV. gewählt war.

Das längste Konklave aber fand in Viterbo statt, wo Clemens IV. 1268 verstarb; er war vor der römischen Hitze ebenso wie vor den römischen Intrigen geflohen. Als die 16 damals amtierenden Kardinäle bereits im zweiten Jahr stritten, wer sein Nachfolger werden sollte, wurde es den

Bewohnern der Bischofsstadt in Latium zu bunt. Sie vermauerten kurzerhand den Palazzi dei Papi, den »Palast der Päpste«, in dem diese tagten, und reichten ihnen nur noch Brot und Wasser hinein, hoffend, sie dadurch zur Eile zu drängen. Als nach weiteren zwölf Monaten noch immer kein neuer Papst gewählt worden war, deckten sie das Dach ab. Der einsetzende Regen verfehlte seine Wirkung nicht: Nach nur drei Tagen war Gregor X. gewählt. Doch als die Kardinäle den Papstpalast verließen, bemerkten die Einwohner von Viterbo, dass sie getäuscht worden waren; sämtliche Purpurträger wirkten wohlgenährt. Durch einen unterirdischen Gang hatten sie sich mit allerlei Köstlichkeiten versorgen lassen.

Verglichen mit den Zuständen im Mittelalter war jedes Konklave der jüngeren Zeit geradezu kurz und schmerzlos. Und doch galt es noch immer als furchtbare Strapaze. Schließlich wurden noch auf den beiden Konklaven des Jahres 1978 die Kardinäle in den Räumlichkeiten rund um die Sixtina und in den Gängen zu den Vatikanischen Museen untergebracht. Die Zahl der Wahlberechtigten war mit den Jahrhunderten rapide gestiegen. Betrug im Mittelalter ihre Mindestzahl zwölf, entsprechend den zwölf Aposteln, waren es zu Anfang des 20. Jahrhunderts bereits 60 (1903), bei der Wahl Johannes XXIII. (1963) 80, bei der Wahl Johannes Pauls I. (1978) schließlich 111 Papstwähler. Dass man das Höchstalter der wahlberechtigten Kardinäle 1970 auf 80 Jahre festsetzte, hatte auch etwas damit zu tun, dass man Hochbetagten diese Anstrengung ersparen wollte. Denn die Unterbringung war nicht viel komfortabler als in einem Feldlazarett. Die Betten waren bloß durch Stellwände voneinander getrennt, die Notdurft wurde in Nachttöpfen verrichtet, zur morgendlichen Hygiene musste eine Waschschüssel reichen. Eine Klimaanlage gab es nicht, und so war die Luft in den Sommermonaten stickig, heiß, schwül und nicht gerade von Wohlgerüchen erfüllt. Einige Kardinäle erlitten Schwächeanfälle und akute Atemnot, weil die Fenster nicht geöffnet werden durften. »Zum Schluss waren wir so ausgelaugt, dass wir einen leeren Stuhl zum nächsten Papst gewählt hätten«, gestand ein »papabile« dieser Ära, der Genueser Giuseppe Siri.

Johannes Paul II. wollte das keinem seiner einstigen Mitbrüder mehr zumuten. Vielleicht war es auch eine Geste der Dankbarkeit, dass sie mit einer fast 500-jährigen Tradition gebrochen und anstelle eines Italieners ihn, einen Polen, gewählt hatten. Jedenfalls ließ er noch im Jahr seiner Wahl, 1978, ein ehemaliges Hospiz auf dem Vatikan-Gelände, das im Zweiten Weltkrieg zur Aufnahme von Flüchtlingen gedient hatte, zum päpstlichen Gästehaus umbauen. 1996 wurde das Domus Sanctae Marthae, wie es jetzt hieß, feierlich eingeweiht. Seinen Namen verdankt es der Gastgeberin Jesu, deren Diensteifer nur durch die Andacht ihrer Schwester Maria von Bethanien in den Schatten gestellt wurde. Außerhalb des Konklaves wird es zur Unterbringung offizieller und persönlicher Besucher des Papstes und der römischen Kurie genutzt. 2005 kam es dann zum ersten Mal bei einer Papstwahl zum Einsatz. Wie damals, so wurden auch 2013 das eine Appartement, die 106 Suiten und 22 Einzelzimmer unter den jetzt 115 wahlberechtigten Kardinälen ausgelost. Groß gewinnen oder verlieren konnte keiner dabei, da auch die Appartements zwar gediegen, aber doch eher bescheiden eingerichtet sind. Die Wände sind in einem freundlichen Gelb gehalten, die Möbel in edlem, dunklem Nussbaumholz, passend zum Nussbaumparkett auf dem Boden. Fernseher oder gar eine Minibar sucht man vergeblich, dafür sind die Appartements zusätzlich mit einem kleinen Schreibtisch und drei Stühlen ausgestattet. So geht es bei der Auslosung eher darum, die Zimmernachbarn dem Zufall zu überlassen, um Absprachen noch ein wenig mehr zu erschweren. Ziemlich mondän wirken dagegen der große Speisesaal mit seinem lichtdurchfluteten Bogendach und die geschmackvoll gestaltete, spitzgieblige Kapelle, die an ein Zelt und damit an unsere Wanderschaft auf Erden erinnern soll.

Während des Konklaves war das »Hotel der Kardinäle« quasi von der Außenwelt abgeschnitten. Es funktionierte kein Internet, kein Telefon, kein Radio oder Fernsehen, und Störsender machten auch den Handy-Empfang unmöglich. Obwohl die Rüstigeren unter den Kardinälen zweifelsohne den Weg in die Sixtina bequem zu Fuß hätten zurücklegen können – er führt an der Apsis des Petersdoms vorbei durch die herrlichen Vatikanischen Gärten –, wurden sie alle zusammen im Bus chauffiert.

Auch sonst war alles strengstens geregelt: Nach der Mittagspause, die der feierlichen Messe im Petersdom folgte, um exakt 15.45 Uhr, wurden die Kardinäle im Bus von der Domus S. Marthae zur Capella Paolina gebracht, der Privatkapelle Pauls III., die Michelangelo einst mit herrlichen Fresken von der Bekehrung des Paulus und dem Martyrium des hl. Petrus ausgestattet hatte. Sie wird nur durch die Sala Regia, die einst als Empfangsraum für königliche Delegationen diente, von der Sixtinischen Kapelle getrennt.

Um 16.30 zogen die Purpurträger in feierlicher Prozession von der Capella Paolina zur Sixtinischen Kapelle. Dabei riefen sie in einer gesungenen Litanei die großen Heiligen um ihre Fürsprache (»Ora pro nobis«) an, gefolgt vom Hymnus an den Heiligen Geist, *Veni Creator Spiritus* (»*Komm Schöpfergeist, kehr bei uns ein*«). In der Sixtina angekommen, traten die Kardinäle zunächst vor ihren ewigen Richter und verneigten sich vor dem großartigen Fresko des Jüngsten Gerichts, das Michelangelo an der Stirnseite des Altarraums angebracht hatte. Dann nahmen sie, jeder auf dem ihm zugewiesenen und mit einem Namensschild versehenen Platz, entlang der Seitenwände der Kapelle ihre Sitze ein.

Nachdem der Konklaveleiter, Kardinal Giovanni Battista Re, die Eidesformel verlesen hatte, wonach alle Teilnehmer die Wahlordnung beachten, die Geheimhaltung wahren und dem gewählten neuen Papst Gehorsam leisten sollten, trat jeder Purpurträger einzeln vor und sprach mit der Hand auf der Bibel: »Et ego N. Cardinalis N. spondeo, voveo ac iuro. Sic me Deus adiuvet et haec Sancta Dei Evangelia, quae manu mea tango.« (»Und ich, N. Kardinal N., verspreche, verpflichte mich und schwöre es, so wahr mir Gott helfe und diese heiligen Evangelien, die ich mit meiner Hand berühre.«)

Im hinteren Teil der Kapelle verfolgten Mitglieder der Päpstlichen Familie, hohe Prälaten der römischen Kurie sowie der Präfekt des Päpstlichen Hauses, Erzbischof Georg Gänswein, den Einzug der Kardinäle. Erst als der Päpstliche Zeremoniar Guido Marini, bekleidet mit dem Gewand eines apostolischen Protonotars, die Worte »Extra omnes« (»Alle raus!«) sprach, verließen sie die herrlichste Kapelle der Christenheit. Wer sie jetzt noch betrat, dem drohte die sofortige Exkommunikation. Dann schritt Marini zu ihrem mächtigen Portal, schloss seine schwere, hölzerne Flügeltüre und verriegelte sie. Nach einer Meditation, vorgetragen von Kardinal Prosper Grech aus Malta, begann man mit dem ersten Wahlgang.

Und dieser Wahlgang endete mit einer Überraschung, wenn wir den Plaudertaschen im Kardinalspurpur glauben wollen, die ihren Eid gleich beim ersten Interview vergaßen. Natürlich, es war zunächst eine Testwahl, bei der viele Namen genannt wurden. Doch was auffiel, war, dass Angelo Scola jetzt keineswegs mehr der aussichtsreichste »papabile« war, für den man ihn noch am Vormittag gehalten hatte. Nicht nur Ouellet bekam fast so viele Stimmen wie der Erzbischof von Mailand, sondern auch einer, mit dem niemand gerechnet hatte, der jetzt aber die anderen »papabiles« Scherer und Turkson weit hinter sich ließ. Ein Unbekannter für viele, einer, den kein einziger Vatikan-Journalist auf dem Radarschirm hatte, ein absoluter Außenseiter: der argentinische Kardinal Jorge Mario Bergoglio, Erzbischof von Buenos Aires.

Nur die Kardinäle, die bereits am Konklave 2005 teilgenommen hatten, erinnerten sich noch an ihn. Er erhielt damals rund 40 Stimmen, er hätte Ratzinger blockieren können, zumal die Gegner des Präfekten der Glaubenskongregation aus eben diesem Grund auf ihn gesetzt hatten. Glauben wir Gerüchten aus dem letzten Konklave, die der italienische Vatikan-Journalist Marco Politi zitiert, so gehörte auch der spätere Papst zu seinen Wählern: »Ratzinger schätzt Bergoglio sehr und soll im Konklave für ihn votiert haben«, behauptete Politi in seiner Benedikt-Biografie.

Schließlich, beim Mittagessen nach dem dritten Wahlgang, zog Bergoglio damals völlig überraschend seine »Kandidatur« zurück. Vielleicht ahnte er, dass er 2005 keine Chance hatte, die erforderliche Zweidrittelmehrheit zu bekommen. Ratzinger war der Mann der Stunde, das fühlte auch er. Keiner stand dem von allen geliebten Johannes Paul II. näher, keiner garantierte so sicher eine Kontinuität wie er. Eine weitere Kandidatur des Argentiniers hätte nur das Konklave endlos in die Länge gezogen, bis, wie es die Konklave-Ordnung Johannes Pauls II. festlegte, nach 30 Wahlgängen und mindestens zwei Wochen eine simple Mehrheit für einen der beiden Kardinäle gereicht hätte. Doch das hätte der Welt nur gezeigt, wie uneinig die Kirche ist, wo es doch galt, gerade nach dem Tod eines so großen Hirten Einheit zu demonstrieren. Vor allem aber hatte Bergoglio so viel Respekt und Hochachtung vor Ratzinger, dass er sich nicht von dessen Gegnern instrumentalisieren lassen wollte. So bat er die Kardinäle, die für ihn gestimmt hatten, jetzt den Deutschen zu wählen, der gleich im vierten Wahlgang die notwendige Zweidrittelmehrheit erhielt; 84 Stimmen sollen es damals gewesen sein.

Und 2013? Seit seiner Ankunft in Rom war der Argentinier überraschend unspektakulär aufgetreten. Nicht ein einziges Mal erweckte er den Eindruck, ein »Kronprinz« zu sein, gekommen, um einzufordern, was ihm vor acht Jahren versagt worden war. Er gab keine Pressekonferenzen, er sprach nicht mit Journalisten. Nur ein paar Pilger, die aus Argentinien nach Rom gekommen waren, um beim Abschied Benedikts XVI. dabei zu sein, hatten ihn erkannt.

Am 27. Februar, an jenem Morgen, an dem Zehntausende zum Petersplatz strömten, um von Benedikt XVI. Abschied zu nehmen, war er mit dem Alitalia-Flug 681 von Buenos Aires auf dem römischen Flughafen Leonardo da Vinci gelandet. Auf das First-Class-Ticket, das man ihm buchen wollte, hatte er dankend verzichtet; er flog Touristenklasse und mit leichtem Gepäck. Sein schütteres, grauweißes Haar blieb unbedeckt, sein schlichter schwarzer Regenmantel versteckte das versilberte Brustkreuz, durch das man ihn zumindest als Bischof hätte erkennen können. Seine schwarzen orthopädischen Schuhe hatte er gerade erst »eingelaufen«; seine Schwester hatte ihm dringend dazu geraten, sich ein neues Paar anzuschaffen, bevor er nach Rom reiste. Mit leichtem Humpeln und steifem Rücken verließ er die Maschine, müde von dem langen Flug. Sein Magen war leicht angeschwollen, Folge einer jahrzehntelangen Cortisonbehandlung, nachdem ihm mit 21 Jahren nach einer Lungenentzündung ein Teil des rechten Lungenflügels entfernt worden war. Nach wie vor atmete er schwer. In seiner abgegriffenen Aktentasche aus schwarzem Leder trug er bereits das Rückflugticket. Es war auf den 23. März ausgestellt, gerade noch rechtzeitig, um am Palmsonntag bei den Gläubigen zu sein. Die Predigt für den Ostersonntag hatte er bereits vorbereitet.

Der Vatikan hatte einen Wagen geschickt, der Kardinal Bergoglio in sein Hotel bringen sollte, das Domus Internationalis Paulus VI. in der Via della Scrofa. Es liegt inmitten der Altstadt von Rom, nördlich der Piazza Navona, und damit ein ganzes Stück vom Vatikan entfernt. Dieses Gästehaus für Kleriker und Kurienmitarbeiter wurde 1999, rechtzeitig zum Heiligen Jahr, von Papst Johannes Paul II. eingeweiht. Es befindet sich in einem römischen Palazzo aus dem 18. Jahrhundert, der ursprünglich der Gesellschaft Jesu, dem Jesuitenorden, gehört hatte. Unter Leo XII. war es die Residenz des Kardinalvikars von Rom, später Priesterseminar und Sitz des Instituts für Kirchenmusik. Noch heute zeugen die herrlichen Fresken im Frühstücksraum von dieser großen Vergangenheit. Die Zimmer sind, ähnlich wie im Domus S. Marthae, einfach, aber zweckmäßig eingerichtet, vor allem aber sind sie preiswert; die Übernachtung mit Frühstück kostet 60 Euro, was für römische Verhältnisse fast unschlagbar ist.

Was Kardinal Bergoglio am Domus besonders gefiel, war die Lage. Bewusst wollte er nicht im »Klerikerghetto« auf der anderen Seite des Tiber wohnen, sondern dort, wo die Menschen sind. Die Piazza Navona, die ihre lang gestreckte Form dem Stadion des Domitian verdankt, über dem sie errichtet wurde, ist bei Tag wie bei Nacht das pulsierende Herz der Ewigen Stadt. Hier tummeln sich Touristen und Einheimische, bewundern die Werke der Straßenmaler oder bummeln über den römischen Weihnachtsmarkt, und in einer Seitenstraße befindet sich die vielleicht beliebteste Gelateria der Ewigen Stadt. Die prachtvolle Kirche S. Agnese in Agone erinnert daran, dass hier einst eine der populärsten Heiligen Roms das Martyrium erlitt, während Berninis Vierströmebrunnen auch der Neuen Welt seine Referenz erweist; neben Donau, Ganges und Nil ist dort der Rio de la Plata dargestellt. Vor allem aber begann hier der antike Pilgerweg zum Petersdom durch die Via dei Coronari, die Straße der Rosenkranzmacher, die heute längst teuren Antiquitätenhändlern gewichen sind, und über die von Bernini gestaltete Engelsbrücke. Kurz davor, an einer Seitenstraße, hielt der Kardinal noch inne vor seinem liebsten römischen Marienbild, der Madonna dell' Archetto, und sprach ein kurzes Gebet.

Zu Fuß war Bergoglio in 20 Minuten im Vatikan, wenn er gemütlich schlenderte; es sind gut anderthalb Kilometer. Während sich die »papabiles« in schwarzen Limousinen mit dem unvermeidlichen Vatikan-Kennzeichen SCV zum Vorkonklave kutschieren ließen, liebte der Argentinier diese kleinen Spaziergänge, bei denen ihn niemand beachtete. Er wusste nur zu gut, dass der Volksmund in den drei Buchstaben nicht etwa das offizielle Stato della Cittá del Vaticano (Staat der Vatikan-Stadt) las, sondern eine bittere Anklage an die verwöhnten Prälaten: »Se Cristo vedesse!« (»Wenn Christus das sehen würde!«), was vom derben römischen Volksmund auch noch durch eine Umkehrung ergänzt wurde: »vi caccerebbe subito!« (»würde er euch gleich zum Teufel jagen!«).

Auch in Buenos Aires verzichtete Bergoglio auf eine Bischofslimousine und fuhr lieber mit dem Bus oder der U-Bahn, worin er Joseph Ratzinger nicht unähnlich war, der nie einen Führerschein gemacht hatte, als Theologieprofessor das Fahrrad vorzog und sogar als Präfekt der Glaubenslehrekongregation den Weg ins Büro lieber zu Fuß zurücklegte; bestenfalls ließ er sich im VW Golf seines Sekretärs herumkutschieren. Bergoglio jedenfalls war ein Mann aus dem Volke geblieben, der Sohn eines Buchhalters, den Macht und Karriere nie korrumpiert haben. So fiel allmählich auch seinen Amtsbrüdern auf, dass er anders war, erfrischend anders in seiner Bescheidenheit und Authentizität. Das eine oder andere Mal wird sein Name gefallen sein, wenn die Purpurträger in der Mittagspause im Speisesaal des Domus S. Marthae an den großen, runden Tischen ihr dreigängiges Mahl zu sich nahmen. Erst selten, dann immer häufiger. Nur er selber wollte davon nichts wissen. Er hielt sich mit 76 für zu alt, um ernsthaft für das Papstamt infrage zu kommen.

Doch dann kam alles ganz anders. Am 8. März, mitten im Vorkonklave, meldete sich auch Kardinal Bergoglio zu Wort, um seine Gedanken über die Zukunft der Kirche zu äußern. Er hatte sie auf einem einzigen Blatt Papier notiert, mit kleiner, enger Schrift; ein paar Worte waren unterstrichen. Mehr konnte, mehr durfte er nicht sagen; sämtliche Wortbeiträge waren auf fünf Minuten beschränkt. Zum Glück ist dieses Dokument erhalten geblieben. Gleich nach der kurzen Rede hatte der Erzbischof von Havanna, Kardinal Jaime Lucas Ortega y Alamino, Bergoglio um eine Kopie gebeten und das Original bekommen. Am 28.3.2013, dem Gründonnerstag, veröffentlichte der Kubaner den Text mit Erlaubnis des Papstes auf der Website seines Bistums.

Die meisten von Bergoglios Amtsbrüdern hatten bereits über die notwendige Neuevangelisierung gesprochen; ein Lieblingsbegriff Johannes Pauls II., der von Benedikt XVI. aufgegriffen worden war. Sogar ein Päpstlicher Rat zur Förderung der Neuevangelisierung wurde mit einem Motu proprio (Bekanntgabe einer administrativen Entscheidung des Papstes) von 2010 aus der Taufe gehoben. Doch die meisten Wortmeldungen dazu blieben vage, so, als hätten die Kardinäle selbst keine genaue Vorstellung davon, wie denn dieses hehre Ziel verwirklicht werden könnte. Ganz anders Bergoglio. Er erklärte:

»Ich möchte Bezug nehmen auf die Evangelisierung. Sie ist der Daseinsgrund der Kirche. Es ist die ›süße, tröstende Freude, das Evangelium zu verkünden‹ (Paul VI.). Es ist Jesus Christus selbst, der uns von innen her dazu antreibt.

1. Evangelisierung setzt apostolischen Eifer voraus. Sie setzt in der Kirche kühne Redefreiheit voraus, damit sie aus sich selbst herausgeht. Sie ist aufgerufen, aus sich selbst herauszugehen und an die Ränder zu gehen. Nicht nur an die geografischen Ränder, sondern an die Grenzen der menschlichen Existenz: die des Mysteriums der Sünde, die des Schmerzes, die der Ungerechtigkeit, die der Ignoranz, die der fehlenden religiösen Praxis, die des Denkens, die jeglichen Elends.

2. Wenn die Kirche nicht aus sich selbst herausgeht, um das Evangelium zu verkünden, kreist sie um sich selbst. Dann wird sie krank (vgl. die gekrümmte Frau im Evangelium). Die Übel, die sich im Laufe der Zeit in den kirchlichen Institutionen entwickeln, haben ihre Wurzel in dieser Selbstbezogenheit. Es ist ein Geist des theologischen Narzissmus.

In der Offenbarung sagt Jesus, dass er an der Tür steht und anklopft. In dem Bibeltext geht es offensichtlich darum, dass er von außen klopft, um hereinzukommen. Aber ich denke an die Male, wenn Jesus von innen klopft, damit wir ihn herauskommen lassen. Die egozentrische Kirche beansprucht Jesus für sich drinnen und lässt ihn nicht nach außen treten.

3. Die um sich selbst kreisende Kirche glaubt – ohne dass es ihr bewusst wäre –, dass sie eigenes Licht hat. Sie hört auf, das ›Geheimnis des Lichts‹ zu sein, und dann gibt sie jenem schrecklichen Übel der ›geistlichen Mondänität‹ Raum (nach den Worten de Lubacs*

---

* Der Begriff der »spirituellen Mondänität« des Konzilstheologen Henri de Lubac (1896–1991) tauchte bei Kardinal Bergoglio öfter auf. Schon 2007, nach einem Kardinalstreffen (Konsistorium) in Rom, hatte er erklärt: »Spirituelle Mondänität ist, wenn man sich selbst in den Mittelpunkt stellt. Es ist das, was Jesus unter den Pharisäern erkennen kann: ›Ihr, die ihr euch selbst verherrlicht, die ihr einander selbst verherrlicht.‹« Eine solche Kirche bezeichnete Bergoglio als »weltliche Kir-

das schlimmste Übel, was der Kirche passieren kann). Diese (Kirche) lebt, damit die einen die anderen beweihräuchern.
4. Was den nächsten Papst angeht: Es soll ein Mann sein, der aus der Betrachtung Jesu Christi und aus der Anbetung Jesu Christi der Kirche hilft, an die existenziellen Enden der Erde zu gehen, der ihr hilft, die fruchtbare Mutter zu sein, die aus der ›süßen und tröstenden Freude der Verkündigung‹ lebt.
Vereinfacht gesagt: Es gibt zwei Kirchenbilder: die verkündende Kirche, die aus sich selbst hinausgeht, die das ›Wort Gottes ehrfürchtig vernimmt und getreu verkündet‹; und die mondäne Kirche, die in sich, von sich und für sich lebt.
Dies muss ein Licht auf die möglichen Veränderungen und Reformen werfen, die notwendig sind für die Rettung der Seelen.«

Diese Notizen waren auf Spanisch verfasst, er hätte sie ohne Weiteres in seiner Muttersprache vortragen können; es gab Simultanübersetzungen in fünf Weltsprachen. Doch Kardinal Bergoglio wollte Klartext sprechen, vermeiden, dass ihn jemand interpretiert. So hielt er seine Ansprache auf Italienisch, in der Sprache also, die von den meisten Kardinälen verstanden wird.
Die kurze Rede, von Bergoglio mit warmer, samtweicher Stimme kraftvoll und begeistert vorgetragen, überzeugte. Kardinal Reinhard Marx aus München war von ihr ebenso angetan wie der deutsche Kurienkardinal Walter Kasper, der nicht zu den Freunden Benedikts XVI. gerechnet wird. Kardinal Cipriani Thorne aus Lima horchte auf und Kardinal Francis George aus Chicago. Endlich verband jemand den Begriff der Neuevangelisierung nicht mit vagen Phrasen, sondern mit konkreten sozialen Forderungen, einem Plädoyer für Gerechtigkeit und Menschenwürde. Das war anders, das war erfrischend.
»Wir diskutierten immer nur über kirchliche Interna«, stellte Kardinal Thorne fest, »Kardinal Bergoglios Rede aber rief uns auf, auf den Punkt zu kommen: Es geht um Jesus und seine Botschaft!«
Vor allem aber war er ein Außenseiter, dem man zutraute, im Intrigenstadel am Tiber gründlich aufzuräumen. »Wir wollten jemanden, der

---

che«, die »in sich selbst, aus sich selbst und für sich selbst« lebe. Er forderte also, wie Benedikt XVI. in seiner großen Freiburger Rede 2011 (siehe Kapitel VII.), eine konsequente »Entweltlichung« der Kirche.

nicht zum Kurien-System gehört«, erklärte der französische Kardinal Vingt-Trois. 2002 wollte Johannes Paul II. Bergoglio nach Rom berufen, ihm ein bedeutendes Dikasterium anvertrauen. »Bitte nicht, ich würde in der Kurie sterben«, lautete seine Antwort. Schon damals schrieb der italienische Vatikan-Experte Sandro Magister: »Die lateinamerikanischen Kardinäle schätzen ihn zunehmend, ebenso Joseph Kardinal Ratzinger. Die einzige Schlüsselfigur an der Kurie, die zögert, wenn sein Name fällt, ist Kardinalstaatssekretär Angelo Sodano.« Das konnte aber auch als Empfehlung gewertet werden.

So war es jetzt Bergoglio, der überraschenderweise schon beim ersten Wahlgang etwa gleich so viele Stimmen bekam wie Scola und Ouellet; der so hoch gehandelte Brasilianer Scherer dagegen erwies sich als völlig chancenlos. Noch nie war die alte Konzilsweisheit, dass »wer als Papst in das Konklave geht, als einfacher Kardinal wieder herauskommt«, wahrer als jetzt gewesen.

Als die 115 wahlberechtigten Kardinäle an diesem Abend um 19.15 Uhr in die Vesper gingen, während ihre Stimmzettel verbrannt wurden und exakt um 19.41 Uhr schwarzer Rauch aus dem Schornstein der Sixtina strömte, war wieder alles offen. Doch beim Abendessen, nach der Rückkehr in das Domus S. Marthae, wurde heftig diskutiert. Und der Name, der dabei am häufigsten fiel, war Bergoglio.

In aller Herrgottsfrühe, um 6.30 Uhr, trafen sich die Purpurträger am zweiten Tag des Konklaves, am Mittwoch, dem 13. März, zum Frühstück. Nach dem Transfer und der Frühmesse in der Capella Paolina (um 8.15 Uhr) schritten sie erneut zur Wahl; zwei Wahlgänge waren für den Vormittag angesetzt, zwei weitere für den Nachmittag.

Doch schon vor dem Mittagessen hatte sich herausgestellt, dass auch Scola keine Chance mehr hatte. Stimmenmäßig lag er weiter vorne, aber es war ihm nicht gelungen, seinen Vorsprung zu vergrößern. Selbst die Italiener standen nicht geschlossen hinter ihm. Im dritten Wahlgang kam er gerade einmal auf rund 50 Stimmen, weit entfernt von der erforderlichen Zweidrittelmehrheit (77 Stimmen). Der Traum von einer Erneuerung des italienischen Papsttums war ausgeträumt, als um 11.38 Uhr erneut schwarzer Rauch aus dem Schornstein aufstieg. Beim Mittagessen zog der Erzbischof von Mailand die Konsequenzen und warf das Handtuch. »Um eine Spaltung der Kirche zu vermeiden«, würde er zugunsten Bergoglios zurückstecken. Der kam dadurch beim vierten Wahlgang gegen 17.00 Uhr auf über 70 Stimmen. Beim fünften Wahlgang anderthalb Stunden später kamen knapp 20 weitere hinzu …

Zu diesem Zeitpunkt stand ich auf dem Petersplatz und starrte auf den schmalen, kupferroten Schornstein, der nur bei einem Konklave aus dem Dach der Sixtina ragt. Noch immer war es bitterkalt und regnete, und wie Zehntausende andere versuchte ich, unter einem der Fünf-Euro-Schirme Schutz zu suchen, die in Roms Straßen bei schlechtem Wetter von Straßenhändlern mit Migrationshintergrund angeboten werden und manchmal sogar einen Tag lang halten.

Für Abwechslung sorgte allein eine Möwe, die sich brennend für den berühmtesten Schornstein der Welt zu interessieren schien. Sie ließ uns rätseln: Tarnte sich hier einer der »corvi«, der »Raben«, die den Vatileaks-Skandal verursacht hatten, und hörte das Konklave ab? Oder war es gar der Heilige Geist im Tarnanzug? Zumindest wurde der geflügelte Entertainer zum beliebten Fotomotiv der Wartenden, während besonders fromme Italiener gar von »un segno«, einem Zeichen, sprachen.

Allmählich nahm der Regen ab, klappten die ersten ihre Schirme zu. Als um 18.30 Uhr die Lichter an der Fassade des Petersdoms eingeschaltet wurden, ging ein Raunen durch die Menge; dabei war es nur die Abendbeleuchtung. Interessanter war, dass sich auch im Staatssekretariat etwas tat.

Dann, exakt um 19.06 Uhr, stieg weißer Rauch aus dem Schornstein auf, erst zögernd, dann aber so üppig, dass kein Zweifel mehr bestand! In ganz Rom begannen die Glocken zu läuten, während Zehntausende auf den Platz strömten.

Besonders laut jubelten die Italiener und die Brasilianer, die glaubten, nur »ihr« Kandidat könne so schnell gewählt worden sein. Mit frenetischen »Evviva il Papa«-Rufen ließen sie einen Mann hochleben, dessen Namen sie noch nicht einmal kannten. Vielleicht vertrauten sie aber auch ganz einfach auf den Heiligen Geist und die Weisheit der Kardinäle. Am gewagtesten freilich reagierte die italienische Bischofskonferenz, die bereits ein Glückwunschtelegramm an Kardinal Angelo Scola schickte.

Auf dem Petersplatz jedenfalls herrschte Volksfeststimmung. So begeistert wurde gesungen, gegrölt und Fahnen geschwenkt, dass man denken konnte, Lazio Roma hätte einen Auswärtssieg errungen und die Mannschaft würde sich gleich, die Meisterschale im Gepäck, auf der Loggia des Petersdoms präsentieren. Nur die Priester und Nonnen, die Kreuze in die Höhe hielten und beteten, ließen noch erahnen, dass man auf einen neuen Papst wartete.

Dann, nach einer endlos langen halben Stunde, wurde es festlich, als eine Blaskapelle der vatikanischen Gendarmerie, gefolgt von der Schweizergarde, auf dem regennassen Sagrato Aufstellung nahm und die vatikanische Nationalhymne spielte. Doch erst um 20.12 Uhr, also eine Stunde und sechs Minuten nach dem fumo bianco, betrat der von seiner schweren Parkinson-Krankheit gezeichnete Kardinalprotodiakon Jean-Louis Tauran die Loggia des Petersdoms, um der Welt die berühmte Formel zu verkünden:

> »Annuntio vobis gaudium magnum; Habemus Papam;
> Eminentissimum ac Reverendissimum Dominum,
> Dominum Georgium Marium
> Sanctae Romanae Ecclesiae Cardinalem Bergoglio
> Qui sibi nomen imposuit Franciscum.«
> (»Ich verkünde Euch eine große Freude: Wir haben einen Papst. [Es ist] Seine Eminenz, der Hochwürdigste Herr Georg Mario, der Heiligen Römischen Kirche Kardinal Bergoglio, der sich den Namen Franziskus zugelegt hat.«)

Ich gebe zu, in diesem Augenblick ging es mir nicht anders als den meisten auf dem berühmtesten Platz der Erde: Auch ich war gleichermaßen überrascht und irritiert. Ich hatte weder die Namen der 115 wahlberechtigten Kardinäle vorher auswendig gelernt, noch, des Regens wegen, das dem *L'Osservatore Romano* beigelegte Poster mitgenommen, das alle Purpurträger samt Namen und Heimatdiözese zeigte. Auch die 115-seitige Biografiensammlung, die der Sala Stampa della Santa Sede, das vatikanische Presseamt, uns akkreditierten Journalisten am Vortag in die Hand gedrückt hatte, lag trocken auf dem Schreibtisch meiner römischen Mietwohnung. Die acht »papabiles« mit den scheinbar größten Chancen kannte ich natürlich, ebenso gut 40 weitere profilierte Purpurträger, aber ein »Bergoglio« war nicht dabei.

Hatte ich mich verhört, war der Italiener Bagnasco gemeint? Italienisch klang der Name zumindest. Natürlich, es musste ein Italiener sein, so schnell, wie er gewählt worden war. Nur die geradezu ekstatische Begeisterung der Argentinier auf dem Platz hätte mich stutzig machen müssen. Doch sie ging im allgemeinen Jubel unter. Wir hatten einen neuen Papst, das war, was zählte! Und dass er sich Franziskus nannte, nach einem der auch mir liebsten Heiligen, das war zumindest ein gutes Zeichen.

Drei Tage später erklärte der neue Papst auf einer Audienz für die beim Presseamt des Heiligen Stuhls akkreditierten Journalisten, wie es zu dieser Namenswahl gekommen war:

»Bei der Wahl saß neben mir der emeritierte Erzbischof von São Paulo und frühere Präfekt der Kongregation für den Klerus, Kardinal Claudio Hummes – ein großer Freund, ein großer Freund! Als die Sache sich etwas zuspitzte, hat er mich bestärkt. Und als die Stimmen zwei Drittel erreichten, erscholl der übliche Applaus, da der Papst gewählt war. Und er umarmte, küsste mich und sagte mir: ›Vergiss die Armen nicht!‹
Und da setzte sich dieses Wort in mir fest: die Armen, die Armen. Sofort habe ich in Bezug auf die Armen an Franz von Assisi gedacht. Dann habe ich an die Kriege gedacht, während die Auszählung voranschritt bis zu allen Stimmen. Und Franziskus ist der Mann des Friedens. So ist mir der Name ins Herz gedrungen: Franz von Assisi. Er ist für mich der Mann der Armut, der Mann des Friedens, der Mann, der die Schöpfung liebt und bewahrt.«

Ebenfalls erst später wurde bekannt, weshalb wir draußen auf dem Platz so lange warten mussten. Auf die Frage, ob er die Wahl annehme, hatte Kardinal Bergoglio geantwortet: »Ich bin ein großer Sünder. Doch vertrauend auf die Barmherzigkeit und Geduld Gottes, nehme ich unter Schmerzen an.« Dann zog er sich zunächst in den sogenannten Saal der Tränen zurück, um sich zu sammeln – und zu rüsten für den ersten Kampf.

Als er wohl die größte der drei zur Auswahl bereitgestellten weißen Soutanen übergezogen hatte, brachte ihm der päpstliche Zeremoniar, Msgr. Guido Marini, auch eine Reihe goldener Kreuze, von denen er sich eines aussuchen sollte. Franziskus aber, wie er jetzt hieß, lehnte sie ab; er wollte auch weiterhin das schlichte, versilberte Brustkreuz tragen, mit dem er gekommen war und das den »Guten Hirten« zeigt, ein beliebtes Symbol aus der Zeit der ersten Christen.

Auch von den roten Papstschuhen, die in den Größen 42, 43 und 44 bereitstanden, wollte der frisch gewählte 265. Nachfolger Petri nichts wissen. Sie würden weder zu einem Jesuiten passen, der er nun einmal war, noch zu seinem Papstnamen Franziskus. Außerdem müsse er orthopädische Schuhe tragen, und das Paar, das er seit seiner Ankunft aus Buenos Aires getragen hatte, sei praktisch neu; er habe es sich erst kurz vor der Abreise gekauft, weil das letzte Paar ziemlich unansehnlich geworden war.

Marini, ein schmaler, filigraner Mensch mit langen Pianistenfingern und klarer, überraschend hoher Stimme, begann zu schwitzen. Dann holte er die Mozetta, den Überwurf aus rotem Samt, gesäumt von feinstem Hermelinpelz. Papst Franziskus machte wiederum eine abweisende Geste. »Heiligkeit, ich bitte Sie, das müssen Sie tragen! Das haben alle Ihre Vorgänger getragen«, redete Marini mit Engelsgeduld auf ihn ein. »Dann ziehen Sie das doch selber an!«, entfuhr es dem kräftig gebauten Mann in der weißen Soutane. Für einen Augenblick schossen dem Zeremoniar Tränen in die Augen.

Italienische Zeitungen behaupteten gar, Papst Franziskus habe noch ein rüdes »Der Karneval ist vorbei« nachgeschickt, was der bestens informierte Vatikan-Kenner Andrea Tornielli jedoch als »moderne Sage« zurückweist. Auch Stefan von Kempis von *Radio Vatican* belässt es bei dem oben zitierten Satz, für dessen Authentizität er sich freilich verbürgt: »Die Geschichte klang wie erfunden, aber einige Kollegen, die Zeugen des Auftritts wurden, haben bestätigt, dass es sich genau so abgespielt habe.«

Dann zeigte der neue Papst gleich auch den anderen sein wahres Gesicht. Bevor die Kardinäle ihm gratulieren konnten, schritt er selbst auf einen von ihnen zu, den gehbehinderten Inder Ivan Dias, der in der letzten Reihe sitzen geblieben war, und schüttelte ihm die Hand. Die Glückwünsche der anderen Purpurträger nahm er stehend entgegen, nicht, wie üblich, auf einem goldenen Thron.

Als Nächstes wollte er seinen Vorgänger anrufen, den er die letzten acht Jahre stets bewundert hatte, doch im Bereich der Sixtina funktionierte wegen des Konklaves kein Telefon. Also führte ihn ein Mitarbeiter von *Radio Vatican* in eine Kammer über der Vorhalle des Petersdoms, die den Radiojournalisten bei den Übertragungen der Papstmessen als Studio dient. Von dort aus rief der neu gewählte Papst in Castel Gandolfo an, doch niemand hob ab. Benedikt XVI. und sein Sekretär Erzbischof Dr. Georg Gänswein saßen zu diesem Zeitpunkt wie Millionen anderer Katholiken vor dem Fernseher, warteten auf das »Habemus Papam« und hörten das Klingeln nicht. Zum Glück hatte einer der Techniker Gänsweins Handynummer, über die schließlich die Verbindung zustande kam. Franziskus versprach seinem Vorgänger, ihn möglichst bald zu besuchen.

Auf dem Weg zur Loggia des Petersdoms hielt der neue Papst schließlich noch inne vor einer Sakramentskapelle, trat ein und versenkte sich minutenlang in den Anblick des Allerheiligsten, während Kardinal Tauran schon einmal das »Habemus Papam« verkündete.

Zehn Minuten später, um 20.22 Uhr, tauchte erst das mittelalterliche Vortragekreuz, dann, ihm folgend, der neue Papst hinter den schweren Samtvorhängen der Loggia auf. Er wirkte ruhig und gefasst, aber auch schockiert, ja geradezu versteinert. Anders als seine Vorgänger, die mit ausladenden Gesten der Masse entgegengetreten sind, winkelte er ein wenig steif den rechten Arm zum Winken an.

»Ich war wie erstarrt«, beschrieb er 2010 dem Journalisten Sergio Rubin seine Reaktion auf die Ernennung zum Weihbischof. »Wenn ich einen derartigen Schlag erhalte, positiv oder negativ, bin ich immer wie erstarrt. Und meine erste Reaktion ist auch immer negativ.«

Doch dann begann er zu sprechen: »Fratelli e sorelle, buonasera« waren seine ersten Worte, die im Jubel der Masse unterzugehen drohten. Schlichte Worte in seinem weichen, südamerikanischen Akzent und seiner warmen, tiefen Stimme, die stets etwas Melancholisches hat. »Carissime« hatte Johannes Paul II. seine »Brüder und Schwestern« noch genannt, »Liebste«. Bei Benedikt XVI., der nie zu Superlativen neigte, waren es meist »Cari fratelli e sorelle«. Und auch das »buonasera« knüpfte an seinen Vorgänger an; der hatte, eigentlich ein Novum, sich 13 Tage zuvor mit einem schlichten »buona notte« (»Gute Nacht«) von den Pilgern in Castel Gandolfo und damit von der Welt verabschiedet. Franziskus fuhr fort:

> »Wie ihr wisst, war es die Aufgabe des Konklaves, Rom einen neuen Bischof zu geben. Es scheint so, als hätten meine Brüder, die Kardinäle, ihn gewissermaßen vom Ende der Welt geholt. Doch wir sind hier.«

Spontaner Applaus und Gelächter: Der neue Papst zeigte gerade, dass er Humor hat.

> »Danke für euer Willkommen. Die Gemeinschaft der Diözese Rom hat ihren Bischof: Danke! Doch zunächst möchte ich für unseren emeritierten Bischof Benedikt XVI. beten. Lasst uns alle zusammen für ihn beten, dass der Herr ihn segne und die Gottesmutter ihn beschützt.«

Auf den Aufruf zum Gebet folgte ein Wunder. Binnen Sekunden wandelte sich die Stimmung auf dem Platz vom Jubel einer Meisterfeier zur frommen Andacht einer Pilgermesse. Ich bekam eine Gänsehaut, als aus einer Viertelmillion heiserer Kehlen das Vaterunser, das Ave Maria und das Ehre sei dem Vater ertönten. Dann ergriff Franziskus wieder das Wort:

> »Und jetzt lasst uns diesen Weg beschreiten, als Bischof und Volk. Diesen Weg der Kirche von Rom, die den Vorsitz in der Liebe führt gegenüber allen Kirchen. Einen Weg der Brüderlichkeit, der Liebe, des gegenseitigen Vertrauens.«

Mit der Formulierung »Vorsitz in der Liebe« zitierte der neue Papst den hl. Ignatius von Antiochia (ca. 60–115), den Namenspatron seines Ordensgründers, einen Schüler des Apostels Johannes. Dessen Worte gelten als eines der frühesten Zeugnisse für den Primat des Bischofs von Rom und werden im ökumenischen Dialog gerne zitiert; offenbar wollte der neue Papst also ganz deutlich ein Zeichen für die Ökumene setzen.

> »Lasst uns immer füreinander beten. Lasst uns für die ganze Welt beten, auf dass große Brüderlichkeit herrsche. Meine Hoffnung ist, dass dieser Weg der Kirche von Rom, den wir heute beginnen, gemeinsam mit meinem Kardinalvikar, der hier anwesend ist, Früchte trägt bei der Evangelisierung dieser schönen Stadt.«

Dass Kardinalvikar Agostino Vallini neben ihm stand, war ein Hinweis darauf, wie ernst der neue Papst seine Aufgabe als »Bischof von Rom« nimmt. Er möchte ganz für sein neues Bistum da sein, möchte in der Ewigen Stadt das Evangelium verkünden als neuer römischer Petrus.

»Und jetzt möchte ich euch den Segen erteilen. Doch zuvor, zuerst, möchte ich euch um einen Gefallen bitten. Bevor der Bischof das Volk segnet, bitte ich euch um euer Gebet, dass der Herr mich segnen möge – das Gebet des Volkes, das um den Segen für seinen Bischof bittet. Lasst uns still dafür beten, ihr für mich.«

Als er sich jetzt auch noch tief verneigte, um den Segen zu empfangen, hatte er endgültig die Herzen der Menschen auf dem Petersplatz gewonnen. Dass ein Papst, der Stellvertreter Christi auf Erden, auf diese Weise das gläubige Volk um sein Gebet bittet, das hat es tatsächlich in der langen Geschichte des Einführung neuer Päpste noch nicht gegeben. Selbst die Kardinäle, die an den Fenstern links und rechts der Loggia des Petersdoms standen, schauten erstaunt und waren verwirrt darüber, was gerade vor ihren Augen geschah. Wieder minutenlange, andächtige Stille, lange genug für ein Gebet. Einige hatten Tränen in den Augen. Die Liebesgeschichte zwischen den Gläubigen und ihrem neuen Papst hatte gerade begonnen.

Natürlich erteilte Franziskus danach den feierlichen Segen Urbi et Orbi, den er freilich sprach und nicht, wie üblich, sang. Zeremoniar Marini reichte ihm dazu eine Stola, die er gleich nach dem Segen wieder ablegte und zurückgab. »Arriva il papa nudo«, sollte die römische Presse am nächsten Tag schreiben. Geradezu entblößt aller Insignien seiner päpstlichen Macht war Franziskus vor das gläubige Volk getreten.

Dann schloss er: »Brüder und Schwestern, ich verlasse euch jetzt. Danke für diesen Empfang. Betet für mich, und ich werde bald wieder mit euch sein. (…) wir werden uns bald wiedersehen. Morgen möchte ich zur Gottesmutter beten, dass sie ganz Rom beschützen möge. Gute Nacht und schlaft gut!«, um schnell noch »a presto«, »bis bald«, hinzuzufügen.

So schlicht, so menschlich wie sein Auftritt war auch sein Abschied. Die 250 000 Menschen aber, die sich auf dem Petersplatz, der Piazza Pio XII. und der Via della Conciliazione drängten, waren innerlich aufgewühlt. Sie wussten, dass sie einen großen, ja historischen Augenblick erlebt hatten. Einen neuen Aufbruch, der endlich jene Früchte bringen könnte, die zu ernten Benedikt XVI. sich zu schwach gefühlt hatte.

In jeder Hinsicht war es ein Novum: das erste Mal seit 1272 Jahren, dass ein Nichteuropäer zum Nachfolger Petri gewählt wurde; der letzte war der Syrer Gregor III. (731–741) gewesen. Zudem war Bergoglio der erste Mann aus der Neuen Welt, der Papst wurde, der erste Jesuit und der erste, der den Namen des Mannes aus Assisi führte. Überhaupt war er der erste Papst seit Lando (913–914), der sich seinen Namen nicht aus dem reichen Repertoire bekannter Papstnamen suchte, sondern etwas ganz Eigenes wählte.

Überwältigt von so viel Neuem strömten die Menschen, die eben noch auf dem Petersplatz gemeinsam für den neuen Papst gebetet hatten, hinaus in die kalte, feuchte römische Nacht. Allmählich füllten sich die Trattorien und Ristoranti rund um den Vatikan, in denen noch lange über das gerade Erlebte diskutiert wurde.

Viele spürten dabei, wie wahr noch immer die Worte Jesu waren, die sie am Morgen dieses Tages mit dem bezeichnenden »Zahlencode« 13.3.13 im Tagesevangelium gehört hatten: »Mein Vater ist noch immer am Werk, und auch ich bin am Werk« (Joh 5, 17).

II. Ein Jesuit namens Franziskus

Auch ich machte mich tief bewegt auf den Weg in die Nacht, gleichermaßen erstaunt, verwirrt und voller Fragen. Ich konnte noch nicht ahnen, dass es vielen ähnlich ging, dass diese kurze erste Begegnung aber auch die extremsten Reaktionen ausgelöst hatte, von grenzenloser Begeisterung bis hin zu erbitterter Ablehnung.
»Das ist eine Katastrophe für die Kirche«, begrüßte mich eine Gruppe deutscher Seminaristen, die, ihre langen, schwarzen Soutanen verrieten es, der Tradition verpflichtet waren. Ich wollte wissen, warum. »Ja, wissen Sie denn nicht, wer Bergoglio ist?« Ich fragte weiter. »Beim letzten Konklave war er der Gegenkandidat zu Ratzinger.« Ich nickte, das war mir mittlerweile auch bekannt. »Die Modernisten hatten ihn in Stellung gebracht, um Ratzinger zu verhindern. Kardinal Martini aus Mailand, der ›papabile‹ des linken Flügels der Kirche, hatte ihn empfohlen, weil er selbst bereits zu alt und zu krank war.«
»Ja, aber Bergoglio war es doch auch, der Benedikts Wahl erst möglich machte, als er seine Wähler bat, für Ratzinger zu stimmen«, warf ich ein.
»Trotzdem«, scholl es mir entgegen: »Er ist ein Jesuit!«
Tatsächlich machten die empörten Priesteramtsanwärter den gleichen Fehler wie die Medien. Sie dachten in einem Schwarz-Weiß-Schema. So, als gebe es nur auf der einen Seite die Traditionshüter, die um eine Bewahrung der Kirche kämpfen und am liebsten das Zweite Vatikanische Konzil rückgängig machen würden, und auf der anderen Seite die Modernisten, die die Kirche gerne als »evangelisch mit Papst« sehen würden – mit einer »entmythologisierten« Theologie, weiblichen Priestern und Bischöfinnen, die, vielleicht etwas überspitzt formuliert, nach der Sonntagsmesse Kondome verteilten und homosexuelle Paare trauten. Beides gibt es, doch es sind Extreme. Das Spektrum dazwischen ist viel bunter, als es sich der Laie, die einschlägige Massenpresse, ja selbst so mancher römische Seminarist vorzustellen vermag.
Beim Konklave jedenfalls spielte keine der beiden Extrempositionen eine Rolle. Es gab weder Papstwähler, die das Rad der Zeit zurückdre-

hen wollten, noch solche, die allzu modernistisch waren. Trotzdem konnte man zwei Flügel ausmachen, die aber ganz anders »gestrickt« waren, nämlich die Reformer und die Bewahrer. Doch die »Reformer« waren zugleich »Ratzingerianer« und damit theologisch konservativ. Ihr primäres Ziel war eine Fortsetzung der Kurienreform Benedikts XVI. und des großen Aufräumens in einer Kirche, die durch den Missbrauchsskandal in ihrem Ansehen Schaden erlitten hatte. »Ihr Mann« war zunächst der Italiener Scola gewesen, der sich genug Feinde in der Kurie gemacht hatte, dass man ihm zutraute, dort einiges zu verändern.

Die »Bewahrer« dagegen waren jene, die das Erbe Kardinal Sodanos schützen, die Kurie weiterhin schonen und die Skandale der letzten Jahrzehnte unter den Tisch kehren wollten; ironischerweise waren sie dabei theologisch eher liberal. Sie sahen, wie es Sodano in seiner Predigt ausgedrückt hatte, die Kirche eher als weltliche, politische und soziale Kraft und fürchteten nichts so sehr wie jene »Entweltlichung«, die Benedikt XVI. und die Anhänger seiner Reformen auf ihre Fahnen geschrieben hatten. Ihr Kandidat war Odilo Scherer, dessen südamerikanische Herkunft nur auf den ersten Blick darüber hinwegtäuschte, wie gut vernetzt er in der Kurie war.

Als weder diese beiden Kandidaten noch Ouellet eine Chance auf die notwendige Zweidrittelmehrheit hatten, kam O'Malley als »Kompromisskandidat« ins Gespräch. Ihm wurde wohl vor allem das selbstbewusste Auftreten seiner amerikanischen Mitbrüder zum Verhängnis; bei den Kardinälen aus der Dritten Welt hatte er jedenfalls keine Chance. Gleichzeitig gewann Bergoglio immer mehr an Zuspruch, denn er vereinte in sich alles, was den Reformern gefiel: Er war theologisch konservativ, durchsetzungsfähig und ein völliger Neuling in Rom, der von einer entweltlichten Kirche träumte. Dass er bereits 2005 ins Rennen gebracht worden war, um Ratzinger zu verhindern, gefiel wiederum den »theologisch progressiven Bewahrern«, ebenso wie sein soziales Engagement. Schließlich fand er Wähler auf beiden Seiten, die in ihm ihre Ziele verwirklicht sahen.

Mein nächster Weg in dieser langen Nacht führte in eine der altehrwürdigsten Einrichtungen des Vatikans, das Collegio Teutonico am Campo Santo, dem deutschen Friedhof. Diese deutsche Enklave, »das

Schwalbennest am Fuße des Petersdoms«, verdankt ihre Existenz keinem Geringeren als Karl dem Großen. Er hatte dieses Stück Land vom Papst erworben, um dort ein Hospiz für deutsche Rompilger einzurichten und einen Friedhof für jene anzulegen, die nach der langen, strapaziösen Pilgerreise über die Alpen im damals malariaverseuchten Rom verstarben. So liegen deutsche Pilger, aber auch allerlei Gelehrte und Größen der Kirchengeschichte eben dort, wo die ersten Christen im Zirkus des Caligula und Nero ihr Leben gelassen hatten: in heiligem Boden also, getränkt durch das Blut der frühesten Märtyrer. In dem Gästehaus leben heute vor allem Seminaristen, die in Rom ihr Theologiestudium fortsetzen. Doch sein großer Saal wird nicht nur für Konferenzen genutzt, sondern auch von der Deutschen Bischofskonferenz (DBK) für Empfänge, und so wurde an diesem Abend zu einer Pressekonferenz mit den deutschen Kardinälen geladen, die am Konklave teilgenommen hatten.

Nach einstündiger Wartezeit, während der hagere DBK-Pressesprecher Mathias Kopp zusehends nervöser wurde, trafen zwei der vier Eminenzen ein, nämlich Kardinal Meisner und Kardinal Lehmann. Sofort wurden sie von einem ganzen Pulk von Journalisten umlagert, die alle darauf hofften, dass zumindest einer von ihnen das Konklave-Geheimnis brach und etwas preisgab von den Hintergründen dieser doch so unvorhergesehenen Wahl. Doch darauf ließ sich natürlich keiner der beiden Purpurträger ein.

Eingestanden haben sie bloß, wie völlig überraschend die Wahl des Argentiniers auch für sie war. »Die Regie hat ein anderer geführt, und das war gut so«, erklärte Joachim Kardinal Meisner uns anwesenden Journalisten. »Ich denke, er ist nicht gemacht, er ist uns geschenkt worden. Es ist ja mein zweites Konklave. Aber ich habe das noch nicht erlebt, wie ein Mensch von jetzt auf gleich so in eine andere Rolle kommt und auch wirklich anders ist.«

Wann wurde ihm klar, dass Bergoglio der richtige Mann für das Papstamt war, fragte ihn ein Kollege. Meisner: »Ich habe ihn erst beim Konklave 2005 richtig kennengelernt, wo er auch einer der Favoriten war, und ich muss zugeben, ich wusste sehr wenig über ihn. Doch beim Vorkonklave hat sich das allmählich herauskristallisiert. Da fragt man die, die Bescheid wissen, und kommt ins Gespräch – und dann sagt man: Tatsächlich! Das ist der Richtige! Vorher hatte ich natürlich ganz andere Vorstellungen, an Kardinal Bergoglio habe ich nicht gedacht. Doch siehe da … Das ist ja das Schöne, dass wir eigentlich nicht die Macher sind, sondern nur die ausführenden Organe. Jetzt können wir sagen: Die Arbeit war gut, wir haben einen Papst. Und es ist eigentlich ein gutes Zeichen, dass er ganz anders ist, als ich ihn mir vorgestellt hätte.«

»Aber ist es nicht ein Manko, dass er sich in Rom eigentlich zu wenig auskennt, um gleich mit der notwendigen Kurienreform beginnen zu können?«, fragte ein anderer. Meisner: »Das war für mich nie ein Motiv, einen zu wählen, der die Kurie in Ordnung bringt. Die Kurie ist, glaube ich, besser als ihr Ruf. So schlecht, wie man die Kurie macht, kann sie nicht sein, sonst würde sie gar nicht existieren. Außerdem lebt die Kirche nicht von der Kurie. Aber er hat das Feuer, auch hart zu sein, wo es nötig ist.«

Was erwarte er jetzt zuerst von ihm? Meisner: »Er wird uns viel aus seinem Leben erzählen müssen, aber er wird uns auch überraschen. Auf jeden Fall wird er das Jahr des Glaubens, das Papst Benedikt ausgerufen hat, zu einem guten Abschluss bringen und dafür sorgen, dass wirklich ein neuer Frühling des Gottglaubens und der Christusnachfolge in die Welt hineinzieht zugunsten der Menschen.«

Kardinal Meisners Eindruck wurde auch von dem Berliner Erzbischof Rainer Maria Kardinal Woelki bestätigt, der am nächsten Tag eine Pressekonferenz gab. »Ich kenne niemanden unter uns, auf dessen Liste Bergoglio ganz oben gestanden hätte«, meinte der ehemalige Rheinländer. So sei die Wahl wohl eher eine Antwort auf die Frage, wie man sich das Wirken des Heiligen Geistes vorstellen könne: »Es wurde nicht groß palavert, auch der Name Bergoglio wurde nicht etwa diskutiert, sondern in einer für mich beeindruckenden Dynamik lief es auf einmal auf diesen Mann zu.« »Wir haben gewählt, das Volk Gottes hat gebetet, und Gott hat entschieden«, brachte es sein Amtsbruder Reinhard Kardinal Marx, Erzbischof von München und Freising, auf eine griffige Formel.

Langsam betrat Karl Kardinal Lehmann auf zwei Gehstöcken am Abend der Wahl den Saal, um neben Pressesprecher Kopp Platz zu nehmen. Auch er kannte den Argentinier noch vom letzten Konklave, hatte ihn allerdings auch jetzt im Blick gehabt. Trotzdem war er »eigentlich ganz froh, dass es fast so aussah in den letzten Tagen, als ob man Bergoglio vergessen hätte. Über ihn wurde nicht so viel gesprochen wie über andere. Erst in den letzten Tagen spürte man, auch durch die Art und Weise, wie er geredet hat, dass da Potenz dahintersteckt. Das spürte man auch heute in kleinen Gesten. Dazu gehörte natürlich, dass der erste Jesuit auf die Frage nach seinem Namen meint: ›Franziskus in Erinnerung an Franz von Assisi.‹ Das war natürlich eine eigene Marke, die sichtbar geworden ist. Auch die Gratulation (durch die Kardinäle) verlief außerordentlich unkompliziert, dabei ist er knapp, und seine Gesten sind sehr individuell und expressiv. Ich glaube, dass er sich (mit dem Papstamt) nicht schwertun wird.«

Dabei konnte Kardinal Lehmann ihn die ganze Zeit über in der Sixtinischen Kapelle bestens beobachten: »Ich saß zwei Plätze weiter neben ihm und habe bewundert, mit welcher Ruhe er den ganzen Tag lang alles über sich ergehen ließ. Und dann (nach seiner Wahl) geht dieser Mann durch die Türe und kommt nach einer halben Stunde als Papst in weiß gekleidet wieder. Und er weiß sich sofort (dem Amt entsprechend) zu benehmen. Weiß sofort die richtige Sprache, das hat mir sehr imponiert. Er ist authentisch in jeder Situation.«

Wie würde er die Stimmung auf dem Vorkonklave beschreiben? Lehmann: »Ich war froh über die entspannte Situation, in der es stattfand. Es gab auch keine festen Fraktionen, sondern einen offenen Dialog zwischen uns allen.«

Wird Franziskus die Kurie reformieren? Lehmann: »Er kennt mit Sicherheit die Probleme der Kurie. Ich bin froh, dass er da nicht so verwickelt ist. Und dass er keine Freundschaften zu einflussreichen Kurienkardinälen unterhält, dass solche Seilschaften einfach keine Rolle bei ihm spielten, keine Kategorie in seinem bisherigen Leben waren. Er ist schlau genug, um Einflüsse zu erkennen. Doch man muss ihm Zeit lassen. Noch ist nicht abzusehen, was er tun wird, aber ich bin sicher, dass er durchsetzungsfähig genug ist.«

Als ich die Pressekonferenz verließ und den Platz vor dem Heiligen Offizium überquerte, sah ich, wie ein weiterer Kardinal, Christoph Schönborn, Erzbischof von Wien, gerade mit einem Kollegen sprach. Ich musste ihn auf eine Meldung ansprechen, die einen Tag zuvor durch die Presse gegangen war. »Die ganze Familie hat Angst davor, dass Christoph zum Papst gewählt wird«, hatte ausgerechnet seine Mutter der *Kleinen Zeitung* anvertraut. Er sei »zu gütig für diesen Job«, meinte die ebenso adrette wie resolute 92-jährige Gräfin, zudem sehe sie ja dann ihren Sohn nicht mehr: »Denn ich habe nicht mehr die Kraft, nach Rom zu fahren.«

»Ich gratuliere Ihrer Mutter«, meinte ich zu Kardinal Schönborn, »ihre Gebete sind heute erhört worden. Dabei hätten Ihnen rote Schuhe auch ganz gut gestanden.« Er war überrascht, von dem Pressebericht hatte ihm noch niemand erzählt. »Aber glauben Sie mir, ich bin auch erleichtert«, erwiderte er mit einem verschmitzten Lachen, »nur das mit den roten Schuhen, das ist jetzt wohl vorbei. Er hat sich nämlich gleich geweigert, die zu tragen.«

»Daran kann man sich gewöhnen«, meinte ich, »um ehrlich zu sein, ich hätte mir Kardinal O'Malley gewünscht, allein schon als Zeichen für die Entweltlichung der Kirche. Einen Kapuziner als Papst, der Bart und Sandalen trägt, das wäre auch ein schönes Zeichen gewesen, abgesehen davon, dass er auch in Boston gute Arbeit geleistet hat, als es um die Aufklärung der Missbrauchsskandale ging.«

»Darf ich Ihnen sagen, den hatte ich auch im Visier«, erwiderte Kardinal Schönborn, »und darum bin ich heute ganz glücklich. Ich habe mir einen Franziskaner gewünscht (der Kapuzinerorden gehört zur franziskanischen Ordensfamilie) und einen Franziskus bekommen!«

Einen Jesuiten namens Franziskus, um genau zu sein. Doch was verriet uns das über den neuen Papst? Um das herauszufinden, gilt es, einen Blick in die Biografie des Heiligen von Assisi, aber auch in die Geschichte und das Charisma des Jesuitenordens zu werfen.

Der hl. Franziskus, auch Franz von Assisi genannt, ist einer der beliebtesten Heiligen der Kirche. Geboren wurde er 1181/2 im umbrischen Assisi als Sohn des reichen Tuchhändlers Pietro Bernardone und seiner Frau Pica. Bernardone hatte sein Vermögen damit gemacht, modische, edle und teure Stoffe aus Frankreich zu importieren. So nannte er seinen Sohn Giovanni nur »Francesco« (kleiner Franzose) und erwartete von ihm, dass er eines Tages das väterliche Geschäft übernahm. Sein Vater legte großen Wert auf seine Bildung, zudem ließ er ihn in französischer Lebensart unterweisen. Schließlich wurde Franziskus zum Aushängeschild für das väterliche Unternehmen, war unterhaltsam, reich, stets bestens bekleidet und von den Eltern verwöhnt. Seine Biografen bescheinigen ihm Lebensfreude, geradezu verschwenderische Großzügigkeit, aber auch grenzenlose Eitelkeit, Gefall- und Vergnügungssucht.

Seine unbeschwerte Jugendzeit endete, als er 1202 für seine Heimatstadt in den Krieg gegen die Nachbarstadt Perugia zog. Er geriet in Gefangenschaft, infizierte sich mit einer fiebrigen Krankheit. Als er wieder frei und genesen war, hatte er noch nicht genug vom Krieg. Er träumte von Abenteuern, wollte auf einen päpstlichen Feldzug nach Süditalien, sich dort die Ritterwürde erwerben. Doch schon in Spoleto, einen Tagesritt von Assisi entfernt, vernahm er im Halbschlaf eine Stimme, die ihn zweifeln ließ: »Wer kann dir Besseres geben, der Herr oder der Knecht?«

Es war seine Berufung. Am nächsten Morgen kehrte Franziskus um und in seine Heimatstadt zurück. Er war jetzt nachdenklicher geworden. Seine Freigiebigkeit galt fortan nicht mehr seinen Freunden, sondern den Armen. Als er auf eine Wallfahrt nach Rom ging, spendete er nicht nur den gesamten Inhalt seiner Geldbörse, er lieh sich auch von einem Bettler die Kleider. Er sehnte sich danach, »in wahrer Armut (…) zu leben und zu sterben«. Er überwand seine Scheu vor Aussätzigen, er zog sich zum einsamen Gebet in eine Höhle zurück und fand »an den schlechten Dingen der Vergangenheit und Gegenwart keine Freude mehr«. Einer inneren Stimme folgend betrat er eines Tages die Kirche von San Damiano, kniete zum Gebet nieder vor einem auf Holz gemalten Kruzifix – und vernahm dessen Stimme: »Franziskus, siehst du nicht, dass mein Haus in Verfall gerät? Geh also hin und stelle es mir wieder her!«

Zuerst dachte er, damit sei das Kirchlein selbst gemeint, das sich in einem erbärmlichen Zustand befand. Er gab dem Priester, der es betreute, all sein Geld, ritt dann in die nächste Stadt, verkaufte dort sein Pferd und alles, was er bei sich trug, und brachte den Erlös ebenfalls dem Priester. Als sein Vater davon erfuhr, forderte er Franziskus auf, ihm das »verschwendete« Geld auf Heller und Pfennig zurückzuzahlen. Der Sohn weigerte sich, der empörte Vater zog vor Gericht.

Vor dem Richter, dem Bischof von Assisi, zog sich Franziskus komplett aus, warf seine Kleider dem Vater vor die Füße und verzichtete feierlich auf sein Erbe: Er habe fortan nur noch einen Vater, den Vater im Himmel! Beeindruckt von der Konsequenz des jungen Mannes hüllte der Bischof den Splitternackten in seinen Mantel. Mit einem selbst gemachten Gewand, »ähnlich dem eines Einsiedlers«, kehrte Franziskus nach San Damiano zurück, um das Kirchlein jetzt eigenhändig zu renovieren. Dann stellte er ein zweites Gotteshaus im Umland von Assisi, die der Gottesmutter geweihte Portiunkula-Kapelle, wieder her.

Kaum war er damit fertig, erhielt er dort seine dritte, entscheidende Eingebung. Am 14. Februar 1208 hörte er in der heiligen Messe eine Stelle aus dem Matthäus-Evangelium, die der Priester verlas: »Steckt nicht Gold, Silber und Kupfermünzen in euren Gürtel. Nehmt keine Vorratstasche mit auf den Weg, kein zweites Hemd, keine Schuhe, keinen Wanderstab. Denn wer arbeitet, hat ein Recht auf seinen Unterhalt« (Mt 10, 9–10). Da begriff Franziskus, dass selbst seine Eremitenkleidung noch nicht dem Willen Jesu entsprach. Kaum war die Messe beendet, gab er seine Sandalen, seinen Wanderstab und seinen Sack weg, tauschte er seinen Wollmantel gegen eine grob gewebte Kutte, seinen Ledergürtel gegen einen Strick. Dann kehrte er in die Stadt zurück, grüßte seine einstigen Mitbewohner mit dem Friedensgruß und verkündete das Evangelium.

Während die meisten ihn wohl belächelten, fand der Mann aus Assisi zwei Jahre später auch Nachahmer: Junge Männer, die ihren Besitz ebenfalls an die Armen verschenkten, um als »heilige Bettler« zu leben. Sie hatten zunächst keinen festen Wohnsitz, sondern waren als Gelegenheitsarbeiter und Prediger unterwegs, um sich zu festen Zeiten immer wieder in der Portiunkula-Kapelle zu treffen. Von Anfang an war Besitzlosigkeit das wichtigste Prinzip der Gemeinschaft. Besitz verlangt Schutz und führt zu Verantwortung, »und in der Folge wird die Gottes- und Nächstenliebe gewöhnlich vielfach verhindert«, wie Franziskus dem Bischof von Assisi 1209 schrieb.

Als die Benediktiner, denen die Portiunkula-Kapelle unterstand, ihm das Kirchlein samt Umland schenken wollten, lehnte er ab. Er wollte keinen Grundbesitz haben. Stattdessen bot er an, eine jährliche Pacht in Form von Fischen an die nahe gelegene Benediktinerabtei zu zahlen. Und in seinem Entwurf zu einer Ordensregel hielt er fest: »Hüten wir uns, die wir alles verlassen haben, wegen etwas so Geringem (wie

Geld) das Himmelreich zu verlieren.« So lebten die Brüder fortan in selbst gebauten Reisighütten rund um das Kirchlein.

Als er elf Gefährten um sich versammelt hatte, 1209 oder 1210, beschloss Franziskus, mit ihnen nach Rom zu ziehen, um sich diese Lebensform und seine Regel von Papst Innozenz III. (1198–1216) bestätigen zu lassen. Man wollte »leben in Gehorsam, in Keuschheit und ohne Eigentum und unseres Herrn Jesu Christi Lehre und Fußspuren (…) folgen«, wie es in größtmöglicher Einfachheit hieß.

Das Vorhaben gelang. Mit dem Bischof von Assisi als Fürsprecher, der ihn wiederum einem Kardinal vorstellen und anempfehlen konnte, wurde Franziskus zu Innozenz III. vorgelassen. Der Papst hatte von einem Ordensmann, »unansehnlich und verächtlich«, geträumt, der die vom Einsturz bedrohte Papstkirche S. Giovanni in Lateran mit seinem Rücken stützte. Jetzt erkannte er in Franziskus diesen Mann, genehmigte die Ordensregel und »gab ihm und seinen Brüdern auch die Erlaubnis, überall Buße zu predigen«. Später wurde diese Entscheidung in einem Konsistorium bestätigt. Öffentlich verkündet wurde sie wahrscheinlich aber erst 1215 auf dem IV. Laterankonzil.

Es folgten zwölf Jahre des unermüdlichen Wirkens. »Seinem Fleisch gönnte er keinen Augenblick Ruhe. Stets war er auf ausgedehnter evangelischer Wanderschaft«, schrieb Franziskus-Biograf Thomas von Celano. Bald war Italien zu klein, um dem Missionseifer des Mannes aus Assisi zu genügen. Dreimal versuchte er, ins Heilige Land zu reisen. Beim ersten Mal strandete sein Schiff an der dalmatinischen Küste. Beim zweiten Mal wollte er auf dem langen Landweg über Spanien und Nordafrika zu den Muslimen predigen, doch schon in Santiago de Compostela zwang ihn die Malaria zur Umkehr. Erst 1219 gelang ihm die Überfahrt nach Damiette in Ägypten, wo gerade ein Heer christlicher Ritter den fünften Kreuzzug vorbereitete. Der Anblick des undisziplinierten und wenig frommen Haufens erschütterte den Bettelmönch. Trotzdem lagen ihm die Heiligen Stätten so sehr am Herzen, dass er das scheinbar Unmögliche wagte. Er drang in die feindlichen Reihen vor, ließ sich gefangen nehmen und wurde zum Sultan Malek el-Kamil gebracht, den er sogleich zu bekehren versuchte. Sein Mut, seine Einfachheit und seine Glaubensfestigkeit imponierten dem gebildeten Moslem. Auch wenn er gegen jede Missionierung immun war, sicherte er Franziskus und seinen Brüdern freies Geleit im Heiligen Land zu.

Wieder in Italien, machte der Mann aus Assisi sich daran, sein Lebenswerk zu organisieren. Als Papst Honorius III. (1216–1227) den Orden des hl. Franziskus mit einem Breve (päpstliches Schreiben) 1218 offiziell dem Schutz des Heiligen Stuhls unterstellte und Kardinal Ugolini mit seiner Betreuung beauftragte, konnte er endlich die Ordensleitung niederlegen. Jetzt brach er auf zu seinem letzten Schritt in der bedingungslosen Nachfolge Christi und wurde zum Einsiedler.

Die Anhöhe von La Verna, eine Flanke des 1283 Meter hohen Berges Penna nordöstlich von Arezzo in der Toskana, wurde zum Zufluchtsort des Mannes aus Assisi und seines treuesten Gefährten, des Priesters Leo, der für ihn täglich die hl. Messe las. Hier zog er sich zum Beten und Fasten zurück, schlief in einer Nische zwischen zwei Felsen und predigte zu den Vögeln. In der unberührten Natur, umgeben von den »Brüdern, den Tieren«, unter »Bruder Sonne« (fratello sole) und »Schwester Mond« (sorella luna), fühlte er sich Gott am nächsten und hatte schließlich seine größte Vision.

Es war wohl am 19. September 1224, Franziskus bereitete sich gerade mit einem 40-tägigen Bußfasten auf das Kapiteltreffen seines Ordens am St. Michaelstag vor. »Da sah er in einem Gottesgesicht einen Mann über sich schweben, einem Seraph (Engel) ähnlich, der sechs Flügel hatte und mit ausgespannten Händen und auseinandergelegten Füßen ans Kreuz geheftet war«, berichtet Thomas von Celano. »Während er sich verstandesmäßig über das Gesicht nicht klar zu werden vermochte und das Neuartige an ihm sein Herz beschäftigte, begannen an seinen Händen und Füßen die Male der Nägel sichtbar zu werden in derselben Weise, wie er es kurz zuvor an dem gekreuzigten Mann über sich gesehen hatte.« Er hatte, als erster Heiliger der Kirchengeschichte, die Stigmata, die Wundmale Jesu, an seinem Körper empfangen – und war, zumindest in der Mystik der Franziskaner, zum »alter Christus«, zum Ebenbild des Herrn, geworden.

Auf einem Esel als Reittier, weil die durchbohrten Füße zu sehr schmerzten, traf er bei seinen Brüdern ein und tat doch alles, um seine Wundmale zu verstecken. Er wollte nicht als »lebendes Wunder« bestaunt werden, fürchtete einen ungesunden Personenkult, der, Gott bewahre, seine Eitelkeit wecken könnte. Erst zwei Jahre später, als er am 3. Oktober 1226 in Assisi verstarb, entdeckten seine Mitbrüder die Wundmale; mehr als 50 Ordensbrüder, über 100 Priester und Tausende Einheimische bestätigten die Existenz der Stigmata.

Drei Jahrhunderte später waren die Franziskaner der erste große Missionsorden, der in der Neuen Welt, vor allem in Mexiko, den Eingeborenen das Evangelium verkündete. Doch bald, als die Spanier Stück für Stück auch Südamerika kolonisierten, bekamen sie Konkurrenz. Ein neuer Orden von »Soldaten Christi« hatte ebenfalls die Mission auf seine Fahnen geschrieben – die Jesuiten.

Ihr Gründer, der hl. Ignatius von Loyola (1491–1556), hatte eine weniger mystische Biografie, auch wenn seine »Vorgeschichte« einige Parallelen zur Vita des hl. Franziskus aufweist. Der adlige Baske wurde als jüngstes von 13 Kindern auf dem Schloss seiner Familie geboren und auf den Namen Inigo Lopez y Loyola getauft. Als er 15 Jahre alt war, lud ihn ein Freund seines Vaters, der königliche Großschatzmeister Juan Velasquez de Cuellar, ein, ihn bei Hofe einzuführen. Begeistert nahm der ehrgeizige Junge das Angebot an und ging nach Arevalo in Altkastilien, wo er die nächsten zehn Jahre als Page und Höfling verbrachte. Dort war er, wie er selber schrieb, »allen Eitelkeiten der Welt« sehr zugetan und »im Glücksspiel, in Frauengeschichten und in Raufhändeln besonders mutig«. Er liebte elegante Kleidung und übte sich in galantem Auftreten, war stolz auf sein stets gut frisiertes, blondes Haar und träumte davon, der Infantin Catarina, der jüngeren Schwester des Kaisers, den Hof zu machen. Doch er sehnte sich auch nach Abenteuern, las mit Vorliebe Ritterromane, liebte Waffen und war vom Soldatentum fasziniert.

Die Chance, sich in dieses ganz andere Leben zu stürzen, kam 1517, als sein Gönner bei Hofe in Ungnade fiel. Jetzt trat Inigo als Offizier in den Dienst des Herzogs von Najera, der gerade zum Vizekönig von Navarra ernannt worden war. Als die Franzosen 1521 die Festung Pamplona angriffen, wurde er schwer verwundet: Eine Kanonenkugel brach sein Bein. Monatelang verbrachte er auf Schloss Loyola, während die Ärzte versuchten, es wieder zu richten, freilich mit mäßigem Erfolg; sein Leben lang sollte er hinken. Doch weil er in der Bibliothek seines Vaters keine Ritterromane fand, begann er auf dem Krankenbett mit der Lektüre geistlicher Werke. Das *Leben Jesu* des Ludolf von Sachsen faszinierte ihn ebenso wie die *Goldene Legende* des Jacobus de Voragine oder die Biografie des hl. Franziskus. Je schmerzhafter er sich bewusst wurde, dass seine militärische Laufbahn mit der Verletzung ihr Ende gefunden hatte, desto mehr zog ihn jetzt das Vorbild der Heiligen an. Waren sie nicht auch Vertreter einer Art Rittertums, das bloß höheren Zielen diente?

Kaum war er genesen, machte er sich auf eine Pilgerfahrt zum Kloster von Montserrat oberhalb von Barcelona. Er war jetzt ein Ritter Gottes geworden. Seine kostbaren Kleider und allen Besitz verschenkte er an einen Bettler, zog stattdessen ein langes Gewand aus Sackleinen an. Zehn Monate lang bewohnte er als Büßer eine Höhle bei Manresa in Katalonien, vernachlässigte seine Haare und seine Körperpflege und wurde zum Einsiedler. In dieser Zeit der Einkehr und Selbstreflexion entstanden die Exerzitien, geistliche Übungen, die später zum Kernstück ignatianischer Spiritualität und zur Kraftquelle seiner Bewegung wurden. Sie dienten der Selbstüberwindung, inneren Ordnung und Befreiung von Anhänglichkeiten. Vor allem aber fasste Inigo den Entschluss, fortan »den Seelen zu helfen« – geistlich durch Predigten, Vorträge, Katechese, Einzelgespräche und das Spenden von Sakramenten, physisch durch die Pflege von Kranken in Hospitälern, die Begleitung Sterbender, die Sorge um Waisenkinder und Prostituierte, die er von der Straße holte.

Nach seiner Zeit in der Nähe von Manresa zog Inigo als Pilger über Rom nach Jerusalem. Auf dem Rückweg beschloss er, Priester zu werden. Obwohl er bereits die 30 überschritten hatte, begann er 1524 sein elfjähriges Studium zunächst in Barcelona, dann in Salamanca und schließlich in Paris. Dort nannte er sich nach seinem Lieblingsheiligen Ignatius und zog in eine studentische Wohngemeinschaft, die aus dem Bauernsohn Peter Faber (22) und dem jungen Adligen Franz Xaver (22) bestand. Diese zufällige Konstellation war der Beginn einer lebenslangen Freundschaft, aus der schließlich der Jesuitenorden entstand.

Bald gesellten sich vier weitere Theologiestudenten zu dem Trio, die 1534 einen Bund schmiedeten und in einer kleinen Kapelle auf dem Montmartre Armut und Ehelosigkeit gelobten. Zwei Jahre später hatte der letzte von ihnen den Magistergrad erworben, nach weiteren zwei

Jahren waren sie alle zu Priestern geweiht und pilgerten nach Rom. Dort boten sie im November 1538 Papst Paul II. (1534–1549) ihre Dienste für die katholische Gegenreformation an. Sie wollten überall dort zur Verfügung stehen, wo Seelsorger benötigt würden, und versprachen, dem Papst in absolutem und bedingungslosem Gehorsam zu dienen.

Paul II. nahm das Angebot gerne an, bestätigte schließlich am 27. September 1540 mit der Bulle *Regimini militantis ecclesiae* die von Ignatius ausgearbeiteten Konstitutionen für eine Ordensgemeinschaft, die sich fortan Societas Jesu (»Gesellschaft Jesu«) nannte. Ignatius wurde ihr erster Generaloberer und blieb fortan in Rom. Franz Xaver dagegen ging auf große Reise und wurde zum ersten Missionar der Gemeinschaft.

In der Mutterkirche der Jesuiten, Il Gesù in Rom, wurde Ignatius von Loyola beigesetzt, als er 1556 nach 15-jähriger Amtszeit friedlich verschied. Zu diesem Zeitpunkt hatte die Gesellschaft Jesu bereits 1000 Mitglieder und besaß über 100 Niederlassungen. Nur ein halbes Jahrhundert später, 1609, wurde der Ordensgründer von Papst Paul V. selig, 1622 zusammen mit Franz Xaver, Philipp Neri und Therese von Avila durch Papst Gregor XV. heiliggesprochen. Zu seiner Feier wurde eigens die Kirche S. Ignazio gebaut, die heute zu den schönsten der Ewigen Stadt gehört. Der Siegeszug der Jesuiten war zu diesem Zeitpunkt, wie es schien, nicht mehr aufzuhalten. Sie waren längst zur wichtigsten Kraft der katholischen Gegenreformation und weltweiten Mission geworden. Die Reform der Kirche, so glaubten sie, könne nur von innen erfolgen, aus einer vertieften Frömmigkeit und Christusbegegnung heraus.

Das besondere Charisma des Ordens lag im Dienst am Nächsten. Man wollte »Gott in allen Dingen finden«, nicht in mönchischer Abgeschiedenheit, sondern inmitten der Welt. Der Zweck, »die höhere Ehre Gottes« (»Ad maiorem Dei gloriam« lautet sein Motto), heiligte seine Mittel, solange sie zu Glaube und Gerechtigkeit führten. Mit Gelehrsamkeit und Weltläufigkeit wollten die Jesuiten überzeugen, nicht durch äußere Zeichen. So lehnte schon Ignatius die Einrichtung von Klöstern, das gemeinsame Chorgebet oder eine Ordenstracht ab; man trat im schlichten, schwarzen Gewand des Priesters auf. Wert gelegt wurde stattdessen auf die Exerzitien sowie hochkarätige Studien und eine Ausbildung, die der Gemeinschaft bald den Ruf einbrachte, die Elite der katholischen Kirche zu sein. Auch die Erziehung der Jugend schrieben sich die Jesuiten auf ihre Fahnen; noch heute gilt es als besonderes Privileg, »Jesuitenschüler« zu sein. Ehrenämter, auch das Bischofsamt, lehnte Ignatius ab: »Würden anzunehmen hieße, unsere eigenen Totengräber zu werden.« Jesuiten sehen sich als Diener, nicht als Autoritäten der Kirche.

Der Weg, ein Jesuit zu werden, war (damals noch mehr als heute) steinig und entbehrungsreich, vor allem aber verlangte er Selbstüberwindung und absoluten Gehorsam. Jeder Novize wurde zunächst zwei Jahre lang geprüft. Nicht nur er sollte den Orden und auch sich selbst besser kennenlernen, sondern auch der Orden ihn. Teil des Noviziats waren die sogenannten fünf Experimente, die Ignatius entwickelt hatte – an ihnen sollte sich zeigen, ob der Neuzugang geeignet war, als Jesuit zu dienen. Nach drei Monaten musste der Novize zunächst das Pflegeexperiment absolvieren und in einem Krankenhaus oder Sterbehospiz arbeiten, um Krankheit, Leid und Tod kennenzulernen. Gut die Hälfte der Novizen scheiterte an dieser Prüfung. Viele steckten sich mit Krankheiten an und verstarben, andere zeigten sich überfordert und verließen die Gemeinschaft.

Das zweite Experiment waren die 30-tägigen Exerzitien, die der inneren Einkehr und Selbstreflektion dienten. Danach folgte das dritte, das schwerste der Experimente: Der Novize sollte einen Monat lang mit Menschen leben und arbeiten, die sich am Rande der Gesellschaft befinden oder völlig mittellos auf eine Pilgerreise gehen. Kehrte er davon heil zurück, musste er sich noch zwei Monate lang als Seelsorger in einer Einrichtung des Ordens bewähren. Auf das Vierte folgte das fünfte Experiment, ein einsemestriger Studienaufenthalt, der Einblick in das Philosophiestudium und das akademische Leben vermittelte.

Hielt der Novizenmeister des Ordens den Kandidaten nach zwei Jahren für geeignet, legte dieser zunächst die ersten drei Gelübde ab: Armut, Keuschheit und Gehorsam. Wer Priester werden wollte, begann daraufhin sein Studium der Philosophie und der Theologie, gefolgt von einer zweijährigen praktischen Tätigkeit, dem sogenannten Instiz, meist in der Seelsorge, der Jugend- oder Sozialarbeit. Nach Abschluss des Studiums und der Priesterweihe unterzog sich der künftige Ordensmann noch einmal 30-tägigen Exerzitien. Dann legte er sein viertes und letztes Gelübde ab, schwor Gehorsam gegenüber dem Papst. Dieses besondere Verhältnis zum Nachfolger Petri freilich war es, das nicht selten für Misstrauen und Anfeindungen sorgte; Ortsbischöfe wie weltliche Machthaber misstrauten dem Elitekader der Gesellschaft Jesu, bezichtigten sie, nicht immer zu Unrecht, »Agenten Roms« zu sein. Die Selbstständigkeit und das Selbstbewusstsein des Ordens, der sich nur Gott und dem Papst gegenüber verpflichtet sah, führten schließlich zu seiner zeitweisen Unterdrückung. Auslöser war ein offener Konflikt mit den Kolonialmächten ausgerechnet in der Heimat des neuen Papstes, in Südamerika.

Da ihnen in Mexiko die Franziskaner und Dominikaner zuvorgekommen waren, konzentrierten die Jesuiten ihre Missionsarbeit in der Neuen Welt ganz auf Südamerika. Zunächst zogen Einzelne in das unwegsame Hinterland, um Eingeborenenstämmen das Evangelium zu verkünden. Doch sie erlebten immer wieder, dass ihnen die Kolonialherren dabei in die Wege kamen, die eine Bekehrung der Indios vermeiden wollten; als Christen hätten sie Rechte, nur Heiden konnten wie Tiere eingefangen und versklavt werden.

Als Diego Torres 1606 zum ersten Provinzial der neu errichteten Jesuitenprovinz Paraguay ernannt wurde, erkannte er das Dilemma und beschloss, die Strategie des Ordens zu ändern. Dringender als die Missionsarbeit erschien ihm zunächst der Schutz der Indios. Erst wenn man ihnen die nötige Sicherheit bot, konnte man sich um ihre Seelen kümmern und ihnen Grundbegriffe der Zivilisation vermitteln. Fortan versuchten Jesuitenmissionare in Paraguay, Brasilien, Argentinien und Uruguay, die Urwaldbewohner in festen Dörfern, sogenannten Reduktionen (von Span. »reducir« = zusammenfassen), zu sammeln und vor spanischen und portugiesischen Sklavenjägern zu schützen. In Paraguay entstand ein ganzer »Jesuitenstaat«, der als christliches Sozialsystem organisiert war.

Waren die Urwaldbewohner zunächst Sammler und Jäger, lehrten die Jesuiten sie Landwirtschaft, wobei der Boden und sein Ertrag Gemeinschaftseigentum blieben. Speziell die Kinder wurden im Lesen und Schreiben unterwiesen. Eine besondere Rolle spielte die Musik, für die sich die Indios sehr empfänglich zeigten; sie begleitete die Männer bei der Arbeit, während prachtvolle Liturgien und beeindruckende Kirchenbauten sie von der Schönheit des christlichen Glaubens überzeugen sollten. Eine kleine Armee aus gut ausgebildeten Indio-Soldaten stand bereit, um die Reduktionen vor den Übergriffen der Sklavenjäger zu schützen.

Schließlich lebten über 100 000 Indios in 30 blühenden Siedlungen. Die reichen Erträge, die sie erwirtschafteten, etwa durch den Export von Baumwolle und Mate-Tee, kamen dabei allen zugute – nur nicht der Kolonialmacht.

Als Berichte über den Reichtum der Jesuitenmission Europa erreichten, horchte man speziell in Portugal auf. Der Marques de Pombal, königlicher Minister, Freimaurer und erbitterter Gegner der Kirche, vereinbarte mit der spanischen Krone im Vertrag von Madrid einen Landtausch: das heutige Uruguay, das damals zu Brasilien gehörte, gegen das Gebiet des heutigen brasilianischen Staates Rio Grande do Sul, in dem sich ein großer Teil der Jesuitenreduktionen befand. Von einem Tag auf den anderen sollten sämtliche Jesuitenpatres, aber auch 30 000 Indios aus dem Stamm der Guarani, die Reduktionen räumen. Die Folge war ein Aufstand der Einheimischen, die sich nicht vertreiben lassen wollten.

Obwohl die Patres freiwillig ihre Missionen aufgaben, wertete man in Europa die Unruhen als Beleg für die Gefahr, die von dem »Heiligen Experiment« der Jesuiten ausging: Sie könnten in den »Wilden« das Verlangen nach Unabhängigkeit schüren. Als »gefährliche Aufrührer« bezeichneten ihre Gegner die Ordensleute, was in Portugal (1759), Frankreich (1764), Spanien (1767) sowie Parma und Neapel (1768) zu einer Vertreibung der Jesuiten führte. Schließlich ordnete der spanische König 1767 an, dass die Missionare unverzüglich die Neue Welt zu verlassen hatten.*

Statt Widerstand zu leisten, gehorchten die Jesuiten dem Verdikt und zogen sich in den Kirchenstaat zurück. Doch ihre Gegner gaben keine

---

* 1986 wurde die Vertreibung der Jesuiten zum Thema eines der wohl großartigsten Werke der Kinogeschichte, des Filmepos *Mission* mit Robert De Niro in der Hauptrolle und der überwältigend schönen Musik von Ennio Morricone.

Ruhe. Schließlich übten sie so lange Druck auf Papst Clemens XIV. (1769–1774) aus, bis dieser, ausdrücklich nicht als Strafe für eventuelle Vergehen, sondern als Maßnahme zur Erhaltung des Friedens, die Gesellschaft Jesu 1773 aufhob. Erst 1814 wurde sie durch Papst Pius VII. (1800–1823) wieder zugelassen.

Heute gibt es weltweit knapp über 17 000 Jesuiten (Stand am 1.1.2012: 17 637). Damit ist die Gesellschaft noch immer der größte (Männer-) Orden der katholischen Kirche, wenngleich die Tendenz stark rückläufig ist; in seinen besten Zeiten, 1965, waren es noch 36 038. Zudem ist der Orden stark überaltert; in Deutschland etwa, wo nur noch 387 Jesuiten leben, liegt das Durchschnittsalter bei 64 Jahren. In Südamerika stagniert ihre Zahl, nur in Afrika und Asien nimmt sie leicht zu.

Der heutige Kurs der Gesellschaft Jesu wurde auf der 32. Generalkongregation 1974/75 festgelegt, auf der das Dekret *Glaube und Gerechtigkeit* verabschiedet wurde. Unter der Devise »Option für die Armen« wollte man in der Dritten Welt, speziell aber in Lateinamerika, die Alphabetisierung und Elementarschulbildung fördern und sich auch anderweitig für die Armen und Schwachen einsetzen. So unterhält der Orden im Heimatkontinent des neuen Papstes ein Netzwerk von 2900 Dorfschulen vor allem für arme Kinder, in dem sich auch 130 000 Laien engagieren.

Auf der 34. Generalversammlung 1995 wurden schließlich vier Ziele formuliert: der Dienst am Glauben, der Kampf für die Gerechtigkeit, der Dialog mit den christlichen Kirchen und anderen Religionen und der Einsatz im Kontext der jeweiligen Kultur.

Sie wird auch der neue Papst auf seine Fahne geschrieben haben. Aber ist er überhaupt noch Jesuit? Kirchenrechtlich nicht, denn die Ordenszugehörigkeit wird durch den Gehorsam definiert. Rückt jemand vom Befehlsempfänger zum Befehlenden auf, kann er im striktesten Sinn kein »Soldat Jesu« mehr sein. So gibt es neben den vier großen Gelübden noch vier kleine: kein Amt im Orden oder außerhalb des Ordens anzustreben, jeden beim Ordensgeneral zu melden, der offensichtlich ein Amt anstrebt – und, falls der Papst ein Amt vergibt, zunächst die Erlaubnis des Ordensgenerals einzuholen.

Obwohl Franziskus der erste Jesuit auf dem Thron Petri ist, gab es auch vor ihm schon jesuitische Bischöfe, von denen viele im Alter wieder in die Gemeinschaft zurückkehrten. Im Herzen ist und bleibt er also Jesuit, wenn auch mit einem ganz besonderen Status.

Doch schon dadurch, dass er sich Franziskus nannte – und damit eben nicht Franz Xaver meinte –, zeigte er der Welt, dass er in einem breiteren Kontext dachte als bloß in den Kategorien und Traditionen seines Ordens. Er wollte kein »schwarzer Papst« sein, wie man den Generaloberen der Jesuiten wegen seiner schwarzen Soutane nennt, sondern der Oberhirte aller Katholiken. Und da Franz von Assisi auch ein Vorbild des Ignatius von Loyola war, passen beide wunderbar zusammen in ihrer Liebe zu Christus und ihrer Solidarität mit den Armen. Denn auch wenn die Jesuiten nie zu den Bettelmönchen zählten, so gehörte auch zu ihren Merkmalen von Anfang an ein demonstrativ bescheidenes Auftreten. Schon von Franz Xaver hieß es:

> »Seine Devise war: Das Mittel, wodurch man sich Ansehen und Autorität verschaffen muss, besteht darin, dass man sich selber seine Kleidung wäscht und seinen Kochtopf besorgt, ohne die Dienste anderer in Anspruch zu nehmen, und zugleich sich der Arbeit am Seelenheil des Nächsten widmet.«

Ich kenne einige Jesuiten ziemlich gut und bewunderte an ihnen immer die Schlichtheit ihres Auftretens. Ausgelatschte Schuhe und verschlissene Ärmel gehören ebenso zum Jesuitentum wie die Unterbringung in viel zu kleinen Kammern, die meist mit Büchern vollgestopft sind und nur noch Platz für ein äußerst schmales Bett lassen. Eine ausgezeichnete Bildung, präzises wissenschaftliches Arbeiten und klares Denken sind die andere Seite ihres von höchster Disziplin und materieller Armut geprägten Lebens. Dazu passt kein Prunkgewand und erst recht kein Paar roter Schuhe!

Wie ernst Jorge Mario Bergoglio das Grundprinzip jesuitischer Schlichtheit und Demut nahm, bewies er gleich in den ersten Stunden und Tagen nach der so ergreifenden »Balkonszene« des »Habemus Papam«. Als er den Petersdom verlassen hatte, wartete auf ihn vor dem Ausgang der Sixtinischen Kapelle bereits die päpstliche Limousine, der schwarze Mercedes mit dem amtlichen Kennzeichen SCV-1. Doch Franziskus schickte den Wagen einfach fort. Er wollte gemeinsam mit den Kardinälen im Bus zurück zum Domus S. Marthae fahren, so, wie er auch gekommen war.

Beim anschließenden Abendessen bewies er, dass er auch Humor hat. Erst dankte er ihnen für seine Wahl, dann fügte er hinzu: »Möge Gott euch vergeben, was ihr getan habt.« Vielleicht ahnte er aber auch, wie schwer es manchen fiel, sich an seinen neuen Stil zu gewöhnen.
Gleich am nächsten Morgen stattete Papst Franziskus, wie auf der Loggia des Petersdoms angekündigt, der Gottesmutter einen Besuch ab. Das war er schon dem Umstand schuldig, dass er an einem 13. März gewählt worden war; seit am 13. Mai 1917 die Marienerscheinungen von Fatima begannen und die Gottesmutter versprach, die nächsten fünf Monate immer an einem 13. zurückzukehren, gilt praktisch jeder 13. als Fatima-Tag. Zieht man in Betracht, dass Benedikt XVI. nicht nur am Festtag der hl. Bernadette Subirous (nämlich dem 16. April 1924) geboren wurde, sondern auch am Jahrestag der ersten Erscheinung in Lourdes, zugleich Welttag der Kranken (nämlich am 11. Februar 2013), seinen Rücktritt bekannt gab, lag darin zumindest eine schöne Kontinuität. Schließlich ist auch Fatima die Fortsetzung von Lourdes. Wieder wartete der schwarze Mercedes, wieder ließ Papst Franziskus ihn stehen. Stattdessen wählte er einen schwarzen VW Phaeton mit dem Nummernschild SCV-3578, das zumindest nicht verriet, dass der Papst in dem Wagen saß. So fuhr man ohne die sonst übliche Motorradeskorte zu Roms wichtigster Marienkirche, der Basilika S. Maria Maggiore unweit des Bahnhofs Termini am anderen Ende der Stadt.
Ihre Gründung ist mit einer Legende verbunden, weshalb sie auch S. Maria ad Nives (hl. Maria im Schnee) genannt wird. In der Nacht auf den 5. August 352 soll dem römischen Kaufmann Johannes und seiner Frau die Gottesmutter erschienen sein und darum gebeten haben, dass ihr an der Stelle, an der am nächsten Morgen Schnee liegt, eine Kirche gebaut würde. Dann würde auch ihr sehnlichster Wunsch nach Nachwuchs erfüllt werden. Gleich bei Morgendämmerung eilte das Ehepaar zu Papst Liberius (352–366), der den gleichen Traum gehabt hatte. Gemeinsam begab man sich auf den Esquilin, einen der sieben Hügel Roms, an dessen höchster Stelle tatsächlich Schnee lag. Wer die römische Sommerhitze kennt, der ahnt, wie tief das »Schneewunder« den Papst und die Römer beeindruckt haben muss. Jedenfalls machte man sich sofort ans Werk.

Das Kirchlein war so beliebt, dass es bald aus allen Nähten platzte. Als die Marienverehrung durch die Beschlüsse des Konzils von Ephesus 431 noch einmal einen Aufschwung nahm – damals wurde der alte, aber nicht unumstrittene Marientitel »Gottesgebärerin«, sprich: Gottesmutter, von den Konzilsvätern bestätigt –, ersetzte Papst Sixtus III. (432–440) die liberianische Basilika durch einen monumentalen Prachtbau. Noch heute gilt S. Maria Maggiore als eine der schönsten Kirchen der Welt. In ihrer Confessio steht, von einem silbernen Reliquiar umschlossen, die (angebliche) Reliquie der Krippe Jesu aus der Stallhöhle von Betlehem, davor eine überdimensionale Marmorstatue des betenden Papstes Pius IX. In ihrer Seitenkapelle wird, von Gold und Lapislazuli eingerahmt, die beliebteste Marienikone der Heiligen Stadt verehrt, die sogenannte Salus Populi Romani (»Heil des römischen Volkes«), der Legende nach ein Werk des Evangelisten Lukas. Zu ihr führte der Weg des Papstes, der, wie ein einfacher Pilger, Blumen brachte, die er auf dem Altar zu Füßen des heiligen Bildes niederlegte. Danach ging er in die gegenüberliegende Sixtinische Kapelle der Marienbasilika, die freilich ihren Namen Papst Sixtus V. (1585–1590) verdankte, nicht Sixtus IV. (1471–1484) wie die Sixtina des Vatikans. Hier hatte Ignatius von Loyola in der Weihnachtsnacht des Jahres 1538 seine erste heilige Messe in Rom gefeiert. Papst Franziskus aber betete am Grab eines seiner Vorgänger im Papstamt, der dort in einem gläsernen Sarkophag unter einer überlebensgroßen Marmorstatue bestattet ist: Pius V. (1566–1572) war ein glühender Marienverehrer in der Stunde größter Not. Er formierte die »Heilige Liga«, eine Allianz katholischer Nationen, um den Vormarsch der Türken zu stoppen, was dann tatsächlich und wie durch ein Wunder in der Schlacht von Lepanto 1571 gelang. Den überraschenden Sieg der zahlenmäßig weit unterlegenen christlichen Flotte schrieb er allein dem Rosenkranzgebet zu, zu dem er die Gläubigen zuvor aufgerufen hatte, und so erklärte er den 7. Oktober, den Jahrestag der Schlacht, fortan zum Fest Mariae Sieg, seit Gregor XIII. als Rosenkranzfest gefeiert. Papst Franziskus, so wussten italienische Zeitungen zu berichten, betet täglich drei Rosenkränze, also 15 Gesetze.

Nach dem Besuch der Basilika fuhr die päpstliche Wagenkolonne nicht etwa wieder in den Vatikan, sondern legte einen Zwischenstopp beim

Domus Internationalis Paulus VI. in der Via della Scrofa ein, wo Kardinal Bergoglio vor dem Konklave gewohnt hatte. Es wollte noch einen Koffer abholen und seine Zimmerrechnung aus eigener Tasche begleichen, »um ein gutes Beispiel zu geben«, wie Vatikan-Sprecher Pater Federico Lombardi, ebenfalls ein Jesuit, später ausdrücklich betonte. Danach bedankte er sich höflich und verabschiedete sich vom Personal. Wieder im Vatikan, telefonierte er zunächst mit dem Apostolischen Nuntius, gewissermaßen dem Botschafter des Vatikans, in Argentinien, Erzbischof Emil Paul Tscherrig. Er bat ihn, einen Brief aufzusetzen, der an alle Bischöfe des Landes gerichtet war. Der Papst danke allen Bischöfen, Priestern, Ordensleuten und dem Volk Gottes, dass sie für ihn gebetet und ihm nach der Wahl ihre Wärme, Verbundenheit und Liebe ausgedrückt hätten. Doch er bat sie auch, nicht zu seiner Amtseinführung zu kommen, die auf den 19. März angesetzt war, sondern das Geld lieber für die Bedürftigen zu spenden. Danach schickte Franziskus, wie vor ihm Benedikt XVI. an seinem ersten Amtstag, eine Grußbotschaft an die jüdische Gemeinde in Rom.

Pünktlich um 17.00 Uhr feierte er schließlich in der Sixtinischen Kapelle seine erste heilige Messe als Papst mit den Kardinälen. In langen Reihen zogen die Purpurträger unter den Klängen des *Tu es Petrus* (*Du bist Petrus*) ein: die gleichen Gesichter wie am Montag zuvor, der gleiche andächtige Ritus. Bloß der Volksaltar aus Sperrholz, den Benedikt XVI. hatte entfernen lassen, um das Messopfer zum Herrn und der ergreifenden Szene des Jüngsten Gerichts hin zu feiern, stand wieder da. Papst Franziskus wollte »ad populum«, zum Volk hin zelebrieren; ein kleines und doch bedeutungsschweres Detail. Die Predigt hielt er vom Ambo aus, ohne Mitra auf dem Kopf, wie ein Pfarrer vor seiner Gemeinde. Sie war keine päpstliche Regierungserklärung, wie man sie vielleicht erwartet hätte, auch kein theologisches und literarisches Meisterwerk, wie man es von Benedikt XVI. gewohnt war, sie war überhaupt kein vorbereiteter Text; der Papst sprach frei und gerade einmal sieben Minuten lang. Doch seine Worte kamen von Herzen und beeindruckten in ihrer Klarheit.

»Gehen, Aufbauen, Bekennen« lautete das Motto dieser Predigt, die, in schönem, klarem Italienisch gesprochen statt in Latein, plötzlich doch etwas Programmatisches bekam:

»Gehen – unser Leben ist ein Weg, und wenn wir anhalten, geht die Sache nicht. Immer gehen, in der Gegenwart des Herrn, im Licht des Herrn, und dabei versuchen, rechtschaffen zu leben, so, wie Gott es in seiner Verheißung von Abraham verlangte.
Aufbauen. Die Kirche aufbauen. Die Lesung spricht von Steinen: Steine haben Festigkeit; aber es geht um lebendige Steine, um vom Heiligen Geist getränkte Steine (vgl. 1 Petr 2, 1–10). Die Kirche, die Braut Christi, auf jenen Eckstein aufbauen, welcher der Herr selbst ist. Eine weitere Bewegung unseres Lebens also: aufbauen.
Drittens: bekennen. Wir können gehen, wie weit wir wollen, wir können vieles aufbauen, aber wenn wir nicht Jesus Christus bekennen, geht die Sache nicht. Wir werden eine wohltätige NGO (Non-Governmental Organisation, der Verf.), aber nicht die Kirche, die Braut Christi.
Wenn man nicht geht, bleibt man da stehen. Wenn man nicht auf Stein aufbaut, was passiert dann? Es geschieht das, was den Kindern am Strand passiert, wenn sie Sandburgen bauen: Alles fällt zusammen, es hat keine Festigkeit. Wenn man Jesus Christus nicht bekennt, da kommt mir das Wort von Léon Bloy in den Sinn: ›Wer nicht zum Herrn betet, betet zum Teufel.‹ Wenn man Jesus Christus nicht bekennt, bekennt man die Weltlichkeit des Teufels, die Weltlichkeit des Bösen.«

Dass ein Papst so deutlich vom Teufel spricht, war gewiss ein weiteres Novum. Es zeigte, dass alle, die Franziskus für einen »Modernisten« hielten, geradezu peinlich falschlagen. Seine Theologie zumindest ist konservativ und erinnert an die Kompromisslosigkeit des hl. Ignatius von Loyola, der von den »zwei Bannern« sprach: »Christus ruft alle unter sein Banner und wünscht sie herbei. Luzifer im Gegenteil unter das seine.«
Mit Léon Bloy (1846–1917) zitierte er einen großen französischen Schriftsteller und katholischen Sprachphilosophen, den die Schriften der stigmatisierten Nonne Anna Katharina Emmerick zum Glauben geführt hatten und der zu den wichtigsten Fürsprechern der Marienerscheinung von La Salette, ausgerechnet in seinem Geburtsjahr 1846, gehörte. Bloy machte später selbst mystische Erfahrungen und sah sich in der Nachfolge biblischer Propheten, die vor dem nahen Gericht Gottes warnten. Er bezeichnete sich als »Narr in Christo« und wollte zurück zum Urchristentum. Dabei propagierte er eine radikale Christusnachfolge in totaler

Armut. Wie später bekannt wurde, gehört er zu den Lieblingsautoren des neuen Papstes, was gewiss einiges über diesen verrät. Wer Franziskus verstehen will, sollte Bloy lesen. Genau wie sein Vorgänger, Papst Benedikt, forderte der Bergoglio-Papst eine »Entweltlichung« der Kirche und ein klares Bekenntnis zum Kreuz:

> »Wenn wir ohne das Kreuz gehen, wenn wir ohne das Kreuz aufbauen und Christus ohne Kreuz bekennen, sind wir nicht Jünger des Herrn: Wir sind weltlich, wir sind Bischöfe, Priester, Kardinäle, Päpste, aber nicht Jünger des Herrn.
> Ich möchte, dass nach diesen Tagen der Gnade wir alle den Mut haben, wirklich den Mut, in der Gegenwart des Herrn zu gehen mit dem Kreuz des Herrn; die Kirche aufzubauen auf dem Blut des Herrn, das er am Kreuz vergossen hat; und den einzigen Ruhm zu bekennen: Christus den Gekreuzigten. Und so wird die Kirche voranschreiten.«

Beim Treffen mit den Kardinälen am nächsten Tag bewies der Argentinier, dass er Deutsch spricht – und Hölderlin sein Lieblingsdichter ist. »Wie guter Wein, der mit den Jahren immer besser wird, so schenken wir den jungen Menschen die Weisheit des Lebens«, spielte er auf das Alter der Purpurträger an. »Mir kommt in den Sinn, was ein deutscher Dichter über das Alter gesagt hat«, um Hölderlin im Original zu zitieren: »Es ist ruhig, das Alter, und fromm.« Alle Kurienposten bestätigte er »bis auf Weiteres«; die übliche Vorgehensweise, die auch Benedikt XVI. praktiziert hatte. Eine Revolution sollte der Vatikan unter Franziskus nicht erleben.

Stattdessen zeigte sich, dass der neue Papst gerne telefonierte. Gleich nach der Wahl hatte er seine Schwester Maria Elena angerufen, doch das Telefonat recht kurz gehalten, »damit das den Vatikan nicht so teuer kommt«. Bei seinem ehemaligen erzbischöflichen Generalvikariat in Buenos Aires erreichte er eine Ordensfrau, die zunächst fragte, wer denn am Apparat sei. »Pater Jorge«, antwortete der Papst. »Eure Heiligkeit?«, fragte die erstaunte Nonne nach. »Ach was, hier ist Pater Jorge!« Bei seinem Zahnarzt rief er an, um eine anstehende Behandlung abzusagen.

Dann war der Kioskbesitzer Daniel del Regno an der Reihe, der dem Kardinal werktags regelmäßig die Zeitungen brachte, während Bergoglio an Sonntagen persönlich vorbeikam. »Hallo Daniel, hier spricht

Kardinal Jorge«, begrüßte er ihn. Der dachte zunächst an den Scherz eines Freundes und antwortete: »Jetzt aber, Mariano, sei kein Blödmann!« Erst als der Papst erklärte: »Ernsthaft, hier ist Jorge Bergoglio, ich rufe dich aus Rom an«, brach der Mann in Tränen aus. Franziskus wies ihn an, künftig die Lieferung einzustellen, grüßte seine Familie und bat darum, für ihn zu beten. Schließlich rief der Papst noch in der Generalkurie der Jesuiten an, um, als guter Ordensmann, seinem Generaloberen Pater Adolfo Nicolas Bericht zu erstatten. Ans Telefon ging Andrea, der junge Pförtner. »Hier spricht Papst Franziskus«, meldete sich Bergoglio dieses Mal. Italienische Zeitungen schrieben tags darauf, Andrea habe geantwortet: »Und ich bin Napoleon!«, doch das ist nicht wahr; ich habe ihn persönlich dazu befragt. Natürlich hat er skeptisch reagiert, was der Anrufer wohl sofort merkte. »Wie geht es Ihnen heute Morgen?«, fragte er höflich nach. »Gut, danke, aber ich bin doch etwas verwirrt«, lautete die ehrliche Antwort. »Bleiben Sie ruhig, das ist kein Problem«, meinte der Papst, »ist es möglich, den Pater General zu sprechen?«

Am nächsten Tag, also dem 16. März, war für 11.00 Uhr eine Begegnung mit den mittlerweile über 6000 beim Vatikan akkreditierten Journalisten aus 81 Ländern angesetzt, die natürlich auch für mich ein »Pflichttermin« war. Sie bot ein fast schon gewohntes Bild, wie ich es aus unzähligen Mittwochsaudienzen kannte. Selbst Erzbischof Gänswein, der treue Sekretär Benedikts XVI., saß wieder an der Seite des Papstes; nur dass er jetzt Präfekt des Päpstlichen Hauses war und der Papst massiger, ja stämmiger wirkte als der kleine, schmale Bayer, der vor ihm auf dem Thron Petri gesessen hatte. Und natürlich dass er schwarze Straßentreter trug statt der karminroten Papstslipper, auf denen sein Vorgänger nur vier Wochen zuvor gleichsam geschwebt war. Zu Beginn seiner kleinen, vom Blatt verlesenen Ansprache dankte Papst Franziskus den Journalisten, die in den letzten Wochen so hart gearbeitet hatten (»Sie hatten zu tun, ja, Sie hatten viel zu tun!«), insbesondere jenen, die »dabei der rechten Perspektive Rechnung trugen, in der diese Ereignisse gelesen werden müssen, der Perspektive des Glaubens«. Denn »selbst wenn die Kirche gewiss auch eine menschliche, geschichtliche Institution ist mit allem, was damit verbunden ist, so hat sie doch keine politische, sondern eine wesentlich geistliche Na-

tur: Sie ist das Volk Gottes, das heilige Volk Gottes, das unterwegs ist zur Begegnung mit Jesus Christus. Nur in dieser Perspektive kann man vollkommen erklären, was die katholische Kirche bewirkt.«
Christus sei der alleinige Hirte der Kirche, ohne ihn gäbe es keinen Nachfolger Petri, noch hätte sie einen Grund zu bestehen. Dass Papst Franziskus dabei gleich dreimal auf Benedikt XVI. verwies, zeigte deutlich, wie sehr er seinen Vorgänger schätzt und doch, bei aller Verschiedenheit in Äußerlichkeiten, auf Kontinuität setzt. »Ihre Arbeit braucht Studium, Gespür und Erfahrung wie viele andere Berufe«, bescheinigte er uns Presseleuten, »doch bringt sie eine besondere Aufmerksamkeit gegenüber der Wahrheit mit sich; und dies bringt uns nahe, da die Kirche da ist, um genau das mitzuteilen: das Wahre, das Gute und das Schöne ›in Person‹« – ein Satz, der wörtlich so auch von seinem Vorgänger hätte stammen können. Nachdem Papst Franziskus erklärt hatte, wie es zu seiner Namenswahl gekommen war, ergänzte er: »Er (Franz von Assisi) ist der Mann, der uns den Geist des Friedens gibt, der Mann der Armut. (…) Ach, wie möchte ich eine arme Kirche für die Armen!« Das war die wichtigste Aussage dieses Tages, seine Vision von der Zukunft der Kirche!
Glauben wir Franziskus, so ging es auf dem Konklave durchaus humorvoll zu. Die Eminenzen beliebten zu scherzen, als es um die Frage der Namenswahl des neuen Papstes ging. »Du müsstest dich Hadrian nennen, denn Hadrian VI. war der Reformer; es braucht Reformen (…)«, meinte einer der Kardinäle. Ein anderer bezog sich auf die jesuitische Herkunft des neuen Papstes, als er sagte: »Nein, nein, dein Name müsste Clemens sein.« – »Aber warum?«, fragte Bergoglio. – »Clemens XV.: So rächst du dich an Clemens XIV., der den Jesuitenorden aufgehoben hat.«
Auf das Pressegespräch folgte, zu unserer Enttäuschung, kein Segen, obwohl Erzbischof Gänswein den neuen Papst ausdrücklich daran erinnert hatte, wie nicht zu überhören war. Die Erklärung gab Franziskus überraschenderweise auf Spanisch: »Ich habe gesagt, dass ich Ihnen von Herzen meinen Segen erteilen würde. Da aber viele von Ihnen nicht der katholischen Kirche angehören, andere nicht gläubig sind, erteile ich von Herzen diesen Segen in Stille jedem von Ihnen mit Respekt vor dem Gewissen jedes Einzelnen, aber im Wissen, dass jeder

von Ihnen ein Kind Gottes ist. Gott segne Sie.« Das war neu und gewöhnungsbedürftig.

Zumindest entschädigte uns ein weiteres Novum. Wie bei jeder Papstaudienz, so gab es auch hier eine »prima fila«; ausgewählte Mitarbeiter des vatikanischen Pressesaals, von *Radio Vatikan* und dem Vatikan-Büro des italienischen Staatsfernsehens und -radios RAI wurden Papst Franziskus persönlich vorgestellt. »Baciamano«, Handkuss, nennt man solche kurzen Audienzen, weil Katholiken dabei traditionell den Fischerring des Papstes küssen. Da traute ich meinen Augen nicht, als plötzlich auf der Bühne, mitten unter den verdienten Kollegen, fröhlich ein Schwanz wedelte – da stand ein Hund! Ich habe in meinem Leben an gut 100 Papstaudienzen teilgenommen, aber einem Hund wurde, soweit ich weiß, auf einer solchen bislang noch keine Begegnung mit dem Heiligen Vater gewährt. Asia, so hieß die Hübsche, war die Blindenhündin des RAI-Radiojournalisten Alessandro Forlani. Und doch passte alles: Der Papst, der sich nach dem heiligen Franziskus nennt, dem Patron der Tierfreunde, empfing eine Labrador-Dame und segnete sie.

Wer danach den Weg in den Sala Stampa della Santa Sede, das vatikanische Pressebüro an der Via della Conciliazione, fand, der musste, bei aller Sympathie für den neuen Papst, feststellen, dass Heraldik nicht zu seinen Stärken gehört. Das offizielle Wappen von Franziskus war in seinem ersten Entwurf, gelinde gesagt, etwas verwirrend. Im Zentrum des himmelblauen Wappenschildes stand, so weit, so gut, das traditionelle Signet des Jesuitenordens: die strahlende Sonne, die Christus selber ist, darin das IHS, das schon den ersten Christen als Kurzform des Namens Jesus (Griechisch: Ihsous) diente. »Nomen sacrum« nennt man in der Bibelwissenschaft diesen aus dem Judentum entlehnten Brauch, von »heiligen Namen« nur die ersten und letzten Buchstaben zu schreiben. Auch heute noch vermeiden es gläubige Juden, den Namen Gottes zu Papier zu bringen, und kürzen ihn als »G.tt« ab. Über dem IHS thronte schon im Siegel des hl. Ignatius von Loyola das Kreuz, während die drei heiligen Nägel die drei Gelübde der Armut, Ehelosigkeit und des Gehorsams symbolisierten.

Doch was sich darunter befand, war zumindest erklärungsbedürftig. Ein Pentagramm sollte die Jungfrau Maria symbolisieren, eine horizontale Weintraube, von der es hieß, dass sie ein Nardenzweig sollte, den heiligen Joseph »nach der hispanischen Ikonografie«. Erst zwei Wochen später wurden die mehrdeutigen Symbole durch eindeutige ersetzt. Zudem kam, ein Novum bei Papstwappen, ein Wahlspruch hinzu, den Bergoglio freilich schon als Bischof geführt hatte und der einer Predigt des hl. Beda Venerabilis entnommen war: »Miserando atque eligendo« – »Durch Erbarmen erwählt«. Die Barmherzigkeit Gottes, so scheint es, soll das große Thema seines Pontifikats werden.

III. Ein römischer Frühling

»Seht her, nun mache ich etwas Neues!«, lautete die Tageslesung an diesem Sonntag, dem 5. der Fastenzeit, aus dem Buch Jesaja. »Schon kommt es zum Vorschein, merkt ihr es nicht?« Doch der Satz könnte ebenso gut von Papst Franziskus stammen, wie auch die zweite Lesung aus einem Brief des Apostels Paulus: »Ich vergesse, was hinter mir liegt, und strecke mich nach dem aus, was vor mir ist.«
Seine erste Sonntagsmesse hielt der neue Papst noch nicht im Petersdom, sondern in der Pfarrkirche der Vatikan-Stadt, der St.-Anna-Kirche. Sie liegt gleich gegenüber der Kaserne der Schweizergarde am St.-Anna-Tor, dem wichtigsten Zugang zum Kirchenstaat. Hier war Franziskus, wie es schien, als »Pfarrer der Welt« in seinem Element. Er hielt nicht nur – manuskriptfrei und »muy rapido« – eine kurze Predigt über die Barmherzigkeit Gottes, am Ende der Messe rief er auch noch einen jungen Pater Gonzalo aus Uruguay nach vorn, der ein Projekt mit Jugendlichen leitet, die er von der Straße holt. Anschließend stand er, wie so mancher Dorfpfarrer in Italien oder Argentinien, am Ausgang der Kirche, schüttelte jedem Gottesdienstbesucher persönlich die Hand und segnete die Kinder. Manchen umarmte dieser »Papst zum Küssen« mit südamerikanischer Herzlichkeit. Zwischenzeitlich hatte sich am Tor eine Menschentraube gebildet. Hunderte, die auf den Weg zum Petersplatz waren, um dort gleich mit dem Papst den Angelus zu beten, bekamen mit, was sich gerade hinter dem Tor abspielte, blieben stehen, beobachteten fasziniert das Geschehen – und trauten ihren Augen nicht, als der Papst plötzlich auf sie zuging und minutenlang auch ihre Hände ergriff. Die Sicherheitsleute des Vatikans waren in diesem Augenblick dem Herzinfarkt nahe.
Dann zog er sich in den Apostolischen Palast zurück und benutzte erstmals die Räumlichkeiten, die nach dem Amtsverzicht Benedikts XVI. versiegelt und zwei Tage nach seiner Wahl wieder geöffnet worden waren. Der »Kampf« des Papstes gegen eben jenes »appartamento«, in dem sämtliche seiner Vorgänger gelebt hatten, ist zu einem der vielleicht amüsantesten Aspekte des neuen Pontifikats geworden. Wäh-

rend des Konklaves wohnte Kardinal Bergoglio natürlich, wie alle Kardinäle, im Domus S. Marthae. Als er zum Papst gewählt worden war, zog er um in die größte Suite des vatikanischen Gästehauses, die Suite 201, in der er auch Gäste empfangen konnte. Gewöhnlich bleibt ein neuer Papst dort nur für ein paar Tage, bis das Papstappartement im Apostolischen Palast nach seinen Vorgaben eingerichtet worden ist. Doch als man Franziskus die Räumlichkeiten zeigte, war er schockiert; sie schienen ihm viel zu groß, vor allem aber wollte er nicht isoliert von den Menschen im vierten Stock eines Palastes wohnen. »Dort haben ja 300 Menschen Platz!«, soll er bei der Besichtigung ausgerufen haben. Das gilt allerdings nur für die Empfangsräume; das päpstliche Schlafzimmer ist mit zwölf Quadratmetern nicht gerade riesig.
Jedenfalls blieb Franziskus, allen Empfehlungen seiner neuen Berater zum Trotz, im Domus S. Marthae; und das bis auf den heutigen Tag, Monate nach seiner Wahl. Hier zelebriert er morgens um 7.00 Uhr, zusammen mit den anderen Gästen, Vatikan-Mitarbeitern oder besonderen Gruppen, die Frühmesse. Hier isst er zu Mittag und zu Abend, setzt sich im Speisesaal an einen der großen runden Tische zu anderen Geistlichen und scherzt mit ihnen. »Heiliger Vater, darf ich mich zu Ihnen setzen?«, fragte da höflich der Benjamin unter den Kardinälen, der Philippino Luis Tagle. »Ja, bitte, heiliger Sohn«, antwortete Franziskus mit göttlicher Lockerheit. Die 40 Kurienprälaten, die für die Zeit des Konklaves ausziehen und ihre Zimmer und Appartments im Domus den Kardinälen überlassen mussten, sind längst wieder zurückgekehrt und leben jetzt mit dem Papst unter einem Dach.
Zum Entsetzen der omnipräsenten Vatikan-Gendarmen benutzt Franziskus sogar gemeinsam mit anderen Gästen den Fahrstuhl. »Bleiben Sie bitte«, erklärte er zwei Prälaten, die den Fahrstuhl wieder verlassen wollten, als sie den Mann in Weiß kommen sahen, »ich bin doch nicht aussätzig!« Überhaupt ist diese Unterkunft ein Sicherheitsrisiko, liegt das Gästehaus doch direkt an der Außenmauer des Vatikan-Staates, vor der sich bislang einer der wenigen Parkplätze der Gegend befand; er wurde jetzt zum Leidwesen der Anwohner gesperrt, um den Papst zumindest vor möglichen Autobomben zu schützen.
Im Apostolischen Palast dagegen wäre er bestens bewacht. Doch Sicherheitsbedenken sind dem Mann aus Argentinien offenbar ebenso

fremd wie jedes Protokoll. Er greift nach wie vor selbst zum Telefon, statt sich verbinden zu lassen. Nicht einmal einen persönlichen Sekretär hat er bislang, lediglich Benedikts zweiten Sekretär, den Malteser Alfred Xuereb (54), hat er übernommen. Er erledigt die amtliche Korrespondenz und kümmert sich um den Terminkalender.

Franziskus wolle eine »einfache Weise des Zusammenlebens mit anderen erfahren«, erklärte sein Pressesprecher Pater Lombardi, er befände sich noch »in einer Phase der Eingewöhnung und des Experimentierens«. Bis auf Weiteres bleibt daher S. Marthae sein Wohn-, Arbeits- und Audienzbereich. Lediglich Staatsgäste und hohe Würdenträger empfängt er, wie einst Benedikt XVI., in der Bibliothek der ehemaligen Papstwohnung oder einem der offiziellen Audienzräume wie der Sala Regia oder der Sala Clementina des Papstpalastes. So blieb das Licht des berühmtesten Fensters der Welt, das früher den Gläubigen auf dem Petersplatz anzeigen sollte, dass der Papst bis in die Nacht hinein für sie arbeitet und betet, bislang ausgeschaltet. Nur einmal in der Woche, zum sonntäglichen Angelus-Gebet gegen zwölf Uhr mittags, erscheint hier Franziskus, um zu den Gläubigen zu sprechen, mit ihnen zu beten und sie zu segnen.

Zu diesem Anlass war am 17. März eine scheinbar endlose Menschenmenge geströmt; über 300 000 zählten die römischen Behörden. Ja, es schien, als sei »tutto di Roma« auf den Beinen, um sich endlich einen persönlichen Eindruck von »dem Neuen« zu verschaffen, von dem man in den letzten Tagen so viel Erstaunliches vernommen hatte, und mit ihm den »Engel des Herrn«, diese Meditation über Mariens Verkündigung, zu beten. Die Gläubigen wurden von Franziskus nicht enttäuscht.

Die Barmherzigkeit Gottes war wie zuvor in St. Anna auch das Thema seiner Angelus-Ansprache – und führte zu einer ganz besonderen und noch dazu humorvollen Ehrung eines deutschen Kardinals:

> »In diesen Tagen hatte ich die Gelegenheit, das Buch eines Kardinals – Kardinal Kaspers, eines Theologen, der sehr tüchtig ist, eines guten Theologen – über die Barmherzigkeit zu lesen. Und jenes Buch hat mir sehr gutgetan. Doch glaubt jetzt nicht, dass ich Werbung für die Bücher meiner Kardinäle mache! Dem ist nicht so! Doch es hat mir so gut, so gutgetan (…). Kardinal Kasper sagte,

dass von der Barmherzigkeit zu hören, dass dieses Wort alles ändert. Es ist das Beste, was wir hören können: Es ändert die Welt. Ein wenig Barmherzigkeit macht die Welt weniger kalt und viel gerechter. Wir haben es notwendig, diese Barmherzigkeit Gottes gut zu verstehen, dieses barmherzigen Vaters, der so viel Geduld hat.«

Ich musste schmunzeln, denn ich hatte längst herausgefunden, wie sehr die beiden sich schätzen. Ihre Zimmer im Domus S. Marthae lagen beim Konklave zufällig schräg gegenüber, und so hatte Kasper dem neu gewählten Papst, bevor er in seine Suite umzog, noch schnell das Buch in die Hand gedrückt. Doch schon bei der Papstwahl war es Kasper gewesen, der Stimmen für Bergoglio gesammelt hatte. »Er war von Anfang an mein Kandidat, ich habe vom Beginn des Konklaves an für ihn gestimmt«, gestand Kasper der *Schwäbischen Zeitung*, um dann zu erklären:»Wir kennen uns seit vielen Jahren. Ich bin mindestens dreimal in Buenos Aires gewesen, dort sind wir uns begegnet.« Den deutschen Kardinälen hatte Kasper dann von einem Studienaufenthalt Bergoglios in Frankfurt erzählt und davon, dass er »bei Professor Erhard Kunz«, einem deutschen Jesuiten, promoviert habe. Tatsächlich hatte der Argentinier zwar Material für eine geplante Dissertation gesichtet und sich auch mit Kunz beraten, doch zur Promotion kam es nie.

Neben der »Leseempfehlung des Tages« wollte der neue Papst noch eine Geschichte aus seinem Leben mit den Menschen auf dem Platz teilen, die viel über seine bodenständige Spiritualität verrät:

»Gerade als ich Bischof geworden war, im Jahr 1992, ist die Gottesmutter von Fatima nach Buenos Aires gekommen, und es wurde eine große Messe für die Kranken gefeiert. Ich bin zu jener Messe gegangen, um Beichte zu hören. Und fast am Schluss der Messe bin ich aufgestanden, weil ich eine Firmung spenden musste. Da ist eine alte, einfache, sehr einfache Frau zu mir gekommen, die über 80 war. Ich habe sie angeschaut und zu ihr gesagt: ›Nonna – denn bei uns sagt man so zu den alten Leuten: Nonna –, wollen Sie beichten?‹ – ›Ja‹, sagte sie mir. – ›Aber wenn Sie nicht gesündigt haben?‹ Und sie hat mir erwidert: ›Alle haben wir Sünden.‹ – ›Doch vielleicht vergibt sie der Herr nicht?‹ – ›Der Herr vergibt alles‹, antwortete sie mir mit Überzeugung. – ›Frau, wie aber können Sie das wissen?‹ – ›Wenn der Herr nicht alles vergäbe, gäbe es die Welt nicht.‹ Ich hätte sie gerne gefragt: ›Sagen Sie mir, liebe

Frau, haben Sie an der Gregoriana studiert?‹ (der berühmten Jesuitenuniversität in Rom, d. Verf.), denn das ist die Weisheit, die der Heilige Geist gibt: die innere Weisheit, die zur Barmherzigkeit Gottes führt.«

»Es ist die Botschaft, in der er am ersten Sonntag seines Pontifikats sein Amt mit dem seines Vorgängers und Vorvorgängers verschweißt und versiegelt«, kommentierte der Vatikan-Experte Paul Badde von der *Welt* die Worte des Papstes: »In diesem Punkt passt endlich kein Blatt Papier mehr zwischen Johannes Paul II., der an dem von ihm selbst eingeführten Barmherzigkeitssonntag starb, und zwischen Benedikt XVI., dessen Pontifikat das ›Erbarmen im Antlitz Jesu‹ als Leitmotiv durchzog. An diesem Sonntag wird Gottes Barmherzigkeit zum roten Faden der frohen Botschaft, die Franziskus mit seinen Vorgängern im Amt wohl am stärksten verbindet.«

»Vergesst nicht: Der Herr wird es nie müde, zu vergeben! Wir sind es, die es müde werden, um Vergebung zu bitten«, beendete Franziskus seine Ansprache. Und dann wünschte er allen Anwesenden »einen schönen Sonntag und gesegnete Mahlzeit!« – bodenständiger hatte sich noch nie ein Papst von den Gläubigen verabschiedet. Auf die sonst üblichen Grußworte in den »katholischen Weltsprachen« – also Englisch, Spanisch, Portugiesisch, Französisch, Deutsch, Polnisch und Arabisch – verzichtete er dagegen.

Zwei Tage später folgte seine feierliche Amtseinführung. Sie war nicht ohne Grund auf den 19. März gelegt worden; es ist der Festtag des heiligen Josephs, des Beschützers der Gottesmutter und des Jesuskindes. Zugleich aber ist es auch der Namenstag Joseph Ratzingers (auch Päpste feiern ihren Namenstag nach dem Taufnamen, nicht dem Amtsnamen), dem Franziskus am Nachmittag noch telefonisch gratulieren sollte. Unter einem besseren »Stern« hätte das große Papstfest also gar nicht stehen können. Selbst das Wetter spielte mit. Zwar hatte der Regen zum »Habemus Papam« eine Pause eingelegt, doch schon an den nächsten Tagen schüttete es zeitweise wie aus Kübeln. Selbst beim Angelus am Sonntagmittag hingen noch dunkle Wolken über der Ewigen Stadt. Erst am Montagabend kam ein warmer Wind auf, der alle Wolken vertrieb. So begrüßte uns der neue Tag mit strahlend schönem Wetter – der römische Frühling hatte endlich begonnen.

Auch ich war an diesem Morgen, an dem wieder Zigtausende zum Petersplatz strömten, in aller Herrgottsfrühe aufgestanden, um schon um 7.00 Uhr vor Ort zu sein. Wir Journalisten waren wieder einmal auf dem Braccio di Carlo Magno, dem linken Verbindungsglied zwischen dem Petersdom und den Kolonnaden des Bernini, positioniert worden, von wo aus man den besten Überblick über das Geschehen hat. Von dort ließ sich wunderbar verfolgen, wie sich der Platz langsam füllte, während auf den vorderen Plätzen allmählich die Ehrengäste eintrafen. Seit acht Jahren hatte Rom, ja hatte kein Ort der Welt, je ein so hochkarätiges Stelldichein gekrönter Häupter, Regierungsoberhäupter und Vertreter der Kirchen und Weltreligionen gesehen.

Oben rechts auf der Altarinsel hatten sich die Vertreter von 119 Staaten und 13 internationalen Organisationen eingefunden, darunter die Fürsten von Andorra, Belgien, Monaco, Liechtenstein und Luxembourg, die Thronerben von Bahrain, Spanien und den Niederlanden sowie 33 Präsidenten und zwölf Regierungschefs. Argentiniens Präsidentin Cristina Kirchner war besonders früh erschienen, um sich von allen gratulieren zu lassen zu »ihrem Papst«, mit dem sie gerade noch spinnefeind gewesen war. Jetzt erzählte sie jedem, der es wissen wollte (oder auch nicht), dass sie von ihm (auf die Wange) geküsst worden sei, gestern, als er sie in seiner Bibliothek empfangen hatte.

Die USA waren durch Vizepräsident Joe Biden, Deutschland durch Bundeskanzlerin Merkel, Außenminister Rösler, Bundestagspräsident Lammert und Ministerpräsident Kretschmann vertreten, Österreich durch Bundespräsident Fischer, die Schweiz durch Außenminister Burkhalter. Natürlich war auch der Bad Boy der Weltgemeinschaft, Zimbabwes Diktator Robert Mugabe, angereist und wunderte sich vielleicht (oder auch nicht), dass niemand mit ihm sprach.

Auf der gegenüberliegenden Seite des Papstaltars nahmen Vertreter von 34 christlichen Kirchen Platz, deren Brokat und Kronen in der Sonne funkelten wie die Gewänder von Königen. Links vor der Auffahrt zum Sagrato (der Altarplattform) hatte man die Vertreter des Judentums, aber auch des Islam, Buddhismus, Hinduismus, der Jain- und der Sikh-Religion platziert: Männer mit Kippa oder Turban, langen weißen Bärten oder weißen Schärpen mit japanischer Tuscheschrift. Auch der Oberrabbiner Riccardo Di Segni war dabei; zum

ersten Mal in der Geschichte nahm das Oberhaupt der jüdischen Gemeinde von Rom an der Amtseinführung eines Papstes teil. Rechts davon saß mit seiner Delegation der wohl wichtigste Gast dieses Tages, dessen schiere Präsenz bewies, wie weit auch der ökumenische Dialog unter Benedikt XVI. fortgeschritten war: Bartholomäus I., der Ökumenische Patriarch von Konstantinopel, bekleidet mit einem schlichten, schwarzen »Epanokalimmavkon«, der Kopfbedeckung der griechisch-orthodoxen Metropoliten, und einer ebensolchen Soutane. Nie seit der Kirchenspaltung von 1054 war ein Oberhaupt der Orthodoxie zu einem solchen Anlass nach Rom gekommen.
Nur ein Ehrengast fehlte: Die Schwester des Papstes, Maria Elena Bergoglio, war in Buenos Aires geblieben, um das Geld für den teuren Flug »für die Armen« zu sparen, ganz wie es der Papst seinen Landsleuten geraten hatte.
Schon um 8.45 Uhr, eigentlich viel zu früh, ertönte der Jubel der Menge, als der Papst plötzlich im offenen Papamobil auf dem Petersplatz erschien. Offensichtlich konnte er es kaum erwarten, endlich bei den Menschen zu sein. Geschlagene 20 Minuten lang kurvte er auf ungewohnten Wegen durch die Blöcke, in denen die Gläubigen eingepfercht waren, und brachte so manchen Schweizergardisten in Zivil ins Schwitzen. Einmal ließ er den Wagen sogar anhalten und stieg aus, um einen Schwerstbehinderten zu küssen, der von einem jungen Mann auf Händen getragen wurde. Selbst durch das Teleobjektiv erkannte man Panikattacken in den Augen der Sicherheitsleute.
Die vielen weißblauen Flaggen verrieten, dass eine Reihe von Argentiniern den Aufruf des Papstes, zu Hause zu bleiben, schlichtweg ignoriert hatte. Stattdessen stimmten sie besonders laut in die allgemeinen »Francesco! Francesco!«-Rufe ein und feierten ihren Papst. Der wiederum, statt sie zu tadeln, zeigte mit hochgerecktem Daumen und seinem breitesten Stan-Laurel-Strahlen seine Begeisterung. Nur Schwarz-Rot-Gold war deutlich weniger auf dem Platz zu sehen als unter seinem Vorgänger. Auch bei den Lesungen und Fürbitten fehlte die Sprache Benedikts. Die deutsche Stunde der Weltkirche war augenscheinlich vorüber. Oben auf der Altarplattform angekommen, stieg der Papst aus, um den Petersdom zu betreten. Als er das Grab des Apostelfürsten erreicht hatte, zeigte sich ein anderer Franziskus: konzentriert, ernst, kniend und

betend. Würdevoll stieg er zu den Klängen des *Tu es Petrus* die Stufen der Confessio herab, wo ihn bereits die Patriarchen der mit Rom unierten Ostkirchen erwarteten. Minutenlang kniete er vor der marmornen Verkleidung des Apostelgrabes, dem Mosaik des segnenden Christus, vor dem auf roten Samtkissen der Fischerring und das päpstliche Pallium auf ihn warteten: eine Stola aus der Wolle junger Lämmer, Symbol für sein Hirtenamt, und ein Ring aus vergoldetem Silber, der Petrus mit den Himmelsschlüsseln zeigt – er war ursprünglich für Papst Paul VI. entworfen worden.

Die Zeit schien für den Argentinier stehen geblieben zu sein, erst der päpstliche Zeremoniar Guido Marini holte ihn aus der fast meditativen Versenkung. Dann stieg Franziskus wieder hinauf, wo die Kardinäle sich längst im Kreis um den Papstaltar aufgestellt hatten, um jetzt in feierlicher Prozession wieder hinauszugehen auf den Platz. Die Patriarchen voraus, zuletzt der Papst, in den Händen die Ferula, den vergoldeten Kreuzstab Benedikts XVI.

Zunächst umschritt Franziskus zur Beweihräucherung den Altar, verneigte sich vor der Statue der Gottesmutter, die eigens, mit weißen Rosen geschmückt, aufgestellt worden war, dann nahm er Platz auf dem von einem samtenen roten Baldachin überdachten Papstthron. Dort legte ihm Kardinaldiakon Tauran das Pallium um, bevor Kardinaldekan Sodano ihm den Fischerring überstreifte, die Insignien seines Amtes. Hatte Benedikt XVI. noch festgelegt, dass jetzt alle Kardinäle einzeln seinem Nachfolger die Treue schwören sollten – man darf fragen, ob das Misstrauen angebracht war –, wurde diese Änderung von Franziskus wieder rückgängig gemacht. Nur sechs Purpurträger, darunter die Kardinäle Bertone und Meisner, repräsentierten das gesamte Kardinalskollegium.

Die anschließende Messfeier wurde fast vollständig auf Latein zelebriert, das Evangelium, im Sinne der Ökumene, von einem griechischen Diakon in seinem griechischen Urtext gesungen. Nur der neue Papst sang nie, auch nicht bei den Wandlungsworten. »Jesuita non cantat«, Jesuiten sagt man nach, dass sie nicht singen, wobei offen bleibt, ob sie es nicht können oder nicht wollen. Bei Franziskus aber mag sein Lungenleiden der Grund dafür sein; ein Knieschaden wiederum, dass er nach der Wandlung keine Kniebeuge macht.

Seine Predigt berührte die Menschen. »Er singt nicht, doch nun erinnert seine Stimme manchmal an das schwer atmende Organ Atahualpa Yupanquis, des legendären alten und melancholischen Sängers vom Rio della Plata, der selbst für die Toten noch fröhliche Lieder zu singen wusste (›aber nur für die, die tanzen konnten‹)«, kommentierte Paul Badde von der *Welt*. Dabei war seine Predigt mehr »Sonnengesang des heiligen Franziskus« als die erwartete »Regierungserklärung« zum Pontifikat. Aus einer Betrachtung des heiligen Joseph als Hüter Mariens, Jesu und der ganzen Kirche leitete er die Berufung eines jeden Christen ab, Hüter auch der Schöpfung zu werden, »wie es uns der heilige Franziskus von Assisi gezeigt hat: Sie besteht darin, Achtung zu haben vor jedem Geschöpf Gottes und vor der Umwelt, in der wir leben. Die Menschen zu hüten, sich um alle zu kümmern, um jeden Einzelnen, mit Liebe, besonders um die Kinder, die alten Menschen, um die, welche schwächer sind und oft in unserem Herzen an den Rand gedrängt werden. Sie besteht auch darin, in der Familie aufeinander zu achten.« Schließlich gipfelte die Predigt in einem leidenschaftlichen Appell:

> »Alle Verantwortungsträger auf wirtschaftlichem, politischem und sozialem Gebiet, alle Männer und Frauen guten Willens möchte ich herzlich bitten: Lasst uns ›Hüter‹ der Schöpfung, des in die Natur hineingelegten Plans Gottes sein, Hüter des anderen, der Umwelt; lassen wir nicht zu, dass Zeichen der Zerstörung und des Todes den Weg dieser unserer Welt begleiten! Doch um zu ›behüten‹, müssen wir auch auf uns selber Acht geben! Erinnern wir uns daran, dass Hass, Neid und Hochmut das Leben verunreinigen! Hüten bedeutet also, über unsere Gefühle, über unser Herz zu wachen, denn von dort gehen unsere guten und bösen Absichten aus: die, welche aufbauen, und die, welche zerstören! Wir dürfen keine Angst haben vor der Güte, ja, nicht einmal vor der Zärtlichkeit.«

Das freilich entsprach ganz der Botschaft des Mannes aus Assisi, der nicht zu Unrecht als »Schutzpatron der Umwelt« gilt. Dazu passte, dass die Franziskaner von La Verna, jener Zuflucht in den Bergen, an der ihr Ordensgründer die Wundmale Christi erhalten hatte, bei dieser Amtseinführungsmesse die Gaben zum Altar brachten.
Gleich nach dem Hochamt begann die Reihe der offiziellen Gratulationen. Im Petersdom empfing Papst Franziskus die Staats- und Regie-

rungsoberhäupter, einen Tag später die Vertreter der christlichen Kirchen und Weltreligionen. Patriarch Bartholomäus war dabei offenbar so sehr von dem neuen Nachfolger Petri angetan, dass er ihn spontan auf eine Reise einlud. Man könne doch 2014 gemeinsam das Heilige Land besuchen, in Jerusalem des 50. Jahrestages jener historischen Begegnung zwischen Paul VI. und Bartholomäus' Amtsvorgänger Athenagoras gedenken, die das damals 900-jährige Eis zwischen den beiden Kirchen brach. Franziskus wiederum, der Nachfolger Petri, nannte den Patriarchen aus dem »Rom des Ostens« nur »seinen Bruder Andreas«. Tatsächlich beruft sich die Kirche von Konstantinopel auf den hl. Andreas, den Bruder des Apostelfürsten. Sein Missionsgebiet umfasste Teile Griechenlands, den Bosporus und die Schwarzmeerküste, im damaligen Byzanz soll er eine erste Gemeinde gegründet haben. So bleibt zu hoffen, dass sich die Kirchen der Brüder Petrus und Andreas in nicht allzu ferner Zukunft wieder versöhnen.

Zum Abschied überreichte der Patriarch von Konstantinopel Franziskus eine kleine Ikone und erhielt als Gegengabe ein Kreuz, für das er sich mit den Worten »es ist wunderbar, weil es ein Kreuz ist und weil es von Ihnen stammt« bedankte. Der Vertreter des Moskauer Patriarchats, Metropolit Hilarion, schenkte dem Papst eine prachtvolle Ikone der »Mutter Gottes der Demut« und bat: »Beten Sie um Demut für mich.« Nur drei Tage später sollte diese Ikone eine neue Bestimmung finden – und Teil der schönsten Geste dieses jungen Pontifikats werden. Sie zeigte erst der Welt, wie groß der Respekt des neuen Papstes für seinen Vorgänger war.

Seit Papst Franziskus dem erstaunten Kirchenvolk auf der Loggia des Petersdoms vorgestellt worden war, also in den neun Tagen, die mein Bericht bislang umfasst (und noch heute, Monate später), wurde immer wieder der Versuch unternommen, ihn gegen Benedikt XVI. auszuspielen. So, als habe der Ratzinger-Papst alles falsch gemacht und »der Neue« alles richtig. Wer so argumentiert, der zeigt, dass er nur auf Äußerlichkeiten achtet, dass er oberflächlich ist. Natürlich ist richtig, dass Bergoglio und Ratzinger völlig unterschiedliche Persönlichkeiten sind: Der eine ein bodenständiger, extrovertierter Stadtmensch, der Fußballfan ist, der die Nähe zu den Menschen sucht, sich mit jedem verbrüdert und in jeder Hinsicht anpackende Seelsorge betreibt. Der andere ein introvertierter Junge vom Lande, ein unsportlicher Einzelgänger, der sich schon als Kind in der Scheune seiner Eltern verkrochen hat, um zu lesen und die Wahrheit zu ergründen. Ja, man kann sagen: der eine ein großer Theoretiker, der andere ein Praktiker des Glaubens.

Was beide verbindet, ist ihre tiefe Frömmigkeit, ihre Liebe zur Kirche, die theologische Lehrmeinung, aber auch, auf menschlicher Ebene, der einfache Lebensstil, die Demut, Bescheidenheit und von Herzen kommende Wärme. Vor allem aber der große Respekt des Argentiniers vor dem weisen Deutschen. Was beide unterscheidet, ist Bergoglios Vorliebe für Schlichtheit auch in der Liturgie und für eine arme Kirche, während Ratzinger, bei aller persönlichen Bescheidenheit, die Kirche in hellstem Glanz erstrahlen lassen wollte und eine in jeder Hinsicht reiche Liturgie für die beste irdische Widerspiegelung der Fülle des Reiches Gottes hält.

Ebenfalls anders ist ihre Sprache. Papst Franziskus predigt wie ein Gemeindepfarrer, der den kleinen Leuten das ABC des Glaubens vermitteln will und damit die breite Masse erreicht, bei Benedikt XVI. dagegen war jede Predigt ein literarisches, philosophisches und theologisches Meisterwerk; kein Wunder, dass der »Intellektuellenpapst« von den klügsten Köpfen und größten Denkern seiner Zeit so sehr geschätzt wurde. Dabei verstanden durchaus auch einfache Menschen seine elegante, klare Sprache.

Doch in dem, was beide Päpste lehren, sind sie völlig eins. Ein gutes Beispiel dafür ist die Ansprache, die Franziskus am 22. März vor den beim Heiligen Stuhl akkreditierten Diplomaten hielt und in der es um sein Engagement für die Armen ging. Der Papst:

> »Doch es gibt auch noch eine andere Armut! Es ist die geistliche Armut unserer Tage, die ganz ernstlich auch die Länder betrifft, die als die reichsten gelten. Es ist das, was mein Vorgänger, der liebe und von mir verehrte Benedikt XVI., ›Diktatur des Relativismus‹ nennt und was jeden sein eigener Maßstab sein lässt und so das Zusammenleben unter den Menschen gefährdet. Und damit komme ich zu einem zweiten Grund für meinen Namen. Franziskus von Assisi sagt: Arbeitet, um den Frieden aufzubauen! Aber es gibt keinen wahren Frieden ohne Wahrheit! Es kann keinen wahren Frieden geben, wenn jeder sein eigener Maßstab ist, wenn jeder immer und einzig sein eigenes Recht einfordern kann, ohne

sich gleichzeitig um das Wohl der anderen – aller – zu kümmern, angefangen von der Natur, die alle Menschen auf dieser Welt verbindet.«

Das hätte Benedikt XVI. nicht anders gesagt. Umso mehr fieberte ich dem 23. März entgegen, als es zu der ersten Begegnung zweier Päpste seit dem Jahr 1294 kommen sollte. »Das wird kein Gipfeltreffen zweier Machthaber«, hatte Pressesprecher Pater Lombardi uns Journalisten zuvor erklärt, »es wird dafür auch kein Protokoll geben. Aber es wird eine Begegnung, von der kommende Generationen in ihren Geschichtsbüchern lesen werden.« Schlichter (und damit franziskanischer) formuliert: Franziskus und Benedikt XVI. hatten sich zum Mittagessen verabredet.

Es war ein kühler und wolkenverhangener Samstag, als Papst Franziskus gegen Mittag das Domus S. Marthae verließ und zum vatikanischen Heliport gebracht wurde, wo der VH139A AgustaWestland bereits auf ihn wartete. Eine Viertelstunde später, exakt um 12.15 Uhr, landete der Hubschrauber auf dem Heliport der päpstlichen Residenz in Castel Gandolfo. Dort wartete, sichtlich abgemagert und mit schwarzem Laufstock, Benedikt XVI. zusammen mit Erzbischof Dr. Gänswein und dem Bischof von Albano (zu dessen Diözese Castel Gandolfo gehört) schon auf seinen Nachfolger. Gerade ausgestiegen, eilte Franziskus bereits mit ausgebreiteten Armen auf Benedikt zu, der ihn mit einem freundlichen »Buongiorno, danke für Ihren Besuch« begrüßte, erst nach seinen Händen griff, um ihn dann brüderlich zu umarmen.

Minutenlang hielt der emeritierte Papst die Hände seines Nachfolgers in den Händen, um ihm immer wieder zu danken. Zunächst gingen die beiden Männer in Weiß – Benedikt nun ohne Cingulum (Gürtel) und Mozetta (Umhang), dafür, weil er leicht friert, mit einer weißen Steppjacke bekleidet – in die Kapelle der Residenz, um vor allem anderen gemeinsam zu beten. Eben dort ereignete sich eine rührende Szene. Benedikt wollte, dass der amtierende Papst auf dem Ehrenplatz, der weißen Kniebank direkt vor dem Altar, Platz nahm, doch Franziskus ging einfach weiter zu den regulären Bänken. Mit ausgestreckter Hand versuchte der Deutsche, ihn aufzuhalten, doch dieser winkte nur ab: »Siamo fratelli« – »Wir sind doch Brüder«. So knieten schließlich, und zumindest das war ein historisches Novum, zwei Päpste einträchtig nebeneinander im Gebet.

Anschließend zog man sich in die Bibliothek zurück, in der gewöhnlich der Papst wichtige Gäste empfängt. Dort überreichte Franziskus seinem Vorgänger ein kostbares Geschenk: Die »Mutter Gottes der Demut«, die er zwei Tage zuvor von Metropolit Hilarion aus Moskau erhalten hatte. »Lassen Sie mich eines sagen: Als sie mir ihren Namen sagten, dachte ich sofort an Sie, an die vielen wunderbaren Beispiele von Demut und Sanftmütigkeit, die Sie uns während Ihres Pontifikats gegeben haben.« Auch er wusste also, dass der wahre »Papst der Demut« Benedikt XVI. war. (Als später mein Kollege Robert Moynihan den russischen Erzbischof fragte, ob er über diese »Weiterverwendung« seines Geschenks »glücklich oder verärgert« sei, antwortete dieser, er sei »sehr glücklich und tief berührt«.)

Eine dreiviertel Stunde lang sprachen die beiden Päpste unter vier Augen, dann nahmen sie das Mittagessen ein. Schließlich begleitete der Deutsche den Argentinier zum Hubschrauber, der exakt um 14.42 Uhr wieder abhob.

Auch ich war an diesem Tag nach Castel Gandolfo gekommen, wie Dutzende Fernsehteams und gut 100 Journalisten, aber auch Tausende Gläubige. Sie alle hatten gehofft, dass sich die Protagonisten dieses historischen Treffens auf dem Balkon des Apostolischen Palastes zeigen würden, so wie Benedikt XVI. es drei Wochen zuvor getan hatte, als er ein letztes Mal zur Menge sprach. Doch nichts geschah. Ich blieb noch einen Tag in der Ewigen Stadt und genoss den römischen Frühling am Palmsonntag, einem der schönsten Kirchenfeste des Jahres. Während die Fotos von der Begegnung der beiden Päpste durch die Weltpresse gingen und erneut Anlass zu Spekulationen über die Gründe für den Rücktritt Benedikts XVI., seinen Gesundheitszustand und sein Verhältnis zu seinem Nachfolger gaben, nutzte ich das Osterfest, um ein Fazit zu ziehen aus dem deutschen Pontifikat und dem Vermächtnis des Ratzinger-Papstes. Schließlich ist Franziskus jetzt der legitime Erbe des Mannes aus Marktl, wird er immer daran gemessen werden, wie er dessen Vermächtnis verwaltet und wo er andere Wege geht. Daher ist es sinnvoll, diesen Rückblick eben dort zu beginnen, womit auch der römische Frühling des Jahres 2013 seinen Anfang nahm – beim »Habemus Papam«, aber dieses Mal vor acht Jahren.

IV. Der Mann, der nie Papst werden wollte

Der Moment, an dem einst aus Joseph Kardinal Ratzinger der neue Papst wurde, lässt sich ziemlich genau bestimmen. Es ist keineswegs der Tag seiner Wahl, der 19. April 2005, als Kardinalprotodiakon Jorge Medina Estévez auf der Loggia des Petersdoms feierlich das »Habemus Papam« verkündete: »Eminentissimum ac reverendissimum Dominum Josephum (kurze Pause) Sanctae Romanae Ecclesiae Cardinalem Ratzinger.« Es ist auch nicht der Augenblick seiner Amtseinführung am Sonntag, dem 24. April. Nein, schon am 8. April 2005 gewann er die Herzen der Menschen und zog sie in seinen Bann.
Es war der Tag des Requiems für Papst Johannes Paul II., diesen Giganten der Kirchengeschichte. Gut fünf Millionen Menschen waren in den Tagen zuvor nach Rom gepilgert, um von »ihrem Papst« Abschied zu nehmen, hatten bis zu 19 Stunden lang in einer schier endlosen Schlange verharrt, um ihm, wenn auch nur für ein paar Sekunden beim Vorbeidefilieren an seinem aufgebahrten Leichnam, noch einmal nahe zu sein. Eine globale Herde hatte ihren Hirten verloren und wusste, dass die Welt ärmer geworden war ohne ihn. In diesen Tagen war sich jeder einig, dass der nächste Papst es unendlich schwer haben würde. Zu groß schienen die Schuhe, die dieser größte Menschenfischer seit Petrus hinterlassen hatte.
So sollte die Beisetzungsfeier zum bis dahin größten Medienereignis des 21. Jahrhunderts werden. 137 TV-Sender übertrugen sie live in die Wohnzimmer von einer Milliarde Menschen. In Hunderttausenden Kirchen rund um den Globus waren Bildschirme aufgestellt worden, damit die Gläubigen gemeinsam die Totenmesse verfolgen konnten. Zelebriert wurde sie von Kardinal Joseph Ratzinger, den Johannes Paul II. erst kurz zuvor zum Dekan (Vorsitzenden) des Kardinalskollegiums ernannt hatte. Er galt als brillanter Denker und enger Vertrauter des polnischen Papstes, der ihn 22 Jahre zuvor nach Rom geholt hatte, um die Glaubenslehrekongregation zu leiten. Wojtyla, der sich selbst nie für einen großen Theologen hielt, vertraute ihm damit den theologischen Unterbau seines Pontifikats an.

Als »papabile« sahen Joseph Ratzinger in diesen Tagen jedoch nur wenige. Zu sehr galt er als amtsmüde, erinnerte man sich daran, wie der 78-Jährige gleich zweimal, zu seinem 70. Geburtstag 1997 und zu seinem 75. Geburtstag 2002, um Entlassung in den Ruhestand gebeten hatte. Er wollte sich für den Rest seines Lebens lieber theologischen Studien widmen, noch ein paar Bücher schreiben und möglichst viel Zeit mit seinem drei Jahre älteren Bruder Georg verbringen. Der ehemalige Leiter der weltberühmten Regensburger Domspatzen war bereits 1994 in den wohlverdienten Ruhestand getreten und lebte nach wie vor in Regensburg. Eben dort, in einem beschaulichen Vorort namens Pentling, hatte Kardinal Ratzinger noch ein Haus, das er gleich nach seiner Berufung zum Professor für katholische Dogmatik an die Universität Regensburg 1969 hatte bauen lassen. Das »Häusle«, wie er es nannte, diente ihm während seiner römischen Zeit quasi als Urlaubsdomizil und wartete jetzt treu darauf, wieder häufiger bewohnt zu werden. Johannes Paul II. hatte jedoch darauf bestanden, dass Ratzinger so lange im Amt bliebe, wie sein Pontifikat dauerte – und wer wollte dem ausdrücklichen Wunsch des Papstes widersprechen? Jetzt aber, so schien es, hielt den Kardinal nicht mehr viel in Rom.
Selbst sein damals engster Vertrauter und Sekretär, der ehrgeizige Josef Clemens aus Siegen im Erzbistum Paderborn, wusste von der Amtsmüdigkeit seines »Chefs« und hatte längst seine eigenen Schäfchen ins Trockene gebracht, sprich: seine Zukunft in der römischen Kurie gesichert. Er empfing die Bischofsweihe und wurde zum Sekretär des Päpstlichen Rates für die Laien ernannt. Sein Nachfolger wurde 2003 der junge und engagierte Msgr. Dr. Georg Gänswein aus dem Erzbistum Freiburg. Nicht viele beneideten den damals 47-jährigen Schwarzwälder um diesen Posten, denn rein karrieretechnisch glich er einer Sackgasse. Er würde Ratzinger nicht lange genug dienen können, um sich dadurch für ein höheres Amt zu qualifizieren. Für einen ehemaligen Sekretär des Präfekten wäre auch eine Zukunft als einfacher Mitarbeiter der Glaubenskongregation fraglich gewesen. Doch ich kannte Gänswein zu diesem Zeitpunkt bereits drei Jahre und wusste, dass dies keine Kriterien waren, in denen er dachte. Nicht Karrierestreben veranlasste ihn, die neue Aufgabe bereitwillig anzunehmen, sondern seine Liebe zur Kirche und das Gefühl, jetzt gebraucht zu werden.

Heute weiß ich, dass dieser Georg Gänswein für den künftigen Papst Benedikt geradezu ein Geschenk des Himmels war.
Der zweite Grund, weshalb nur einige Vatikan-Experten dem amtsmüden Ratzinger das Papstamt zutrauten, war, dass er als zu menschenscheu galt. Obwohl ihn jeder als genialen Denker respektierte, traute ihm kaum jemand zu, eine Menschenmasse begeistern zu können. Der bescheidene Bayer mit der freundlichen, sanften Stimme – nur wer ihn nie erlebt hatte, konnte ihn als »Rottweiler« bezeichnen – pflegte völlig unspektakulär aufzutreten. Zu Fuß legte er jeden Morgen den kurzen Weg von seiner bescheiden eingerichteten Wohnung an der Piazza della Cittá Leonina an der Nordostseite des Petersplatzes zu seinem Büro an der Piazza del Sant' Uffizio südwestlich der Kolonnaden des Bernini zurück. Die Soutane hatte er dabei unter einem schwarzen Mantel und den kardinalsroten Pileolus unter der schwarzen Baskenmütze versteckt, sodass ihn die vielen Touristen für einen einfachen Priester hielten. Ähnlich unerkannt erledigte er seine Einkäufe auf dem Borgo Pio, einer kleinen, für Autos gesperrten Straße, die zum Tiber hin führt. Dort hatte er seinen Schneider, seinen Schuster, seinen Elektriker, der ihm zu Hause auch mal die Glühbirnen wechselte, und, nicht weit entfernt, in der Via Vitelleschi, die Cantina Tirolese, sein Stammlokal, wo er eine beinahe heimatliche Küche genießen konnte; der Tisch Nr. 6 ist noch heute für ihn reserviert.
Seine besondere Liebe galt den Katzen des Borgos, die er so gerne streichelte und manchmal auch fütterte. Jeden Donnerstag, wenn er in der Kirche des Collegio Teutonico am Campo Santo im Vatikan um 7.00 Uhr die Frühmesse zelebrierte, erwartete ihn eine davon, die genau wusste, wer gut zu ihr war. Doch dass seine Predigten, in einem eher monotonen bayerisch-italienischen Singsang vorgetragen, wahre Meisterwerke der Theologie waren, das nahmen zu dieser Zeit nur die Italiener wahr; die meisten ausländischen Pilger dagegen, denen niemand eine Übersetzung in die Hand drückte, bedauerten es eher, wenn er wieder einmal für den schwer kranken Johannes Paul II. einspringen musste – sie verstanden ja kaum etwas.
Blitzgescheit, tieffromm, aber ohne Charisma und zudem noch amtsmüde, so lautete das Urteil über Kardinal Ratzinger noch am Vorabend des 7. April 2005, und darum hielt man ihn als Papst für völlig ungeeignet.

Doch dann kam dieser magische Moment, den ich nie vergessen werde. Wir, meine Begleiterin Yuliya und ich, waren von Erzbischof Dziwisz, dem Sekretär Johannes Pauls II., eingeladen worden, der Trauerfeier vom Balkon des Staatssekretariats aus beizuwohnen. So bekamen wir alles aus der bestmöglichen Perspektive mit. Wir sahen, wie sich der Himmel verdunkelte und ein Wind aufkam, als der hölzerne Sarg Johannes Pauls II. bereits im Zentrum des Sagrato, der Altarplattform vor dem Petersdom, stand und die ersten Kardinäle Gottes Marmorpalast verließen. Er blähte ihre blutroten Gewänder auf und blätterte mit unsichtbarer Hand in dem Evangeliar, das ein Zelebrant auf den schlichten Holzsarg des Papstes gelegt hatte; ein Anblick, der nicht wenige der Pilger aus aller Welt erschaudern ließ. Vögel umkreisten die mächtige Kuppel des Michelangelo, erst drei, dann vier, schließlich sieben.

Die ganze Welt, so schien es, war zu diesem jetzt apokalyptisch anmutenden Abschiedsgottesdienst gekommen, darunter 157 Kardinäle, 700 Bischöfe und Erzbischöfe, die Vertreter von 23 orthodoxen Kirchen und 47 Geistliche der nichtchristlichen Weltreligionen, allein 19 aus den Reihen des Judentums. Auch zehn gekrönte Häupter, drei Erbprinzen und die Staats- und Regierungschefs von 76 Nationen sowie Delegationen von 93 weiteren Staaten hatten sich an diesem Tag in Rom versammelt, darunter der amtierende US-Präsident George W. Bush samt seiner beiden Amtsvorgänger. Kein Gipfeltreffen, keine UN-Generalversammlung, kein Welttheater hatte je eine hochkarätigere Besetzung. Für den künftigen Papst aber sollte es die ultimative Bewährungsprobe werden.

Es war der Dekan des Kardinalskollegiums, Joseph Ratzinger, der protokollgemäß diese größte Totenmesse der Geschichte zelebrierte, und es schien, als sei der kleine, schmächtige Mann aus Bayern an diesem Tag zum Giganten geworden. Würdevoll nahm er auf dem goldenen Sessel des Zelebranten Platz, um den Lesungen zu lauschen, stand er auf für das Evangelium, segnete er mit dem goldenen Evangeliar die Menge. Dann, nach wie vor stehend, begann er zu predigen.

Es war die Predigt seines Lebens, und jeder konnte spüren, wie nah er dem verstorbenen Papst gewesen war. Mehrfach versagte ihm die Stimme, immer wieder unterbrach ihn tobender Applaus. Einer halben Million Menschen war so, als würde er aus der Tiefe ihrer eigenen Seele sprechen, ihre innersten Gedanken offenbaren und ihre Herzen berühren. Nicht viel anders kann es beim Pfingstwunder gewesen sein, als Menschen der unterschiedlichsten Zungen und Nationalitäten die Predigt des Petrus tief in ihren Herzen verstanden. Wir hatten Tränen in den Augen, als er, plötzlich gar nicht mehr monoton, sondern tief bewegt, mit den Worten schloss:

> »Niemand von uns wird je vergessen, wie der Heilige Vater an diesem letzten Ostersonntag, vom Leiden gezeichnet, noch einmal am Fenster des Apostolischen Palastes erschien und ein letztes Mal seinen Segen Urbi et Orbi erteilte. Wir können sicher sein, dass unser geliebter Papst jetzt am Fenster des Hauses des Vaters steht, uns sieht und uns segnet: Ja, segne uns, Heiliger Vater!«

Ich weiß noch genau, wie ich in diesem Moment, als tosender Applaus über den Platz brauste, zu Yuliya hinüberblickte, meinen Zeigefinger auf den rot gekleideten Kardinaldekan richtete und nur zwei Worte aussprach: »Habemus Papam!« Ihr Nicken bestätigte mir, dass sie ähnlich empfand. Ja, ich bin sicher, dass es jedem in Rom an diesem Morgen ähnlich erging. Würde man Päpste noch, wie einst in der Spätantike und im frühen Mittelalter, »per acclamationem« (»durch Zuruf«, der dann durch allgemeinen Applaus bestätigt wurde) wählen, man hätte sich das ganze teure Konklave sparen können. Seit diesem 8. April 2005 jedenfalls war Joseph Kardinal Ratzinger der »Papst der Herzen«; das Problem war bloß, ihm selbst das möglichst schonend zu vermitteln.

Acht Tage später feierte Ratzinger auf einem kleinen Empfang in den Räumlichkeiten der Glaubenskongregation mit seinen langjährigen Mitarbeitern seinen 78. Geburtstag. Er wirkte damals sehr entspannt, verriet mir ein treuer Weggefährte, war doch das Ende seiner Amtszeit jetzt endlich in greifbare Nähe gerückt.

»Glauben Sie, Ihr Bruder könnte der neue Papst werden?«, fragte eine Münchener Journalistin kurz darauf Domkapellmeister i.R. Prälat Dr. Georg Ratzinger in Regensburg. »Ganz ausgeschlossen«, antwortete dieser, »er möchte nicht. Und außerdem ist er für dieses anstrengende Amt viel zu alt.«

Drei Tage später verkündete Kardinalprotodiakon Estévez das »Habemus Papam«. Als schließlich der Neugewählte auf der Loggia des Petersdoms erschien, gingen geradezu rührende Bilder um die Welt. Wer den Ratzinger-Papst ein wenig kennt, der weiß, dass er leicht friert. Es war ein kühler, stark bewölkter Apriltag, es hatte kurz zuvor noch geregnet, und so schaute, für alle sichtbar, die schwarze Strickjacke unter den weißen Ärmeln seiner viel zu kurzen weißen Soutane hervor, während er sich ein wenig unbeholfen bemühte, möglichst pontifikale Gesten zu machen. Sie erinnerten an die eines Sportlers, der gerade seinen schwersten Sieg errungen hatte. Und doch wirkten sie so spontan, so wenig eingeübt, dass jeder ahnte, dass der »Gewinner« am meisten überrascht worden war.

Seine Worte waren ehrlich in ihrer Bescheidenheit. Noch Jahre später vertraute er dem Journalisten Peter Seewald an, wie er sein Pontifikat einschätzte: »So blieb mir nur, dass es neben den großen auch kleine Päpste geben muss, die das ihre geben.« Ganz in diesem Sinne sprach er nun, sich fast entschuldigend, zur Welt:

> »Liebe Brüder und Schwestern, nach dem großen Papst Johannes Paul II. haben die Herren Kardinäle mich gewählt, einen einfachen und bescheidenen Arbeiter im Weinberg des Herrn. Mich tröstet die Tatsache, dass der Herr auch mit ungenügenden Werkzeugen zu arbeiten und zu wirken weiß. Vor allem vertraue ich mich euren Gebeten an. In der Freude des auferstandenen Herrn und im Vertrauen auf seine immerwährende Hilfe gehen wir voran. Der Herr wird uns helfen, und Maria, seine allerseligste Mutter, steht uns zur Seite. Danke.«

Mit mehr Demut und einem größeren Eingeständnis der eigenen Unvollkommenheit hatte selten ein Pontifikat begonnen. Für einen Mann aber brach in diesem Augenblick eine Welt zusammen. Prälat Georg Ratzinger hatte den ersten Auftritt seines Bruders nach dem Konklave wie die meisten von uns am Fernseher verfolgt und war, wie er mir später anvertraute, »in diesem Augenblick ziemlich niedergeschlagen. Das war eine große Herausforderung, eine enorme Aufgabe für ihn, dachte ich mir und machte mir ernsthaft Sorgen. Ich sah weder den Pomp noch das Schöne daran, sondern nur die Herausforderung und Belastung, die dieses Amt, das jetzt alles von ihm abverlangte, für ihn bedeutete … So ging ich an diesem Abend ziemlich bedrückt zu Bett.«

Das Telefon, das längst Sturm lief, ignorierte er. »Ich bin einfach nicht drangegangen. ›Rutscht mir doch alle den Buckel herunter‹, habe ich mir gedacht.« Auch am nächsten Morgen hob er nicht ab. Erst als Frau Agnes Heindl, seine Haushälterin, gegen Mittag kam, um das Essen für ihn zuzubereiten, ging sie ans Telefon. Am anderen Ende der Leitung war der Papst. Er hatte bereits seit Stunden versucht, seinen Bruder zu erreichen. »Am Telefon wirkte er schon wieder recht gelassen«, meinte Georg Ratzinger. »Im Augenblick seiner Wahl aber, so erzählte er mir, hätte es ihn doch wie ein Blitz getroffen. Das war so wenig absehbar, das kam so plötzlich bei der Abstimmung, dass das Wirken des Heiligen Geistes offensichtlich war. Dem hat er sich dann rasch ergeben, weil auch er darin den Willen Gottes erkannte.«

Ein wenig mitgeholfen hatte dabei sein langjähriger Freund, der Kölner Erzbischof Joachim Kardinal Meisner, der ihm am Nachmittag des 19. April gut zuredete, die Wahl anzunehmen, »weil es der Wille Gottes sei«. Einer der Kardinäle, so erinnerte sich der Papst später, zitierte aus Ratzingers Memoiren, seine Mutter sei doch auch »eine Alleskönnerin« gewesen. Ein anderer, vielleicht war es wieder Meisner, steckte ihm einen kleinen Brief zu: »Wenn der Herr nun zu dir sagen sollte: ›Folge mir‹, dann erinnere dich, was du gepredigt hast. Verweigere dich nicht! Sei gehorsam, wie du es vom großen heimgegangenen Papst gesagt hast.« Diese Worte trafen ihn tief ins Herz: »Bequem sind die Wege des Herrn nicht, aber wir sind ja auch nicht für die Bequemlichkeit, sondern für das Große, für das Gute, geschaffen«, sagte er sich schließlich.

Später, bei seiner ersten Audienz für die deutschen Pilger, verglich er die drohende Wahl mit einer Hinrichtung: »Als langsam der Gang der Abstimmung mich erkennen ließ, dass sozusagen das Fallbeil auf mich herabfallen würde, war mir ganz schwindelig zumute. Ich hatte geglaubt, mein Lebenswerk getan zu haben.«

Diese ehrlichen, vielleicht allzu offenen Worte strafen all jene Lügen, die, wie etwa der Vatikan-Journalist Marco Politi, von einem regelrechten »Wahlkampf« Ratzingers und seiner Anhänger im Vorfeld des Konklaves sprechen. Wer ihn kennt, wer etwas über ihn begriffen hat, der weiß, dass der bescheidene Bayer sein Leben lang genau das Gegenteil von einem Karrieristen war. Er musste jedes Mal in ein höheres Amt buchstäblich gedrängt und gezerrt werden. Denn alles, was er sich jemals vom Leben erträumte, war, Priester zu sein und Theologie zu lehren.

Die Flucht des Joseph Ratzinger vor seiner Karriere begann eigentlich schon kurz nach seiner Priesterweihe im Freisinger Dom am 29. Juni 1951. Sein erster Dienst als Kaplan an der Pfarrei Heilig Blut in München-Bogenhausen, der Umgang auch mit Kindern und Jugendlichen, bereitete ihm so viel Freude, dass er am liebsten dort geblieben wäre. Doch diese glückliche Zeit endete nur ein Jahr später, als ihn der Erzbischof von München und Freising, Michael Kardinal von Faulhaber, als Dozent und Seelsorger an das Freisinger Priesterseminar berief.

Andererseits war es immer sein Wunsch gewesen, weiter nach der Wahrheit zu forschen und seine theologische Arbeit fortzusetzen. Mit seiner Habilitation im Februar 1957 hatte er jedenfalls sein einziges Ziel erreicht. Im Januar 1958 trat er seine erste Professur für Dogmatik und Fundamentaltheologie an der Philosophisch-Theologischen Hochschule Freising an. Seine Berufung nach Bonn ein Jahr später war eine willkommene Abwechslung, gefolgt von Münster und Tübingen, wo er 1967 seine Antrittsvorlesung hielt.

Doch richtig glücklich war er erst, als die junge Universität Regensburg ihm eine Professur anbot. So konnte er nicht nur in sein geliebtes Bayern zurückkehren, sondern auch in die Stadt ziehen, in der sein Bruder Georg als Leiter der bald weltberühmten Domspatzen wirkte. In Pentling baute er sich das besagte Haus, selbst die in Traunstein bestatteten Eltern, die 1959 und 1963 verstorben waren, wurden 1974 auf den Ziegetsdorfer Friedhof überführt. Mit 47 Jahren hatte Prof. Dr. Joseph Ratzinger nur noch ein Ziel: Er wollte bis zur Pensionierung in 18 Jahren Theologie lehren und danach mit seiner Schwester Maria, die ihm den Haushalt führte, und Bruder Georg einen beschaulichen Lebensabend verbringen.

»Doch dann kam wieder einmal alles ganz anders«, stöhnte Prälat Georg Ratzinger, als ich ihn über das Leben seines Bruders interviewte. Der Papst hatte ihn 1977 zum Erzbischof von München und Freising ernannt, eine Entscheidung, die Joseph Ratzinger ganz und gar nicht passte. Er steckte bis über beide Ohren in Arbeit und fühlte sich auch sonst dieser Herausforderung nicht gewachsen. Erst als ein Freund, Prof. Johann Auer, ihm dringend zuriet, stimmte er schweren Herzens zu.

Der Besuch Johannes Pauls II. in München im November 1980 war der Höhepunkt seiner Amtszeit als Erzbischof – und gleichzeitig ein Vorzeichen für ihr nahendes Ende. Denn der Pole verstand sich so gut mit dem von ihm hoch geschätzten Theologen, dass er ihn ein Jahr später nach Rom berief. Er sollte als Präfekt der Glaubenskongregation für das theologische Fundament des Magisteriums Johannes Pauls II. verantwortlich sein. Wieder suchte Ratzinger nach Ausflüchten. Erst meinte er, er könne seine Diözese nicht einfach im Stich lassen. Dann hielt er es für unklug, dass ausgerechnet ein Theologe die Arbeiten anderer Theologen beurteilen sollte. Zudem sei doch dieser hochoffizielle Posten an der Seite des Papstes schwer mit seiner Tätigkeit als Schriftsteller zu vereinbaren. Und wie würde es aussehen, wenn er jetzt ausgerechnet jene Vatikan-Behörde leiten würde, die gerade erst seinem Exkollegen Hans Küng Lehrverbot erteilt hatte? Würde er sich als heimatverbundener Bayer überhaupt in Rom zurechtfinden?

Doch Johannes Paul II. ließ sich von seiner wichtigsten Personalentscheidung nicht abbringen. Als ihm die Einwände des Bayern zu viel wurden, sprach der resolute Pole schließlich ein Machtwort.»München ist wichtig, aber Rom ist wichtiger«, ließ er Ratzinger wissen. Damit war das Thema für ihn erledigt. Und dem Münchener Erzbischof blieb nichts anderes übrig, als seine Sachen zu packen und samt seiner Schwester Maria 1982 an den Tiber zu ziehen. Zumindest sollte es der letzte größere Umzug seines Lebens werden, auch wenn das so gar nicht seinen Plänen entsprach.

Und dann also Papst. Auch wenn er mit seiner Predigt über den geliebten Johannes Paul II. die Herzen der Gläubigen erobert hatte, den Verstand der Kardinäle überzeugte etwas anderes. Zu seinen Aufgaben als Dekan des Kardinalskollegiums hatte gehört, zehn Tage nach der Totenmesse, am Morgen des 18. April, die traditionelle Messe »zur Wahl eines Papstes« (»pro eligendo romano pontifice«) zu zelebrieren, mit der auch dieses Konklave feierlich eingeleitet wurde.

Als Kardinal Ratzinger seine Predigt zu diesem Anlass vorbereitete, tat er das in dem Bewusstsein, dass es sein letzter großer Auftritt vor den versammelten Vertretern der Weltkirche sein würde. Der richtige Zeitpunkt also, den Kardinälen vor ihrem Eintritt ins Konklave ein paar Gedanken mit auf den Weg zu geben, die zugleich sein geistiges Vermächtnis sein würden – sein Fazit aus 23 Jahren im Dienst der Kirche als oberster Wächter des Glaubens.

Was andere (wie Marco Politi) als »Wahlkampfrede« eines »papabile« missverstanden, war in Wirklichkeit eine Abschiedsrede. Doch Ratzingers Problem ist, dass er kein Mittelmaß beherrscht. Er ist ein literarisches und intellektuelles Genie, und wenn er sich die Zeit und die Muße nimmt, etwas von bleibendem Wert zu schreiben, dann wird es automatisch brillant. Die Predigt setzte Maßstäbe, denn sie führte den Kardinälen die Herausforderungen der Gegenwart vor Augen:

> »Wie viele widerstreitende Meinungen haben wir in den letzten Jahrzehnten kennengelernt, wie viele ideologische Strömungen, wie viele Denkweisen (…). Das kleine Boot des Denkens vieler Christen wurde nicht selten von solchen Wellen hin und her geworfen, von einem Extrem zum anderen: vom Marxismus zum Liberalismus und dann bis zur Libertinage; vom Kollektivismus zum radikalen Individualismus; vom Atheismus zu einem vagen religiösen Mystizismus; vom Agnostizismus zum Synkretismus und so fort. (…) Jeden Tag entstehen neue Sekten, und es geschieht genau das, was der heilige Paulus über ›den Betrug der Menschen‹ sagt, über ›die Verschlagenheit, die in die Irre führt‹ (vgl. Eph 4, 14). Einen eindeutigen Glauben zu besitzen, wie es dem Glaubensbekenntnis der Kirche entspricht, wird oft als Fundamentalismus bezeichnet, während der Relativismus, also dieses Hin-und-her-getrieben-Sein vom Widerstreit der Meinungen, als einzige Einstellung erscheint, die auf der Höhe der heutigen Zeit steht. Es begründet sich eine Diktatur des Relativismus, die nichts als endgültig anerkennt und die als letztes Maß nur das eigene Ich und seinen Willen gelten lässt.
> Wir aber haben einen anderen Maßstab: den Sohn Gottes, den wahren Menschen. Er ist der Maßstab für den wahren Humanismus. ›Reif‹ ist nicht ein Glaube, der der Mode und der letzten Neuheit folgt. Erwachsen und reif ist ein Glaube, der tief in der Freundschaft mit Christus verwurzelt ist. Diese Freundschaft ist es, die uns allem öffnet, was gut ist, und die uns den Anhaltspunkt liefert, um zwischen wahr und falsch, zwischen Betrug und Wahrheit, unterscheiden zu können.

Diesen erwachsenen Glauben müssen wir reifen lassen, zu ihm müssen wir die Herde Christi führen. Und es ist dieser Glaube – nur der Glaube –, der Einheit stiftet und sich in der Liebe verwirklicht. Im Unterschied zur Wechselhaftigkeit jener, die wie Kinder dem Spiel der Wellen ausgeliefert sind, bietet uns der heilige Paulus dazu ein schönes Wort: Die Wahrheit in Liebe tun, als Grundprinzip der christlichen Existenz. In Christus fallen Wahrheit und Liebe zusammen. In dem Maße, in dem wir uns Christus nähern, gründet sich auch unser Leben auf Wahrheit und Liebe.«

Was als geistiges Vermächtnis, als schonungslose Analyse unserer Zeit und ihrer Herausforderungen für den christlichen Glauben gedacht war, sollte jetzt doch zum Programm für das nächste Pontifikat werden. Die Kardinäle wollten es so verstehen, denn sie konnten keine bessere Antwort darauf finden als die Wahl Joseph Kardinal Ratzingers, der schon im vierten Wahlgang die erforderliche Zweidrittelmehrheit erhielt und sich fortan Benedikt XVI. nennen sollte – nicht nur nach dem großen »Friedenspapst« Benedikt XV., sondern vor allem nach dem heiligen Benedikt von Nursia (480–547), dem Mönchsvater, dessen Gemeinschaft, die Benediktiner, das Wissen der Antike in der dunklen Zeit der Völkerwanderung bewahrte. Er wurde zum »Gesegneten« (von lat. »benedicere« = segnen), was sein Name wörtlich bedeutet, der auch ein Segen für andere ist.

So wurde auch für ihn wahr, was Jesus einst dem hl. Petrus prophezeit hatte: »Wenn du aber alt geworden bist, wirst du deine Hände ausstrecken, und ein anderer wird dich gürten und dich führen, wohin du nicht willst« (Joh 21, 19). Natürlich bezogen sich diese Worte auf die Kreuzigung Petri. Der Verurteilte wurde mit ausgestreckten Händen an den Querbalken gefesselt und mit Stricken zur Hinrichtungsstätte gezerrt. Doch für Joseph Ratzinger hatten sie auch eine zweite, eine persönliche Bedeutung. Auch er war jetzt alt geworden und musste, allen seinen Plänen zuwider, die Nachfolge Petri antreten. *Tu es Petrus.* Ja, er war ganz Petrus geworden.

V. Der Paulus-Papst

Die Amtseinführung Benedikts XVI. am Sonntag, dem 24. April 2005, war ein Fest für die Kirche. Wirklich alles stimmte an diesem Tag. Endlich, mit mehrwöchiger Verspätung, zog der Frühling in Italien ein, begrüßten Sonnenschein und ein warmer Wind die 500 000 Pilger – darunter 100 000 Deutsche –, die gekommen waren, um den neuen Papst zu feiern. Schon um fünf Uhr früh zogen die ersten Gläubigen durch die fast autofreie Innenstadt zum Petersplatz, um einen möglichst guten Platz zu ergattern. Auf der Via della Conciliazione standen freiwillige Helfer Spalier und reichten ihnen kostenlose Flaschen mit Mineralwasser. Für das stundenlange Warten in der Frühlingssonne galt es, gerüstet zu sein. »Lieber Papst, wir Kinder lieben dich« stand auf Deutsch auf einem Spruchband an der Fassade des Kindergartens S. Pio IX. an der Zufahrtsstraße zum Petersplatz.
Drei Stunden später war die Fläche zwischen den Kolonnaden des Bernini ganz mit Menschen ausgefüllt; eine weitere Stunde später drängten sie sich bis an den Tiber. Fahnen zeigten an, dass tatsächlich die ganze Welt versammelt war, auch wenn sich ein ganzer Block in homogenem weißblauem Rautenmuster gab. Er war für Pilgergruppen aus der bayerischen Heimat des Papstes reserviert. Auf der Tribüne rechts des Papstaltars nahmen währenddessen gekrönte Häupter und Staatsgäste aus 140 Nationen Platz, auf der linken Seite hatten sich Kardinäle, Bischöfe und Priester versammelt.
Schon im Vorfeld hatte Benedikt XVI. einige Entscheidungen von nicht unbedeutender Symbolkraft getroffen. So verzichtete er als erster Papst der letzten 1000 Jahre Kirchengeschichte nicht nur bei der Amtseinführungszeremonie, sondern auch in seinem Wappen auf die Tiara. Die dreifache Krone, die ihren Ursprung in orientalischen Königshauben hatte, sollte zunächst an die drei Hauptaufgaben des Papstes, das Heiligen, Lenken und Lehren, erinnern. Doch seit dem 16. Jahrhundert deutete man sie vor allem als Symbol für die Macht des Nachfolgers Petri als »Vater der Fürsten und Könige, Lenker der Welt und Stellvertreter Christi auf Erden«.

Als letzter Papst wurde Paul VI. 1963 mit der Tiara gekrönt; ein Jahr später, inmitten des Zweiten Vatikanischen Konzils, legte er sie als endgültige Absage an die weltliche Macht nieder und kündigte an, sie zugunsten der Armen verkaufen zu lassen. Mit einer großzügigen Spende intervenierte der New Yorker Erzbischof Francis Kardinal Spellman und arrangierte ihre Überführung in die Vereinigten Staaten, wo sie noch heute in der Basilika des National Shrine of the Immaculate Conception in Washington D.C. ausgestellt ist. Trotzdem führten noch Johannes Paul I. und Johannes Paul II. die Tiara in ihrem Wappen. Erst Benedikt XVI. ersetzte sie durch eine Mitra, eine Bischofsmütze, deren drei Bänder freilich nach wie vor für die drei Gewalten – Lehramt, Weiheamt und Leitungsamt – stehen.

An die Anfänge der Kirche erinnerte dagegen das Pallium aus reiner Lammwolle, das dem neuen Papst nicht nur bei seiner Amtseinführung überreicht wurde, sondern das er auch seinem Wappen hinzufügte. Wir finden es auf Darstellungen des Bischofs von Rom seit dem 4. Jahrhundert. Es deutet auf seine Aufgabe hin, Hirte der von Christus anvertrauten Herde zu sein. Da der Papst das Pallium jedes Jahr am Hochfest Peter und Paul (29. Juni) den neuen Metropolitan-Erzbischöfen überreicht, ist es auch ein Zeichen des päpstlichen Primats. Der Erzbischof, der zugleich Metropolit einer Kirchenprovinz ist, vertritt symbolisch den Papst gegenüber den »Kollegen« Bischöfen der seiner Provinz zugehörigen Diözesen. Wie schon in der frühen Kirche ist der Bischof von Rom mehr als nur Primus inter Pares; ein »Erster unter Gleichen«, aber mit besonderem Auftrag.

Der Verzicht auf die Tiara und die Aufwertung des Palliums waren aber nicht die einzigen bewusst ökumenischen Gesten des neuen Papstes. Auch die Verkündigung des Evangeliums bei seiner Amtseinführungsmesse fand in lateinischer und griechischer Sprache statt, als deutliche Geste der Verbrüderung mit der Orthodoxie.

In seiner anschließenden Predigt verzichtete Benedikt XVI. darauf, »eine Art von Regierungsprogramm vorzulegen«. Das eigentliche Programm seines Pontifikats sei es, »nicht meinen Willen zu tun, nicht meine Ideen durchzusetzen, sondern gemeinsam mit der ganzen Kirche auf Wort und Wille des Herrn zu lauschen und mich von ihm führen zu lassen«. Die Kirche müsse dagegen angehen, »dass so viele Menschen in der Wüste leben (…), der Wüste des Gottesdunkels, der Entleerung der Seelen, die nicht mehr um die Würde und um den Weg der Menschheit wissen«. Die Präsenz Gottes sei für ihn spürbar gewesen, auch und gerade im Konklave:

> »Wie sollten 115 Bischöfe aus allen Kulturen und Ländern den finden, dem der Herr den Auftrag des Bindens und des Lösens geben möchte? Aber wieder wussten wir: Wir sind nicht allein. Wir sind von den Freunden Gottes umgeben, geleitet und geführt. Und nun, in dieser Stunde, muss ich schwacher Diener Gottes diesen unerhörten Auftrag übernehmen, der doch alles menschliche Vermögen überschreitet. Wie sollte ich das? Wie kann ich das? Aber ihr alle, liebe Freunde, habt nun die ganze Schar der Heiligen stellvertretend durch einige der großen Namen der Geschichte Gottes mit den Menschen herbeigerufen, und so darf auch ich wissen: Ich bin nicht allein. Ich brauche nicht allein zu tragen, was ich wahrhaftig allein nicht tragen könnte. Die Schar der Heiligen Gottes schützt und stützt und trägt mich. Und euer Gebet, liebe Freunde, eure Nachsicht, eure Liebe, euer Glaube und euer Hoffen begleiten mich.«

Immer wieder unterbrach tosender Applaus die so demütigen Worte Benedikts XVI., die uns alle berührten. Noch nie hatte ein Papst so offen über seine Ängste, aber auch sein tiefes Gottvertrauen gesprochen, noch nie hatte ein Nachfolger Petri die Gläubigen so ehrlich dazu aufgerufen, sich betend hinter ihn zu stellen:

> »Betet für mich, dass ich seine Herde – euch, die heilige Kirche, jeden Einzelnen und alle zusammen immer mehr lieben lerne. Betet für mich, dass ich nicht furchtsam vor den Wölfen fliehe. Beten wir füreinander, dass der Herr uns trägt und dass wir durch ihn einander zu tragen lernen.«

In diesem Augenblick musste ich noch einmal an seine Worte zu den Kardinälen, seine Predigt bei der Missa pro eligendo romano pontifice denken, sein Bild von der Kirche als Schiff im sturmgepeitschten Meer. Dabei kam mir nicht nur Petrus, sondern auch Paulus in den Sinn, die andere »Säule« der Kirche von Rom, der inmitten eines heftigen Unwetters den Glauben nicht verlor und voller Inbrunst betete.

In dieser Nacht erschien ihm ein Engel und versicherte, dass alle gerettet würden. Und genau so geschah es. Das Schiff versank vor der Küste Maltas, doch alle 276 Mann, die an Bord gewesen waren, Seeleute, Soldaten und Gefangene, überlebten. Die Einheimischen empfingen sie an Land, und der Völkerapostel verkündete ihnen das Evangelium. Noch heute ist Malta ein tief im christlichen Glauben verankertes Land; nirgends sonst in Europa sind die Menschen so eng mit der Kirche verbunden wie auf dieser Insel der Seligen auf halber Strecke nach Afrika. Und so wünschte ich dem neuen Papst nicht nur die glühende Christusliebe des hl. Petrus, sondern auch das sturmgeprüfte Gottvertrauen des hl. Paulus.

Kein Mensch konnte zu diesem Zeitpunkt ahnen, dass eines der eindrucksvollsten Symbole für Benedikts Pontifikat zu eben diesem Zeitpunkt vor der Küste Maltas entdeckt wurde. Dass die Welt schließlich davon erfuhr, verdanken wir einer Initiative dieses Papstes, die auf einen weiteren spektakulären Fund, diesmal in Rom, folgte. Dessen Geschichte begann schon im heiligen Jahr 2000, als Hunderttausende Pilger in die Basilika St. Paul vor den Mauern strömten, die der Überlieferung nach über dem Grab des Völkerapostels errichtet worden war. Während man im Petersdom längst Besuchergruppen zu den »scavi«, den Ausgrabungen unter der größten Kirche der Christenheit, führte, um ihnen das Grab Petri, ja sogar die in den 1940er-Jahren von Archäologen geborgenen Gebeine des Apostelfürsten zu zeigen, musste man sich in der Paulus-Basilika noch mit Mutmaßungen zufriedengeben.

Niemand konnte damals mit Sicherheit sagen, ob der zweite Apostel Roms tatsächlich hier begraben lag, wie die Tradition behauptete. Erst 2002 erhielt der Vatikan-Archäologe Giorgio Filippi den Auftrag, im Bereich des Papstaltars möglichst dezent zu forschen. Eine erste Tastgrabung ergab, dass sein gotisches Ciborium tatsächlich auf Fundamenten aus der Antike stand. Schließlich hob Filippi eine Marmorplatte mit der Inschrift »Paulus, Apostel und Märtyrer« und grub sich immer tiefer durch das spätrömische Füllmaterial. Erst nach einem halben Meter stieß er auf einen massiven Block aus rosafarbenem, unbearbeitetem Marmor, der sich bei genauerer Untersuchung als antiker Sarkophag von 2,55 Metern Länge und 1,25 Metern Breite erwies.

Öffnungen an seiner Oberseite zeigten an, dass er im Zentrum eines spätantiken Reliquienkults stand. Damals schüttete man kostbaren Balsam zur Verehrung des Toten in das Innere seines Grabes und führte Leinenbinden ein, die man als Berührungsreliquien verehrte und denen man Wunderkräfte zuschrieb. Kein Zweifel, dass dieser Kult dem heiligen Paulus galt, dessen Gebeine man in diesem Sarkophag verortet haben musste.

Anfang 2007 informierte Andrea Kardinal Cordero Lanza di Montezemolo, Erzpriester der Basilika St. Paul vor den Mauern, Papst Benedikt XVI. über diese Entdeckung. Zugleich regte er an, den 2000. Geburtstag des Völkerapostels Paulus (8/9–64/67 n. Chr.) mit einem besonderen Gedenkjahr zu feiern. Und schließlich bat er um Erlaubnis, das Innere des Sarkophags mittels einer Sonde untersuchen zu lassen. Die Anregung wurde aufgegriffen, die Erlaubnis erteilt. Im Juni 2007 rief Benedikt XVI. für 2008/9 das Paulusjahr aus, eine Initiative, die auch von mir begeistert aufgegriffen wurde. Ich richtete die erste deutschsprachige Website (www.paulusjahr.info) ein, die noch heute online ist, unternahm ausgedehnte Reisen auf den Spuren des Völkerapostels und schrieb meine »archäologische Biografie« *Paulus von Tarsus*, die pünktlich zur Eröffnung des Paulusjahres im Juni 2008 erschien. Doch erst als ich auf Malta war, begriff ich, dass dies alles kein Zufall gewesen sein konnte.

In den Morgenstunden des 24. April 2005, zur gleichen Zeit, als der neue Papst in sein Amt eingeführt wurde, fuhr der maltesische Rettungstaucher Mark Gatt mit ein paar Freunden auf das Meer hinaus, um dort zu tauchen. Es war, anders als in Rom, ein grauer, stürmischer Morgen, ein Südostwind peitschte die See auf, und so entschieden sich die Männer, in Küstennähe zu bleiben. Um einen Orientierungspunkt zu haben für den Fall, dass ihr Boot abtrieb, nahmen sie Kurs auf den Ghallis-Turm östlich der Salina Bay. Dort war das Meer bis zu 40 Meter tief, optimal für einen Tauchgang. In 36 Metern hatten sie den Meeresgrund erreicht und schwärmten aus. Irgendwann fiel Gatt ein mächtiger, dunkler, länglicher Gegenstand auf, der ihn im Dunkel der Tiefe in seinen Bann zu ziehen schien. Zuerst dachte er an das Heckruder eines Flugzeugs aus dem Zweiten Weltkrieg, von denen so viele Wracks vor der Küste Maltas liegen.

Doch als er näher kam, wurde ihm schlagartig klar, wie falsch er damit lag. Nein, es war ein riesiger Anker aus der Römerzeit! Ähnliche Exemplare hatte er im Seefahrtmuseum von Vittoriosa gesehen. »Es war so, als wollte er von mir gefunden werden«, erklärte er mir, als ich ihn vier Jahre später interviewte. Er hatte die Herausforderung seines Lebens gefunden. Sofort markierte Gatt den Anker durch eine Signalboje, dann bereitete er seine Bergung vor.

Mithilfe luftgefüllter Hebesäcke zog er ein paar Tage später den 2,25 Meter langen, über 700 Kilogramm schweren Bleigiganten in die Höhe und brachte ihn im Schlepptau seines Boots in die Nähe des Ufers, wo ein Kran darauf wartete, ihn auf die Ladefläche eines Kleinlastwagens zu hieven. Erst dort waren Mark und seine Freunde in der Lage, den Fund gründlicher zu inspizieren. Dabei fiel ihm etwas ins Auge, das seinen Fund von all den anderen römischen Ankern in den Museen Maltas unterschied. Der bleierne Riese trug eine Inschrift. »ISIS – SARAPI(S)« stand in erhabenen Lettern auf seinen beiden Armen. Isis und Sarapis (oder Serapis) waren zwei ägyptische Gottheiten, die zwischen dem 1. und dem 3. Jahrhundert im ganzen Römischen Reich verehrt wurden. Das Zentrum ihres Kults war Alexandria.

Die ungewöhnliche Größe des Ankers ließ keinen Zweifel, dass er von einem mächtigen Transportschiff stammte. Die größten Frachtschiffe der Römerzeit waren die Kornschiffe aus Alexandria, deren Aufgabe es war, die Reichshauptstadt mit Getreide aus dem fruchtbaren Niltal zu versorgen. Auf einem solchen Kornschiff, so lesen wir in der *Apostelgeschichte*, erlitt der Apostel Paulus vor der Küste Maltas Schiffbruch. Tatsächlich entspricht die Fundstelle den präzisen topografischen Angaben, die wir im Bericht des Evangelisten Lukas finden. Eine Tiefe von zunächst 20 Faden (37 m), dann 15 Faden (27,75 m) maßen die Matrosen mit dem Senkblei, als sie »aus Furcht, wir könnten auf Klippen laufen, vom Heck aus vier Anker warfen« (Apg 27, 29). Im ersten Morgenlicht hätten sie dann »eine Bucht mit flachem Strand« entdeckt, »machten die Anker los und ließen sie im Meer zurück«. Doch als sie das rettende Ufer ansteuerten, gerieten sie auf eine Sandbank und strandeten mit dem Schiff, das schließlich in der Brandung zerbrach.

In 36 Metern Tiefe fand Mark Gatt den Anker, was, zieht man das Ansteigen des Meeresspiegels seit der Antike in Betracht, ganz den biblischen Angaben entspricht. In unmittelbarer Nähe hatte der Unterwasserarchäologe Commander Scicluna bereits in den 1960er- bis 1980er-Jahren fünf weitere mächtige Bleianker entdeckt, die er, zusammen mit anderen Funden, in das 1. Jh. n. Chr. datierte. Tatsächlich erwähnt der Verfasser der *Apostelgeschichte*, dass die Matrosen neben den vier Heckankern auch noch »vom Bug aus Anker auswarfen« (27, 30), sodass es sechs oder mehr gewesen sein müssen.

Von der Fundstelle aus erkennt man tatsächliche eine Bucht mit einem flachen Strand, die Salina Bay. Sie ist für Seefahrer tückisch, denn genau in ihrer Mitte liegt eine Sandbank; wer also ihren Strand ansteuert (an dem längst ein Urlaubshotel neben dem anderen steht), muss unweigerlich Schiffbruch erleiden. Das hohe Aufkommen antiker Tonscherben beweist, dass sich hier ein Wrack befunden haben muss.

Oberhalb der Bucht liegt das Dörfchen Burmarrad mit der kleinen Kirche San Pawl Milqi (»Paulus Willkommen«), die wiederum auf den Ruinen eines römischen Landguts aus dem 1. Jahrhundert steht. Hier soll Paulus von Publius empfangen worden sein, »dem Ersten der Insel«, dem dort ein Anwesen gehörte (Apg 28, 7). Tatsächlich entdeckten Archäologen unter dem Kirchlein Überreste einer christlichen Kultstätte aus dem 4. Jahrhundert; Graffitis zeigen den Völkerapostel und sein gestrandetes Schiff.

Nachdem ich in meinem Buch über Gatts Fund berichtet hatte, flog ich im August 2009 ein weiteres Mal, jetzt für zwei Wochen, nach Malta, um der Geschichte näher auf den Grund zu gehen. Wir mieteten Boote, fuhren sämtliche Buchten der Insel ab. Yuliya tauchte an der Fundstelle des Ankers, suchte zusammen mit Mark Gatt die Salina-Bucht nach Scherben ab und wurde fündig. So unmöglich es sein würde, endgültig zu beweisen, dass der Isis-Sarapis-Anker ausgerechnet vom Schiff des hl. Paulus stammte, so ausgeschlossen war es, den Gegenbeweis anzutreten. Das Szenario war jedenfalls in allen Punkten schlüssig, nichts sprach dagegen.

Als Benedikt XVI. ankündigte, im April 2010, zur 1950-Jahrfeier der Ankunft des Völkerapostels, Malta zu besuchen, wollte ich ihn zuvor über den Fund informieren. Schließlich wurde mir am 17. Februar 2010 eine Audienz gewährt. Ich übergab dem Papst ein Foto des Ankers und meinen Bericht, dessen Fazit ich mündlich kurz zusammenfasste. Aufmerksam verfolgte Benedikt XVI. meine Ausführung, dann entfuhr es ihm: »Das ist wirklich ein Zeichen der göttlichen Vorsehung!«

Aus Rom wurde mir signalisiert, dass der Heilige Vater den Anker sehen wolle, wenn er nach Malta käme, und so bat ich Mark Gatt, alles Notwendige in die Wege zu leiten. Das maltesische Protokoll erhielt die Bestätigung direkt aus dem Apostolischen Palast am 13. April, am Nachmittag des 16. April gab das Schifffahrtsmuseum in Vittoriosa, in dem der Anker sich auch heute befindet, ihn endlich zum Transport frei. Ich selbst hatte mich als Pressevertreter akkreditiert, Flüge und Hotelzimmer gebucht, um vor Ort dabei zu sein. Erst der Ausbruch des isländischen Vulkans Eyjafjallajökull machte meine Pläne zunichte; ganz Nordeuropa lag unter einer Aschewolke, sämtlicher Flugverkehr wurde eingestellt. Mir blieb nichts anderes übrig, als zu Hause zu bleiben und den Papstbesuch auf Malta im Internet zu verfolgen.

Gegen 20.15 Uhr traf die erste SMS von Mark Gatt ein: Der Heilige Vater hat den Anker gesehen! Zehn Minuten später rief er mich an, selbst noch ganz fassungslos. Benedikt XVI. hatte sich ausführlich die Geschichte des Fundes schildern lassen, um dann die entscheidende Frage zu stellen: »Sind Sie sicher, dass es sich um den Anker eines alexandrinischen Kornschiffes handelt?« Mark konnte nicht anders, als diese Frage zu bejahen.

Entweder war es ein riesengroßer Zufall oder tatsächlich ein Wink der göttlichen Vorsehung, dass dieser Anker ausgerechnet am Tage der Amtseinführung des Theologenpapstes entdeckt worden war. Jedenfalls war es ein Zeichen von großer Symbolkraft, denn der Anker galt den ersten Christen als Symbol für das Kreuz und damit für Christus und ihren Glauben, in dem sie in den Stürmen der Zeit Halt fanden. Das ganze Abendland ist in dieser christlichen Tradition »verankert«, einem Glauben freilich, dem kein anderes Land der EU so treu blieb wie Malta. Dabei ist es bezeichnend, dass der Papst ausgerechnet am Tag nach seinem 83. Geburtstag und genau fünf Jahre nach dem Konklave von 2005 auf die Insel flog. Über dem ganzen Kontinent zogen damals schwarze Wolken auf, die Aschewolken aus Island, nur zwischen Malta und Rom funktionierte der Flugverkehr reibungslos.

Doch noch in anderer als bloß in symbolischer Hinsicht war der Fund wichtig. Denn er belegt nicht nur den Wahrheitsgehalt der neutestamentlichen Überlieferung, die Lukas, den Verfasser der *Apostelgeschichte*, als Augenzeugen versteht, er verankert sie auch in der Geschichte und Archäologie. Plötzlich erlitt eine rationalistische, überkritische Exegese, die sich um die Entmythologisierung der biblischen Texte bemüht, Schiffbruch. Und das an jenem Tag, an dem der größte Theologe unserer Zeit, Joseph Ratzinger, in das Petrusamt eingeführt wurde!

Schon als Kardinal hatte der Mann aus Marktl erkannt, dass die viel beschworene »Krise der Kirche in Europa« zuallererst eine Glaubenskrise ist. Seit der Aufklärung übernahm der Rationalismus die Rolle, neue geistige Grundlage der abendländischen Zivilisation zu sein. Seine Anhänger behaupteten, die Vernunft werde den christlichen Glauben an einen Eingriff Gottes in die Geschichte und damit die Hoffnung auf Erlösung ad absurdum führen, letztlich die Religion ersetzen. Anstelle transzendentaler Heilserwartung, die zur Illusion erklärt wurde, setzten sie auf gesellschaftliche Utopien und materielle Versprechungen. Neue, politische Religionen wie der Kommunismus und der Nationalsozialismus bedienten sich zwar oft genug einer religiösen Symbolsprache, ihre Ziele aber lagen im Hier und Jetzt. Ihre Anziehungskraft bestand in der Propagierung von Zielen, deren Realisierung in greifbarer Nähe zu liegen schien, ob nun einer klassenlosen Gesellschaft oder einer Volksgemeinschaft von »Herrenmenschen«; es bedurfte lediglich eines neuen Wertesystems, der Aufgabe moralischer Skrupel und jeglicher Ethik, um diese Ziele zu verwirklichen. Demokratische Gesellschaften wiederum verzichteten auf eine gewaltsame Umsetzung ihrer Ideale und setzten auf das Individuum, dem sie die größtmögliche Freiheit in seiner Jagd nach weltlichem Wohlstand gewährten, seinen Glauben aber zur Privatsache degradierten. Aus dem Wertepluralismus wurde ein Relativismus, der praktisch alles erlaubt, was nicht das Gemeinwohl gefährdet, die Menschen aber in ihrem geistigen Streben, ihrer Sehnsucht nach ewigen Werten, alleine lässt. Christliche Prinzipien gelten dabei als lästig, werden allenfalls aus Rücksichtnahme auf Teile der Bevölkerung geduldet. Der Anspruch engagierter Christen, die Gesellschaft nach den Werten des Evangeliums gestalten zu wollen, stößt dagegen auf oft heftigen und nicht selten medial inszenierten Widerspruch.

Die Folge war und ist eine allmähliche Erosion des Glaubens. Wo der Glaube kein Grundkonsens mehr ist, wird er meist eher lieblos vermittelt. Was Eltern ihren Kindern noch an christlichen Werten auf den Lebensweg mitgeben, wird von der Schule oft systematisch negiert. Doch der Mensch braucht einen Glauben, der seinen Sinn nach dem Unvergänglichen ausrichtet, will er nicht ankerlos im Meer des Vergänglichen treiben. Eine Gesellschaft braucht Werte, will sie nicht Gefahr laufen, durch scheinbar »vernünftige Lösungen« in der Unmenschlichkeit zu enden. Immerhin basierte auch der Nationalsozialismus auf der wissenschaftlichen Evolutionsidee des Charles Darwin, dem Modell vom »Überleben des Stärkeren«, und erschien, zumindest auf den ersten Blick, durchaus von eiskalter Logik.

Dieser Gefahr einer Entmenschlichung der Vernunft begegnete Benedikt XVI. mit einer Formel, die zum Zentralthema seines Pontifikats werden sollte: »Fides et ratio«, »Glaube und Vernunft«. Mit dieser Botschaft weist der Papst des Paulusjahres direkt auf den Völkerapostel zurück.

Es gehört zu den großen Tragödien dieses so oft missverstandenen Pontifikats, dass ausgerechnet Benedikts vielleicht wichtigste Rede so gründlich (und vielleicht auch absichtlich) fehlgedeutet wurde. Er hielt sie am 12. September 2006 in der Aula Magna der Regensburger Universität, eben jener Hochschule, an der er bis 1977 Dogmatik und Dogmengeschichte gelehrt hatte. Ausgangspunkt seiner Betrachtung war ein auf das Jahr 1391 datierter Dialog zwischen dem byzantinischen Kaiser Manuel II. und einem gebildeten Perser. Darin kritisierte der Byzantiner die Lehre des Islam, den Glauben mit dem Schwert zu verbreiten. Es sei unvernünftig, den Körper zu bedrohen, um der Seele einen Glauben aufzuzwingen: Nicht vernunftgemäß zu handeln, sei aber dem Wesen Gottes zuwider.

Darin unterscheidet sich das christliche Gottesbild von dem des Islam, dessen Allah völlig transzendent und nicht an menschliche Kategorien gebunden ist: Er kann handeln, »wie es ihm gefällt«. Der Gott der Christen dagegen ist »das Wort«, griech.: der Logos, was ein anderer Begriff für die Vernunft ist, und »hat als Logos liebend für uns gehandelt«. Wenn Wahrheit und Vernunft zum Wesen Gottes gehören, kann er auch nur in der Begegnung von Glaube und Vernunft wahrhaft erkannt werden.

Das Christentum selbst wurde aus der Begegnung des jüdischen Glaubens mit der vernunftorientierten griechischen Philosophie geboren, wie – auf Paulus aufbauend – schon die Kirchenväter lehrten: Durch die Philosophie, so waren sie überzeugt, hatte der Heilige Geist die Griechen auf den Empfang des Evangeliums vorbereitet.

So gilt der hl. Paulus, der die beiden Welten wie kein anderer miteinander verband, auch als der eigentliche Vater der christlichen Theologie. Als Sohn wohlhabender Diaspora-Juden studierte er zunächst Rhetorik und Philosophie in seiner Heimatstadt Tarsus, um dann in Jerusalem Schüler des berühmtesten Rabbiners seiner Zeit, des weisen Gamaliel, zu werden. Schließlich führte ihn seine zweite Missionsreise nach Athen auf den Areopag, wo er in seiner Predigt vom »unbekannten Gott« den Schulterschluss mit der griechischen Geisteswelt wagte. Sie wurde zur Magna Charta des christlichen Europas, einer Zivilisation, die, um Theodor Heuss zu zitieren, auf drei Hügeln errichtet wurde: Golgota, dem Areopag und dem Kapitol. Mit anderen Worten: Unser Europa verdankt sich dem christlichen Menschenbild, der griechischen Philosophie und dem römischen Staatswesen.

Kritiker sehen in der Entstehung des Christentums als eigenständige Religion an diesem Begegnungspunkt zwischen Griechen- und Judentum eine erste Inkulturation, eine Anpassung der Lehre Christi an die Geisteswelt des Missionsgebiets. Doch diese These verkennt die Rolle, die das Griechentum auch in der Heimat Jesu gespielt hat. Judäa war schließlich im 1. Jahrhundert längst kein isoliertes Wüstenkönigreich mehr, sondern, wie der gesamte Osten des Römischen Reiches, Teil einer pulsierenden, hellenistisch geprägten Welt: Nur sechs Kilometer von Nazareth entfernt, in Sepphoris, stand schon zu Beginn des 1. Jahrhunderts ein griechisches Theater, wurden griechische Autoren gelesen und Philosophenschulen diskutiert. Wahrscheinlich hat Jesus selbst, wie die meisten seiner Landsleute, neben dem volkstümlichen Aramäisch und der Kultsprache Hebräisch auch Koiné-Griechisch (also eine vereinfachte Form der Sprache Homers) gesprochen. Die Tatsache, dass alle vier Evangelien in griechischer Sprache verfasst wurden, zeigt jedenfalls allzu deutlich, dass die allererste »Zielgruppe« der Verkündigung auch Teil der hellenistischen »Mainstream-Kultur« war.

Wer freilich das Christentum trotzdem für das Ergebnis einer Inkulturation halten will, der neigt auch dazu, es auf seinen scheinbaren Kern reduzieren zu wollen. So lehnten schon die Reformatoren die Lehren der meist griechisch geprägten Kirchenväter ab. Die liberale Theologie des 19. und 20. Jahrhunderts erklärte die Christologie der Kirche zu einer späten, griechisch beeinflussten Umdeutung; Jesus sei lediglich ein jüdischer Wanderprediger mit einer menschenfreundlichen Botschaft gewesen, der den Kult durch die Moral ersetzen wollte.

Andere Exegeten bewerteten die Evangelien auf der Grundlage eines Weltbildes, das allein die Wertmaßstäbe der Naturwissenschaften gelten lässt. Die Gottesfrage dagegen wurde von ihnen als un- oder vorwissenschaftlich abgelehnt. So blieb vom einstigen Glauben nur noch »ein armseliges Fragmentstück« übrig, wie Benedikt XVI. bedauernd diagnostizierte. »Wenn dies allein die ganze Wissenschaft ist, dann wird der Mensch selbst dabei verkürzt«, stellte er in Regensburg fest. Die »eigentlich menschlichen Fragen, die nach unserem Woher und Wohin, die Fragen der Religion und des Ethos« verfallen dadurch unweigerlich der Beliebigkeit. »Dieser Zustand ist für die Menschheit gefährlich«, stellte der Papst fest: »Wir sehen es an den uns bedrohenden Pathologien der Religion und der Vernunft, die notwendig ausbrechen müssen, wo die Vernunft so verengt wird, dass ihr die Fragen der Religion und des Ethos nicht mehr zugehören.« Vor allem aber isoliere diese einseitige Dominanz der Vernunft ohne Glaube auch unsere Gesellschaft, denn »eine Vernunft, die dem Göttlichen gegenüber taub ist, ist unfähig zum Dialog der Kulturen«.

Freilich war das, so revolutionär es in Regensburg auch klang, keineswegs eine neue Erkenntnis des Papstes. Im Gegenteil: Der Versuch, Glaube und Vernunft zu versöhnen und dabei die Heilige Schrift wieder zur Geltung zu bringen, zieht sich wie ein roter Faden durch sein gesamtes theologisches Werk. Zu einem ersten Meilenstein wurde das Symposium »Schriftauslegung im Widerstreit« (1988), durch den gleichnamigen Band in der Herder-Reihe *Quaestiones disputatae* dokumentiert. In seinem dort präsentierten Beitrag fällte Ratzinger, damals Präfekt der Glaubenslehrekongregation, ein nicht gerade mildes, aber doch noch gnädiges Urteil über die historisch-kritische Exegese, wie sie etwa der protestantische Theologe Rudolf Bultmann (1884– 1976) lehrte, der er kurzerhand bescheinigte: »Der Willkür wird hier breiter Raum gelassen.«

Das bezog sich auf Bultmann'sche Paradigmen wie die Behauptung, die Worte Jesu seien der Kern der Überlieferung, die in den Evangelien geschilderten Ereignisse dagegen »mythische Ausgestaltung«; oder »das Einfache« sei anfänglich, »das Komplizierte notwendigerweise spät«; oder »was hellenistisch ist, kann nicht palästinensisch, also nicht ursprünglich sein«; Thesen, die in letzter Konsequenz Jesus zu einem jüdischen Endzeitprediger degradieren und ihm die Gottsohnschaft absprechen.

Auch dass Bultmann »dem sogenannten naturwissenschaftlichen Weltbild eine Art von dogmatische(m) Charakter« verliehe und alle Wunderberichte für ungeschichtlich hielte, konnte Ratzinger nicht gelten lassen. Der Exeget, so stellte er fest,

»darf nicht ausschließen, dass Gott als er selbst in der Geschichte wirken und in sie eintreten könne, so unwahrscheinlich ihm dies auch erscheinen mag. Er muss bereit sein, sich vom Phänomen belehren zu lassen. Er muss bereit sein, anzunehmen, dass es dies gebe in der Geschichte: den wirklichen Anfang, der als solcher nicht aus dem vorher Gegebenen abgeleitet werden kann, sondern sich aus sich selber eröffnet. Er darf auch dem Menschen nicht die Fähigkeit absprechen, über die Kategorien der reinen Vernunft hinaus hörfähig zu sein, imstande, sich selbst in die offene und endliche Wahrheit des Seins hinein zu übersteigen.«

Ein typischer »Ratzinger« ist gerade der letzte Satz dieses Zitats, von ergreifender Einfachheit, doch mit einem ins Unendliche reichenden Crescendo, bis er hinausgreift in jenen Bereich, in den das Wort allein nicht mehr vorzudringen vermag, wenn denn der Glaube fehlt: die Transzendenz, die Welt Gottes. So kommt es in diesem Symposiumsbeitrag zu der vielleicht feinsinnigsten Definition des Ratzinger'schen Menschenbildes, wenn der spätere Papst, nur eine Seite weiter, den spätantiken Kirchenlehrer Gregor von Nyssa paraphrasiert:

»Der Mensch, der sich im Kerker seines kreatürlichen Seins und Erkennens gefangen findet, trägt dennoch in sich die Sehnsucht nach Ausbruch, trägt in sich den Richtungspfeil auf die unendliche Liebe hin. Und gerade darin zeigt sich Gott in ihm selbst. Er ist in sich selbst Spiegel Gottes, und wenn er sich ganz wahrnimmt, nimmt er mehr wahr als sich: die Spiegelung des reinen Lichtes in seinem Innern. Der Mensch kann zwar nicht über sich hinausdringen, aber Gott kann in ihn hineindringen. Der Mensch kann in der Dynamik seines Seins sich zugleich überschreiten; er wird Gott ähnlicher, und Ähnlichkeit ist erkennen – wir erkennen, was wir sind, nicht mehr und nicht weniger. (…) Dieses Hereintreten Gottes hat in der Menschwerdung geschichtliche Gestalt angenommen.«

Gott hat in Jesus Christus ein menschliches Antlitz bekommen, hat sich in Ihm in seinen Grundzügen offenbart, in Seiner Liebe, Seiner Wahrheit und Seiner Schönheit. Wort und Tat sind für Ratzinger untrennbar miteinander verbunden; sie zu trennen, hieße, dem Wort seinen Sinn zu nehmen. So sind die Evangelien für ihn im wahrsten Sinne des Wortes das von Menschen niedergeschriebene Zeugnis einer Offenbarung. Sie berichten von ihrem Berührtwerden durch den menschgewordenen Gott. Damit aber beruhen sie auf historischer Wahrheit, auf Augenzeugenberichten.

Diese Wahrheit zu vermitteln, hielt Benedikt XVI. für seine wichtigste Aufgabe, auch und gerade als Papst. So wagte er einen Schritt, der mehr als ungewöhnlich, ja einmalig in der Papstgeschichte war: Er verfasste eine dreibändige Jesus-Biografie. Weltweit wurde *Jesus von Nazareth* zum Bestseller. Das Werk überzeugte durch seine klare Argumentation, aber auch die Ästhetik seiner Sprache.

Dabei bestand der Papst darauf, es (auch) unter seinem bürgerlichen Namen Joseph Ratzinger zu veröffentlichen. Noch im Vorwort betonte er in typisch Ratzinger'scher Bescheidenheit, »dass dieses Buch in keiner Weise ein lehramtlicher Akt ist, sondern einzig Ausdruck meines persönlichen Suchens ›nach dem Angesicht des Herrn‹. Es steht daher jedermann frei, mir zu widersprechen. Ich bitte die Leserinnen und Leser nur um jenen Vorschuss an Sympathie, ohne den es kein Verstehen gibt.«

Das ermöglichte ihm jedoch auch, auf falsche Rücksichtnahme zu verzichten, ja, kein Blatt vor den Mund zu nehmen. Als nicht zu verken-

nende Kritik an seinen einstigen Kollegen zitiert er schließlich Wladimir Solowjews *Kurze Erzählung vom Antichrist*: »Der Antichrist empfängt von der Universität Tübingen den Ehrendoktor der Theologie; er ist ein großer Bibelgelehrter.« Dazu ergänzt Ratzinger, um nicht den geringsten Zweifel an seiner Meinung zu lassen: »Bibelauslegung kann in der Tat zum Instrument des Antichrist werden. (...) Aus scheinbaren Ergebnissen der wissenschaftlichen Exegese sind die schlimmsten Bücher der Zerstörung der Gestalt Jesu, der Demontage des Glaubens geflochten worden.« Wer den schüchternen Feingeist Ratzinger kennt, der staunt nicht schlecht über dieses professorale Donnerwetter. Hier hat tatsächlich jemand die Ursache der Glaubenskrise unserer Zeit erkannt – und mit seinen Büchern gleich das notwendige Gegenmittel geliefert. Denn das Bild Jesu, das die Evangelien zeigen, so Benedikt XVI. in eben dieser Trilogie, ist unendlich plausibler als sämtliche Spekulationen der Entmythologisierer über den »historischen Jesus«, den gescheiterten jüdischen Endzeitprediger. So stellt er kategorisch zu den Berichten der Evangelien fest, sicher mit dem heftigen Widerspruch vieler seiner einstigen Theologenkollegen rechnend: »Ja, es hat sich wirklich ereignet. Jesus ist kein Mythos, er ist ein Mensch aus Fleisch und Blut, steht ganz real in der Geschichte. Wir können die Orte nachgehen, die er gegangen ist. Wir können durch Zeugen seine Worte hören. Er ist gestorben und er ist auferstanden.«
Wen wundert es da noch, dass Reliquien wie das Turiner Grabtuch, das Schleierbild von Manoppello, der Heilige Kelch von Valencia, das Heilige Haus von Loreto, das Marienhaus von Ephesus oder auch der Paulus-Anker von Malta immer wieder sein lebhaftes Interesse fanden. Oder dass er 2009, im Paulusjahr, in das Heilige Land, zu den Stätten des Wirkens Jesu, aufbrach, um dann, rückblickend, bei seiner Palmsonntagspredigt 2010 zu erklären:

> »Ich selbst habe (bei) meiner Wallfahrt ins Heilige Land (...) daran gedacht, dass uns dabei das geschehen kann, was der hl. Johannes am Anfang seines ›ersten Briefes‹ sagt: Was wir gehört haben, das können wir gleichsam sehen und mit unseren Händen berühren (vgl. 1 Joh 1, 1). Der Glaube an Jesus Christus ist keine legendäre Erfindung. Er gründet in wirklich geschehener Geschichte. Wir können diese Geschichte sozusagen anschauen und anrühren.«

Das Thema Schriftauslegung war Benedikt XVI. so wichtig, dass er die erste von ihm einberufene (12.) Ordentliche Generalversammlung der Bischofssynode nicht nur mitten in das Paulusjahr legte (5. bis 23. Oktober 2008), sondern auch unter das Motto stellte: »Das Wort Gottes im Leben und in der Sendung der Kirche«. Bei einer seiner wenigen Wortmeldungen, nämlich am 14. Oktober, griff der Papst frontal den »sogenannten Mainstream der Exegese in Deutschland« an: Die nämlich postuliere, »dass der Leichnam Jesu im Grab geblieben ist. Die Auferstehung wäre in diesem Fall kein geschichtliches Ereignis, sondern rein theologische Sichtweise. Man behauptet das, weil eine Hermeneutik des Glaubens fehlt: So wird eine profan-philosophische Hermeneutik bestätigt, die es nicht für möglich hält, dass das Göttliche Eingang in die Geschichte findet und dort wirklich präsent ist.«

Zu den bedeutendsten Dokumenten seines Pontifikats gehört das anschließend verfasste Nachsynodale Apostolische Schreiben *Verbum Domini* (»Über das Wort Gottes im Leben und in der Sendung der Kirche«), das im Priesterjahr 2010 herausgegeben wurde. »Die Heilsgeschichte ist keine Mythologie, sondern wirkliche Geschichte, und muss deshalb mit den Methoden ernsthafter Geschichtswissenschaft untersucht werden«, stellt der Papst hier dezidiert fest, um mit einem Zitat des hl. Kirchenlehrers Basilius des Großen zu enden. Der aber antwortete auf die Frage, was den christlichen Glauben ausmache, ohne Umschweife: »Die volle und zweifelsfreie Gewissheit der Wahrheit der von Gott inspirierten Worte.«

Benedikt XVI. wusste nur zu gut um den Schaden, den das auch an katholischen theologischen Hochschulen vermittelte »entmythologisierte« Jesus-Bild angerichtet hatte, sprich: dass die Relativierung der Glaubensgrundlage unweigerlich zur Krise des Glaubens führen musste. Wenn der Auferstandene, der Wunder wirkende Sohn Gottes, ein Mythos wäre, dann könnte dieser Jesus auch nicht unser Erlöser sein. Dann ist er auch nicht präsent in der Eucharistie, dann ist es Brot und Wein, was den Gläubigen präsentiert wird, und nicht Leib und Blut Christi. Wenn der entmythologisierte »historische Jesus« jener materialistischen Theologie wahr wäre, dann wäre der christliche Glaube eine Fiktion; »Opium für das Volk«, wie Karl Marx die Religion nannte. Dann würde gelten, was schon der hl. Paulus in seinem *Ersten Ko-*

rintherbrief anmahnte: »Ist aber Christus nicht auferweckt worden, dann ist unsere Verkündigung leer und euer Glaube sinnlos. Wir werden dann auch als falsche Zeugen Gottes entlarvt. (…) Wenn wir unsere Hoffnung nur in diesem Leben auf Christus gesetzt haben, sind wir erbärmlicher daran als alle anderen Menschen« (1 Kor 15, 14–19). Dort, wo der materialistische Jesus verkündet wird, verdorrt der Glaube, leeren sich die Kirchen. Berufungen bleiben aus, wenn Theologiestudenten eingebläut wird, dass ihr Opfer als künftige Priester, der Zölibat, völlig sinnlos sei. Dass er weder der Lebensform Jesu noch jener der Apostel entspräche und dass ihre Hände nicht das größte aller Wunder, die Wandlung, vollzögen, sondern bestenfalls einen symbolischen Akt.

Auf die Erosion des Glaubens folgt das allmähliche Zerbröckeln der Kirche, was bei ungünstiger Großwetterlage zeitweise zu lawinenartigen Austrittswellen führen konnte. Das wusste niemand so gut wie der Papst, der die deutsche Theologenlandschaft und unsere Kirche besser kennt als jeder andere. Der die Warnung des hl. Paulus ernst nahm. Und der genau sah, wo er ansetzen musste, um das Grundgestein zu festigen. Festigung der Fundamente stand auf der Tagesordnung seines Pontifikats, aber keineswegs Fundamentalismus; Ersteres bedarf der Vernunft, Letzteres ist ihrer bar. In gleich drei Gedenkjahren, dem Paulusjahr 2008/9, dem Priesterjahr 2009/10 und dem Jahr des Glaubens 2012/13, rief Benedikt XVI. jedem, der die Ohren zu öffnen bereit war, die Grundlagen des Christentums in Erinnerung. Jede Mittwochsaudienz nutzte er, von der weltlichen Presse ironisch als »Prof. Dr. Papst« (so der *Spiegel*) betitelt, für seinen Nachhilfeunterricht in Sachen Glaube. »Der Herr muss sich etwas dabei gedacht haben, wenn er ausgerechnet einen Professor zum Papst macht«, lautete seine lakonische Antwort auf die Kritik, er könne damit die Rompilger überfordern. Da wurden die Schriften und Taten des Völkerapostels Paulus beleuchtet, da wurden die Kirchenväter durchgenommen, große Heilige vorgestellt, besonderer Wert auch auf heilige Frauen gelegt – und das alles in einer Sprache, die so schön und einfach war, dass sich kaum jemand ihrer Faszination entziehen konnte. »Die Menschen sind zu Johannes Paul II. geströmt, um ihn zu *sehen*. Jetzt strömen sie zu Benedikt XVI., um ihn zu *hören*«, mussten Vatikan-Journalisten staunend feststellen.

Diese Katechesen wurden anschließend in Büchern zusammengefasst, die wohl in Zukunft zum kostbarsten Erbe dieses Pontifikats gerechnet werden. Jede einzelne von ihnen gleicht einer Perle; zusammen bilden sie, fein säuberlich aufgereiht, einen Rosenkranz. Durch sie hat sich Benedikt XVI. verdient, dass ihn künftige Generationen als Kirchenlehrer feiern werden.

Mit ihnen aber legte er das Fundament für das größte Projekt, das ihm sein großer Vorgänger, Johannes Paul II., hinterlassen hatte: die Neuevangelisierung Europas. Was nichts anderes bedeutet, als die Herzen der Menschen, die so leben, als ob es Gott nicht gäbe, wieder für Christus zu öffnen, ihnen etwas von der Freude und inspirierenden Kraft des Glaubens zu vermitteln. Dabei geht es um nicht weniger, als einen ganzen Kontinent seine beinahe verlorene und vergessene Identität wiederentdecken zu lassen.

Gott ist Wahrheit, die sich durch die Vernunft erkennen lässt, lautet der Schlüsselsatz der Ratzinger'schen Theologie. Ein Satz freilich, der schon dadurch revolutionär erscheint, dass der Begriff der »Wahrheit« längst von der Wissenschaft mit einem Bann belegt worden zu sein scheint. Er ist verpönt, er gilt als intolerant, ja fundamentalistisch. Dabei hat die Frage nach der Wahrheit überhaupt erst die Wissenschaft hervorgebracht, wie Kardinal Ratzinger 1996 in einem Interview mit dem Bonner Journalisten Martin Lohmann konstatierte: »Es ist sehr wichtig, dass die Wissenschaft wieder den Mut findet, nach Wahrheit zu fragen, und die Wahrheitsfrage wieder als dem Vernunftbereich zugehörig ansieht. Auf diese Weise kann sie die Furcht vor der Wahrheit überwinden, die tatsächlich da ist.«

Aus scheinbarer Angst, intolerant zu erscheinen, wird stattdessen die Wahrheit verleugnet, und das leider auch von Vertretern der Kirche. Doch wenn es keine objektive Wahrheit gibt, wenn alles wahr ist, dann ist auch nichts mehr wahr – und das, so der katholische Denker René Girard, »zwingt einen, banal und oberflächlich zu bleiben«.

Einem solchen Denken aber, ohne Tiefgang, bleibende Werte und ethische Richtlinien, hat Benedikt XVI. eine klare Absage erteilt. Der Mensch, so lehrt er, ist zu etwas Größerem geboren, ist bestimmt für die Suche nach der Wahrheit, die ein Wesenszug Gottes ist. »Cooperatores veritatis« (Mitarbeiter der Wahrheit) schrieb er schon als Erzbi-

schof auf sein Wappenschild. Wir können alle Mitarbeiter der Wahrheit werden, wenn wir bereit sind, uns auf sie einzulassen.
Die Suche nach der Wahrheit, betrieben mit gläubigem Herzen und dem wachen Geist der Vernunft, kann uns Gott offenbaren, eben dort, wo er uns bereits am nächsten kam: in seiner Menschwerdung, in Jesus von Nazareth, dem »menschlichen Antlitz Gottes«, wie ihn Benedikt XVI. bezeichnete. In ihm erkennen wir Gott in seinem wahrsten Wesen. *Deus caritas est*, »Gott ist Liebe«, nannte der Papst seine erste, programmatische Enzyklika, veröffentlicht nach dem Weihnachtsfest des Jahres 2005. Sie ist ein bewegender Aufruf, durch praktizierte Nächstenliebe das Gottesreich auf Erden zu verwirklichen, wozu, so Paulus, »die Liebe Gottes uns drängt« (2 Kor 5, 14). Doch mehr als das vermittelt das erste Lehrschreiben des Papstes jedem ungläubigen Menschen in einfachen Worten die Kernbotschaft des Evangeliums, den Glauben der Kirche: »Wir haben der Liebe geglaubt.« Gedruckt wurde sie zum Bestseller; allein in Italien waren nach nur zehn Tagen über eine Million Exemplare verkauft. Im Mittelpunkt der Kirche, so heißt es in *Deus caritas est*, stünde die Eucharistie, die Begegnung mit Gott. Doch die Kommunion zu empfangen, sei keine reine Privatsache; sie verpflichte dazu, so zu leben, dass um einen herum »Kommunion« entstünde und Leidende nicht im Abseits gelassen würden.
Mit seiner zweiten Enzyklika *Spe salvi* (2007), »Auf Hoffnung hin gerettet«, zitierte Benedikt XVI. nicht nur den Römerbrief (8, 24), er näherte sich auch der paulinischen Trilogie von »Glaube, Hoffnung, Liebe« (1 Kor 13, 13) an. *Spe salvi* zeigte auf, dass ein Leben ohne diese Liebe Gottes sinnlos ist. So lenke sie den Blick des Gläubigen weg von kurzlebigen weltlichen Sozialutopien hin zu den »letzten Dingen«, dem ewigen Leben. Erst die globale Wirtschaftskrise zwang den Papst, die geplante Reihe zu unterbrechen. Seine dem Glauben gewidmete Enzyklika war erst für 2013 angekündigt; durch seinen Rücktritt blieb ihre Veröffentlichung leider aus. Als Beitrag zur konkreten, sozialen Liebe erschien zum Abschluss des Paulusjahres, am 29. Juni 2009, seine dritte Enzyklika *Caritas in Veritate*, »Die Liebe in der Wahrheit«, in der die Krise als Chance zum radikalen Umdenken gedeutet wird. Richtig verstanden, so Benedikt XVI., könne die Globalisierung zur Entfaltung einer »Kultur der Liebe« beitragen. Die Liebe, die der

Mensch von Gott erhalte, sei der Hauptweg der kirchlichen Soziallehre; aus ihr gehe alles hervor. Ein Humanismus dagegen, der Gott ausschließe, sei zutiefst unmenschlich.

Auch hier zeigt sich Benedikt XVI. wieder als Paulus-Papst, wenn er das christliche Manifest für eine bessere Welt mit den Worten des Völkerapostels abschließt: »Eure Liebe sei ohne Heuchelei. Verabscheut das Böse, haltet fest am Guten! Seid einander in brüderlicher Liebe zugetan, übertrefft euch in gegenseitiger Achtung.« (Röm 12, 9–10). Das aber sind Worte und Lehren, die einer sturmumpeitschten Zeit zum Rettungsanker werden könnten, wenn man sie nur ernst genug nimmt. Am Abend des 28. Juni 2009, also einen Tag, bevor er diese Enzyklika unterzeichnete, hatte Benedikt XVI. in der bis auf den letzten Platz gefüllten römischen Basilika St. Paul vor den Mauern das Paulusjahr abgeschlossen. Über 100 000 Pilger aus aller Welt hatten ein Jahr lang die nach dem Vorbild der Heiligen Pforte geschaffene Pauluspforte durchschritten und am Grab des Völkerapostels gebetet. Dessen marmorner Sarkophag war eigens zu diesem Anlass so weit freigelegt worden, dass die Pilger, die in die halbkreisförmige Confessio der Basilika hinabstiegen, direkt auf sein Kopfende blicken konnten. Doch niemand von ihnen hatte geahnt, was der Papst an diesem Abschlussgottesdienst des Paulusjahres enthüllen würde, der zugleich sein Höhepunkt sein würde:

»Im Sarkophag, der in so vielen Jahrhunderten niemals geöffnet worden ist, wurde eine kleine Perforation vorgenommen, um eine besondere Sonde einzuführen, mittels derer Spuren eines kostbaren, mit Purpur gefärbten Leinengewebes, das mit feinstem Gold besetzt ist, sowie eines blauen Gewebes mit Leinenfasern entnommen wurden. Es ist auch das Vorhandensein von roten Weihrauchkörnern sowie von protein- und kalkhaltigen Substanzen festgestellt worden.

Des Weiteren hat sich herausgestellt, dass kleinste Knochenfragmente, die von Fachleuten, die deren Herkunft nicht kannten, nach der C-14-Methode [Radiokohlenstoffdatierung, d. Verf.] untersucht wurden, von einer Person stammen, die zwischen dem ersten und dem zweiten Jahrhundert gelebt hat. Das scheint die einstimmige und unbestrittene Tradition zu bestätigen, dass es sich um die sterblichen Überreste des Apostels Paulus handelt. All das erfüllt unser Herz mit tiefer Bewegung.«

Auf der Pressekonferenz, die der Erzpriester von St. Paul vor den Mauern, Kardinal Andrea Cordero Lanza di Montezemolo, in der folgenden Woche abhielt, wurden weitere Einzelheiten bekannt gegeben. So wurden den Journalisten erstmals Bilder aus dem Inneren des antiken Steinsargs präsentiert. Die Aufnahmen zeigten Reste von golddurchwirktem Purpurgewebe, indigofarbenem Wollstoff, Weihrauchkörner und Knochenpartikel. Sie wurden mithilfe einer endoskopischen Kamera durch eine wenige Millimeter große Öffnung des Sargdeckels aufgenommen.

Die wichtigste Erkenntnis sei, dass alle Befunde mit der Tradition des Apostelgrabs in Einklang stünden und ihr nicht widersprächen, teilte der Kardinal mit. Der leitende Techniker der Untersuchungen, Ulderico Santamaria, bestätigte die vom Papst zitierte C-14-Datierung einer entnommenen Knochenprobe. Zudem bestünde kein Zweifel, dass der Tote hier im 4. Jahrhundert hoch verehrt und neu bestattet wurde. Denn purpurne, golddurchwirkte Stoffe, wie sie in dem Sarkophag gefunden wurden, waren allein dem römischen Kaiser vorbehalten. Dass man dieselben Stoffe im Petrusgrab unter dem Papstaltar des Petersdoms fand, kann kein Zufall sein; schließlich war es der römische Kaiser Konstantin der Große, der die beiden Kirchen über den Apostelgräbern errichten und ihre Reliquien öffentlich verehren ließ.

Genau zum richtigen Zeitpunkt war wieder einmal die Tradition der Kirche archäologisch bestätigt worden. Hatte Benedikt XVI. also recht, wenn er die Heilige Schrift vor den Entmythologisierungsversuchen eines relativistischen Zeitgeistes in Schutz nahm? Kein Zweifel jedenfalls, dass sein Pontifikat im Zeichen des Völkerapostels stand – und er zum Paulus-Papst geworden ist.

VI. Das Pontifikat der Versöhnung

Seine Kamera bannte Ikonen der Gegenwart auf Zelluloid und machte ihn zu einer lebenden Legende. Ganze 51 Jahre lang, von Anfang 1957 bis 2008, war Arturo Mari (geb. 1940) der Leibfotograf der Päpste. Für die Vatikan-Zeitung *L'Osservatore Romano* hielt er das letzte Jahr Pius XII. und die Pontifikate Johannes XXIII., Pauls VI., Johannes Pauls I., Johannes Pauls II. sowie die ersten drei Jahre Benedikts XVI. in Millionen von Bildern fest. Allein dem polnischen Papst war er auf 104 Reisen in 129 Länder der Erde gefolgt, hatte jeder einzelnen seiner Eucharistiefeiern mit bis zu zwei Millionen Teilnehmern beigewohnt, nahezu jeden seiner Audienzgäste abgelichtet. Dabei hatte er vieles erlebt, das ihn zu Tränen rührte, und manches, das ihm wie ein Wunder erschien. Über seine Erfahrungen mit Johannes Paul II. haben wir zusammen ein Buch geschrieben, doch jetzt wollte ich wissen, was Arturo an Benedikt XVI. am meisten beeindruckt hatte, bevor er mit 68 Jahren in den verdienten Ruhestand gegangen war. Er beantwortete meine Frage mit nur drei Worten: »Auschwitz«, entfuhr es ihm spontan, »der Regenbogen!«

Ich pflichtete ihm bei. Denn wenn es einen Augenblick im Pontifikat Benedikts XVI. gab, der uns mit leichtem Schaudern die Gegenwart Gottes erahnen ließ, dann war es an diesem verregneten Sonntag, dem 28. Mai 2006. Es war der letzte Tag und zugleich der Höhepunkt der ersten »richtigen« Auslandsreise des deutschen Papstes.

Neun Monate zuvor, im August 2005, hatte er zwar in Köln den Weltjugendtag besucht, doch damit erfüllte er nur das Versprechen seines geliebten Vorgängers. Bewusst geplant und gleich in mehrfacher Hinsicht bedeutungsschwer war erst der Besuch in der Heimat Johannes Pauls II., der einem doppelten Zweck diente. Natürlich demonstrierte er zunächst einmal Kontinuität. Kein Papst der Geschichte war so vielen Menschen begegnet, hatte so viele Suchende zum Glauben gerufen, war zum geistlichen Vater einer ganzen Generation geworden wie der große Pole in den 27 Jahren des zweitlängsten Pontifikats der Geschichte. Sein Nachfolger würde es unendlich schwer haben, das ahnte jeder.

Benedikt XVI. löste dieses Problem auf zweierlei Weise: Indem er gar nicht erst versuchte, seinen Vorgänger zu imitieren, sondern seinen ganz eigenen, sehr viel unspektaküläreren Stil entfaltete; und indem er sich völlig zu Recht darauf berufen konnte, sein wichtigster Mitarbeiter gewesen zu sein. So gesehen war es ein Doppelpontifikat. Hatte Benedikt XVI. auch nicht das Charisma und das Talent für große Gesten, so war er doch zu dessen Lebzeiten das theologische Gehirn des Wojtyla-Papstes gewesen. Wer den heimgegangenen Johannes Paul II. noch immer liebte, der musste Benedikt XVI. zumindest schätzen. Doch trotzdem war es klug, mit einer demonstrativen Verneigung vor Polens Katholiken auch geografisch in die Fußstapfen des »geliebten Vorgängers« zu treten.

Der zweite Zweck dieses Besuchs aber war ernsterer Natur und von Benedikt gegen den Rat seines Kardinalstaatssekretärs Sodano ausdrücklich gewünscht. Es ging dabei um nicht weniger als die Last seiner Herkunft, die vom Tag seiner Wahl an schwer auf den Schultern des Papstes aus Deutschland lag. Um die Schuld, die auf ewig seine Nation belastet, um den Nationalsozialismus, dessen Anhänger in Polen ihre größten Verbrechen begangen hatten: die Gräueltaten der Wehrmacht an der polnischen Bevölkerung, der diabolische Plan zur Ermordung der polnischen Elite, die Bedrängnis der katholischen Kirche unter der deutschen Terrorherrschaft, vor allem aber die systematische Vernichtung der europäischen Juden. Rund sechs Millionen von ihnen fielen dem Menschheitsverbrechen der Schoah, bedingt durch den Rassenwahn der braunen Ideologen, zum Opfer.

Konnte ein Abkömmling eines Volkes, das zwölf Jahre lang in die tiefste Barbarei verfallen war, überhaupt Papst werden, Stellvertreter Christi auf Erden, Friedensstifter und Versöhner? Er konnte nicht, urteilten schon gleich nach seiner Wahl britische Boulevardblätter und setzten die »schwarze Legende« vom »Hitlerjungen Ratzinger«, dem »Nazi-Pope«, in die Welt. Kein Wort davon war wahr. Schon Benedikts Vater, der Gendarmeriemeister Joseph Ratzinger sr. (1877–1959), hatte sich mit den Nazis angelegt, ihre Versammlungen in der ostbayerischen Kleinstadt Tittmoning aufgelöst. Um Schikanen zu entgehen, ließ er sich kurz vor Hitlers Machtergreifung in das Dorf Aschau versetzen, wo er unbehelligt blieb. »Jetzt gibt es Krieg«, ahnte er damals schon.

Ratzinger sr., ein treuer Leser des katholischen Anti-Hitler-Kampfblattes *Der gerade Weg*, hielt Hitler für nicht weniger als den Antichristen. Diese Einstellung färbte auch auf seine Kinder ab. Tochter Maria, deren Traum es gewesen war, Lehrerin zu werden, verzichtete auf ihr Studium; sie wollte nicht dazu verpflichtet werden, die in ihren Augen satanische NS-Ideologie zu lehren. Seine Söhne Georg und Joseph nahmen den Spott ihrer Altersgenossen auf sich und traten in ein Knabenseminar ein, in der festen Absicht, Priester zu werden. Eine radikalere Absage an den Nationalsozialismus war kaum möglich.

Obwohl jeder Junge per Gesetz zum Eintritt in die Hitlerjugend (HJ) verpflichtet war, gelang es dem späteren Papst, sich davor zu drücken. Sein Lehrer hatte Verständnis dafür, dass der völlig unsportliche Eigenbrötler den HJ-Treffen fernbleiben wollte. »Dann brauchte Joseph nicht mehr zur HJ«, erinnerte sich der Papstbruder Georg Ratzinger, als ich ihn interviewte.

Wie viele Katholiken in Deutschland, so waren auch die Ratzingers eben keine Nazis. Sie litten unter der braunen Diktatur, sahen ihrem Ende sehnsüchtig entgegen. Als er kurz vor Kriegsende doch noch zur Wehrmacht sollte, beging der damals 17-jährige Joseph kurzerhand Fahnenflucht. Dass er dabei zwar erwischt, aber nie bestraft wurde, während das Regime Tausende junger Fahnenflüchtiger hängte, gehört zu den großen Wundern seines Lebens. Es lässt sich nur dadurch erklären, dass Gott einen Plan mit ihm hatte.

Dieser Plan war ihm gewissermaßen in die Wiege gelegt worden. Denn wenn Gott durch Zeichen in der Geschichte zu uns spricht, dann vielleicht auch durch dieses: 30 Kilometer liegt Joseph Ratzingers Geburtsort Marktl am Inn von Braunau entfernt, wo 38 Jahre zuvor Adolf Hitler zur Welt gekommen war. 30 Kilometer liegen zwischen Wadowice, dem Geburtsort Johannes Pauls II., und dem Konzentrationslager Auschwitz. Marktls Nachbarort ist der bayerische Wallfahrtsort Altötting, zu dessen »schwarzer Madonna« Ratzinger mit seiner Familie schon in frühester Kindheit gepilgert war. Auch Wadowice hatte sein nahe gelegenes Marienheiligtum, das 20 Kilometer entfernte Kalwaria Zebrzydowska mit seiner »weinenden« Ikone der Gottesmutter. »Zwischen Himmel und Hölle«, so charakterisierte die *Süddeutsche Zeitung* die Heimattopografie der beiden Päpste; in unmittelbarer Nähe zu den

Orten, die wie keine anderen den Aufstieg und die unmenschlichen Gräuel des Nationalsozialismus symbolisieren, doch gleichermaßen unter dem Schutz der Gottesmutter, die alles Böse besiegt.
Diese beiden Männer, der Krakauer Weihbischof Karol Wojtyla und der sieben Jahre jüngere Theologe Joseph Ratzinger, begegneten sich das erste Mal auf dem Zweiten Vatikanischen Konzil. Schon 1965 war es, auch auf Initiative Wojtylas, möglich, dass deutsche und polnische Bischöfe eine »gemeinsame Erklärung« unterzeichneten und den Weg der Versöhnung gingen. Joseph Ratzinger wurde 1977 von Papst Paul VI. zum Erzbischof von München und Freising ernannt, bald darauf mit dem Kardinalshut ausgezeichnet. So nahm er an den beiden Konklaven des »Dreipäpstejahres« 1978 teil, auf denen die Weichen gestellt wurden für das so segensreiche polnische Pontifikat.
Kardinal Ratzinger hatte nicht nur zu den Wählern Johannes Pauls II. gehört, sondern ihn gleich auch nach München eingeladen. Zwei Jahre später kam Johannes Paul II. der Einladung nach, als er zum ersten Mal Deutschland besuchte. Die beiden Männer vereinte, bei aller äußeren Unterschiedlichkeit, nicht nur die gemeinsame Liebe zur Kirche, sie entdeckten auch bald, wie perfekt sie sich ergänzten. Als Johannes Paul II. 1982 Joseph Kardinal Ratzinger als Präfekt der Glaubenskongregation nach Rom holte, definierte dieser fortan die Theologie des Wojtyla-Pontifikats. Ein Pole und ein Deutscher, der große Charismatiker und der stille, schüchterne Theologe, Herz und Hirn der Weltkirche, führten gemeinsam die Christenheit in das dritte Jahrtausend. Welch' schönere Geste der Versöhnung zwischen Polen und Deutschen konnte es geben als die Freundschaft dieser beiden Größten ihrer jeweiligen Nation, die einander auf den Thron Petri folgten?
So erkannte Benedikt XVI. in dem vermeintlichen »Makel seiner Abstammung« vielmehr eine historische Chance und seine Mission. Als Pontifex war er dazu berufen, zum Brückenbauer zu werden. Wenn es kein Zufall war, sondern Vorsehung, die den Weg des Mannes aus Marktl gezeichnet und mit dem seines polnischen Bruders im Petrusamt gekreuzt hatte, dann lag darin ein tieferer Sinn. Johannes Paul II. hatte als Angehöriger eines Opfervolkes die Tore aufgestoßen, nicht nur für Christus, sondern auch für den Wind der Veränderung, den Fall der Mauern, die Wiedervereinigung Europas. Jetzt war es an Be-

nedikt XVI., dieses Werk fortzusetzen – und zum Papst der Versöhnung zu werden.

So wurde Benedikts Polenreise zu einer demonstrativen Umarmung der polnischen Kirche, doch auch zur notwendigen Auseinandersetzung des deutschen Papstes mit der Vergangenheit seiner Nation. Sie begann in Warschau, führte ihn zum Marienheiligtum von Tschenstochau, nach Krakau, Wadowice und Kalwaria Zebrzydowska, den wichtigsten Stationen auch auf den Polenreisen des Wojtyla-Papstes. Ratzinger predigte an den gleichen Plätzen, stand im selben Fenster der Bischofsresidenz in der Franziskanerstraße, sprach zu den Jugendlichen, wie es sein großer Vorgänger immer getan hatte; zuletzt 2003 auf seiner Abschiedsreise in die Heimat.

In Wadowice zitierte Papst Benedikt Goethe: »Wer einen Dichter verstehen will, sollte sich seine Heimat ansehen.« Der Denker aus Deutschland wollte den Mystiker aus Polen verstehen und kam als Lernender. Das Land, dessen tiefer Glaube zwei Jahrzehnte zuvor die Sowjetherrschaft zu Fall gebracht hatte, ist heute die Hoffnung der Kirche in Europa. Hier könnte die Re-Evangelisierung dieses Kontinents ihren Ausgang finden. Und überall flogen dem kleinen, feinen Mann in der hermelinbesetzten roten Mozetta die Herzen zu. Für drei Tage wurde der Bayer zum Polen.

Nur das Wetter spielte nicht mit, mahnte zur Demut, verhinderte, dass der Papstbesuch zum Triumphzug wurde, wie es jede Reise Johannes Pauls II. gewesen war; das hätte einem Deutschen in Polen auch nicht zugestanden. Doch selbst strömender Regen und die ganz und gar nicht maienhafte Kälte konnten Hunderttausende nicht abhalten, auf die Krakauer Wiesen zu strömen, um der Papstmesse beizuwohnen; viele hatten auf dem schlammigen Boden sogar übernachtet. »Ich bitte euch, den Schatz des Glaubens mit den anderen Völkern Europas und der Welt zu teilen!«, rief Benedikt XVI. ihnen zu.

Dann, vier Stunden später, trat er seine schwerste Reise an, die ihn zum »Golgota des 20. Jahrhunderts« (Johannes Paul II.), in die von Menschen geschaffene Hölle auf Erden führte: nach Auschwitz.

Ich war vielleicht 15-mal in Krakau gewesen, doch nur zweimal hatte ich das einstige Todeslager besucht, und zwar aus einem einzigen Grund: Meist war das Wetter zu gut. Ich kann Auschwitz nur im Regen ertragen oder zumindest, wenn es stark bewölkt ist; bei strahlendem Sonnenschein könnte ich es mir einfach nicht vorstellen. Ich verstehe deshalb Steven Spielberg nur zu gut, der seinen erschütterndsten Film, *Schindlers Liste*, in Schwarz-Weiß gedreht hatte. Ein Film über die Schoah in leuchtenden Farben wäre ein Stilbruch.

So gesehen hatte der Himmel bestens Regie geführt, als er Papst Benedikt XVI. das bedrückendste seiner Ziele bei strömenden Regen erreichen ließ.

Durch das Tor zur Hölle, das noch immer die höhnische Aufschrift »Arbeit macht frei« trägt, betrat der Papst zunächst das Stammlager Auschwitz I. Dort betete er in der Zelle von Maximilian Kolbe, jenem Franziskanerpater, der bereit war, zu sterben, um das Leben des polnischen Familienvaters Franciszek Gajowniczek zu retten; er war 1982 von Papst Johannes Paul II. heiliggesprochen worden.

Dann führte ihn sein Weg auf das weit gestreckte Gelände des Vernichtungslagers Auschwitz-Birkenau, auf diesen Planeten des Grauens, auf dem einst der Tod, der »Meister aus Deutschland«, regierte. Über 4000 akkreditierte Journalisten aus aller Welt waren Benedikt XVI. gefolgt, wollten Zeugen sein, wie er den Drahtseilakt meisterte, nicht abzustürzen über dem Abgrund menschlichen Seins.

So passierte der Papst die endlosen Reihen von Baracken, aufgestellt wie zum Appell, bis er zu jenem Hain von Birken kam, die dem Lager seinen Namen gegeben hatten. Sie umsäumten einen Teich, dessen obsidianschwarzer Glanz durch die Regentropfen in Wallung geriet, zu wenig freilich, um in ihm einen Schlund der Unterwelt zu erahnen. Dabei lag auf seinem Grund die Asche unzähliger Toter, deren Leichen in den benachbarten Krematorien verbrannt worden waren, zwischen Landschaften aus Brillengestellen und Schluchten aus Schuhen. Unter den Opfern war auch Edith Stein gewesen, von Johannes Paul II. 1999 zur Patronin Europas erklärt: eine konvertierte Jüdin, die als Theresia Benedicta vom Heiligen Kreuz in den Karmel eingetreten war, bevor die Nazis sie nach Auschwitz deportierten und ermordeten.

Von einem weißen Schirm vor dem Regen geschützt, näherte sich Benedikt XVI. mit kleinen, vorsichtigen Schritten den Gedenktafeln, die in den 22 Sprachen der Toten verkündeten: »Dieser Ort sei allezeit ein Aufschrei der Verzweiflung und Mahnung an die Menschheit.

Hier ermordeten die Nazis etwa anderthalb Millionen Männer, Frauen und Kinder, die meisten waren Juden, aus verschiedenen Ländern Europas.«

Vor jeder einzelnen hielt er inne, sprach ein kurzes Gebet, als der Regen nachließ. Doch kaum hatte er seinen Platz erreicht, um von dort aus den Fortgang einer kleinen Zeremonie zu verfolgen, um zuzusehen, wie junge Juden Lichter zu den Gedenksteinen brachten und ein Kantor den Kaddish, das Totengebet der Juden, anstimmte, ging ein Raunen durch die versammelte Menge. Der Himmel war aufgerissen, ein gigantischer Regenbogen verband die schwarzen Wolken mit der blutgetränkten Erde.

Er erschien wie die Antwort auf die Gebete in polnischer, russischer, hebräischer und englischer Sprache, gefolgt von dem Flehen des Papstes auf Deutsch: »Herr, du bist der Gott des Friedens, du bist der Friede selbst. Gib, dass alle, die in Eintracht leben, im Frieden verharren, und alle, die entzweit sind, sich wieder versöhnen.«

In der Abendsonne konnte der Papst schließlich mit leiser, sichtlich gerührter Stimme seine bewegendste Ansprache vortragen:

> »An diesem Ort des Grauens, einer Anhäufung von Verbrechen gegen Gott und den Menschen ohne Parallele in der Geschichte, zu sprechen, ist fast unmöglich – ist besonders schwer und bedrückend für einen Christen, einen Papst, der aus Deutschland kommt. An diesem Ort versagen die Worte, kann eigentlich nur ein erschüttertes Schweigen stehen – Schweigen, das ein inwendiges Schreien zu Gott ist: Warum hast du geschwiegen? Warum konntest du all dies dulden? In solchem Schweigen verbeugen wir uns inwendig vor der ungezählten Schar derer, die hier gelitten haben und zu Tode gebracht worden sind; dieses Schweigen wird dann doch zur lauten Bitte um Vergebung und Versöhnung, zu einem Ruf an den lebendigen Gott, dass er solches nie wieder geschehen lasse.«

Der Jude Elie Wiesel, der die Schrecken von Auschwitz überlebt hatte, schildert in seinem autobiografischen Roman *Die Nacht* (1958), wie er und seine Leidensgenossen eines Tages nach der Rückkehr von der Zwangsarbeit vor ihren Baracken drei Erhängte sahen, zwei Erwachsene und einen Jungen. »Wo ist Gott? Wo ist er?«, klagten sie tief erschüttert. In diesem Augenblick vernahm Wiesel eine Stimme in seinem Innern, die ihm antwortete: »Wo er ist? Dort – dort hängt er am Galgen!« Ein zweites Mal hatten die Schergen des Satans versucht, Gott zu ermorden, jetzt in Gestalt seines auserwählten Volkes. Doch wieder erlitt das Böse eine Niederlage, und vielleicht noch nie war Gott in Auschwitz so spürbar wie an diesem Tag, als der Himmel selbst dem römischen Hohepriester, der, wie ein Sündenbock, alle Schuld seines Volkes dem Herrn darbot, mit dem biblischen Zeichen der Versöhnung antwortete.

Noch Monate später, zu Weihnachten 2006, dachte Papst Benedikt an diesen denkwürdigen Tag zurück und stellte fest: »Der Regenbogen war wie eine Antwort: Ja, ich bin da, und die Worte der Verheißung, des Bundes, die ich nach der Sintflut gesprochen habe, gelten auch heute.«

»Wir können in Gottes Geheimnis nicht hereinblicken«, hatte der Papst in Auschwitz erklärt, »wir sehen nur Fragmente und vergreifen uns, wenn wir uns zum Richter über Gott und die Geschichte machen wollen. Dann würden wir nicht den Menschen verteidigen, sondern zu seiner Zerstörung beitragen. Nein – im Letzten müssen wir bei dem demütigen, aber eindringlichen Schrei zu Gott bleiben: ›Wach auf! Vergiss dein Geschöpf Mensch nicht!‹ Und unser Schrei an Gott muss zugleich ein Schrei in unser eigenes Herz hinein sein, dass in uns die verborgene Gegenwart Gottes aufwache (…)«

Es schien in diesem Moment, als habe der Papst aus Deutschland seine Bestimmung gefunden, als würde er die Lehre verkörpern, die Deutschland, aber auch die Kirche aus den Gräueln des Nationalsozialismus gezogen haben. Sie beinhaltet die bewusste Ablehnung jedes Antisemitismus, aber auch die Abkehr von jenem klerikalen Antijudaismus, der vor dem Zweiten Weltkrieg durchaus auch in katholischen Kreisen wucherte.

Ein Meilenstein in diese Richtung war die 1965 auf dem Zweiten Vatikanischen Konzil verabschiedete Erklärung *Nostra Aetate*, die den Alten Bund Gottes mit Israel erstmals ausdrücklich neben den Neuen Bund stellte, statt ihn, wie es in früheren Jahrhunderten geschehen war, als durch ihn ersetzt darzustellen. Fortan galten die Juden für jeden Katholiken als »ältere Brüder«, wurden die Christen zur Bekämpfung des Judenhasses aufgerufen.

Schon Papst Johannes Paul II. hatte sich um die Aussöhnung mit dem Judentum verdient gemacht, war nach Israel gereist, hatte Auschwitz und die römische Synagoge besucht und jüdischen Organisationen wie Holocaust-Überlebenden zahllose Audienzen gewährt. Doch es gab keinen Papst, dem dieses Thema so sehr historische Verpflichtung und Herzensangelegenheit war, wie Benedikt XVI. – und das praktisch seit dem ersten Tag seines Pontifikats.

Gleich am Tag nach seiner Wahl, am Mittwoch, dem 20. April 2005, schickte er ein Fax an den Oberrabbiner von Rom, Riccardo Di Segni. Sein Schreiben begann mit dem biblischen Segen Abrahams und endete mit dem Versprechen: »Ich vertraue auf den Beistand des Höchsten, um den Dialog fortzusetzen und die Zusammenarbeit mit den Söhnen und Töchtern des jüdischen Volkes zu verstärken.« Diese spontane Geste begeisterte den Rabbi von Rom, ließ ihn von einem »starken Signal« sprechen: »Ein guter Anfang einer guten Zeit.«

Bei seiner Amtseinführung wandte sich der neue Papst dann auch an die »Brüder aus dem jüdischen Volk, mit dem wir durch ein großes gemeinsames geistiges Erbe verbunden sind«. Als er sich Anfang Juni 2005 mit einer Delegation hochrangiger Vertreter des Jüdischen Komitees für interreligiöse Beratungen traf, bekräftigte er seinen Willen, den vom Konzil und seinem Vorgänger eingeschlagenen Weg fortzusetzen.

Gleich auf seiner ersten Auslandsreise zum Weltjugendtag nach Köln 2005 suchte er in der Domstadt die älteste Synagoge seines Heimatlandes auf, um in einer bewegenden Ansprache jede Form von Rassismus und Antisemitismus zu verurteilen. Zuvor hatte er am Kaddish für die 11 000 Kölner Holocaust-Opfer teilgenommen. Synagogvorsteher Abraham Lehrer bezeichnete ihn daraufhin als »größten Brückenbauer« zwischen den Religionen.

Im April 2008 feierte Benedikt XVI. in der New Yorker Park East Synagogue mit 400 Mitgliedern der lokalen jüdischen Gemeinde den Vorabend des Pessach-Festes.

Am 18. Januar 2010 schließlich stattete er auch der römischen Synagoge einen Besuch ab, wo er noch einmal das von den Nazis verursachte Leid zur Sprache brachte, aber auch die Hilfe, die seine Kirche den Opfern der Verfolgung geleistet hatte:

»Wie könnte ich hier nicht an die römischen Juden erinnern, die aus diesen Häusern gerissen und grausam in Auschwitz ermordet wurden? Wie könnte man ihre Gesichter, ihre Namen, die Tränen, all die Verzweiflung vergessen? Die Vernichtung des Volkes des mosaischen Bundes, zuerst nur angedroht, dann im Europa unter der Naziherrschaft systematisch geplant und durchgeführt, erreichte in jenen Tagen tragischerweise auch Rom. Leider blieben viele gleichgültig – aber viele, auch unter Italiens Katholiken, haben, angetrieben vom Glauben und von der christlichen Lehre, doch mutig reagiert und die Arme geöffnet, um Juden zu helfen, wobei sie oft ihr eigenes Leben riskiert haben. Sie verdienen ein ewiges Gedächtnis. Auch der Heilige Stuhl leistete damals ein Werk der Hilfe, oft verborgen und diskret.«

Umso absurder, dass gerade dieser Umstand zu Irritationen geführt hatte, und dass ausgerechnet jene, die es besser wissen sollten, dem Papst »unverzeihliche Versäumnisse« vorwarfen. Die Kritik an seiner Interpretation der Geschichte begann schon nach seiner Rede in Auschwitz. Benedikt XVI. bezeichnete sich dort als »Sohn des Volkes, über das eine Schar von Verbrechern mit lügnerischen Versprechungen, mit der Verheißung der Größe, des Wiedererstehens der Ehre der Nation und ihrer Bedeutung, mit der Verheißung des Wohlergehens und auch mit Terror und Einschüchterung Macht gewonnen hatte, sodass unser Volk zum Instrument ihrer Wut des Zerstörens und des Herrschens gebraucht und missbraucht werden konnte«. Daraufhin warfen ihm seine Kritiker vor, er habe das deutsche Volk von seiner Verantwortung für die Naziverbrechen losgesprochen. Dabei habe auch der katholische Antijudaismus den Boden für den Antisemitismus der Nazis bereitet und so dazu beigetragen, dass Hitler an die Macht kam. Zudem wurde der katholischen Kirche Versagen im Umgang mit den Nazis vorgeworfen; dass Benedikt XVI. sogar den Weltkriegspapst Pius XII. seligsprechen wollte, ihm am 17. Dezember 2009 sogar den »heroischen Tugendgrad«, die Vorstufe zur Seligsprechung, bescheinigte, stieß weithin auf Unverständnis.

Doch diese Kritik diente wohl eher dem Ziel, von der eigenen Mitschuld oder zumindest Passivität abzulenken. Denn die katholische Kirche hatte seit 1930 beständig vor den Nazis gewarnt. Viele deutsche Bistümer wiesen die Pfarrer an, Mitgliedern der NSDAP die Sakramente zu verweigern. Das Konkordat mit Nazideutschland bot dem Heiligen Stuhl ausreichend Gelegenheit, die Verbrechen des Regimes öffentlich anzuprangern; ohne ein solches Abkommen wäre jeder Protest als unerlaubte Einmischung abgewehrt worden. Die Enzyklika *Mit brennender Sorge* von Pius XI., am Palmsonntag 1937 in fast jeder katholischen Kirche des Reiches verlesen, verdammte die braune Ideologie in Grund und Boden; sie erwies sich als der heftigste Protest, den das gesamte Papsttum der Neuzeit je gegen ein Regime gerichtet hat.

Seit Einführung der Rassengesetze in Italien und der Kristallnacht 1939 bemühte sich der Heilige Stuhl, Juden die Ausreise aus Deutschland zu ermöglichen; ein Projekt, das an der mangelden Mitarbeit potenzieller Gastländer scheiterte. Trotzdem gelang es Papst Pius XII., zwischen 800 000 und 900 000 Juden vor dem Holocaust zu retten – gerade weil er eine offene Konfrontation vermied und diplomatisch agierte.

Als die Nazis 1943 Italien besetzten, erreichte Papst Pius XII., dass die von Hitler befohlene Deportation der 8000 römischen Juden nach der ersten Verhaftungswelle gestoppt wurde; die 7000 Überlebenden versteckte er auf Vatikan-Gebiet, in 155 römischen Klöstern und auf dem Gelände seiner Sommerresidenz Castel Gandolfo. Diese Fakten wurden von jüdischer Seite bestätigt.

Erst das wahrscheinlich von den Sowjets in Auftrag gegebene Theaterstück *Der Stellvertreter* des Skandaldramatikers Rolf Hochhuth verkaufte Pius XII. der nachfolgenden Generation als »den Papst, der zum Holocaust schwieg«, woraus der Linkskatholik John Cornwell anhand falsch übersetzter Dokumente und manipulierter »Beweise« in seinem Weltbestseller von 1999 *Hitler's Pope* werden ließ.

Papst Paul VI., der selbst von Kriegsbeginn an ein engagierter Helfer im Auftrag des Papstes und so direkter Zeuge der vatikanischen Bemühungen geworden war, eröffnete bereits 1965 den Seligsprechungsprozess für Pius XII., der 2007 zum Abschluss kam. Einstimmig votierten die Bischöfe und Kardinäle der Kongregation für die Selig- und Heiligsprechungen dafür, dem Weltkriegspapst den »heroischen Tugendgrad«, die Vorstufe zur Seligsprechung, zuzusprechen.

Gerade weil er den Protest liberaler Juden fürchtete, ließ sich Papst Benedikt XVI. danach zwei Jahre Zeit, bevor er am 19. Dezember 2009 der Empfehlung der Kongregation entsprach. In diesen beiden Jahren durchsuchten Historiker in seinem Auftrag die Vatikan-Archive, um noch einmal sicherzugehen, dass das Bild, das die Seligsprechungskongregation von Pius XII. zeichnete, zutreffend war. Zudem wies er das Vatikanische Geheimarchiv an, alle Akten aus seinem Pontifikat für die historische Forschung freizugeben; eine immense Aufgabe, da ganze 16 Millionen Seiten zunächst katalogisiert und eingescannt werden müssen, um sie vor Verlust oder Beschädigung zu bewahren. Bereits 2014 sollen diese Arbeiten abgeschlossen sein. Doch was bereits veröffentlicht wurde, nicht zuletzt dank der Initiative der »Pave the Way Foundation« des New Yorker Juden Gary Krupp, führte zumindest in Israel längst zu einer Neubewertung des Pacelli-Papstes etwa in der Holocaust-Gedenkstätte Yad Vashem. Trotzdem unterstellte man Benedikt XVI. mangelnde Rücksichtnahme auf die Juden, weil er die Seligsprechung des großen Judenretters befürwortete. Sie durchzuführen wird freilich die Aufgabe seines Nachfolgers sein, denn noch muss das für eine Seligsprechung notwendige Wunder medizinisch beglaubigt werden.

Zu einer weiteren Irritation kam es 2008. Um traditionalistische Kreise, darunter auch die Anhänger des exkommunizierten französischen Bischofs Marcel Lefebvre, in die katholische Kirche zurückzuholen, hatte Benedikt in seinem 2007 veröffentlichten Motu proprio (Apostolisches Schreiben mit der Bekanntgabe einer kirchenrechtlichen Entscheidung) *Summorum Pontificum* erlaubt, dass neben der »ordentlichen Messe«, der seit der Liturgiereform unter Papst Paul VI. gültigen Form, als »außerordentliche Form« auch die vorkonziliare »Alte Messe« in der Form des 1962 von Papst Johannes XXIII. veröffentlichen Messbuchs zelebriert werden dürfe.

Die Begründung für diesen Zweck war plausibel: Wenn man von einer »Hermeneutik der Kontinuität« ausgeht, das Zweite Vatikanische Konzil also nicht als Bruch mit der Tradition, sondern als deren Weiterentwicklung definierte, dann konnte, was über Jahrhunderte hinweg gut und heilig war, nicht plötzlich verworfen werden. Immerhin hatten auch die Konzilsväter samt der beiden Päpste Johannes XXIII. und Paul VI. (vor 1970) in dieser Form zelebriert.

Teil des alten Messbuchs war die Karfreitagsliturgie, in deren Großen Fürbitten auch die Juden erwähnt werden. In der Version von 1960, die schon auf die noch ältere Formulierung von den »treulosen Juden« verzichtete, war noch immer von einer »Verblendung dieses Volkes« die Rede und wurde darum gebetet, dass »es aus seiner Finsternis entrissen« werden solle. Pünktlich zum Aschermittwoch des Jahres 2008 gab der Vatikan im Auftrag des Papstes den neuen Text bekannt. Statt der eben zitierten, gewiss diskriminierenden Passagen hieß es jetzt:

»Lasst uns auch beten für die Juden, auf dass Gott, unser Herr, ihre Herzen erleuchte, damit sie Jesus Christus erkennen, den Retter aller Menschen. (...) Allmächtiger ewiger Gott, Du willst, dass alle Menschen gerettet werden und zur Erkenntnis der Wahrheit gelangen. Gewähre gnädig, dass beim Eintritt der Fülle aller Völker in Deine Kirche ganz Israel gerettet wird. Durch Christus, unseren Herrn. Amen.«

Trotzdem wurde auch diese deutlich »entschärfte« Version von einigen Juden nach wie vor als »respektlos« empfunden.

Zur weitaus heftigsten Störung des katholisch-jüdischen Einvernehmens unter Benedikt XVI. kam es im Januar 2009. Verursacht hatte sie keineswegs eine Entscheidung des Papstes, sondern ihre Umdeutung durch die Medien. Das erklärte Ziel des Bayern auf der Kathedra Petri war, wie gesagt, nicht weniger als die Einheit der Kirche. Sie konnte, das wusste er zu gut, nur in kleinen Schritten verwirklicht werden. Zuerst galt es dabei, jene zu erreichen, die dogmatisch Rom am nächsten stehen. Das war etwa die verhältnismäßig junge Piusbruderschaft, 1970 gegründet, 1975 gegen ausdrückliche Weisung aus Rom weitergeführt. Erst 1988, als Joseph Kardinal Ratzinger Präfekt der Glaubenskongregation war, erklärte Papst Johannes Paul II. vier widerrechtlich geweihte Bischöfe der Bruderschaft für exkommuniziert. Heute gehören zur Piusbruderschaft weltweit 569 Priester, die Zahl ihrer Anhänger wird auf bis zu einer halben Million geschätzt. Sie halten an den vorkonziliaren Riten und Lehren der katholischen Kirche fest. Ihr kirchenrechtlicher Status ist ungeklärt. Während einige ihrer Vertreter ein Schisma wollen und die Bruderschaft für die einzig wahre Kirche halten, sehen andere ihre Zukunft in der Union mit dem Bischof von Rom. Bereits wenige Monate nach seiner Wahl, im August 2005, empfing Benedikt XVI. das Oberhaupt der Bruderschaft, Bischof Bernard Fellay.

Als Geste der Verhandlungsbereitschaft ließ er, wie gesagt, 2007 die Feier der Alten Messe wieder zu. Am 15. Dezember 2008 schrieb Fellay im Namen aller vier Bischöfe der Piusbruderschaft, man sei bereit, der katholischen Kirche zu dienen, ihre Lehren, den Primat Petri und seine Vorrechte zu akzeptieren. Damit erfüllte er explizit die Bedingung des Vatikans zur Aufhebung der Exkommunikation.

Fünf Wochen später, am 21. Januar 2009, hob der Präfekt der Kongregation für die Bischöfe, Kardinal Giovanni Battista Re, die Exkommunikationen von 1988 im Auftrag des Papstes auf – als »Geschenk des Friedens« mit dem Ziel,»den Skandal der Spaltung bald zu überwinden«. Das Dekret wurde am 24. Januar veröffentlicht. Es beinhaltet das Recht zum Empfang der Sakramente, aber kein Recht, diese zu spenden, und keine Anerkennung der Bischofsämter. Diese wurde erst für den Fall einer vollen Anerkennung des Zweiten Vatikanischen Konzils durch die Bruderschaft in Aussicht gestellt. Zunächst aber sollten die vier Bischöfe nur die gleichen Rechte haben wie jeder katholische Christ, selbst wenn er ein verurteilter Verbrecher ist.

Doch dann platzte die Bombe. Am Abend des gleichen Tages, an dem Kardinal Re das Dekret unterzeichnet hatte, also am 21. Januar, strahlte das schwedische Fernsehen ein Interview mit einem der vier »Pius-Bischöfe«, dem Briten Richard Williamson, aus. Darin behauptete Williamson, allen historischen Fakten zuwider, es habe in deutschen Konzentrationslagern keine Gaskammern gegeben; lediglich »200 000 bis 300 000« Juden seien von den Nazis ermordet worden. Dabei berief er sich auf ein pseudowissenschaftliches Gutachten, den sogenannten *Leuchter-Report*, den Holocaust-Leugner in Auftrag gegeben hatten. Mit dieser kriminellen Dummheit machte Williamson auf einen Schlag zunichte, was Fellay und der gemäßigte Flügel der Bruderschaft in jahrelangen Verhandlungen zu erreichen versucht hatten. Die Medien stürzten sich auf das skandalöse Interview und verkürzten es auf die Formel, Papst Benedikt XVI. habe einen Holocaust-Leugner »rehabilitiert«.

Doch nichts davon war wahr. Zum Zeitpunkt der Entscheidung kannten nur Williamson und das schwedische Kamerateam den Inhalt des Interviews; selbst als Kardinal Re das Dekret unterzeichnet hatte, war es noch nicht ausgestrahlt. Gewiss, hätte man im Internet geforscht, hätte man vielleicht erfahren, dass der starrsinnige Brite Ähnliches bereits vor Jahren in Kanada behauptet hatte. Mit der Sache aber hatte auch das nichts zu tun gehabt. Die Sakramente empfangen dürfen auch reumütige Mörder. Und nur mit einem hohen Grad an Böswilligkeit lässt sich aus der Aufhebung einer Kirchenstrafe eine »Rehabilitation« konstruieren, denn gerade das ist sie nicht. Davon, Williamson, Fellay oder einen anderen Piusbruder als römisch-katholischen Bischof einzusetzen, war man zu diesem Zeitpunkt noch meilenweit entfernt. Sie blieben nach wie vor suspendiert. Doch als sie versprachen, die Lehren der Kirche und den Primat des Papstes zu akzeptieren, hatte dieser gar keine andere Wahl gehabt, als zumindest die wegen Ungehorsams verhängte Exkommunikation aufzuheben.

Es folgte ein mediales Sturmgewitter erster Ordnung. Zuerst fielen die vereinten Weltmedien über den Papst her, dann die deutschen Theologen, gefolgt von Protestanten und Juden, und schließlich auch die Politiker. Das israelische Oberrabbinat, die jüdische »Anti-Defamation League« und der »Zentralrat der Juden in Deutschland« brachen den Dialog mit der katholischen Kirche zunächst ab. Erst als man ihnen erklärte, worum es wirklich ging und dass die Presseberichte schlichtweg falsch waren, glätteten sich die Wogen. Besser informierte jüdische Organisationen, etwa die in New York beheimatete »Pave the Way Foundation«, standen Benedikt XVI. von Anfang an bei und bemühten sich, das lancierte Missverständnis aufzuklären. Williamson wurde nach Israel eingeladen, die Beweise für den Holocaust in Yad Vashem zu studieren; er hielt es noch nicht einmal für nötig, darauf zu antworten. Die Piusbruderschaft wiederum bemühte sich um Schadensbegrenzung, setzte Williamson als Leiter eines Priesterseminars in Argentinien ab, schloss den Unbelehrbaren schließlich 2012 aus.

Am 3. Februar 2009 meldete sich auch die deutsche Kanzlerin zu Wort. Ausgerechnet auf einer Pressekonferenz im Beisein des kasachischen Diktators Nursultan Nasarbajew, der sich als »Führer der Nation« feiern lässt, maßregelte sie den Papst und verlangte von ihm »eine Klarstellung«, dass es »keine Leugnung« der Schoah geben dürfe. Peinlich für Angela Merkel, dass auch sie offenbar ohne Internetzugang arbeitete. Denn einmal abgesehen von seiner unmissverständlichen Rede in Auschwitz drei Jahre zuvor hatte Benedikt XVI. auch in Deutschland,

beim Besuch der Kölner Synagoge am 19. August 2005, von den »nationalsozialistischen Konzentrationslagern« gesprochen, »in deren Gaskammern Millionen von Juden – Männer, Frauen und Kinder – umgebracht und in den Krematorien verbrannt worden sind«. Ja, noch am 28. Januar 2009, also ganze sechs Tage vor Merkels verunglückter Maßregelung, hatte er vor Zehntausenden Pilgern und Hunderten Journalisten aus aller Welt im Rahmen seiner Mittwochsaudienz an den einen Tag zuvor begangenen Internationalen Holocaust-Gedenktag erinnert: »In diesen Tagen, in denen wir der Schoah gedenken, kommen mir Bilder meiner wiederholten Besuche in Auschwitz wieder neu in Erinnerung, einem jener Lager, in denen ein höhnischer Mord an Millionen von Juden, den unschuldigen Opfern eines blinden Rassen- und Religionshasses, verübt wurde. (…) Die Schoah sei für alle eine Mahnung gegen das Vergessen, gegen die Leugnung oder die Verharmlosung.« Ging es noch eindeutiger, Frau Bundeskanzlerin?
Doch während der Vatikan-Pressesprecher Pater Lombardi als Reaktion auf die Forderung der Kanzlerin auf vielen Seiten alle Äußerungen des Papstes zum Holocaust zwischen 2005 und 2009 dokumentierte, stellte man sich in Deutschland einfach taub. Immerhin vermied es der Papst doch, auf Merkel zu antworten oder seine Worte vom 28. Januar eine Woche später zu wiederholen. Skandale, so scheint es, sucht man nicht einmal mehr, man macht sie sich notfalls selbst. Dass Benedikt XVI. stattdessen am 12. Februar 2009 vor Mitgliedern der »Konferenz der Präsidenten führender jüdischer Organisationen in den USA« erneut erklärte, »die Schoah müsse eine Mahnung [sein] gegen das Vergessen, gegen die Leugnung oder die Verharmlosung«, wurde gar nicht erst zur Kenntnis genommen; die Worte waren ja nicht an Merkel gerichtet, sondern an die Welt. Nur Vertreter der deutschen Intelligenz wie der Schriftsteller Martin Mosebach oder der Philosoph Robert Spaemann wagten es, die Dinge beim Namen zu nennen und von einer »beispiellosen Medienkampagne« zu sprechen. Denn es gehörte schon viel böse Absicht dazu, ausgerechnet diesem Papst, der in seinem Buch *Jesus von Nazareth* als erster Nachfolger Petri dezidiert dazu aufrief, das gesamte Neue Testament als »Werk des Judentums zu lesen und zu verstehen« (Zitat Mosebach), Sympathien für einen Antisemiten zu unterstellen.

In einem Schreiben im März 2009 an die Bischöfe der katholischen Welt machte Benedikt XVI. seine Beweggründe für die Aufhebung der Exkommunikation der Piusbrüder noch einmal deutlich. Dabei räumte er ein, dass Fehler gemacht wurden, dass man speziell das Internet als Informationsquelle hätte nutzen müssen. In dieser Hinsicht versprach er Verbesserungen. Zudem sei versäumt worden, die kirchenrechtliche Bedeutung seines Schrittes klarzustellen, nämlich durch einen Gnadenakt ein Schisma zu verhindern. Doch der eigentliche Skandal war – das analysierte Papst Benedikt messerscharf, auch wenn er es nie so direkt formulierte – das mangelnde Vertrauen in ihn. Konnte denn jemand ernsthaft glauben, dass ausgerechnet Benedikt XVI. eines seiner wichtigsten Anliegen, nämlich die Aussöhnung mit dem Judentum, so leichtfertig aufs Spiel setzen würde?
Der Brief ist auch deshalb interessant, weil Benedikt XVI. hier in einzigartiger Klarheit das Programm seines Pontifikats definiert. Er hat es anderenorts in Teilaspekten getan, aber selten so prägnant und präzise. Das größte Problem unserer Zeit sei es, so der Papst, »dass Gott aus dem Horizont der Menschen verschwindet und dass mit dem Erlöschen des von Gott kommenden Lichts Orientierungslosigkeit in die Menschheit hereinbricht, deren zerstörerische Wirkungen wir immer mehr zu sehen bekommen«. Daraus aber folge: »Die Menschen zu Gott, dem in der Bibel sprechenden Gott zu führen, ist die oberste und grundlegende Priorität der Kirche und des Petrusnachfolgers in dieser Zeit. Aus ihr ergibt sich dann von selbst, dass es uns um die Einheit der Glaubenden gehen muss. Denn ihr Streit, ihr innerer Widerspruch, stellt die Rede von Gott infrage.«
So gehöre das Ringen um die Einheit der Christen zu den wichtigsten Aufgaben seines Amtes, gleich gefolgt vom interreligiösen Dialog und der Versöhnung mit jenen, die an den gleichen Gott glauben, womit natürlich unsere »älteren Brüder im Bund«, die Juden, gemeint sind. »Wer Gott als Liebe bis ans Ende verkündigt, muss das Zeugnis der Liebe geben: den Leidenden in Liebe zugewandt sein, Hass und Feindschaft abwehren«, so der Papst.
Konnte es da wirklich verkehrt sein, auch den Piusbrüdern entgegenzugehen? Dabei ließ er keinen Zweifel daran, was seine Absicht war bei seinem Versuch, die Piusbruderschaft in die Kirche zurückzuholen.

»Muss nicht auch die zivile Gesellschaft versuchen, Radikalisierungen zuvorzukommen, ihre möglichen Träger – wenn irgend möglich – zurückzubinden in die großen gestaltenden Kräfte des gesellschaftlichen Lebens, um Abkapselung und all ihre Folgen zu vermeiden? Kann es ganz falsch sein, sich um die Lösung von Verkrampfungen und Verengungen zu bemühen und dem Raum zu geben, was sich an Positivem findet und sich ins Ganze einfügen lässt?«

Mit anderen Worten: Sumpfblüten wie Williamson wachsen nur in isolierten, abgestandenen Gewässern. Die beste Methode zu verhindern, dass sie Schaden anrichten und die Gläubigen verwirren, ist, sie in eine Kirche einzugliedern, die ihnen offen widersprechen, ja sie disziplinieren kann. Oder, um bei unserem Bild zu bleiben: Dämme zu durchbrechen und den Sumpf zu fluten. Denn schließlich ging es nicht um Williamson, sondern um das Potenzial, das auch in einer noch so skurrilen Bewegung schlummert: Christen auf der Suche nach einer Kirche, die ihnen Heimat gibt und dabei lieb gewordene Traditionen pflegt. Und junge Priester, die eine Berufung hatten, auch wenn diese zunächst fehlgeleitet wurde. Benedikt XVI: »Aber ich denke, dass sie sich nicht für das Priestertum entschieden hätten, wenn nicht neben manchem Schiefen oder Kranken die Liebe zu Christus da gewesen wäre und der Wille, ihn und mit ihm den lebendigen Gott zu verkünden. Sollen wir sie einfach als Vertreter einer radikalen Randgruppe aus der Suche nach Versöhnung und Einheit ausschalten? Was wird dann werden?«

Und dann folgte ein Satz, der genauso gut auf die Katholiken selbst zutreffen könnte, in Zeiten des medialen Dauerbeschusses und der grassierenden Kathophobie und Romophobie: »Manchmal hat man den Eindruck, dass unsere Gesellschaft wenigstens eine Gruppe benötigt, der gegenüber es keine Toleranz zu geben braucht; auf die man ruhig mit Hass losgehen darf.«

Die Wogen hatten sich längst geglättet, als Benedikt XVI. drei Monate später nach Israel reiste. Auch hier stand am Anfang des Besuchs wieder ein eindeutiges Bekenntnis zu der historischen Verpflichtung, die jedem Deutschen, jedem Christen, ja allen Bewohnern dieser Erde aus der Erfahrung des nationalsozialistischen Völkermordes erwuchs. So erklärte der Papst am 11. Mai 2009 am Ben-Gurion-Flughafen in Tel

Aviv: »Es ist recht und angemessen, dass ich während meines Aufenthalts in Israel die Gelegenheit haben werde, der sechs Millionen jüdischen Opfer der Schoah zu gedenken und zu beten, dass die Menschheit nie wieder Zeuge eines Verbrechens dieses Ausmaßes sein werde.« Am Nachmittag des gleichen Tages stand er vor dem Ewigen Feuer der Holocaust-Gedenkstätte Yad Vashem, das für alle Zeiten an diese Opfer erinnern sollte. »Seine Barmherzigkeit hat noch kein Ende«, schrieb er in ihr Goldenes Buch. Dann trug der Papst mit leiser Stimme und Tränen in den Augen eine Kontemplation über die Opfer des Grauens vor:

> »Ich bin gekommen, um in Stille vor diesem Denkmal zu stehen, das zur ehrenvollen Erinnerung an die Millionen in der schrecklichen Tragödie der Schoah getöteten Juden errichtet wurde. Sie haben ihr Leben verloren, doch niemals werden sie ihre Namen verlieren: Diese sind fest in die Herzen ihrer Lieben, ihrer Mitgefangenen, die überlebt haben, und all jener eingeschrieben, die entschlossen sind, niemals zuzulassen, dass eine solche Grausamkeit wieder über die Menschheit hereinbricht. Mehr als alles andere sind ihre Namen für immer in das Gedächtnis des Allmächtigen Gottes eingeprägt.«

Wer dabei war, war tief bewegt. Nur die Tauben und Blinden waren auch damit wieder nicht zufrieden und warfen dem Papst vor, die Gedenkfeier für die Opfer nicht zu einer »deutlichen Distanzierung von Bischof Williamson« genutzt (oder besser: missbraucht!) zu haben. Trotz solch vereinzelter Kritiken wurde der Besuch des Papstes im Heiligen Land zur wichtigsten Reise seines Pontifikats. Doch nur wenigen ist bekannt, dass er ein symbolträchtiges Nachspiel hatte. Während des Besuchs hielt Benedikt XVI. wie in Gedanken vor einem uralten Ölbaum inne und äußerte den Wunsch, dass ein solcher in den Vatikanischen Gärten wachsen könnte. Der israelische Premierminister Benjamin Netanjahu erfuhr davon und beauftragte den Israelischen Nationalfonds mit der Auswahl eines geeigneten Baumes. So wurde ein rund 400 Jahre alter Ölbaum aus der Gegend um Nazareth nach Rom verschifft und am 26. Oktober 2011 im Beisein von Kardinalstaatssekretär Tarcisio Bertone, dem Israelischen Botschafter Mordechai Levy und diversen Honoratioren aus Israel eingepflanzt. Er solle, so Netanjahu in seiner Grußbotschaft, auf ewige Zeiten als Symbol für die »blühenden Beziehungen« zwischen dem Vatikan und dem jüdischen Staat dienen.

Mich erinnerte dieser Ölbaum vor allem an eine uralte Prophezeiung. Sie wird dem heiligen Malachias (1094/5–1148) zugeschrieben, dem Erzbischof von Armagh in Irland, auch wenn dessen Biograf, der hl. Bernhard von Clairvaux, diese Weissagung mit keinem Wort erwähnte. Tatsächlich wurde ihr Text erst 1595 von einem gewissen Arnold Wion veröffentlicht. Der belgische Benediktiner, der in einem Kloster bei Mantua lebte, erwähnt in seinem Buch *Lignum Vitae* (»Holz des Lebens«) eine angeblich von ihm entdeckte »Prophetie des hl. Erzbischofs Malachias über die Päpste«. Diese besteht aus 113 Sinnsprüchen, die etwas über den jeweiligen Nachfolger Petri enthüllen sollen. Die ersten 74 bis Urban VII. (1590) werden erklärt; laut Wion soll sich der gelehrte Dominikaner Alphonsus Ciacconius (1530–1599) ihrer angenommen haben. Dafür spricht, dass bei den nächsten drei Päpsten bis zum Erscheinungsjahr jede Interpretation fehlt.

Dabei ist auffallend, wie präzise die »prophetischen Sinnsprüche« bis 1590 sind, während sie ab diesem Datum eher vage zu werden scheinen. Schon deshalb datieren sämtliche seriösen Kommentatoren, die sich ihrer angenommen haben, die Entstehung der Päpsteprophezeiung in das späte 16. Jahrhundert. Einige halten sie für eine simple Fälschung mit dem Ziel, das Augenmerk eines Konklaves auf einen speziellen Kandidaten zu lenken, während andere davon überzeugt sind, dass der Autor des Textes übernatürliche Fähigkeiten gehabt haben muss.

Dabei könnte es sich um den hl. Philipp Neri (1515–1595) gehandelt haben, den »Apostel Roms« und wohl erstaunlichsten Gottesmann seiner Zeit, der von Päpsten, Kardinälen und Königen um Rat gefragt und um spirituelle Führung gebeten wurde. Neri soll eine Reihe mystischer Gaben besessen haben, darunter das Charisma der Prophetie. Seine frühesten Biografen, Antonio Gallonio und Girolamo Branabei, wussten: »Philipp sah fast alle Wahlen der zukünftigen Päpste durch göttliche Eingebung voraus.« Der Kirchenhistoriker Hildebrand Troll zeigte auf, dass noch im 18. Jahrhundert in Rom Voraussagen über die Zukunft des Papsttums dem hl. Philipp Neri zugeschrieben wurden.

Zu seinem Lebensende soll der Heilige alle Papiere, die sich in seinem Besitz befanden, verbrannt haben; er wollte verhindern, dass ihn zukünftige Generationen verehrten, was ihm freilich gründlich misslang. So ist zumindest möglich, dass einer seiner Schüler den Text der Päpsteprophezeiung rettete und ihn, um seinen Meister nicht zu verraten, ergänzte und als Werk des Malachias ausgab. Dafür spräche, dass Wions Buch ausgerechnet im Todesjahr des hl. Philipp Neri erschien. Jedenfalls fällt auf, wie zutreffend bis in unsere Zeit hinein bei näherer Betrachtung die zunächst vage erscheinenden »prophetischen Sinnsprüche« doch sind. Als Beispiel mögen die Päpste der Nachkriegszeit dienen:

(106) »Pastor angelicus« (»Der engelsgleiche Hirte«): Pius XII. (1939–1958), dessen Großvater 1858 der Titel eines Herzogs von Sant' Angelo in Vado verliehen wurde, erwies sich den Römern während der Kriegsjahre tatsächlich als »Engel in Weiß«, wie sie ihn nannten, ein Titel, den er sich auch dadurch verdiente, dass er zwischen 800 000 und 900 000 Juden vor dem Holocaust rettete.

(107) »Pastor et nauta« (»Hirte und Seemann«): der sel. Johannes XXIII. (1958–1963) stammte aus ländlichen Verhältnissen und war Patriarch der Seefahrerstadt Venedig. Er berief das II. Vatikanum als Pastoralkonzil ein und ließ das Schiff Petri in neue Gewässer segeln.

(108) »Flos florum« (»Blume der Blumen«): Paul VI. (1963–1978) hatte drei Lilien auf seinem Wappen; die Lilie gilt als »königliche Blume«.

(109) »De mediatate lunae« (»Vom Halbmond«): Johannes Paul I. (1978) hieß nicht nur bürgerlich Albino Luciani, er wurde auch in einem Dorf namens Belluno (»schöner Mond«) in einer Halbmondnacht geboren. In einer Halbmondnacht wurde er zum Papst gewählt, nur 33 Tage später verstarb er.

(110) »De labore solis« (»Von der Arbeit der Sonne«, auch: »Von der Sonnenfinsternis«): Johannes Paul II. (1978–2005) wurde am Tag einer partiellen Sonnenfinsternis geboren und starb am Tag einer hybriden Sonnenfinsternis. So wie nach antiker Vorstellung die Sonne ständig die Erde umkreist, so besuchte er auf 104 Auslandsreisen 127 Länder aller fünf Kontinente.

Nach dieser Prophezeiung fiele Benedikt XVI. der Titel (111) »Gloria olivae«, »Ruhm des Ölbaums«, zu. Das wurde bereits auf die Olivetaner, eine Kongregation des Benediktinerordens, bezogen und damit auf den Namen des Ratzinger-Papstes. Doch diese Deutung hat mich nie überzeugt. Wenn man die Malachias-Prophezeiung tatsächlich ernst nimmt, dann gibt es für dieses Motto nur eine Deutung. Der Ölbaum war immer ein Zeichen des Friedens und der Versöhnung, und genau dafür stand Benedikt XVI. – nicht nur in Hinsicht auf das Judentum. Es hat auch kein Pontifikat größere Fortschritte im ökumenischen Dialog der Konfessionen erbracht. Kein Papst der jüngeren Kirchengeschichte genoss so viel Respekt seitens der Orthodoxie. Schon zu Beginn seines Pontifikats legte Benedikt XVI. den Ehrentitel »Patriarch des Abendlandes« ab, als Geste der Selbstbescheidung. Bald kam es zu einem engagierten Briefwechsel mit dem Patriarchen von Moskau, den der Papst um Zusammenarbeit in seinen Bemühungen gegen die Säkularisierung bat. Im Mai 2006 wurde die erste russisch-orthodoxe Kirche in Rom eingeweiht. Auf zwei Treffen in Belgrad und Ravenna kamen katholische und orthodoxe Theologen zusammen und handelten ein Arbeitspapier aus, das, im Oktober 2007 unterzeichnet, eine historische Wende im tausendjährigen Konflikt der Kirchen des Westens und des Ostens markiert.

Geradezu freundschaftlich war auch der Austausch mit dem Ökumenischen Patriarchen von Konstantinopel, Bartholomäus I., auf dessen Einladung der Papst 2006 die Türkei besuchte. Im Juni 2008 traf der Patriarch zu seinem Gegenbesuch in Rom ein, um gemeinsam mit dem Nachfolger Petri feierlich das Paulusjahr zu eröffnen.

Benedikts XVI. Reise nach Großbritannien im September 2009 war die erste eines Papstes seit der Abspaltung der Anglikaner von Rom 1534 und eröffnete nicht nur einen fruchtbaren Dialog mit der Anglikanischen Kirche, sondern ließ auch zahlreiche Anglikaner zur Einheit mit Rom zurückfinden; für sie richtete der Papst im Oktober 2009 eine eigene Personalprälatur ein.

Auch im interreligiösen Dialog kam es zu erstaunlichen Entwicklungen, und das sogar in der islamischen Welt. Auslöser dafür war ausgerechnet Ratzingers Regensburger Rede, deren Kaiser-Manuel-Zitat, aus dem Kontext gerissen und als Zitat von den Medien nicht erkennbar gemacht, zunächst zu so heftigen Irritationen geführt hatte. Kaum lag den gebildeteren Vertretern des Islam der Originaltext vor, kaum hatte der Papst öffentlich die Missverständnisse bedauert, wurde auch dort über die eigentliche Aussage diskutiert, dass »nicht vernunftgemäß handeln dem Wesen Gottes zuwider« sei. Trotzdem überschattete die vordergründige Empörung zunächst seine heikelste Reise, die ihn im November 2006 in die Türkei führte. Doch wieder wirkte Benedikt XVI. durch sein bescheidenes Auftreten und subtile Gesten fast Wunder: Die türkische Presse, die eigentlich über ihn herfallen wollte, begann, sich in ihn zu verlieben. Fasziniert beobachtete sie, dass der Deutsche bewusst auf Gebete in säkularisierten Gebäuden wie der Hagia-Sophia-Kathedrale verzichtete, dagegen aber in der Blauen Moschee, nach Mekka gewandt, wie zum Gebet innehielt, was als Respektsbezeugung verstanden wurde. Schließlich brach das Eis, als im Oktober 2007 zunächst 138, später sogar 309 Islamgelehrte einen Appell an den Papst unterzeichneten, um der Zusammenarbeit zwischen den beiden Religionsgemeinschaften neuen Auftrieb zu verschaffen. Sie deckten ein beeindruckendes Spektrum ab, gehörten zu ihnen doch die Großmuftis von Ägypten, Syrien, Russland, Bosnien, dem Kosovo, der Türkei, Oman und Usbekistan, schiitische Kleriker aus dem Iran sowie Islam-Gelehrte aus den USA und Großbritannien. Treibende Kraft hinter dem Text war Prinz Ghazi bin Muhammad gewesen, der Berater von König Abdallah II. von Jordanien, der im Mai 2009 Gastgeber des Papstes werden sollte. Als Antwort auf die Initiative tagte im November 2008 an der Päpstlichen Universität Gregoriana in Rom ein katholisch-muslimisches Forum. So lag es nicht am Papst, sondern an der zunehmenden Fanatisierung der islamischen Welt, dass das zarte Pflänzchen Hoffnung bald schon ersten Frost abbekam. Als zur Jahreswende 2010/11 ein schreckliches Attentat 28 Besucher einer Kirche in Alexandria in den Tod riss, verurteilte Benedikt XVI. in seiner Neujahrspredigt diese »feige Geste des Todes« als »Beleidigung gegenüber Gott und der ganzen Menschheit«. Sofort meldete sich Ahmad Al-Tayyeb zu Wort, der Scheich der Al-Azhar-Universität in Kairo und Mitunterzeichner des Appells, und verbat sich die Worte des Papstes als »inakzeptable Einmischung in die inneren Angelegenheiten Ägyptens«. Die Beziehungen zwischen der wichtigsten Hochschule des Islam und dem Heiligen Stuhl wurden sofort von Al-Tayyeb auf Eis gelegt.

Noch einmal begab sich der Papst in ein Krisengebiet, als er im September 2012 in den Libanon kam, um das Abschlussdokument der Nahost-Bischofssynode zu unterzeichnen. Wegen des Bürgerkriegs im benachbarten Syrien und der antiwestlichen Ausschreitungen im ganzen Nahen Osten nach der Veröffentlichung eines Schmähfilms über Muhammad galt diese Reise als besonders heikel. Doch sie sollte zu einem seiner größten Erfolge werden. So führte der Heilige Vater nicht nur die Christen der verschiedenen Konfessionen in einer ökumenischen Begegnung zusammen, sondern traf sich auch zum respektvollen Dialog mit muslimischen Geistlichen. Über 300 000 Christen nahmen an seiner Abschlussmesse an der Beiruter Waterfront teil, auf der Benedikt XVI. die arabischen Länder aufrief, nach »gangbaren Lösungen« zu suchen, die »die Würde jedes Menschen, seine Rechte und seine Religion achten«.

So blieb, trotz einzelner Rückschläge, die Bemühung des Papstes um Versöhnung das Hauptanliegen seines Pontifikats. Ein Deutscher heilte die Wunden, die andere Deutsche geschlagen hatten, ein Mann Gottes bat um Vergebung für die Verbrechen der Gottlosen und zeigte darin seine wahre Größe. Nicht zuletzt versöhnte er Glauben und Vernunft und zeigte auf, dass beide nur miteinander existieren können, ohne Gefahr zu laufen, ins Pathologische abzudriften. Papst Benedikt XVI. versöhnte aber auch das Christentum mit seiner Wurzel, dem Judentum, und vielleicht ist es kein Zufall, wenn er dafür am 12. Februar 2009 ausgerechnet die Metapher des Ölbaums benutzte: »In der Tat erhält die Kirche ihre Nahrung aus der Wurzel des edlen Ölbaums, des Volkes Israel, in das die Zweige vom wilden Ölbaum der Heiden eingepfropft wurden.«

Und so bleibt, trotz aller Widerstände, gerade dies auch das größte Verdienst des deutschen Pontifikats. »Dank dieses Papstes waren die Beziehungen zwischen Juden und Katholiken noch nie besser als heute«, stellte jedenfalls Rabbi David Rosen vom »International Jewish Committee for Interreligious Consultations« (IJCIC) im Juli 2012 fest. »Gloria olivae«, der »Ruhm des Ölbaums«, dieser Titel steht ihm zu. Doch was dann, als nächster Satz, bei Pseudo-Malachias steht, darf zu Recht beunruhigen, gerade weil es ebenfalls so gut passt: »In p(er)secutione extrema S.R.E. sedebit.« Dabei ist unklar, ob diese Zeile noch zu »Gloria olivae« oder schon zu seinem Nachfolger gehört. Es ist jedenfalls eine beängstigende Aussage: »Während der letzten Verfolgung der Heiligen Römischen Kirche amtiert er.« Nicht nur einmal musste es Benedikt XVI. erscheinen, als habe sich auch diese Prophezeiung auf ihn bezogen.

VII. Reformer Ratzinger:
Der unverstandene Papst

»Verleih Deinem Knecht ein hörendes Herz« – mit diesem Gebet König Salomons (1 Kön 3) leitete Benedikt XVI. seine historische Rede vor dem Deutschen Bundestag am 22. September 2011 ein. Damals hatte er längst erkannt, dass es eben ein solch »hörendes Herz« ist, an dem es unserer Zeit am meisten mangelt. Wir wollen Gottes Wirken in der Geschichte nicht sehen, wir wollen die Frohbotschaft Christi nicht hören. So wurde auch der Papst allzu oft bewusst nicht verstanden. Deutlich wurde das schon bei seinem ersten Auslandsbesuch nach der Amtseinführung, als Benedikt XVI. nach Deutschland kam, um am Kölner Weltjugendtag teilzunehmen. Es war die erste und wohl auch größte Bewährungsprobe für den Mann, der nicht nur Nachfolger Petri war, sondern auch im Schatten seines großen Vorgängers Johannes Paul II. zu stehen schien. Die Weltjugendtage waren eine Erfindung des charismatischen Polen gewesen, eine Veranstaltung ganz nach seinem Geschmack. Nicht einen einzigen ließ er aus.

Er genoss die Begegnung mit den Jugendlichen, die er liebte, als seien es seine eigenen Kinder und Enkel, und die ihn frenetisch wie einen Popstar feierten. Eine ganze Generation, der Eltern und Lehrer im Schlepptau der 1968er-Bewegung gerade jede Religion madig gemacht hatten, wurde auf diese Weise für den Glauben begeistert und in die Kirche zurückgeholt. Es war das letzte große Geschenk des Wojtyla-Papstes an die deutsche Kirche und speziell an seinen Freund Joachim Kardinal Meisner, dass der Weltjugendtag (WJT) 2005 in Köln stattfinden sollte. So hatte es Johannes Paul II. drei Jahre zuvor in Toronto verkündet. Dass zu diesem Zeitpunkt bereits ein Deutscher Papst sein würde, das konnte damals noch keiner ahnen.

Doch der »papa tedesco« war auch völlig anders veranlagt als sein extrovertierter Vorgänger. Er galt, wie gesagt, als scheuer Gelehrter, genial, aber uncharismatisch, eher schüchtern, zierlich, mit einer sanften, leisen Stimme. Das theatralische Talent, das sich Karol Wojtyla als junger Schauspieler in Krakau erworben hatte, fehlte ihm völlig. Seine

ganze Körpersprache wirkte eher ein wenig linkisch; seine Gesten, etwa auf der Loggia des Petersdoms nach dem »Habemus Papam«, bestenfalls rührend bemüht. Während der Pole das Bad in der Menge genoss, betrat der Bayer selbst die vertraute Audienzhalle stets mit angespanntem Blick, leicht geweiteten Pupillen und so zögernd, als müsse er befürchten, dort auf einen unberechenbaren Mob zu treffen. Beim Kontakt mit Fremden schien er sich immer ein wenig unwohl zu fühlen. Nach seiner Wahl brauchte er Wochen, bevor er gelernt hatte, Kinder, die man ihm bei der Fahrt mit dem Papamobil entgegenhielt, spontan zu küssen – erst im Sommer 2008, in Sydney, nahm er zum ersten Mal fröhlich ein Neugeborenes in den Arm.
So wuchs, je näher der Termin des WJT 2005 rückte, bei den Verantwortlichen die Sorge: Wie würde dieser Papst bei den Jugendlichen ankommen? Bestand nicht die Gefahr, dass die gerade für den Glauben gewonnene Generation auf einen Papst ohne Popstar-Qualitäten eher befremdet reagieren, ja der Kirche den Rücken kehren könnte? Hatte nicht auch Joseph Ratzinger bislang eher sein Misstrauen gegenüber solch gigantischen Glaubens-Events ausgedrückt, seine Befürchtung, die »Missionierung« könnte bestenfalls oberflächlich und ohne Nachhaltigkeit sein? Kurzum: Passten Benedikt XVI. und der WJT überhaupt zusammen?
Der erste Auftritt zeigte, wie schnell der neue Papst lernte. Auf einem Rheinschiff sollte Benedikt XVI. die Domstadt erreichen, ein schönes Bild für den Mann in den Schuhen des Fischers, vorbei an vielen Tausend Jugendlichen, die an den Ufern des Flusses lagerten. So saß er auf dem an Bord gebrachten Papststuhl, während die mitreisenden Vertreter katholischer Jugendorganisationen aus aller Welt zunächst um ihn herum standen – mit dem Ergebnis, dass natürlich niemand vom Ufer aus den Mann in Weiß erkennen konnte.
»Heiliger Vater, das geht so nicht«, flüsterte ihm der Erzbischof von Köln zu, »Sie müssen aufstehen. Und die Jugendlichen müssen sitzen.« Sofort nahm Benedikt den Rat an, stand auf und wurde vom Ufer aus bejubelt. Doch Kardinal Meisner war noch nicht zufrieden: »Heiliger Vater, Sie müssen jetzt den Jugendlichen zuwinken.« Gehorsam winkte der Nachfolger Petri, bis er erneut belehrt wurde: »Und zwar nicht nur nach rechts, sondern auch nach links, zu allen Seiten.«

»Dauernd kritisierst du an mir herum«, erwiderte der Papst seinem Gastgeber. »Ja«, meinte daraufhin Kardinal Meisner, erst jetzt ermutigt, seinen Freund Joseph Ratzinger ebenfalls zu »duzen«, »bis du es gelernt hast, Papst zu sein!«
So jedenfalls sollte der Kölner es später erzählen, nicht ohne quasi entschuldigend zu ergänzen: »Solche lockeren Töne verträgt der Papst. Er ist wirklich ganz natürlich geblieben.«
Und dann geschah ein echtes Wunder. Jedenfalls schien es, als existiere der schüchterne, menschenscheue Intellektuelle Ratzinger nicht mehr, als er zwei Tage später gut einer Million Jugendlicher auf dem Marienfeld bei Köln präsentiert wurde. Er hatte urplötzlich eine Präsenz entwickelt, die jeden einzelnen der jungen Menschen tief berührte. Er machte sich zwar die Mühe, in jeder ihrer Sprachen zu sprechen – seine Ansprache hielt er abwechselnd auf Englisch, Deutsch, Italienisch, Spanisch und Französisch –, doch das hätte er eigentlich gar nicht gebraucht: Sie verstanden ihn auch so. Und dabei schlossen sie ihn tief in ihr Herz.
Ein Phänomen freilich, das auf das Marienfeld beschränkt blieb. Im Pressezentrum auf dem Köln-Deutzer Messegelände saßen derweil die Kollegen von den Tageszeitungen der Welt und verfolgten das Geschehen teils amüsiert, teils befremdet auf einer großen Videoleinwand.
»Der redet ja völlig an den Jugendlichen vorbei«, war noch einer der freundlichsten Kommentare, wie man mir später berichtete. »Völlig weltfremd, dieser Papst. Statt auf ihre Probleme, ihren Alltag und ihre Zukunft einzugehen, hält er ihnen eine theologische Vorlesung. Über die Eucharistie! Als ob das einen einzigen Teenager interessieren würde!«
Ich persönlich meide Pressezentren, wo ich nur kann. Wenn es nur irgendwie geht, ziehe ich es vor, eine Papstmesse am Ort mitzuerleben. Ich war mit dem Wagen gekommen, hatte Schwierigkeiten gehabt, einen Parkplatz in der Nähe des weitläufig abgesperrten Gebiets zu finden, in das mir die Polizei, trotz Presse-Akkreditierung, keine Zufahrt gewähren wollte, und musste schließlich etwa drei Kilometer Fußweg zurücklegen, um auf das Weltjugendtagsgelände zu gelangen. So hatte die Vigil bereits begonnen, als ich mich allmählich dem Marienfeld näherte, und schon von Weitem faszinierten mich die Ruhe und der Frie-

de, die über der Massenversammlung zu liegen schienen. Als ich endlich auf dem Gelände eintraf, predigte der Papst gerade. So schlich ich mich durch die Blocks, bis ich schließlich die Presseplätze erreicht hatte, vorbei an Tausenden und Abertausenden junger Menschen, die gebannt auf den Papstaltar starrten, dessen Dach, wie eine Wolke geformt, vor dem Abendhimmel leuchtete. Und ich erlebte sie tief bewegt, viele hatten Tränen in den Augen, als Benedikt XVI. das Motto des WJT,»Wir sind gekommen, um IHN anzubeten«, aufgriff, um ihnen, jetzt wieder auf Deutsch, zu erklären:

»›Sie gingen in das Haus und sahen das Kind und Maria, seine Mutter; da fielen sie nieder und beteten es an‹ (Mt 2, 11). Liebe Freunde – das ist nicht eine weit entfernte, lang vergangene Geschichte. Das ist Gegenwart. Hier in der heiligen Hostie ist ER vor uns und unter uns. Wie damals verhüllt er sich geheimnisvoll in heiligem Schweigen, und wie damals offenbart er gerade so Gottes wahres Gesicht. Er ist für uns Weizenkorn geworden, das in die Erde fällt und stirbt und Frucht bringt bis zum Ende der Zeiten (vgl. Joh 12, 24). Er ist da wie damals in Betlehem. Er lädt uns ein zu der inneren Wanderschaft, die Anbetung heißt. Machen wir uns jetzt auf diesen inneren Weg und bitten wir ihn, dass er uns führe.«

Was folgte, war die wohl intensivste, tiefste Eucharistische Anbetung, an der ich in meinen damals 41 Jahren als gläubiger Katholik teilnehmen durfte. Selbst wenn oben am Himmel einer Taube eine Feder ausgefallen wäre, man hätte es gehört. Jugendliche, fast eine Million an der Zahl, die es vielleicht eher gewohnt waren, den Samstagabend in der Disco zu feiern, für die auch der Weltjugendtag mehr das fröhliche und laute Singen frommer Lieder bedeutete – die WJT-Hymne *Jesus Christ, you are my life, Halleluja* liegt mir noch heute in den Ohren –, vertieften sich in die Präsenz des Herrn im Altarsakrament und beteten, fast alle kniend, die Hostie in der beleuchteten Monstranz an. Und man kann sagen, dass jeder Einzelne von ihnen in diesem Augenblick eine authentische Begegnung mit Christus hatte.

Doch dabei blieb es nicht. An diesem Abend wurde, von der Predigt des Papstes inspiriert, etwas geboren, das zum vielleicht schönsten Geschenk dieses Pontifikats an die sonst so verkopfte deutsche Kirche werden sollte, nämlich »Nightfever«. Das war ursprünglich als einmalige

Anschlussveranstaltung an den WJT in Bonn gedacht. Als Vorbild diente der sogenannte Barmherzigkeitsabend der in Frankreich entstandenen »Gemeinschaft Emanuel«, einer charismatischen Bewegung gläubiger Katholiken, die sich speziell darum bemüht, durch die Pflege geistlicher Musik, verbunden mit der Anbetung, junge Menschen für den Glauben zu begeistern. Doch den Initiatoren, vor allem dem jungen Kaplan Andreas Süß, war die Einbindung eines breiten Spektrums geistlicher Gemeinschaften in die Gestaltung dieses Abends wichtig. Passanten sollten zu Gesang, Gebet und Gespräch in eine Kirche eingeladen werden. Dort hatte, zu den Klängen geistlicher Musik und gemeinsamen Gebeten, jeder Einzelne die Möglichkeit, vor das Allerheiligste, die Monstranz mit der geweihten Hostie, zu treten, eine Kerze aufzustellen, seine Sorgen und Nöte Christus anzuvertrauen, zu beten und einen Bibelspruch aus einem Korb zu ziehen, der ihm Weisung auf seinem Weg werden konnte. Die verdunkelte Kirche, in der nur die vielen Hundert Kerzen leuchteten, die angestrahlte Monstranz, von der, symbolisch für Blut und Wasser aus der Seite Jesu, rote und weiße Stoffbahnen ausgingen, und die meditative Atmosphäre ließen »Nightfever« für jeden Beteiligten zu einer intensiven und kostbaren spirituellen Erfahrung werden. Umrahmt wurde die fast vierstündige Anbetung (zu der jeder hinzukommen und wieder gehen konnte, wann er mochte) von einer Messfeier, Beichtgelegenheiten, einer Komplet und dem abschließenden eucharistischen Segen.
Der erste »Nightfever«-Abend in Bonn stieß auf solche Begeisterung, dass die Initiatoren beschlossen, ihn zu wiederholen. Seitdem findet »Nightfever« mittlerweile regelmäßig in mindestens 35 deutschen Städten statt, seit 2008 auch in Österreich und der Schweiz, seit 2011 auch außerhalb des deutschen Sprachraums mit regelmäßig bis zu 3000 Teilnehmern. Zudem war man bei den Weltjugendtagen in Sydney (2008) und Madrid (2011) sowie bei den Olympischen Spielen in London (2012) präsent. Der große Zuspruch, den diese Initiative auch und gerade bei zunächst kirchenfernen Jugendlichen fand, zeigt, welche Kraft auch heute in einer so urkatholischen Frömmigkeitsform wie der Eucharistischen Anbetung steckt. »Nightfever« war nichts anderes als die stille Revolution der Generation Benedikt gegen die freudlose Routine des deutschen Gremienkatholizismus. Die Kirche von morgen, so

scheint es, muss wieder eine Kirche der Anbetung werden, tief verankert in den Sakramenten, wenn sie in den Stürmen des Zeitgeistes überleben will. Nur zu gut hatte Benedikt XVI. also erkannt, was diese Generation wirklich braucht, ja, wonach ihre Seele hungert. Die »Ratzinger-Reform« bestand nicht in Experimenten mit ungewissem Ausgang, sondern im Wiederbeleben von Bewährtem.

Ein weiteres typisches »Produkt« dieses inspirierenden Pontifikats war der YOUCAT. Im Jahre 1986 hatte Papst Johannes Paul II. eine hochrangige Kommission aus Kardinälen und Bischöfen unter Leitung seines Präfekten der Glaubenskongregation, Joseph Kardinal Ratzinger, mit der Zusammenstellung eines aktuellen *Katechismus der Katholischen Kirche*, sprich: eines Handbuchs der Unterweisung in allen Fragen der katholischen Glaubenslehre, beauftragt. Schon 1992 wurde das »unmögliche« 824-seitige Werk der Öffentlichkeit vorgestellt. Da es zwar höchsten theologischen Ansprüchen genügte, aber zur Lektüre für »den Mann von der Straße« doch etwas zu lexikalisch war, bat der Papst den Kardinal 2003 um die Erstellung einer »lesbaren« Kurzversion, die 2005 erschien. Hier werden 598 Fragen auf 256 Seiten allgemeinverständlich beantwortet.

Doch auch dieses *Kompendium* richtete sich zunächst an den erwachsenen Leser. Für die so wichtige Jugendkatechese war es weniger geeignet, denn es war einfach nicht in der Sprache der Jugendlichen verfasst. Die Klage einer Familienmutter über diesen Umstand inspirierte den Wiener Erzbischof Christoph Kardinal Schönborn zu einer neuen Initiative: Ein eigener Katechismus für Jugendliche wurde benötigt! Doch wer, wenn nicht Jugendliche, sollten den Glauben der Kirche ihren Altersgenossen vermitteln?

Unter Koordination des deutschen Verlegers des *Kompendiums*, Bernhard Meuser, begann eine Gruppe von engagierten, jungen Katholiken, das Buch umzuschreiben. Das Ergebnis wurde, nach mehreren Versuchen, 2010 Papst Benedikt präsentiert, der sich schon in der Entstehungsphase begeistert über das Projekt geäußert hatte. So erschien der *YOUCAT* ein Jahr später, versehen mit dem Segen und einem ausführlichen Vorwort des Papstes, in dem er die Jugendlichen ermutigte, ihren neuen Katechismus auf sehr moderne Weise zu studieren:

»Dieser Katechismus redet Euch nicht nach dem Mund. Er macht es Euch nicht leicht. Er fordert nämlich ein neues Leben von Euch. Er legt Euch die Botschaft des Evangeliums vor wie die ›kostbare Perle‹ (Mt 13, 45), für die man alles geben muss. So bitte ich Euch: Studiert den Katechismus mit Leidenschaft und Ausdauer! Opfert Lebenszeit dafür! Studiert ihn in der Stille Eurer Zimmer, lest ihn zu zweit, wenn Ihr befreundet seid, bildet Lerngruppen und Netzwerke, tauscht Euch im Internet aus. Bleibt auf jede Weise über Euren Glauben im Gespräch!«

Pünktlich zum Weltjugendtag in Madrid im August 2011 war das Werk in 15 Sprachen übersetzt. Über 700 000 Exemplare wurden dort an die Jugendlichen verteilt – als persönliches Geschenk des Papstes. Damit es eben nicht beim Glaubens-Event bleibt, damit Nachhaltigkeit garantiert ist, um das Schlagwort des Jahres zu benutzen. Damit Weichen gestellt werden für junge Seelen, die sich nach etwas Höherem sehnen als dem Hedonismus, nach Tieferem als der Oberflächlichkeit ihrer Zeit, nach Größerem als den Lebensentwürfen des Materialismus. So könnte die Neuevangelisierung gelingen, wenn man sich um die Wurzeln der Welt von morgen, die Herzen der Jugend, kümmert.

In Madrid zeigte sich wieder einmal, wie eng die Bande zwischen dem Papst und den Jugendlichen waren. Sie hielten jedenfalls heftigsten Stürmen stand, als ein Unwetter über sie alle hereinbrach. Und nein, damit meine ich nicht die Gegendemonstrationen der verzweifelten Ewiggestrigen, die lieber den zynischen Parolen des garantiert sterblichen Richard Dawkins folgten als der Frohbotschaft des Auferstandenen. Ich meine auch nicht den medialen Dauerbeschuss, der stets auf das Mantra »Was das wieder gekostet hat!« hinauslief – dabei wurden 80 Prozent der Kosten von den Pilgern getragen und die restlichen 20 Prozent von Sponsoren gedeckt. Denn am Samstagabend, zur feierlichen Vigil unter freiem Himmel auf dem Flughafengelände mit dem bezeichnenden Namen Cuatro Vientos (Vier Winde), zog tatsächlich ein Gewitter auf, stürmte es heftig, prasselte der Regen auf gut eine Million junger Pilger nieder. Ein Lichtmast stürzte krachend um, brachte mehrere Zelte zum Einsturz, sieben Jugendliche erlitten Knochenbrüche und Prellungen. Für 20 Minuten musste der Papst seine Ansprache unterbrechen, vor dem jetzt waagerecht peitschenden Regen nur provisorisch geschützt durch die vier weißen Schirme seiner Begleiter und die rote Mozzetta, die der Sturm ihm längst von der Schulter gerissen und über das weiße Haupt gelegt hatte. Um ihn herum fielen Stühle um, flüchteten Journalisten und Kameraleute in einem Anflug von Panik in die Zelte, rüttelte der Sturm an dem goldenen Lebensbaum, der den Baldachin des Papstaltars bildete. Würde er einstürzen, den Papst und die Kardinäle unter sich begraben? Minutenlang hielt eine Million Jugendlicher den Atem an, versuchte, sich bestmöglich unter T-Shirts, Handtüchern und Iso-Matten vor dem Unwetter zu schützen, um bald darauf platschnass zu kapitulieren.

Nur dem Papst schien das alles nichts auszumachen. Keiner beschrieb ihn treffender als mein *Spiegel*-Kollege Matthias Matussek in seinem Online-Blog:

»Er sitzt da mit zerzaustem weißem Schopf und lächelt, und in diesem Moment sieht er nicht wie der mächtige Pontifex aus, sondern wie der liebe Opa, den man im Regen vergessen hat. Seine Hand hält das Papier mit den nicht gehaltenen Trostworten an die Jugend.
Dann winkt er kurz.
Die Geste sagt: Ihr seid nicht alleine. Wenn ihr nass werdet, werde ich's eben auch. Und die Hunderttausende winken zurück und sie tanzen und jubeln, und gemeinsam trotzen sie dem Sturm. Klar ist das biblisch. Und als der Sturm nachlässt, sind seine ersten Worte: ›Danke für eure Freude und für euren Widerstand.‹
Das ist genau das, was, mit ein paar Worten mehr, in der Rede stand.«

Der Sturm legte sich schnell wieder, rechtzeitig, um mit der eucharistischen Anbetung zu beginnen. Und dann fasste Benedikt XVI. zusammen, was in diesem Augenblick alle spürten:

»Wir haben gemeinsam ein Abenteuer erlebt. Fest im Glauben an Christus habt ihr im Regen ausgehalten. (...) Danke für das Opfer, das ihr bringt und das ihr – ich bin sicher – großzügig für den Herrn leistet. (...) Ich danke euch für das wunderbare Zeugnis, das ihr gegeben habt. Genau wie in dieser Nacht werdet ihr mit Christus immer die Prüfungen eures Lebens bestehen. Vergesst das nicht!«

Diese Jugendlichen und mit ihnen Millionen gläubiger Katholiken hielten auch zu ihrem Papst, als ganz andere Stürme über ihn hereinzubrechen schienen. Denn auch dieses Gefühl, enger zusammenrücken zu müssen, gemeinsam in schwierigen Zeiten Zeugnis abzulegen für den Glauben, war charakteristisch für Ratzingers Pontifikat. Dieser Papst gab alles, aber er verlangte auch viel. Er war ein Perfektionist des Glaubens. Alles Laue, alles Angepasste, alles Zurechtgestutzte war ihm zuwider; auch wenn er das mit seiner milden Höflichkeit nie zugegeben hätte. Es war ein Papsttum auf höchstem Niveau, vielleicht ein letztes Aufleuchten des christlichen Europas und all der Weisheit, Schönheit und Fülle, die es der Welt zu geben hatte. Eine Supernova wie einst der Stern von Bethlehem. Wie der Barock mit seiner Sinnenfreude, Klangfülle und Opulenz gerade auch in Ratzingers bayerischer Heimat dem grauen Protestantismus zu trotzen versuchte, so war die Herrlichkeit der christlichen Kunst, Tradition und Liturgie seine Antwort auf die Mittelmäßigkeit und Oberflächlichkeit unserer Konsumgesellschaft.

Es ist bezeichnend, dass sein Bruder Georg, als ich ihn nach den Schwerpunkten von Benedikts Pontifikat fragte, nur einen solchen nannte: »Es liegt ihm schon viel daran, dass die Liturgie würdig gefeiert wird. (…) So wünscht sich mein Bruder eine ordentliche, gute Liturgie, die den Menschen innerlich ergreift und die als Anruf Gottes verstanden wird.«

Das bedeutete auch eine Absage an liturgische Experimente, wie sie Erzbischof Piero Marini geliebt hatte, der Zeremonienmeister seines Vorgängers Johannes Paul II., mit modernen Paramenten aus bunten Ballonstoffen und exotischen Karawanen, die zur Gabenbereitung schritten. Benedikts Mann war Guido Marini, ein zart besaiteter Schöngeist, der traditionelle Elemente wiederbelebte, hochwertige Kirchenmusik schätzte und als stumme Zeugen einer »Hermeneutik der Kontinuität« die liturgischen Gewänder seiner Vorgänger aus den Kleiderschränken der Apostolischen Sakristei holte. Auf besonderen Wunsch des Papstes wurde fortan während der Messfeier auf Applaus verzichtet, wurden Minuten der Stille nach der Predigt eingeführt und, zumindest rund um den Papstaltar, die Mundkommunion praktiziert. Die silberne moderne Ferula, der Kreuzstab Pauls VI., der unter Johannes Paul II. zum universalen Symbol des Papsttums avanciert war und jetzt bei Papst Franziskus wieder zu Ehren kam, wurde durch eine vergoldete ersetzt, die unverkennbar spätantike Vorbilder hatte; sie hätte ebenso gut Leo dem Großen gedient haben können.

Doch nicht nur in liturgischer Hinsicht waren es acht goldene Jahre. So bescheiden der Papst privat auch lebte, so wenig Wert er auf üppige Menüs, gute Weine (er trinkt praktisch keinen Alkohol, höchstens einmal zur »Feier des Tages« ein halbes Glas Schaumwein), technische Raffinessen oder eine teure Einrichtung legte, von einer persönlichen Leidenschaft mochte er sich nicht trennen, nämlich der Musik. Wer Benedikt XVI. wirklich eine Freude machen wollte, der musste ein hochkarätiges Orchester oder einen Chor für ihn auftreten lassen. Da schmolz alle Anspannung des Pontifikats von ihm, da war der Bayer, der im Bannkreis der Mozartstadt Salzburg aufgewachsen war, ganz in seinem Element. »Musik (ist) auf einzigartige Weise dazu bestimmt, im menschlichen Geist, der vom irdischen Leben so sehr gezeichnet und manchmal verletzt ist, Hoffnung zu wecken«, erklärte er am 24. Mai 2008 nach einem Konzert im Vatikan. Der größte Theologe der Gegenwart begriff, dass Worte nicht genügen, um Gott angemessen zu preisen, und dass die Engel keine Vorlesungen halten, sondern singen. Die Kunst war für ihn, neben den Heiligen, »die größte Apologie unseres Glaubens«. Die Heiligen verkörpern »die Lichtspur, die Gott durch die Geschichte gezogen hat«, eine »Kraft des Guten«: »Da ist wirklich Licht vom Lichte gegenwärtig.« Doch »ebenso wenn wir die Schönheit sehen, die der Glaube geschaffen hat«, ist dies »ein lebendiger Beweis des Glaubens«, ja eine »Epiphanie Gottes«. Das, so der Papst, gelte insbesondere für »die große Musik, die in der Kirche entstanden ist«, das »wirkliche Hörbar- und Vernehmbarwerden der Wahrheit unseres Glaubens«. Denn »wo solches entsteht, da ist Wahrheit da. Ohne einen Grund, der wirklich die schöpferische Mitte der Welt aufdeckt, kann solche Schönheit nicht entstehen.« Sein Fazit: »Das, so denke ich, ist irgendwie der Wahrheitsbeweis des Christentums, dass Vernunft und Herz zueinander finden, dass Schönheit und Wahrheit einander berühren. Und je mehr wir selber aus der Schönheit der Wahrheit leben, desto mehr wird der Glaube auch in unserer Zeit wieder kreativ werden und sich in einer überzeugenden künstlerischen Gestalt ausdrücken können.«

Für Joseph Ratzinger ist Gott (über-)natürlich an erster Stelle Liebe. Er ist auch Wahrheit, die der Mensch durch seinen Verstand ergründen kann. Aber Gott hat für ihn noch einen dritten Namen, eine dritte Eigenschaft, und das ist die Schönheit. Und er wäre nicht dieser große Theologe, wenn er nicht selbst dafür eine ganz logische Begründung hätte:

> »Mir ist die Tatsache in den Sinn gekommen, dass die mittelalterlichen Theologen das Wort ›logos‹ nicht nur mit ›verbum‹ übersetzt haben, sondern auch mit ›ars‹: ›verbum‹ und ›ars‹ sind gegenseitig austauschbar. Nur in beiden zusammen tritt für die Theologen des Mittelalters die ganze Bedeutung des Wortes ›logos‹ hervor. Der ›Logos‹ ist nicht nur mathematische Vernunft: der ›Logos‹ hat ein Herz, der ›Logos‹ ist auch Liebe. Die Wahrheit ist schön, Wahrheit und Schönheit gehören zusammen: die Schönheit ist das Siegel der Wahrheit.«

Bezeichnend, dass dieses Zitat aus einer seiner letzten öffentlichen Ansprachen stammt, am 23. Februar 2013 gehalten zum Abschluss der Fastenexerzitien der römischen Kurie. Benedikt XVI. wollte eine Kirche der Schönheit, der Wahrheit und der Liebe. Da ist es die große Tragik seines Pontifikats, vielleicht der entscheidende Auslöser seiner Resignation, dass er überschüttet wurde mit Häme und Scheußlichkeit.

Zuerst war es noch harmlos. Da amüsierte man sich allenfalls über den neuen »Goldrausch der Kirche«, nicht ahnend, dass die Fülle einer barocken Liturgie etwas vom himmlischen Jerusalem vermitteln soll. Doch die prachtvollen Paramente, die er trug, wurden mitnichten für ihn angefertigt, sondern lediglich, wie gesagt, »aufgetragen«; sie stammten sämtlich aus dem Fundus der päpstlichen Sakristei. Dabei entbehrt es kaum einer gewissen Ironie, dass die meisten von ihnen ausgerechnet von Johannes XXIII. stammten, dem großen Reformpapst und Vater des Zweiten Vatikanischen Konzils. So wie der kleine Gendarmensohn Joseph Ratzinger einst die Kleidung seines großen Bruders Georg auftragen musste, wie es damals eben üblich war, so zelebrierte er jetzt in den Messgewändern seiner Vorgänger. Übrigens trug Johannes XXIII. auch gerne den Camauro, jene rote, hermelinbesetzte Mütze, die kindliche Gemüter manchmal an die Kopfbedeckung des

Christus im Zentrum: Kreuzverehrung am Karfreitag

Die Hoffnung der Kirche: Papst Franziskus

Der Demütige: Papst Benedikt XVI. (2005–2013)

Zeichen eines Pontifikats: Der Regenbogen von Auschwitz

Ein Omen? Sechs Stunden nach Benedikts Rücktritt schlug ein Blitz im Petersdom ein.

Vom Schiff des Völkerapostels? Zum Zeitpunkt seiner Amtseinführung wurde der »Paulus-Anker« vor Malta entdeckt.

Benedikts XVI. letzte Audienz auf dem Petersplatz am 27. Februar 2013 wurde zum Triumphzug.

Castel Gandolfo, 28.2.2013: Ein letztes Mal erscheint der Papst auf dem Balkon. Ein Windhauch weht den Wappenteppich beiseite, die Tiara kommt zum Vorschein.

Weichenstellung für die Zukunft der Kirche: Die Kardinäle beim Vorkonklave

Habemus papam am 13.3.2013, dem Fatimatag!

Nahe an den Menschen:
Papst Franziskus am Palmsonntag

Freundschaft mit den Juden: bei der Verleihung der Ehrendoktorwürde an Rabbi Abraham Skorka im Oktober 2012

Rührte die Welt: Der Papst mit einem behinderten Jungen.

Weg in die Einheit: Papst Franziskus mit Patriarch Bartholomäus I.

Rückkehr in den Vatikan: Papst Franziskus begrüßt Papst em. Benedikt XVI. am 2. Mai 2013 vor dem Kloster Mater Ecclesiae.

Weihnachtsmanns erinnert. Doch nicht der Stil des Reformers bewog ihn kurzfristig dazu, sondern körperliche Schwäche: Benedikt XVI. fror einfach schnell bei winterlichen Fahrten im offenen Papamobil.

Dann wurde gelästert über den »Papst in Prada-Schuhen«, obwohl die simpelste Recherche genügt hätte, um den Mythos von der Nobelmarke zu entlarven. Mein *Welt*-Kollege Paul Badde, der Doyen der deutschen Vaticanisti, hat es schließlich an den Tag gebracht. Nicht die Edelmarke aus Milano hatte die traditionellen Papstschuhe in der Farbe, die das Blut Christi repräsentiert, geschaffen, sondern Antonio Arellano aus Trujillo in Peru, ein kleiner Schuster mit Migrationshintergrund, der in einer Seitenstraße des Borgo Pio, nur einen Katzensprung vom Vatikan entfernt, seine Werkstatt hat.

Doch bei solch oberflächlicher Mäkelei blieb es nicht. Seit der so fatal falsch dargestellten Regensburger Rede war Benedikt XVI. in unseren Breiten praktisch zum Abschuss freigegeben. Es folgte der »Williamson-Skandal«, der eigentlich nur darauf beruhte, dass die lieben Journalistenkollegen nicht zwischen der Aufhebung einer Kirchenstrafe und einer ideologisch-politischen Rehabilitation unterscheiden konnten. Dann brach die »Kondomkrise« über den Papst herein. Seine erste Afrikareise sollte Benedikt XVI. im März 2009 nach Kamerun und Angola führen. Er wollte den Menschen des schwarzen Kontinents eine »Botschaft der Hoffnung und des Trostes« bringen, erklärte er im Vorfeld, wollte ein Zeichen setzen gegen Armut, Gewalt, Hunger, Korruption, Seuchen und Menschenhandel. In Angola forderte er ein Ende der Diskriminierung von Frauen und gleiche Rechte für beide Geschlechter. Doch kaum ein Wort davon erschien in irgendeinem größeren Medium.

Stattdessen dieses: Bekanntlich fliegen Päpste nicht in der Linienmaschine, sondern in Sonderflügen der Alitalia auf dem Hinweg, der Fluggesellschaft des besuchten Landes auf dem Rückweg. Um die Kosten dafür zu decken und zugleich eine Berichterstattung zu ermöglichen, reisen Journalisten in der Papstmaschine mit. Die Tickets haben ihren Preis, doch die großen Zeitungen und Magazine lassen es sich gerne etwas kosten, um von vorderster Front berichten zu können. Um ihnen entgegenzukommen und sie etwas für die hohen Kosten zu entschädigen, findet auf den Flügen stets eine kleine, exklusive Pressekonferenz statt. Zudem kommt jeder mitreisende Journalist in den Genuss, ein paar Minuten lang im Sessel neben dem Papst sitzen und mit ihm ein paar Worte sprechen zu können. Nicht immer sind die Fragen harmlos; schließlich hofft der eine oder andere Chefredakteur, der gerade den teuren »Betriebsausflug« seines Vatikan-Reporters genehmigt hat, auf eine »geldwerte« Schlagzeile. So war es gewiss Kalkül, dass der Franzose Philippe Visseyrias auf dem Flug nach Kamerun ein Reizthema anschnitt. Es war die Gretchenfrage des Zeitalters der »sexuellen Befreiung«: »Wie, bitte sehr, steht die Kirche zur Bekämpfung von Aids auf dem afrikanischen Kontinent?«, mit anderen Worten: Wie halten Sie es mit Kondomen?

Benedikt XVI. bemühte sich gar nicht erst um eine diplomatische Antwort; sie hätte nicht gepasst zu einem, der »Mitarbeiter der Wahrheit« auf sein Wappen geschrieben hat. »Ich denke, dass die wirksamste, am meisten präsente Realität im Kampf gegen Aids gerade die katholische Kirche mit ihren Bewegungen und den verschiedenen Strukturen ist«, erklärte er. Geld allein löse das Problem gewiss nicht. »Wenn die Seele nicht beteiligt ist, wenn die Afrikaner nicht mithelfen, kann man es mit der Verteilung von Präservativen nicht bewältigen. Im Gegenteil, sie vergrößern das Problem.«

Natürlich schafften es nur die letzten anderthalb Sätze über die Ticker der Nachrichtendienste. »Papst: Kondome verschlimmern Aids« titelte etwa die *Süddeutsche Zeitung* tags darauf, obwohl er genau das nie behauptet hatte. Eine Lawine wurde ausgelöst. Die Europäische Union führte die Meute an, EU-Sprecher John Clancy erklärte: »Das Kondom ist eines der wichtigsten Instrumente im Kampf gegen Aids!« Es folgte das französische Außenministerium: »Solche Äußerungen gefährden unserer Ansicht nach die staatliche Gesundheitspolitik.« In Madrid verlangte der Gesundheitsminister der sozialistischen Regierung Zapatero vom Vatikan eine Richtigstellung und kündigte an, eine Million Kondome nach Afrika senden zu wollen. Die einschlägige Industrie begrüßte die Entscheidung prompt. In Belgien stimmte die Abgeordnetenkammer dafür, eine offizielle Protestnote an den Vatikan zu schicken: »Es steht dem Papst nicht zu, die staatliche Gesundheitspolitik in Zweifel zu ziehen!« Ein Werturteil nach eigenem Ermessen fiel offenbar nicht unter die sonst so hochgehaltene Meinungsfreiheit. In Deutschland bezeichnete der Experte der Grünen für Fragen der sexuellen Libertinage und Papstkritik, Volker Beck, die Worte Benedikts XVI. gar als »zynisch und menschenverachtend«.

Doch sind Kondome wirklich die einzige Lösung des Aids-Problems? Gewiss nicht, allein schon, weil ein Großteil der Infektionen mit HIV auf Vergewaltigungen zurückgeht. Auch die Übertragung auf Kinder im Mutterleib oder durch mangelnde Hygiene beim Umgang mit Spritzen, Rasiermesser etc. berücksichtigt die Präservativ-Propaganda nicht. Doch auch beim »geschützten Geschlechtsverkehr« ist man nicht hundertprozentig sicher, wie die nicht zu unterschätzende Zahl von Schwangerschaften trotz Kondombenutzung zeigt; das um ein Vielfaches kleinere HIV-Virus kann viel leichter durch kleinste Risse dringen als eine männliche Samenzelle. Kondome können schützen, keine Frage. Aber sie versprechen auch viel zu schnell eine falsche Sicherheit und allumfassende Lösung, und eben darin liegt das Problem, von dem der Papst sprach.

So lag Benedikt XVI. ganz richtig mit seiner unbequemen Antwort auf die »Gretchenfrage« des Reporters. Denn die Illusion, mit der Verbreitung von Kondomen allein ließe sich Aids effizient bekämpfen, führt leicht dazu, die eigentlichen Ursachen, aber auch die Folgen der Seuche zu vergessen. Doch gerade diese anschließende Erklärung des Papstes unterschlug der mediale Shitstorm konsequent: »Die Lösung kann nur in einem zweifachen Bemühen gefunden werden: erstens in einer Humanisierung der Sexualität, das heißt in einer spirituellen und menschlichen Erneuerung, die eine neue Verhaltensweise im gegenseitigen Umgang mit sich bringt; und zweitens in einer wahren Freundschaft auch und vor allem zu den Leidenden (…)«

So wurde offensichtlich, dass nicht die Kritik des Papstes am vermeintlichen Allheilmittel »Kondom« auf den Prüfstand stand. Es war die ganze kirchliche Sexualmoral, die, gerade weil sie Verantwortung lehrt, Bindung verlangt und auf dem Naturrecht basiert – so wenig das auch in unsere unverbindliche, dem hemmungslosen Konsum selbst von Partnern verschriebene Zeit zu passen scheint, der doch, in Wahrheit, längst »die Lust« vergeht.

Die Wissenschaft dagegen gab dem Papst recht. »25 Jahre Forschung haben gezeigt, dass zwischen verstärktem Gebrauch von Kondomen und einem Rückgang der HIV-Infektionsrate keine Verbindung nachweisbar ist«, erklärte Prof. Edward Green, der das »Zentrum für Studien zu Bevölkerung und Entwicklung« an der renommierten Harvard-Universität leitet. Seit Jahren befasst sich sein Institut mit Präservativen als Instrument der Familienplanung in Afrika. Diese würden, so Green, leicht zu einem riskanteren Lebensstil verleiten, gelten als Freibrief für risikolose sexuelle Freizügigkeit. Von ihrer Propagierung würde vor allem die Kondomindustrie profitieren. In Washington D.C. aber, wo seit Jahren Kondome als Schutz gegen Aids gratis verteilt würden und es massive Aufklärungskampagnen in der Öffentlichkeit und an den Schulen gegeben hätte, sei die Ansteckungsrate mittlerweile deutlich höher als in Westafrika.

Tatsächlich scheinen die Zahlen aus Afrika den Erfolg der katholischen Antwort auf die Seuche zu belegen. In Uganda etwa, wo 36 Prozent der Bevölkerung katholisch sind, beträgt die Infektionsrate 4 Prozent. In Ruanda, das 47 Prozent Katholiken hat, liegt sie bei 5 Prozent. In Swaziland dagegen, wo nur wenige Katholiken leben (5 Prozent der Bevölkerung), sind 43 Prozent der Bevölkerung HIV-infiziert.

Die vergleichsweise niedrigen Zahlen in Uganda sind der Erfolg einer Kampagne der Kirche, die ganz auf Treue in der Ehe und Verzicht auf vorehelichen Geschlechtsverkehr setzte. Vor 15 Jahren dagegen hat auch dort die Infektionsrate bei über 30 Prozent gelegen. Experten hatten damals vorausgesagt, dass im nächsten Jahrzehnt ein Drittel der Bevölkerung an Aids sterben und ein weiteres Drittel infiziert sein würde. Daraufhin hatte der damalige Präsident Yoweri Museveni die Kirche um Hilfe gebeten. Ähnlich war die Situation im Senegal, wo Christen und Muslime gemeinsam im Auftrag des Präsidenten Abstinenz und Treue statt Kondomen propagierten; das Land hat heute mit weniger als 1 Prozent eine der niedrigsten Aids-Quoten des Kontinents. »Der Westen sollte mal aufhören, immer für uns denken zu wollen«, wies der Erzbischof von Dakar, Kardinal Théodore-Adrien Sarr, die Papstkritik aus Europa als geistigen Kolonialismus zurück.

Nur ein Jahr später brach die nächste Welle der Feindseligkeit über den Papst herein. Dass dies ausgerechnet im Priesterjahr 2009/10 geschah, entbehrt freilich nicht eines gewissen Sarkasmus, man kann aber auch sagen: Es folgte einer geradezu teuflischen Strategie.

Das Priesterjahr sollte einer der Höhepunkte seines Pontifikats werden, denn es ging darum, den Gläubigen, vor allem aber den weltweit über 410 000 katholischen Priestern, Vorbilder zu präsentieren und Orientierung zu geben. Benedikt XVI. wusste nur zu gut, dass der Priester Dreh- und Angelpunkt der Kirche ist: Hirte seiner Gemeinde, Vermittler des Glaubens, Spender der Sakramente. Besonders im Westen steht er damit im Gegenwind. Eine Theologie, deren Ziel es war, dem Priesteramtskandidaten seinen »Kinderglauben« auszutreiben, hat oft schon beim Studium die Grundfesten seines Glaubens erschüttert. Die moderne Gemeindeleitung zwingt dem Pfarrer administrative Aufgaben auf, die gewiss nicht zu seiner Kernkompetenz gehören. Der verdiente Respekt durch die Gesellschaft bleibt immer häufiger aus; stattdessen muss der Priester heute oft mit Angriffen und Pauschalverurteilungen rechnen. Von liberalen Christen propagierte »neue Priesterbilder«, Kritik am Zölibat und die Forderung nach Frauenpriestern stellen zumindest in Mitteleuropa sein Selbstverständnis infrage. Die Folge dieser allgemeinen Verunsicherung ist zumindest hierzulande ein akuter Priestermangel, der eine Zusammenlegung etablierter Pfarrgemeinden und eine weitere, zusätzliche Belastung der Seelsorger zur Folge hat – ein Teufelskreis, der zum Glück nicht für die Weltkirche gilt. Während in Europa die Zahl der Priester jedes Jahr um etwa 1 Prozent abnimmt, wächst sie weltweit per annum um rund 1 Prozent!

Doch jemand schien verhindern zu wollen, dass das Priestertum in neuem Glanz erscheint. Denn während Zigtausende Priester in die Ewige Stadt pilgerten, um sich auszutauschen, ihre Einheit mit dem Nachfolger Petri zu bekunden und Inspirationen für ihr geistliches Leben und seelsorgerisches Wirken zu empfangen, platzte an der Medienfront die Bombe, brach der »Missbrauchsskandal« über den Papst herein.

Begonnen hatte alles ausgerechnet im Heimatland Benedikts XVI., genauer gesagt: am Canisius-Kolleg der Jesuiten in Berlin. Als dessen Rektor Pater Klaus Mertes SJ von diversen Missbrauchsfällen an seiner Schule während der 1970er- und 1980er-Jahre erfuhr, schrieb er kurzerhand einen Rundbrief an die Absolventen der betroffenen Jahrgänge. Seine Absicht, »beizutragen, dass das Schweigen gebrochen wird«, ging auf; eine Kopie des Briefes landete bei der Redaktion der *Berliner Morgenpost*. Die Folge war eine ganze Welle von Veröffentlichungen. Überall in Deutschland versuchten Journalisten, teils jahrzehntealte Fälle aus der Versenkung zu holen, mit dem Ziel, die Kirche breitflächig anzuklagen. Sie habe scheinbar massenhafte Vergehen an minderjährigen Schutzbefohlenen erfolgreich vertuscht, die Täter gedeckt und die Opfer mit ihrem Leid allein gelassen. Relativiert wurde der Generalverdacht gegen katholische Priester erst durch eine Recherche des *Spiegels*, der seit 1995 nur 94 Verdachtsfälle ermitteln konnte, die freilich zur Hälfte Laien galten. In 30 davon kam es zu einer Verurteilung, wurde die Schuld also nachgewiesen. Die anderen Personen waren offenbar völlig zu Unrecht beschuldigt worden.

Doch auch in anderen Ländern eskalierte die Situation. In Irland war bereits im November 2009 der 720 Seiten starke *Murphy-Bericht* erschienen, der über 320 Missbrauchsfälle zwischen 1975 und 2004 dokumentierte, an denen 46 Priester beteiligt waren. Das Dokument führte, völlig verständlich, zu einer starken Verunsicherung unter den sonst kirchentreuen Gläubigen der grünen Insel. Bis Mitte der 1990er-Jahre, so heißt es in dem Dokument, seien die irischen Bischöfe in erster Linie bemüht gewesen, »die Sache zu verheimlichen, Skandale zu vermeiden, das Ansehen der Kirche zu wahren und ihr Vermögen zu schützen«. Sofort nach Bekanntwerden des Reports, im Dezember 2009, zitierte Benedikt XVI. die irischen Bischöfe in den Vatikan, wo er sie ermahnte, »ehrlich und mutig« Maßnahmen zum Schutz von Minderjährigen zu ergreifen, da Pädophilie »ein verabscheuungswürdiges Verbrechen« sei, »eine schwere Sünde«, die »Gott beleidige und die Würde des Menschen verletzte«. Zudem kündigte er einen Brief an die Gläubigen in Irland an, der schließlich am 20. März 2010 veröffentlicht wurde. »Im Namen der Kirche drücke ich offen Scham und Reue aus«, lautete sein Schlüsselsatz. Weiter ordnete der Papst Visitationen der betroffenen Bistümer an, mit denen noch im selben Jahr begonnen wurde.

Auch hinsichtlich der deutschen Missbrauchsfälle blieb Benedikt XVI. nicht untätig. Am 12. März 2010 hatte er bereits den Vorsitzenden der Deutschen Bischofskonferenz, Erzbischof Robert Zollitsch, empfangen, um sich von ihm berichten zu lassen, welche Maßnahmen die deutschen Bischöfe inzwischen ergriffen hatten. Tatsächlich war bereits eine Telefon-Hotline für Betroffene eingerichtet und der Bischof von Trier, Stephan Ackermann, mit der landesweiten Koordination von Aufklärung, Prävention und Entschädigung beauftragt worden.

»Der Papst ist erschüttert«, erklärte Zollitsch anschließend der Presse, er verkündete eine »Null-Toleranz-Strategie« – alle bisherigen Missbrauchsfälle sollten schonungslos aufgeklärt, die Täter zur Verantwortung gezogen und bestraft werden. Zudem seien die Opfer angemessen zu entschädigen.

Doch trotz dieses schnellen und effizienten Eingreifens war es ausgerechnet Benedikt XVI., der plötzlich in der Schusslinie stand. Fast so, als habe er jeden pädophilen Priester persönlich geweiht und anschließend seine Taten gedeckt. Dabei war es gerade Ratzinger, der seit den 1990er-Jahren mehr als bemüht war, energisch gegen den Missbrauch vorzugehen.

Gegen Mitte der 1990er-Jahre, als er bereits ein Jahrzehnt Präfekt der Glaubenskongregation war, baten die amerikanischen Bischöfe, die als erste mit einer Häufung von Missbrauchsfällen in ihren Diözesen konfrontiert wurden, Kardinal Ratzinger um eine Klärung der Rechtslage: Galt es, die Täter allein innerkirchlich zu disziplinieren, oder sollten Organe der Strafverfolgung eingeschaltet werden?

Die Bischöfe, die eine rücksichtslose Aufklärung verlangten, fanden in Ratzinger ihren wichtigsten Unterstützer. Doch Johannes Paul II. wollte zunächst von dem Thema nicht viel wissen; zu gut erinnerte er sich daran, dass die Kommunisten in Polen vermeintliche Missbrauchsfälle als Waffe gegen die Kirche eingesetzt hatten. Diese Strategie stammte ursprünglich von den Nationalsozialisten. Als Papst Pius XI. das NS-Regime in seiner Enzyklika *Mit brennender Sorge* heftigst verurteilte, startete Propagandaminister Goebbels eine Kampagne gegen die »Sexualpest der katholischen Kirche«, gegen »vertierte und skrupellose Jugendschänder«, die er »mit Stumpf und Stiel ausrotten« wolle. Die Folge waren 250 sogenannte Sittlichkeitsprozesse gegen katholische Priester und Ordensleute, die freilich lediglich in 22 Fällen zu einer Verurteilung führten. Dass ein Priester sich mit seinen geweihten Händen, in denen er Brot und Wein in Leib und Blut Christi wandelt, an unschuldigen Kindern vergehen könnte, das erschien Johannes Paul II.

jedenfalls als völlig unvorstellbar und daher durchweg als unglaubwürdig. So gelang es Ratzinger erst 2001, sich beim Papst durchzusetzen und strengere Richtlinien zu erlassen. Die kirchenstrafrechtliche Klärung von Missbrauchsfällen wurde jetzt an die Glaubenskongregation delegiert, eine Verjährung sollte erst zehn Jahre nach dem Eintritt des 18. Lebensjahres des Opfers gelten. In einem gesonderten, veröffentlichten Schreiben (*De delictis gravioribus*) stellte Ratzinger zudem klar, dass die nationalen Gesetze zur Anzeigepflicht befolgt werden sollten – und zwar sofort, nicht erst nach einer kirchengerichtlichen Klärung. Einzig und allein das Beichtgeheimnis sei zu wahren. Als im Februar 2002 zahlreiche Missbrauchsfälle in der amerikanischen Presse bekannt wurden, zitierte Johannes Paul II. 13 US-Bischöfe nach Rom, um sie auf die künftige »Null-Toleranz-Politik« einzuschwören.

»Wie viel Schmutz gibt es in der Kirche und gerade auch unter denen, die im Priestertum ihm (Jesus – d. Verf.) ganz zugehören sollten?«, klagte Kardinal Ratzinger beim traditionellen Kreuzweg im Kolosseum am Karfreitag 2005, den er in Vertretung des sterbenskranken Johannes Paul II. leitete. »Das verschmutzte Gewand und Gesicht deiner Kirche erschüttert uns.«

Das mag durchaus auch als Anspielung auf den wohl heikelsten Fall verstanden werden, in dem Ratzinger sich damals schließlich durchgesetzt hatte. Dabei ging es um eine der schillerndsten Persönlichkeiten der jüngeren Kirchengeschichte, den mexikanischen Priester Marcial Maciel Degollado (1920–2008), Gründer der Ordensgemeinschaft der »Legionäre Christi«. Nach außen hin hatte Maciel geradezu brilliert. Sein Orden überzeugte durch eine besonders große Anzahl von Neuberufungen, seine stets tadellos gekleideten und sauber frisierten Novizen galten als Vorbild an Rechtgläubigkeit und Disziplin.

Hinter den Kulissen aber gab es einen anderen Maciel, einen, der nicht nur ein Doppelleben wie Dr. Jekyll und Mr. Hyde, sondern ein Dreifachleben führte: als scheinbar frommer Priester, als mehrfacher Familienvater mit mindestens drei festen Lebenspartnerinnen und als homosexueller Päderast. Mindestens 30 Knabenseminaristen soll er missbraucht haben, ja sogar eines seiner eigenen Kinder, während er seinen bizarren Lebenswandel durch die Veruntreuung von Ordensgeldern finanzierte. Er führte ein Leben, das »jenseits des Moralischen liegt, ein abenteuerliches, vertanes, verdrehtes Leben«, sollte Benedikt XVI. später angewidert feststellen.

Ende 1998 traf in der Glaubenskongregation ein Antrag auf Eröffnung eines Ermittlungsverfahrens gegen »Pater Marcial« ein, der im nächsten Jahr zur Einleitung einer Untersuchung führte. Schließlich wurde Maciel 2002 mit den Vorwürfen konfrontiert, die er in einer eidesstattlichen Erklärung alle von sich wies. Zumindest der Papst und sein Kardinalstaatssekretär Angelo Sodano waren bereit, ihm zu glauben, zumal zu diesem Zeitpunkt noch keine überzeugenden Beweise für eine Schuld vorlagen. Für Maciel sprach der Erfolg seiner »Neo-Jesuiten«. Kann so ein Gründer ein schwerer Sünder sein?

Ratzinger dagegen gab sich damit nicht zufrieden. Als bis 2004 weitere Vorwürfe gegen den Ordensmann vorlagen, eröffnete er offiziell das kanonische Verfahren und entsandte seinen Chefankläger Msgr. Charles Scicluna nach New York, um Zeugen zu vernehmen und stichhaltige Beweise zu sammeln. Am 26. Mai 2005 approbierte Benedikt XVI. die Entscheidung der Glaubenskongregation, angesichts des schlechten Gesundheitszustandes des mittlerweile 86-Jährigen auf einen Prozess vor dem Kirchengericht zu verzichten, wenn dieser mit sofortiger Wirkung auf alle Ämter und Funktionen verzichtete und sich »zum Gebet und zur Buße« ganz aus der Öffentlichkeit zurückzöge. Von den »Legionären Christi« aber verlangte er eine deutliche Distanzierung von Maciel und einen Prozess der Selbstreinigung. Kardinal Velasio De Paolis, ein erfahrener Kirchenrechtler, wurde mit seiner Überwachung beauftragt. Der Neuaufbruch aus eigener Kraft gelang, die Zahl der Neuberufungen blieb konstant, das Wirken des Ordens wurde zu einer echten Bereicherung für die Kirche.

Ratzinger hatte hier also von Anfang an hart und erfolgreich durchgegriffen. Auch jetzt, im April 2010, führte die erneute Kritik am kirchlichen Umgang mit den Tätern noch einmal zu einer Verschärfung der kirchlichen Richtlinien; die Verjährungsfrist wurde von zehn auf 20 Jahre erhöht. Besonders schwere Fälle sollten dem Papst persönlich vorgelegt werden, der den Angeklagten aus dem Klerikerstand entlassen kann. Damit war die »Perversion des Priesteramtes«, wie Benedikt XVI. sie deutlich nannte, ganz offiziell zur Chefsache gemacht worden.

Schon in seinem Brief an die Iren hatte er umfangreiche Maßnahmen eingeklagt. Speziell bei der Auswahl von Priesteramtskandidaten müsse mehr Sorgfalt angewandt werden; ein Vertuschen von Straftaten, auch wenn es dem Schutz der Kirche dienen sollte, sei inakzeptabel. »Es ist wichtiger, gute Priester zu haben als viele Priester«, erklärte er 2008 auf einer Pressekonferenz im Flugzeug nach New York.

Es war offensichtlich, wie betroffen er war, wie sehr er persönlich unter dieser Beschmutzung der Kirche und des Priesteramtes litt. »Die größte Verfolgung der Kirche kommt nicht von den äußeren Feinden, sondern erwächst aus der Sünde in der Kirche«, stellte er im Mai 2010 fest, als er auf dem Weg zum Erscheinungsort Fatima in Portugal war. Zwei Tage später, in einem Grußwort zum 2. Ökumenischen Kirchentag in seiner deutschen Heimat, bezeichnete er die Missbrauchsfälle als »Unkraut gerade auch mitten in der Kirche und unter denen, die der Herr in besonderer Weise in seinen Dienst genommen hat«. So solle sich jeder selbst fragen: »Wie viel Unkraut wächst eigentlich in mir selbst? Bin ich bereit, es auszureißen?« Und, im gleichen Monat: »Der wahre Feind, den es zu fürchten und zu bekämpfen gilt, ist die Sünde, das geistliche Übel, das bisweilen leider auch die Mitglieder der Kirche ansteckt.«

Schließlich machte sich der Papst selbst zum Sündenbock. Kaum eine Auslandsreise verging fortan, auf der er sich nicht mit Missbrauchsopfern traf – in Portugal und England, in Spanien und Deutschland, auf Malta und in Australien, natürlich in den USA. Selbst als er im Juli 2010 von Peter Seewald für das Buch *Licht der Welt* interviewt wurde, hatte das Thema Vorrang; ganze 22 Seiten, also zehn Prozent des Gesamtumfangs, sollte es schließlich füllen. Der Brief an die Iren wurde im Anhang des Buchs in voller Länge abgedruckt. »Man könnte nun meinen, der Teufel konnte das Priesterjahr nicht leiden und hat uns daher den Schmutz ins Gesicht geworfen«, vertraute Benedikt XVI. Seewald an, »als hätte er der Welt zeigen wollen, wie viel Schmutz es gerade auch unter den Priestern gibt. Andererseits könnte man sagen, der Herr wollte uns prüfen und uns zu einer tieferen Reinigung rufen, sodass wir das Priesterjahr nicht triumphalistisch begehen, als Selbstrühmung, sondern als Jahr der Reinigung, der inneren Erneuerung, der Verwandlung und vor allem der Buße.«

In seiner Weihnachtsansprache 2010 vor dem Kardinalskollegium und den Mitgliedern der römischen Kurie wurde Benedikt XVI. noch deutlicher. Offen gestand er seine Erschütterung darüber ein, »gerade in diesem Jahr in einem Umfang, den wir uns nicht hatten vorstellen können, Fälle von Missbrauch Minderjähriger durch Priester kennenzulernen, die das Sakrament in sein Gegenteil verkehren«.

Doch bei aller Bereitschaft zur Selbstkritik darf nicht übersehen werden, dass der Missbrauchsskandal auch instrumentalisiert wurde – missbraucht gewissermaßen zum Angriff auf die Sakramentalität des Priestertums und sein besonders augenscheinliches Merkmal, das längst zum Stein des Anstoßes in unserer übersexualisierten Welt geworden ist: den Zölibat. So wurde eine These von der ewiggleichen Koalition von Kirchengegnern und Linkskatholiken propagiert, die falscher nicht sein konnte: Der Zölibat – und damit letztendlich die Kirche selbst mit ihren »*überzogenen*« Ansprüchen an ihre Diener – sei verantwortlich für den pädophilen Missbrauch, denn Verdrängung führe automatisch zu einer Pervertierung der Sexualität. Nur das könne »die extrem hohe Anzahl von Priestern« unter den Straftätern erklären.

Ein Blick auf die Fakten freilich widerlegt diese These schnell. Denn Missbrauch ist kein katholisches Phänomen und kommt mitnichten nur in Sakristeien vor. Tatsächlich ereignen sich zwei Drittel aller Fälle in den Familien und ihrem engsten Umfeld. Das letzte Drittel teilen sich Sporttrainer, Lehrer und Kinderärzte mit Nachbarn und gänzlich Fremden; Geistliche dagegen machen, so Christian Pfeiffer vom »Kriminologischen Forschungsinstitut Niedersachsen«, gerade einmal 0,1 Prozent der seit 1995 bekannt gewordenen Missbrauchsfälle aus. So sieht Pfeiffer das eigentliche Problem der Kirche nicht etwa in der eher geringen Anzahl der Fälle, sondern allein im Umgang mit ihnen. Charol Shakeshaft, Autorin einer Studie über sexuellen Missbrauch an staatlichen Schulen, schätzt, dass die Wahrscheinlichkeit, an einer Schule missbraucht zu werden, gut 100-mal größer ist als die des Missbrauchs durch einen katholischen Priester. Hans-Ludwig Kröber, Professor für Forensische Psychiatrie an der Charité Berlin, bestätigte nach Durchsicht von Polizeiakten, dass sich katholische Geistliche seit 1995 statistisch deutlich seltener an Kindern vergingen als nichtzölibatäre Männer – nämlich zu einem Faktor von 1:36.

Der Chefankläger der römischen Glaubenskongregation, Msgr. Charles Scicluna, auf dessen Schreibtisch seit 2001 alle gemeldeten Vorwürfe sexuellen Fehlverhaltens katholischer Priester landen, zählte 3000 Beschwerden über Fälle aus den letzten 50 Jahren; bei rund 30 Prozent handelte es sich um hetero-, bei 60 Prozent um homosexuelle und bei 10 Prozent um pädophile Übergriffe Geistlicher. Damit seien nur 300 von weltweit über 410 000 Priestern der Unzucht mit Minderjährigen bezichtigt worden, also nicht einmal 0,1 Prozent! Da Experten davon ausgehen, dass etwa 1 Prozent aller Männer pädophil veranlagt sind, liegt die Zahl der beschuldigten – wohlgemerkt: nicht verurteilten! – Priester weit unter dem Durchschnitt. Könnte es also sein, dass der Zölibat, diese bewusste Entsexualisierung des gesamten Lebens, eher vor ausgelebter Pädophilie schützt, als dass er diese begünstigt?

Tatsache ist: Nicht eine einzige wissenschaftliche Studie konnte einen Zusammenhang zwischen Zölibat und Pädophilie belegen.»Man wird, nebenbei bemerkt und rein statistisch gesehen, eher vom Küssen schwanger als vom Zölibat pädophil«, stellte der deutsche Kriminalpsychiater Hans-Ludwig Kröber kategorisch fest. Prof. Norbert Leygraf, Direktor des Instituts für forensische Psychiatrie des Klinikums Essen und der Universität Duisburg-Essen, wurde 2012 bei der Vorstellung einer Studie noch deutlicher: »Priester scheinen deutlich seltener Missbrauch zu begehen als andere Bevölkerungsgruppen. Offenbar ist der Zölibat ein Schutz vor Missbrauch.«

In den USA kam man zu der gleichen Einschätzung. Dort veröffentlichte das John Jay College of Criminal Justice in New York, Amerikas einzige Hochschule für Kriminologie, 2011 eine wissenschaftliche Studie über die Ursachen und Hintergründe der Missbrauchsfälle in katholischen Einrichtungen. Darin kam man zu dem Schluss:

- Die Mehrzahl der Missbrauchsfälle geschah in den 1960er- und 1970er-Jahren. Den Hintergrund bildeten damals gesellschaftliche Umbrüche, die nicht durch eine entsprechende Ausbildung der Priesteramtskandidaten aufgefangen wurden. Mit der Verbesserung der Ausbildung der angehenden Priester sanken auch die Missbrauchsfälle.

– Der Zölibat kann nicht Ursache der Missbrauchsfälle sein. Diese nahmen bis in die 1970er-Jahre stetig zu und fielen danach wieder auf das Niveau von vor 1950, während der Zölibat die ganze Zeit hindurch bestand.
– Die römisch-katholische Kirche kann als sicherer Ort für Kinder betrachtet werden. Seit den 1980er-Jahren ist die Rate der Missbrauchsfälle stetig gesunken. Die Rückgangsrate in der Kirche lag dabei weit über der in anderen Bereichen der Gesellschaft. Das wurde durch die Null-Toleranz-Politik seit 2002 noch verstärkt.

Doch einen ganz anderen Eindruck bestätigt diese Studie, wenn in ihr von den »gesellschaftlichen Umbrüchen« in den 1960er- und 1970er-Jahren die Rede ist. Damals, so erklärte der Papst schon im Juli 2008 auf dem Flug zum Weltjugendtag nach Sydney, galt in der Philosophie das »Konzept des ethischen Proportionalismus: Es bestand in der Ansicht, dass nichts in sich schlecht ist, sondern nur in seinem Verhältnis zu anderem«, was nichts anderes als ein Wertrelativismus ist. Das führte zu einer »grundlegenden Perversion des Konzepts vom Ethos (...). Moral wird durch ein Kalkül der Folgen ersetzt und hört damit auf, als eine solche zu bestehen.«
Gerade dieser Zeitgeist, kombiniert mit mangelndem Glaubensleben, führte zu einer moralischen Laxheit auch bei Klerikern. Insofern waren die Pädophilen unter ihnen Relativisten erster Güte: »Sie glaubten, was Welt und Zeit damals gerne glaubten, dass nämlich alles relativ sei und nichts absolut böse, nichts absolut gut sei«, fasst es Alexander Kissler in seiner brillanten Bilanz *Papst im Widerspruch* zusammen, »sie waren innerlich vom Glauben abgefallen.« So zog der Papst seine persönliche Konsequenz aus dem Missbrauchsskandal: »Wir müssen zu einer neuen Entschiedenheit des Glaubens und des Guten finden. Wir müssen zur Buße fähig sein.« Denn jede Krise der Kirche geht letztlich auf eine Krise des Glaubens zurück. Und: »Der Schaden der Kirche kommt nicht von ihren Gegnern, sondern von den lauen Christen«, womit durchaus auch laue Priester gemeint sind.
Die Vertiefung des Glaubens war ein Hauptanliegen von Benedikts Pontifikat. Nicht zufällig gipfelte (und endete) es im Jahr des Glaubens, das am 11. Oktober 2012 in Rom feierlich eröffnet wurde und an den

40. Jahrestag der Eröffnung des Zweiten Vatikanischen Konzils erinnern sollte. »Die Neuevangelisierung zur Weitergabe des christlichen Glaubens« war dann auch das Thema der Vollversammlung der Bischofssynode, die anschließend tagte.

»Die Erneuerung der Kirche geschieht auch durch das Zeugnis, das das Leben der Gläubigen bietet«, stellte Benedikt XVI. in seinem Apostolischen Schreiben *Porta Fidei* (»Die Tür des Glaubens«) fest:

> »Aus dieser Sicht ist das Jahr des Glaubens eine Aufforderung zu einer echten und erneuerten Umkehr zum Herrn, dem einzigen Retter der Welt. Im Geheimnis seines Todes und seiner Auferstehung hat Gott die rettende Liebe vollends offenbart und ruft die Menschen durch die Vergebung der Sünden zur Umkehr des Lebens (vgl. Apg 5, 31).«

Seine letzte, große Vision war die Erneuerung der Kirche durch eine Erneuerung des Glaubens, eine Umkehr zu Christus.

Doch dieses anspruchsvolle Pontifikat, das jeden aufforderte, sich eindeutig zur Wahrheit des Glaubens, sprich: zu Christus, zu bekennen, war nicht jedermanns Sache. Zeitweise drohte es, die Kirche innerlich zu spalten, weil einige lieber dem Zeitgeist folgen wollten als dem Heiligen Geist. Die Vision der Kirche, für die Benedikt XVI. stand, war ihnen einfach zu groß.

VIII. Das Erbe Benedikts XVI.

Zu den Aufgaben des Oberhirten der Weltkirche gehören seit Papst Paul VI. auch Pastoralreisen und Staatsbesuche. Das galt besonders für den sel. Johannes Paul II., der sich von Anfang an als »Pilgerpapst« verstand und in den 27 Jahren seines Pontifikats (1978–2005) auf 104 Reisen die »Heiligtümer des Volkes Gottes« besuchte. Damit erreichte er einen Schnitt von vier Reisen im Jahr; nicht verwunderlich für einen Mann, der mit 58 zum Papst gewählt wurde, auch wenn die Reisen für ihn mit den Jahren immer beschwerlicher, ja am Ende zu echten Strapazen wurden. Doch nicht weniger eindrucksvoll ist die Bilanz Benedikts XVI., der bei seiner Wahl immerhin schon 78 war; er begab sich in den acht Jahren seines Pontifikats auf 24 Reisen, im Durchschnitt also drei pro Jahr.

Sie verliefen spätestens seit Regensburg oft nach dem gleichen Muster: Zunächst waren im Gastgeberland fast alle gegen sein Kommen. Die Medien erweckten den Eindruck, der Nachfolger Petri wolle, wohlmöglich mithilfe der Schweizergarde, im Land die Herrschaft übernehmen und gleich am ersten Tag Ketzer und Kritiker in einem gewaltigen Autodafé auf den Scheiterhaufen stellen. Wirkte er nicht unglaublich bedrohlich in seinen roten Schuhen, die zumindest entfernt an die purpurnen Fußkleider byzantinischer Kaiser erinnerten? So kamen in zahllosen Talkshows stets die gleichen professionellen Papstkritiker zu Wort, vielleicht wurde aber auch die ewig gleiche Diskussionsrunde in einer Endlosschleife wiederholt, man weiß es nicht genau. Linke Politiker profilierten sich als Bedenkenträger, in Deutschland holte Uta Ranke-Heinemann wieder einmal ihr smaragdgrünes Lederkostüm aus dem Keller, und Berufshomosexuelle taten so, als käme der weise alte Mann aus Teheran statt aus Rom und hätte die Felsbrocken für ihre Steinigung gleich im Handgepäck. Zumindest übertrafen sie sich gegenseitig in der Absurdität ihrer Forderungen. Den Vogel schossen dabei zwei britische Exzentriker ab, als sich Benedikt XVI. auf der Insel ankündigte. Richard Dawkins, dessen blinder Wissenschaftsglaube ihn zur Galionsfigur des neuen Atheismus werden ließ, und der nicht minder publicitysüchtige Kirchenhasser Christopher Hitchens wollten den Papst gleich nach seiner Landung verhaften und wegen »Verbrechen gegen die Menschlichkeit« anklagen lassen. Der erste Teil ihres Plans war zumindest Napoleon einmal gelungen, während Hitler, der Pius XII. nach Liechtenstein entführen lassen wollte, sich daran die Zähne ausgebissen hat. Jedenfalls zeigten die beiden Atheisten damit, dass auch ihre Bewegung in einer Tradition steht.

Doch auch in anderen Ländern waren sich im Vorfeld alle einig, dass der Papstbesuch eigentlich völlig unnötig, ja eine unverantwortliche Geldverschwendung sei, da ohnehin niemand den Mann aus Rom hören wolle; selbst die Katholiken hätten sich bekanntlich längst von ihm abgewandt.

Diese erste Phase endete stets damit, dass die Papstmaschine sicher landete, die ersehnte Verhaftung des Kirchenoberhaupts ausblieb und stattdessen Zehntausende begeisterter Menschen – darunter sogar viele Katholiken! – jubelnd seinen Weg säumten. Platzte dann auch das Stadion, in dem er seine erste Messe zelebrierte, aus allen Nähten, war der Bann vollends gebrochen. Die milde Bescheidenheit des Bayern, die stets leisen, feinen Töne, die er anschlug, seine klugen Worte und seine ungeheuchelte Freundlichkeit machten es eigentlich unmöglich, ihn nicht zu mögen; selbst Journalisten erlagen seinem so gar nicht offensiven Charme.

Die dritte Phase schließlich setzte meist ein paar Tage nach seinem Rückflug ein, wenn der Rausch der Begeisterung verflogen war. Dann wunderte man sich plötzlich darüber, was geschehen war, und beschloss, es tunlichst schnell zu vergessen; ein Phänomen, das man selbst bei manchem Bischof beobachten konnte.

So geschah es dann auch, als Benedikt XVI. im November des krisengeschüttelten Jahres 2010 ankündigte, dass er im nächsten Herbst ein drittes Mal seine deutsche Heimat und erstmals Berlin besuchen wolle. Zumindest in der Bundeshauptstadt fürchtete das erzbischöfliche Generalvikariat offenbar eine Blamage. Zu gut erinnerte man sich noch an den historischen Besuch Johannes Pauls II. 15 Jahre zuvor, als Demonstranten randalierten und das Papamobil mit Eiern bewarfen. So sehr hatte der Missbrauchsskandal das katholische Selbstvertrauen geschwächt, dass man sich zunächst nur traute, eine Papstmesse in der Kirche Regina Martyrum zu planen, die Teil der Gedenkstätte Plötzensee ist und an die Opfer des Nationalsozialismus erinnert. In dieser Kirche haben bloß ein paar Hundert Gläubige Platz.

Ich konnte nicht anders, als zwei Tage vor Weihnachten an den damaligen Erzbischof von Berlin, Georg Kardinal Sterzinsky, zu schreiben: »Der deutsche Papst kommt in die Hauptstadt seiner Heimat und soll dann, quasi unter Ausschluss der Öffentlichkeit, vor einigen wenigen VIPs in einer räumlich begrenzten Kirche die Gegenwart des eucharistischen Christus zelebrieren? Ein solcher ›Rückzug in die Katakomben‹, so denken wir, ist ganz gewiss das falsche Zeichen an die Welt, mehr noch: Es ist eine Kapitulation!« Ich gab ihm praktisch mein Ehrenwort, dass wir mindestens 50 000 gläubige Katholiken mobilisieren könnten, die zu einer Papstmesse nach Berlin kommen würden.

Es gab einen Grund, weshalb ich mir dessen so sicher war und in der »Wir«-Form schrieb. Als der Missbrauchsskandal über die Christenheit hereingebrochen war, als die Medien immer häufiger den Papst angriffen und behaupteten, auch die deutschen Katholiken hätten ihm längst enttäuscht den Rücken gekehrt, gab es zwei junge Frauen, die beweisen wollten, dass es anders war. Begeistert hatten Sabine Beschmann aus Ludwigsburg, eine zum katholischen Glauben konvertierte Bloggerin, und ihre Freundin Regina Steinert eine Solidaritätskundgebung für den Papst in Rom verfolgt, zu der 200 000 Menschen gekommen waren. Damals packte sie der Ehrgeiz, in Deutschland Ähnliches zu wagen. So starteten sie die Initiative »Deutschland pro Papa« zunächst auf Facebook, kontaktierten Gleichgesinnte über das Internet. Tatsächlich gelang es ihnen, für den 11. Juli 2010 in Köln und München zwei große Kundgebungen mit jeweils mehreren Tausend Teilnehmern zu organisieren. Auch ich nahm ihre Einladung gerne an, sprach in Köln und sagte für weitere Aktivitäten meine Unterstützung zu. Als am 26.9. in Köln die offizielle Vereinsgründung stattfand, gehörte ich bereits zu den »Geburtshelfern«. Dass nur zwei Monate später Benedikt XVI. seinen Deutschlandbesuch ankündigte, erschien uns gleichermaßen als Fügung wie als Herausforderung. Natürlich waren wir bereit, die Organisatoren in Berlin auf jede nur denkbare Weise zu unterstützen.

Vier Monate später, Kardinal Sterzinsky war zwischenzeitlich aus Gesundheitsgründen von seinem Bischofsamt zurückgetreten, war man immerhin mutig genug, sich eine Papstmesse vor dem Schloss Charlottenburg vorzustellen; ganze 10 000 Menschen hätten dort Platz gefunden. Unsere Versicherung, auch das Olympiastadion voll zu bekommen, wurde nur mit einem müden Lächeln zur Kenntnis genommen. Das sei doch utopisch, hieß es, zumal der Besuch des Papstes auf einen Donnerstag, einen gewöhnlichen Werktag, falle. Zudem wolle der Heilige Vater nicht in Hitlers Arena zelebrieren, wollte man uns (wahrheitswidrig) weismachen. Dabei hatte bereits Johannes Paul II. hier am 23. Juni 1996 den von den Nazis ermordeten Dompropst Bernhard Lichtenberg seliggesprochen. Seitdem kam es nicht mehr darauf an, wer das imposante Gebäude errichtet hatte, sondern in welchem Geist dort gebetet und gefeiert wird. Aber erst, als auch der Schlosspark aus allen Nähten zu platzen drohte, weil das Erzbistum mit Anfragen und Kartenwünschen überschwemmt wurde, besann man sich dann doch auf das Olympiastadion.

Endlich zeigte sich, dass wir mit unserer Prognose richtig lagen. In kürzester Zeit meldeten sich über 70 000 Menschen für die Papstmesse an, alle weiteren Anfragen wurden abgewiesen. Dass trotzdem schließlich »nur« 61 000 Gläubige am 22. September in dem beeindruckenden, zum Himmel hin offenen Rund Platz fanden, lag allein an der schlechten Organisation. Deutsche Diözesen sind oft nicht leistungsfähig, weil personell deutlich unterbesetzt. Die meisten Tickets wurden viel zu spät verschickt, um rechtzeitig Gruppenreisen planen und Busse mieten zu können. »Deutschland pro Papa« wurde ein Kontingent von 3900 Karten zunächst zugesagt, dann verweigert und schließlich am Vortag (!) ausgehändigt. Noch während der Papstmesse standen Hunderte polnischer Pilger trotz 9000 leerer Plätze vor verschlossenen Türen, weil es ihnen nicht gelungen war, im Vorfeld Karten zu erhalten. Doch trotz dieser organisatorischen Wermutstropfen wurde die Papstmesse unter dem dramatisch beleuchteten Abendhimmel für alle, die gerade noch einem Wolkenbruch getrotzt hatten, zu einem wahren Fest des Glaubens. Wer zuvor noch von der »Papstverdrossenheit der deutschen Katholiken« gesprochen hatte, wurde dadurch eindrucksvoll widerlegt.

Blamiert hatten sich dagegen die von den Medien hofierten Papstgegner, die den Pontifex mit 20 000 Demonstranten empfangen wollten; sie brachten laut der *Welt* gerade einmal 5000 Berufsrandalierer auf die Straße, laut der ARD sogar nur 2000, die sich an geistreichen Slogans wie »Kondom statt Petersdom« und Loveparade-Kostümierungen ergötzten.

Als Benedikt XVI. im Bundestag seine historische Rede zur »Ökologie des Menschen« hielt und erklärte, dass es keine Freiheit ohne Wahrheit geben könne, zeigten 87 Abgeordnete der SPD, der Grünen und der Linkspartei durch demonstrative Abwesenheit, was ihnen Religions- und Meinungsfreiheit in Wahrheit bedeuten. Einen Tag später wurden in Erfurt jene Protestanten enttäuscht, die sich als »ökumenisches Gastgeschenk« erhofft hatten, dass der Papst die katholische Sakramentenlehre opfern würde.

Doch dann, am letzten Tag seines Deutschlandbesuchs, am 25. September 2011, geschah etwas Großes. Da nämlich verlas Benedikt XVI. so etwas wie sein »Testament«. Nur gut eine Stunde vor seinem Abflug nach Rom enthüllte er seine Vision von der Zukunft der Kirche. Sie sollte schon 2013 zum Programm für seinen Nachfolger werden.

Diese seine letzte öffentliche Rede auf deutschem Boden fand im Freiburger Konzerthaus statt. Geladen waren »engagierte Katholiken aus Kirche und Gesellschaft«. Sie konnten nicht ahnen, welche Sprengkraft die Worte des Papstes haben sollten, die sie nach den würdigen Klängen klassischer Musik erwarteten. Muss sich die Kirche, um eine Zukunft zu haben, ändern, dem Zeitgeist anpassen, fragte der Papst, um mit einem Zitat von Mutter Teresa zu antworten. Als diese gefragt wurde, was sich ihrer Meinung nach zuerst in der Kirche ändern müsse, lautete ihre Antwort: »Sie und ich!« Doch wenn es ein »grundlegendes Motiv der Änderung« gebe, so Benedikt XVI., »so ist es die apostolische Sendung der Jünger und der Kirche selbst«, deren sie sich immer wieder neu vergewissern müsse. »Durch die Ansprüche und Sachzwänge der Welt« aber werde »dieses Zeugnis immer wieder verdunkelt«, werde die Botschaft relativiert. Wolle sie ihre Sendung jedoch verwirklichen, so müsse die Kirche »immer wieder Distanz zu ihrer Umgebung nehmen, sich gewissermaßen ›ent-weltlichen‹«.

Die Kirche, so der Papst, verdankte ihre ganze Existenz der Liebe und dem Großmut Gottes, der Mensch geworden sei, um die Welt zu ver-

wandeln. »Ihr Sinn besteht darin, Werkzeug der Erlösung zu sein, sich von Gott her mit seinem Wort durchdringen zu lassen und die Welt in die Einheit der Liebe mit Gott hineinzutragen.« Fortwährend müsse sie sich »in den Dienst der Sendung stellen, die sie vom Herrn empfangen hat. Und deshalb muss sie sich immer neu den Sorgen der Welt öffnen.«
Jede Selbstzufriedenheit und Selbstgenügsamkeit, jedes Angleichen an die Maßstäbe der Welt sei also fehl am Platze. Eine Kirche, die »Organisation und Institutionalisierung größeres Gewicht« gebe »als ihrer Berufung auf Gott hin«, entspräche nicht den Worten Jesu: »Sie sind nicht von der Welt, wie auch ich nicht von der Welt bin« (Joh 17, 16). Entweltlichung heißt aber auch, dass die Kirche sich »ihres weltlichen Reichtums entblößt und wieder ganz ihre weltliche Armut annimmt«, ganz wie der biblische Priesterstamm Levi bei der Verteilung des Gelobten Landes auf ein eigenes Erbland verzichtete, »um allein Gott selbst, sein Wort und seine Zeichen« als Losanteil zu haben. Mit Levi, so der Papst, teile die Kirche »den Anspruch einer Armut, die sich zur Welt geöffnet hat, um sich von ihren materiellen Bindungen zu lösen«; nur so würde »auch ihr missionarisches Handeln wieder glaubhaft«. Benedikt XVI. weiter: »Die von materiellen und politischen Lasten und Privilegien befreite Kirche kann sich besser und auf wahrhaft christliche Weise der ganzen Welt zuwenden, wirklich weltoffen sein. Sie kann ihre Berufung zum Dienst der Anbetung Gottes und zum Dienst des Nächsten wieder unbefangener leben. (…) Sie öffnet sich der Welt, nicht um die Menschen für eine Institution mit eigenen Machtansprüchen zu gewinnen, sondern um sie zu sich selbst zu führen«, indem sie sie zu Christus führe. Entweltlichung aber, so der Papst, »heißt natürlich nicht, sich aus der Welt zurückzuziehen, sondern das Gegenteil. Eine vom Weltlichen entlastete Kirche vermag gerade auch im sozial-karitativen Bereich den Menschen, den Leidenden wie ihren Helfern, die besondere Lebenskraft des christlichen Glaubens zu vermitteln.«
Dieser Liebesdienst an den Armen gehöre zum Wesen der Kirche und sei »unverzichtbarer Wesensausdruck ihrer selbst«. Doch auch die karitativen Werke der Kirche müssten sich einer Entweltlichung unterziehen, sollte ihnen nicht Wesentliches fehlen. Denn »nur die tiefe Be-

ziehung zu Gott ermöglicht eine vollwertige Zuwendung zum Mitmenschen, so wie ohne Zuwendung zum Nächsten die Beziehung zu Gott verkümmert«. Die entweltlichte Kirche müsse durch Wort und Tat hier und heute die Herrschaft der Liebe Gottes bezeugen, schloss der Papst.

Den nächsten Tag, er war bereits wieder in Rom, verbrachten seine Gastgeber damit, den Journalisten zu erklären, dass Benedikt XVI. natürlich nie gemeint habe, was er gerade gesagt hatte. Sie dachten nicht daran, Konsequenzen aus seinem Appell zu ziehen. Der Papst war alt, es war wohl ohnehin seine letzte Reise in die Heimat. Schließlich rechneten sie nicht damit, dass im fernen Argentinien bereits der Mann lebte, der eines gar nicht so fernen Tages aufbrechen würde, um Benedikts Vision zu verwirklichen.

Noch aber dauerte sein Pontifikat weitere anderthalb Jahre, führten ihn neue Reisen nach Benin, Mexiko, Kuba und in den Libanon, während sich über dem Vatikan ein Gewitter zusammenbraute. Denn so sehr ihn die Menschen auf der Straße liebten, so begeistert sie ihm zujubelten und so fasziniert sie an seinen Lippen hingen, es täuschte nicht darüber hinweg, dass man auch in Rom von der Verwirklichung der päpstlichen Visionen noch weit entfernt war.

»Was ist der Unterschied zwischen der Kurie unter Johannes XXIII. und unter Benedikt XVI.?«, fragte mich ein Monsignore aus dem Vatikan eines Tages bei einem guten Essen. Ich wusste es nicht. »Na, Sie wissen doch, was der Roncalli-Papst auf die Frage geantwortet hat, wie viele Menschen im Vatikan arbeiten – ›an guten Tagen die Hälfte!‹« Der Witz war so alt, dass ich nur gequält lachte.

»Heute ist es anders, da arbeiten gezwungenermaßen beide Hälften. Doch die eine Hälfte arbeitet gegen den Papst und die andere ...«
»Na, die ist dann wohl hoffentlich auf seiner Seite«, beschwichtigte ich.
»Falsch! Die tut, was sie will!« Dabei lachte der Monsignore nicht, sondern grinste nur und nickte kräftig, denn es war kein Witz mehr. Ich musste zugeben, dass er, einmal von wenigen Ausnahmen abgesehen, leider recht hatte. Wie konnte es auch anders sein; er kannte die Kurie wie kaum ein anderer, diente er ihr doch seit über 20 Jahren.

Mit einer gewissen Verbitterung musste der Papst bald feststellen, dass man ihn buchstäblich allein in Sturm und Regen stehen ließ, statt sich demonstrativ schützend vor ihn zu stellen. »Betrübt hat mich, dass auch Katholiken, die es eigentlich besser wissen konnten, mit sprungbereiter Feindseligkeit auf mich einschlagen zu müssen glaubten«, gestand Benedikt XVI. in dem wohl erschütterndsten Dokument seines Pontifikats, dem Brief, den er am 10. März 2009, nur wenige Wochen nach der »Williamson-Affäre«, an die Bischöfe der katholischen Welt schrieb. Seine Klage, die etwas von seiner Verletzlichkeit spüren ließ, wurde zur Anklage an jene, denen es an Solidarität mit dem Nachfolger Petri mehr als mangelte.

Das sollte mehr denn je im wahren »annus horribilis« des benedektinischen Pontifikats, dem Jahr 2012, gelten. Dabei hatte es so gut begonnen. Hunderttausende säumten die Straßen, eine halbe Million Menschen feierte mit ihm das Messopfer, als der Papst im März auf seiner dritten Transatlantikreise nach Mexiko kam. Gerne hätte er die Hauptstadt mit dem Marienheiligtum Guadalupe besucht, doch seine Ärzte rieten dringend davon ab; zu sehr würde ihn das dortige Höhenklima belasten. So warnte er in Leon vor Drogen, Bandenkriminalität und Gewalt – »den Übeln, die unsere Jugend zerstören« – sowie »der Anbetung des Geldes, die den Menschen versklavt«.

Dort sprach er einen Satz aus, den er nie zuvor gesagt hatte, nicht in Berlin oder Freiburg, ja nicht einmal in Altötting oder Regensburg, sondern nur hier, im Land der Mariachi-Kapellen und Sombreros, von denen ihm ein besonders prächtiges Exemplar als Geschenk überreicht wurde: »Nie, nie bin ich mit so viel Enthusiasmus empfangen worden.« In Lateinamerika, selbst in diesem von Gewalt, Armut und Kriminalität erschütterten, aber auch von tiefer Frömmigkeit und Glaubensfreude gesegneten Land, erlebte er Stunden des Glücks.

Danach wandelte er noch einmal auf den Spuren seines geliebten Vorgängers: Auf Kuba mahnte er zur Erneuerung und Versöhnung des Landes, an der niemand durch eine Einschränkung seiner grundlegenden Freiheitsrechte gehindert werden dürfe. Den greisen Revolutionsführer und Exstaatspräsidenten Fidel Castro, dessen Begegnung mit Johannes Paul II. einst in die Geschichte einging, traf er zu einem privaten Gespräch. Sein Bruder, Staatschef Raul Castro, machte den kubanischen Katholiken anlässlich des Papstbesuchs ein ganz besonderes Geschenk: Nicht nur Weihnachten, sondern auch der Karfreitag wur-

de in dem offiziell noch immer kommunistischen Land zum staatlichen Feiertag erklärt.
Mit 300 000 Kubanern feierte Benedikt XVI. schließlich in Havanna einen großen Abschlussgottesdienst. Er sollte den »Kontinent der Hoffnung«, wie er Lateinamerika 2007 im brasilianischen Aparecida genannt hatte, nie mehr wiedersehen. Denn nach einem nächtlichen Sturz auf eben dieser Reise wurde dem Papst bewusst, dass seine körperliche Kraft an ihre Grenzen stieß. Seine Ärzte rieten ihm dringend davon ab, weitere anstrengende Transatlantikflüge zu unternehmen. Das war eine leidvolle Erkenntnis, wusste der Mann aus Marktl doch, dass im Juli 2013 in Rio de Janeiro der Weltjugendtag stattfinden würde. Konnte er ein bis zwei Millionen junge Christen, denen er noch in Madrid versprochen hatte, sie »in zwei Jahren beim Weltjugendtag in Rio de Janiero zu treffen«, so einfach im Stich lassen?
Ich denke, dass sich Benedikt XVI. in diesen Tagen erstmals konkreter mit der Frage nach einem möglichen Rücktritt befasste. Während der Osterfeierlichkeiten, diesem Marathon aus Gottesdiensten – Chrisammesse und Abendmahlsmesse am Gründonnerstag, Kreuzverehrung und Kreuzweg am Karfreitag, Osternacht am Karsamstag, Ostermesse mit dem Segen »Urbi et Orbi« am Ostersonntag –, bekam dann auch die Welt mit, wie sehr die letzte große Reise den Papst körperlich mitgenommen hatte.
Doch zu diesem Zeitpunkt lag bereits ein ganz anderer Schatten über seinem Pontifikat. Die römische Kurie wurde zum Schauplatz einer der übelsten Intrigen in der jüngeren Kirchengeschichte und des schwersten Vertrauensbruchs, der einem Papst der Neuzeit jemals widerfuhr. Eine Kabale skrupelloser Karrieristen wollte das Umfeld des Papstes als überfordert, ja unfähig erscheinen lassen, natürlich mit der »rettenden Lösung« gleich an der Hand. Doch was als Vorzimmerrevolte, als Anschlag auf die zweite Reihe gleich hinter Benedikt XVI. geplant war, schlug tragisch fehl. Weder schadete es den Beschuldigten, noch brachte es die Intriganten in die ersehnten Stellungen. Stattdessen traf es den Papst wie ein Faustschlag. Noch einmal nahm er seine letzte Kraft zusammen, um den Männern seines Vertrauens den Rücken zu stärken und den Augiasstall auszumisten. Dann brach er, nahezu entkräftet, den Kampf gegen den Gegner ab.

Tatsächlich ist die Geschichte des Vatileaks-Skandals dramatischer, zugleich aber auch unvergleichlich banaler, als es ein Roman von Dan Brown je sein könnte. Selbst die stereotype Krimi-Regel, dass der Gärtner immer der Mörder und der Dieb der Butler sein muss, wurde peinlich genau eingehalten. Es ist eine Geschichte von Eitelkeit und Verrat, Skrupellosigkeit und Betrug, grenzenloser Naivität und eiskalter Berechnung, aber auch von Aufopferung und bedingungsloser Treue, die im Sommertheater des Jahres 2012 ausgerechnet in den heiligen Hallen des Vatikans spielte. Wobei sicher ist, dass wir die ganze Wahrheit nie erfahren werden, zumindest nicht aus offiziellen Quellen. So kennen wir nur die gewollten und das tatsächliche Opfer sowie die Marionette der Verschwörer; diese selbst aber verstecken sich nach wie vor erfolgreich hinter ihren Masken, beteuern ihre Unschuld und ergötzen sich trotzdem an den Folgen ihrer Tat. Sie schufen ein Klima des Misstrauens, das letztendlich zu einer völligen Entmachtung der römischen Kurie führen könnte, wenn sie sich nicht schnell genug und effizient selbst reformiert. Vor allem aber bestimmte es als maßgeblicher Faktor das letzte Konklave, das nur einen Mann zum Papst bestimmen konnte, von dem man sicher war, dass er weder Marionette noch Teil dieser Kabale gewesen ist.

Tatsächlich begann die besagte Intrige nicht erst 2012 oder 2011, als die ersten vertraulichen Dokumente aus dem Vatikan an die Öffentlichkeit gelangten, sondern schon 2006. Nämlich an eben jenem Tag, an dem Benedikt XVI. den damaligen Erzbischof von Genua, Tarcisio Kardinal Bertone, zu seinem Kardinalstaatssekretär ernannte. Damit war der Salesianer aus dem Dorf Romano Canavese bei Turin der zweitmächtigste Mann in der katholischen Kirche geworden.

Vor allem aber war er der Amtsnachfolger des langjährigen Kardinalstaatssekretärs Angelo Sodano, der in den langen Jahren der Krankheit Johannes Pauls II. immer mächtiger geworden war. Sodano war mit Ratzinger in der »Affäre Maciel« aneinandergeraten; er wollte den Gründer der »Legionäre Christi«, mit dem er freundschaftlich verbunden war, schützen, Ratzinger drängte wegen des Verdachts, dieser könne ein Doppelleben führen, auf einen kirchenrechtlichen Prozess.

Bertone dagegen war ein Mann, dem der neue Papst unbedingt vertraute. Immerhin war der Ordensmann sieben Jahre lang, von 1995 bis

2002, als Sekretär der Glaubenskongregation seine rechte Hand gewesen, hatte selbst schwierige Missionen wie die Veröffentlichung des »Dritten Geheimnisses von Fatima« im Juni 2000 erfolgreich ausgeführt. Dass Bertone von Johannes Paul II. 2002 zum Erzbischof von Genua – einem der wichtigsten Bistümer Italiens – ernannt und ein Jahr später mit dem Kardinalshut ausgezeichnet wurde, zeigt, dass auch der große Pole Bertone viel zutraute. Eine Zeit lang galt der Salesianer sogar als »papabile«.

Ich lernte den damaligen Erzbischof im Sommer 2000 kennen, als ich ihn über Fatima interviewte, ich wurde später im Rahmen meiner Tätigkeit für die »Pave the Way Foundation« von ihm im Vatikan empfangen. Ich halte ihn für einen tiefgläubigen und grundanständigen Mann, dem man allenfalls eine gewisse Naivität vorwerfen kann. Er mag manchmal sogar ein richtiger Kindskopf sein. Das Lieblingsprojekt des bekennenden Juventus-Fans war der Plan, mit einer vatikanischen Fußballmannschaft an der EM teilzunehmen. Auf einem barocken Beistelltisch in seinem Konferenzzimmer, unter einem herrlichen Gobelin, der Daniel in der Löwengrube zeigt, flankiert von klassizistischen Messingleuchtern, steht ein feuerroter Spielzeug-Ferrari. Michael Schumacher hatte ihn bei einer Audienz dem Papst geschenkt. Stolz gestand der Kardinal mir, dass er bekennender »ferrarista« sei und Benedikt XVI. natürlich gleich gebeten habe, ihm das Objekt der Begierde zu schenken. Ich bin sicher, dass es kein allzu großes Opfer für den Bayern gewesen ist. Ein mit allen Wassern gewaschener Diplomat wie Sodano aber war Bertone nie; er spricht weder Englisch noch Französisch, besitzt also nicht einmal die Aufnahmevoraussetzung für die Kaderschmiede des vatikanischen Staatssekretariats, die päpstliche Diplomatenakademie.

Das führte zu Naserümpfen bei den Karrieristen des Staatssekretariats, von denen gewiss jeder einzelne besser auf Bertones Posten vorbereitet gewesen wäre als ihr neuer Chef – doch von denen keiner das bedingungslose Vertrauen des Papstes besaß. Am schwersten fiel es Kardinal Sodano, seinen Schreibtisch zu räumen. Monatelang weigerte er sich beharrlich, seine Dienstwohnung in den Räumlichkeiten des Staatssekretariats an Bertone abzugeben. Seine alten Seilschaften fürchteten um ihre Macht. Jeder Einzelne versuchte, Benedikt XVI. seine wichtigste Personalentscheidung auszureden; ohne Erfolg. Bertone blieb, trotz aller Fehler, die ihm zumindest unterstellt wurden, sogar länger im Amt als sein Gönner.

Sodano dagegen sorgte für den peinlichsten Moment in Benedikts Pontifikat. Das war, als die Lawine von Berichten über angeblich vertuschte Missbrauchsfälle die Kirche unter sich und im Schmutz zu begraben drohte, genauer gesagt: zu Ostern 2010. Gerade als der Papst seine Osterbotschaft verlesen, die Gläubigen in 65 Sprachen grüßen und den feierlichen, mit einem vollständigen Ablass verbundenen Segen »Urbi et Orbi« spenden wollte, ergriff der mächtige Dekan des Kardinalskollegiums das Wort. Das war als Solidaritätskundgebung gedacht, zumindest sollte es danach aussehen. Doch was Sodano sagte, ließ den rund Hundert Millionen Katholiken, die live an ihren Bildschirmen auf den Segen warteten, das Blut in den Adern gefrieren: »Heiliger Vater, süßer Christus auf Erden, das Volk Gottes ist mit Dir und lässt sich nicht beeinflussen von dem augenblicklichen Geschwätz der Straße.«

Gewiss, die kitschige Formulierung vom »süßen Christus auf Erden« stammte einst von der heiligen Katharina von Siena, die im 14. Jahrhundert an den Papst appellierte, nach Rom zurückzukehren. Und mit dem Wort vom Geschwätz, so Sodano später, habe er sich auf die Palmsonntagspredigt Benedikts XVI. bezogen, in der es, freilich in einem ganz anderen Kontext, hieß: »(Christus) führt uns ins Große, ins Reine, in die heilende Luft der Höhe: in das Leben gemäß der Wahrheit; in die Tapferkeit, die sich nicht vom Gerede der herrschenden Meinungen einschüchtern lässt; in die Geduld, die den anderen erträgt und trägt.« Doch auf jeden, der die Rede ohne Fußnoten vernahm, musste diese Mischung aus süßlicher Anbiederei und selbstherrlicher Ignoranz wie ein Schlag ins Gesicht wirken. An erster Stelle freilich auf den Papst, der die Missbrauchsfälle so ernst nahm, dass er physisch unter ihnen litt: unter dem Schmutz, der seine heilige Kirche befleckte und der alles andere als »Geschwätz« war, auch wenn er natürlich von den Medien unmäßig aufgeblasen wurde. Wollte Sodano ihm wirklich den Rücken stärken, so war dies mit seiner Rede jedenfalls gründlich misslungen. Doch manche bezweifelten, dass der gewiefte Diplomat so naiv gewesen sei, und glaubten, dass er damit eher das Gegenteil beabsichtigt hatte.

Fast anderthalb Jahre später nahm die Vatileaks-Affäre ihren Lauf. Ausgerechnet im August 2011, als man in den heißen, stickigen Gassen Roms nur »cani e tedeschi« (»Deutsche und Hunde«) traf, während die Römer und mit ihnen ein Großteil der Kurie zur »ferragosto« (den Augustferien) in die Berge oder ans Meer geflohen waren, kursierte bei den wenigen dienstbereiten »Vatikanisti« ein anonymer Brief. »Grandi funerali a corte«, große Begräbnisse am Hof, kündigte er an, freilich ein Zitat vom heiligen Giovanni Don Bosco, dem Gründer des Salesianerordens, dem Bertone angehört. Damals war das eine Prophezeiung für den König, sollte dieser, wie geplant, die religiösen Orden abschaffen und deren Güter konfiszieren. Als kurz darauf die Königinmutter, seine Gattin und sein Bruder verstarben, ließ Vittorio Emanuele II. geradezu panisch von dem Vorhaben ab. Jetzt aber war allen klar, dass diese Warnung an den Kardinalstaatssekretär gerichtet war, doch dieser winkte nur ab. Das Original des Briefes übergab er dem Kommandanten der vatikanischen Gendarmerie. Damit war die Sache für Bertone erledigt.

Doch nicht für die »corvi«, die »Raben«, wie in Italien Verräter genannt werden. Sie versorgten fortan die Presse mit »Beweisen« gegen Bertone: vertraulichen Dokumenten, aus dem Vatikan geschmuggelt, die den Kardinalstaatssekretär in einem denkbar schlechten Licht erscheinen ließen. Darunter ein Schreiben vom März 2011, von Bertone unterzeichnet, an den damaligen Erzbischof von Mailand, Kardinal Dionigi Tettamanzi, der auch als Präsident dem Toniolo-Institut vorstand, das die Finanzen der katholischen Universität Mailand und der päpstlichen Gemelli-Kliniken in Rom kontrollierte. Der Heilige Vater, so Bertone, wolle Tettamanzi auch von diesem Amt entbinden, schließlich habe er ja bereits aus Altersgründen seinen Rücktritt vom Bischofsamt eingereicht. Doch der wahre Hintergrund waren wohl eher Fehler und Versäumnisse im Management; dem Toniolo-Institut war kurz zuvor eine öffentliche Finanzierung in Millionenhöhe entzogen worden.

Sein Nachfolger als Institutsleiter sollte Giovanni Maria Flick werden, der ehemalige Justizminister der Regierung Prodi, was kein unkluger Schachzug war. Tettamanzi ließ sich jedoch so schnell nicht entmachten und appellierte kurzerhand an den Papst. Der entschied, die Situation »einzufrieren« und eine kirchenrechtliche Klärung abzuwarten, welchen Status das Toniolo-Institut überhaupt habe und wie weit die Kurie berechtigt sei, hier einzugreifen. Das wurde den Medien als »Niederlage« Bertones verkauft; tatsächlich aber verlängerte es Tettamanzis Amtszeit nur um knapp ein Jahr. Zudem setzte Bertone durch, dass das Institut fortan seine Bilanzen veröffentlichen sollte, um eine größere Transparenz zu schaffen.

Der zweite Vorwurf an Bertone war ernster zu nehmen. Im Frühjahr 2011 hatte sich Erzbischof Carlo Maria Viganò, der Verwaltungssekretär im Vatikan, in einem heftigen, bitteren und fordernden Brief an den Papst über die Ankündigung seiner Entlassung durch den Kardinalstaatssekretär beschwert. Schließlich habe er in seinem Amt nur gründlich aufgeräumt, ja, es sei ihm durch eine rigorose Sparpolitik endlich gelungen, die Finanzen des Kirchenstaates von roten in schwarze Zahlen zu verwandeln. Dabei sei er auf einen regelrechten Sumpf von Korruption, Amtsmissbrauch und Vetternwirtschaft gestoßen. Vatikan-Mitarbeiter hätten Bauaufträge an immer die gleichen Unternehmer vergeben, die stark erhöhte Preise verlangten, statt sie öffentlich ausschreiben zu lassen. Allein die traditionell vor dem Obelisken auf dem Petersplatz aufgestellte Weihnachtskrippe habe die Unsumme von 550 000 Euro verschlungen, bevor er die Kosten auf 300 000 Euro reduziert habe. Schon daher sei die Entlassung durch Bertone für ihn nicht nachvollziehbar. Sie könne nur, sie müsse das Ergebnis einer regelrechten Verschwörung gegen ihn sein, angezettelt von jenen, deren Machenschaften er aufgedeckt habe.

Das ist natürlich ebenso denkbar, wie es möglich ist, dass Bertone aus reiner Gutgläubigkeit getäuscht wurde. Doch Viganò machte in seinem Brief an den Papst, ebenso wie in einem zuvor abgesandten Schreiben an den Kardinalstaatssekretär, einen schweren Fehler: Er setzte den beiden mächtigsten Männern im Vatikan quasi die Pistole auf die Brust. Wörtlich schrieb er Benedikt XVI.: »Im gesunden Teil (der Belegschaft des Governatorats), den den Heiligen Vater liebt, würde meine Entlassung (...) als schwer zu akzeptierende Niederlage aufgefasst. Sie würde das Vertrauen in die Person des Heiligen Vaters erschüttern (...)«

Natürlich lässt sich ein Papst nicht erpressen, und so war klar, dass Viganò, bei allem Respekt für seine Leistungen, nicht mehr in Rom gehalten werden konnte. Er wurde als Apostolischer Nuntius nach Washington entsandt, was eigentlich eine Beförderung und Ehre ist. Denn dass administrative Fähigkeiten nicht immer mit Stilsicherheit, geschweige denn priesterlicher Demut, einhergehen, hatte er leider allzu eindrucksvoll bewiesen. Seine neue Position beweise trotzdem »den unstrittigen Respekt und das Vertrauen« des Papstes in Viganò, erklärte Vatikan-Sprecher Pater Lombardi. Denn die diplomatische Vertretung des Heiligen Stuhls in der für Rom wichtigsten Großmacht ist nun einmal alles andere als ein Abstellgleis.

Der unheimlichste Brief, den die »corvi« der Presse zuspielten, war ein Memorandum, das Kardinal Castrillón Hoyos an Benediks Privatsekretär Msgr. Georg Gänswein weitergeleitet hatte. Es war in bestem Deutsch verfasst und auf den 30. Dezember 2011 datiert. Kardinal Paolo Romeo, der Erzbischof von Palermo, so heißt es darin, habe bei einem Besuch in China von Machtkämpfen im Vatikan erzählt. Eine Gruppe sei für, die andere gegen den Papst. Der aber würde, wie Romeo versicherte, spätestens im November 2012 nicht mehr leben. Auch den angeblichen Anführer der Papstgegner habe Romeo genannt. Es sei Kardinalstaatssekretär Bertone. Der sei mittlerweile so mächtig, dass Benedikt XVI. ihn gerne entlassen würde, es aber nicht könne. Stattdessen habe der Papst bereits einen Favoriten für seine Nachfolge erkoren: nämlich Kardinal Angelo Scola, den er gerade zum neuen Erzbischof von Mailand ernannt hatte.

Natürlich dementierte Romeo, das alles je gesagt zu haben. Als »Wahnsinn« wurde der Bericht zu den Akten gelegt. Die Presse dagegen fragte, ob der Papst unter einer schweren Krankheit litt oder gar ein Attentat geplant sei. Besondere Brisanz erhielt das Memorandum, als am 18. Februar 2012 auf einem Konsistorium von Papst Benedikt XVI. 22 neue Kardinäle kreiert wurden. Die Zusammensetzung der Purpurträger, die einmal seinen Nachfolger wählen sollten, konnte Schlüsse auf seine Präferenzen in seiner Nachfolge zulassen: Ungewöhnlich viele davon (nämlich 16) waren Europäer, zehn wirkten an der römischen Kurie.

Gegen diese Deutung spricht allerdings, dass bei seinem letzten Konsistorium im November 2012 von sechs neuen Kardinälen fünf Nichteuropäer waren. Trotzdem spricht einiges dafür, dass der Ratzinger-

Papst tatsächlich Kardinal Scola als Nachfolger favorisiert hätte. Sollte das anonyme Memorandum ausgerechnet dessen Wahl verhindern, weil es so etwas wie Nachfolgeregelungen in der Kirche nicht geben darf? Oder diente es allein dem Zweck, Bertone zu diffamieren, dessen Loyalität, ja unbedingte Treue zu Benedikt XVI. für jeden Insider außer Frage stand? Sicher ist, dass es wieder einmal Misstrauen säte und viele ahnen ließ, dass sich das Pontifikat des Bayern dem Ende zuneigte.

Tatsächlich aber stand das Jahr 2012 im Zeichen einer ganz anderen Herausforderung für den Ratzinger-Papst, die zur Erblast seiner Vorgänger gehörte. Die Rede ist von der skandalumwitterten Vatikanbank, die seit Jahrzehnten bei Verschwörungstheoretikern in dem Ruf steht, Schauplatz von Intrigen und kriminellen Aktivitäten zu sein. Das Istituto per le Opere di Religione (Institut für religiöse Werke, kurz: IOR), wie es offiziell heißt, hat seinen Sitz hinter den bis zu neun Meter dicken Mauern des Torrione di Niccolò V, der vor gut 560 Jahren zur Verstärkung der leoninischen Mauer rund um den Papstsitz errichtet worden war. Leo XIII. hatte das Institut 1887 gegründet, um das päpstliche Restvermögen nach der Säkularisierung des Kirchenstaates und die Ausgleichszahlungen durch die junge italienische Monarchie zu verwalten. Erst Papst Pius XII. machte das IOR gegen Ende des Zweiten Weltkriegs zu einer richtigen, eigenständigen Bank.

Zweifelhafte Berühmtheit erlangte das Geldinstitut in den 1980er-Jahren durch einen handfesten Skandal. Erzbischof Paul Marcinkus, ein kräftiger Amerikaner, der von Bankgeschäften wenig Ahnung hatte, aber das volle Vertrauen Pauls VI. besaß, hatte sich ausgerechnet von dem Steuerberater und Finanzexperten Michele Sindona beraten lassen, der damals in Italien als »Retter der Lira« gefeiert wurde.

Über Sindona erwarb Marcinkus für das IOR Anteile an fünf italienischen Banken, darunter der Banco Ambrosiano in Mailand. Dabei konnte er nicht wissen, dass Sindona gerade im Auftrag der Mafia den größten Geldwäschering Europas aufgebaut hatte; der Mann galt als tadellos, ihm vertrauten Politiker, Industrielle und Großanleger von ganz anderem Kaliber. Erst als ein Börsencrash zum Zusammenbruch von Sindonas Finanzimperium führte und der Konkursverwalter einem Mordanschlag zum Opfer fiel, nahm die italienische Staatsanwaltschaft im Juli 1979 die Ermittlungen auf. Dabei wurde das ganze Ausmaß seiner Betrügereien offensichtlich, an denen Roberto Calvi, der Chef der Banco Ambrosiano, maßgeblich beteiligt war. Als auch gegen Calvi wegen Devisenvergehen und Betrugs ermittelt wurde, kam heraus, dass seine Bank 20 Briefkastenfirmen unterhielt, die unter anderem Devisen- und Waffengeschäfte für südamerikanische Staaten abwickelten. Im Mai 1982 brach die Mailänder Bank unter der Schuldenlast von 1,2 Milliarden Dollar zusammen; in einem außergewöhnlichen Vergleich verpflichtete sich der Vatikan als Anteilseigner, 240 Millionen Dollar an ihre Gläubiger zu zahlen.

Nur einen Monat später wurde Calvi in London erhängt unter der Blackfriars Bridge gefunden, die Taschen mit Ziegelsteinen gefüllt. Sindona, vom amerikanischen FBI nach einer selbst inszenierten Entführung verhaftet, wurde zu 25 Jahren Gefängnis verurteilt und dann nach Italien ausgeliefert. Dort wurde er im Gefängnis vergiftet, nachdem er ein umfangreiches Geständnis angekündigt hatte. Nur Bischof Marcinkus, der allenfalls ein Opfer dieser beiden Kriminellen geworden war, blieb unbehelligt. Auf ausdrücklichen Wunsch von Johannes Paul II. verweigerte der Vatikan seine Auslieferung an die italienische Staatsanwaltschaft. Schließlich konnte er 1990 in seine amerikanische Heimat zurückkehren. Seinen Lebensabend verbrachte er in einem Pfarrhaus der Rentnersiedlung Sun City bei Phoenix/Arizona, arm wie die buchstäbliche Kirchenmaus.

Der Wojtyla-Papst ordnete damals die Umstrukturierung des IOR nach internationalen Statuten an. In der Auswahl von Geschäftspartnern und Kunden sollte man vorsichtiger sein, vor allem aber wurde die Leitung fortan erfahrenen Laien übertragen, die so gut wirtschafteten, dass man die Verluste der Marcinkus-Ära bald überwunden hatte. Zudem überwachte jetzt ein fünfköpfiger Aufsichtsrat aus Kardinälen die weiteren Aktivitäten der Bank. Weshalb ein Verhör des Bischofs Marcinkus um jeden Preis verhindert werden musste, hatte übrigens weniger mit der Mafia zu tun als mit dem Einsatz von IOR-Geldern zu einem politischen Zweck. Der Vatikan hatte seit 1980 die zeitweise verbotene polnische Gewerkschaft Solidarność (»Solidarität«) finanziert, die maßgeblich zur Wende in Osteuropa, zum Untergang der kommunistischen Regime, beitragen sollte. Das aber durfte zum Zeitpunkt der Ermittlungen, 1987, noch nicht bekannt werden.

Stattdessen beauftragte Johannes Paul II. den Kanzler der Päpstlichen Akademie der Wissenschaften, Msgr. Renato Dardozzi, mit einer Untersuchung der Hintergründe des Banco-Ambrosiano-Skandals. Dardozzi verstarb 2003. Zu diesem Zeitpunkt hatte er sein Privatarchiv mit 4000 Seiten hochbrisanter Dokumente bereits an einen sicheren Ort in der Schweiz gebracht. Sein Testamentsvollstrecker übergab es dem Journalisten Gianluigi Nuzzi mit dem Auftrag, es zu veröffentlichen.

Das Erscheinen von Nuzzis Buch *Vatikan AG* im Jahre 2009 erregte nicht nur in Italien größtes Aufsehen. In kürzester Zeit wurden dort 250 000 Exemplare verkauft. Die Dokumente ließen darauf schließen, dass es auch unter der Kontrolle der Kardinäle weiterhin versteckt dunkle Machenschaften im Turm Nikolaus V gab. Von Geldwäsche ist darin die Rede, von Schmiergeldaffären italienischer Politiker und geheimen Nummernkonten, über die Millionenbeträge gelaufen sein sollen, deren Herkunft unbekannt ist. Offiziell war die Bank aber nur dazu bestimmt, Gelder zu verwalten, die »für Werke der Religion und der Barmherzigkeit bestimmt sind«, darunter auch die Vermögen von Ordensgemeinschaften. Die Liste derer, die hier ein Konto eröffnen dürfen, ist deshalb sehr begrenzt.

Benedikt XVI., vor dessen Amtszeit sämtliche dieser Vorfälle stattgefunden haben – Dardozzi war, wie gesagt, bereits 2003 verstorben –, nahm die Veröffentlichung von Nuzzis Buch zum Anlass, um rigoros durchzugreifen: Bankpräsident Angelo Caloia wurde entlassen, der gesamte Aufsichtsrat kurzerhand für abgesetzt erklärt. An seiner Stelle sollte fortan der erfahrene Bankmanager und Wirtschaftswissenschaftler Ettore Gotti Tedeschi die Geschäfte führen. Tedeschi hatte zuvor erfolgreich das Geschäft der spanischen Banco Santander in Italien aufgebaut und war Mitglied des Aufsichtsrats der Sanpaolo IMI, einer der größten Banken Italiens. Vor allem aber galt er als Experte für Finanzethik. Der fromme Katholik, ein Mitglied des Opus Dei, hatte Benedikt XVI., neben anderen, schon bei der Abfassung seiner Sozialenzyklika *Caritas in veritate* beratend zur Seite gestanden. Jetzt lautete sein Auftrag, das IOR auf sichere Füße zu stellen, mehr Transparenz zu schaffen und die innerhalb der EU geltenden Regeln zur Verhinderung von Geldwäsche einzuhalten.

Doch Tedeschi war kein Jahr im Amt, da eröffnete die italienische Staatsanwaltschaft bereits ein Ermittlungsverfahren gegen ihn »wegen Verstoßes gegen die Normen zur Verhinderung von Geldwäsche«; das IOR hatte zwei Überweisungen in Höhe von 23 Millionen Euro getätigt, ohne sie zu melden. Zwar wurde das Verfahren ein Jahr später eingestellt und das konfiszierte Geld zurückerstattet, doch der Ruf des »Aufräumers« war angeknackst.

Der Papst reagierte mit noch strengeren Maßnahmen. In einem auf den 30. Dezember 2010 datierten Motu proprio erließ er ein »Gesetz zur Prävention und Bekämpfung der Geldwäsche von Einkünften aus kriminellen Aktivitäten und Terrorismusfinanzierung« und gründete eine vatikanische Finanzaufsichtsbehörde (Autoritá di Informazione Finanziaria, AIF) mit dem Auftrag, »in voller Autonomie und Unabhängigkeit (…) von allen Behörden der römischen Kurie« den gesamten Geldverkehr des Vatikans zu überwachen. Fortan waren die Mitarbeiter und jede Körperschaft des Kirchenstaates verpflichtet, ihre Finanzen den Mitarbeitern der AIF gegenüber offenzulegen – selbst dann, wenn bislang eine Geheimhaltungspflicht bestand. Auf Geldwäsche drohen seitdem vier bis zwölf Jahre Haft.

Mit diesen neuen Rahmenbedingungen, die zu den strengsten in ganz Europa zählen, wollte der Vatikan seine Aufnahme in die »Weiße Liste« von Moneyval, dem Expertenausschuss des Europarates, durchsetzen. Doch offenbar konnte Tedeschi sein Planziel nicht erreichen. Anfang 2012 wurde der Vatikan-Staat vom Außenministerium der Vereinigten Staaten zusammen mit Irland, Polen und Ungarn zu den Ländern gezählt, deren Anfälligkeit für Geldwäsche Anlass zu Bedenken gebe. Auch Experten von Moneyval, die in der ersten Jahreshälfte 2012 das Finanzgebaren des IOR untersuchten, meldeten Bedenken an. Zudem machte sich Tedeschi bei seinen Mitarbeitern nicht nur durch offenbar mangelnde Sorgfalt und das Fernbleiben bei Aufsichtsratssitzungen, sondern vor allem durch sein cholerisches und selbstherrliches Auftreten unbeliebt.

»Er spielte sich zum weißen Ritter auf, doch was er leistete, war unterdurchschnittlich«, vertraute mir ein Mitarbeiter der vatikanischen Finanzaufsicht an: »Der Papst hatte ihn zum Beispiel um einen Entwurf für sein geplantes Antigeldwäschegesetz gebeten. Doch was er ablieferte, war nur eine schlechte Kopie der italienischen Gesetzgebung. So musste der Papst die Aufgabe einer Expertengruppe anvertrauen, weil sein Bankchef offensichtlich mit der Aufgabe überfordert war.« Schließlich sprach der Aufsichtsrat des IOR Tedeschi am 24. Mai 2012 kollektiv sein Misstrauen aus. Selbst Tedeschis Stellvertreter, der Deutsch-Brasilianer Ronaldo Hermann Schmitz von der Deutschen Bank Italien, drohte in einem Brief an Bertone mit seinem Rücktritt, sollte der Bankpräsident nicht vor Ende Mai 2012 abberufen werden; ihm fehle es einfach an den »nötigen Qualitäten« für diese schwierige Aufgabe.

So blieb Tedeschi nichts anderes übrig, als tatsächlich zurückzutreten. Freunden erklärte er anschließend, er fürchte um sein Leben und habe daher ein zehnseitiges Memorandum mit 50 Anlagen verfasst, das drei ihm nahestehende Personen veröffentlichen würden, wenn ihm etwas zustieße. Angeblich sei er das Opfer einer Intrige geworden, hinter der Kardinalstaatssekretär Bertone stünde; dieser habe die Normen zur Bekämpfung von Geldwäsche im neuen Gesetz des Papstes ändern wollen.

Einen Monat später durchsuchte die italienische Polizei Tedeschis Haus; offiziell ging es um einen Bestechungsskandal des Rüstungskonzerns Finmeccanica. Zudem war Tedeschi als Chef der Santander Italien in den größten Bankenskandal des Landes verwickelt, in dessen Zentrum die Banca Monte dei Paschi di Siena, die älteste Bank der Welt, stand; sie musste mit 3,9 Milliarden Euro vom italienischen Steuerzahler gerettet werden. Hunderte von Akten wurden bei Tedeschi beschlagnahmt – die jetzt den italienischen Behörden Einblick in Interna der Vatikanbank geben könnten. Währenddessen übernahm Ronaldo Hermann Schmitz kommissarisch die Leitung der Vatikanbank. Benedikts Bemühen, das IOR einer »Großreinigung« zu unterziehen, ging weiter. Am 1. September 2012 übernahm der Schweizer Wirtschaftsjurist René Brülhart die Finanzaufsichtsbehörde des Vatikans. Der »Milliardenjäger« und »James Bond der Finanzmärkte«, wie der smarte, sportliche Schweizer mit dem Dreitagebart von der heimischen Presse genannt wird, hatte zuvor die Financial Intelligence Unit (FIU) des Fürstentums Liechtenstein geleitet und gilt als einer der renommiertesten Anti-Geldwäsche-Experten der Welt. Er deckte unter anderem 2006 den Siemens-Korruptionsskandal mit auf, beschlagnahmte Vermögenswerte des irakischen Exdiktators Saddam Hussein und sperrte Konten des Mubarak-Klans. Seine Erfolge bei der Jagd nach internationalen Finanzverbrechern trugen ihm 2010 den Vize-Vorsitz der Egmont Group ein, der Dachorganisation der nationalen Anti-Geldwäsche-Agenturen.

»Ich bin ein offenes Buch, ich habe keine wie auch immer geartete frühere Verbindung zum Vatikan«, erklärte Brülhart mir, als ich ihn im Januar 2013 zum ersten Mal traf, »und ich habe bestimmt keine Lust, als Feigenblatt tätig zu sein.« Nicht Sachen schönzureden, sondern »Fakten schaffen« sei seine Aufgabe: »Ich bin Schweizer, ich verfolge nur einen zielorientierten, pragmatischen Ansatz.« Und: Man sei »auf dem richtigen Weg, doch der Weg ist noch lang«.

Schon heute aber ist Brülhart überzeugt, dass die Berichte über die »Skandale der Vatikanbank« übertrieben sind. »Schauen Sie, die Summe aller vom IOR verwalteten Vermögenswerte beträgt gerade einmal sechs Milliarden Euro. Das entspricht den Kundeneinlagen der Sparkasse Ludwigsburg. Es ist also ein sehr überschaubares Volumen, wenn wir über die potenzielle Gefährdung durch Geldwäsche sprechen. Um gigantische Summen geht es dabei gewiss nicht.« Auch die Anzahl der Verdachtsfälle ist eher gering: es waren 2012 gerade einmal sechs.

Doch dann erklärte die italienische Zentralbank zum 1. Januar 2013 dem Vatikan praktisch den Krieg. Für Zigtausende Touristen, die eine Tour durch die »scavi«, die Ausgrabungen unter dem Petersdom, oder die Vatikanischen Gärten buchen, Eintrittskarten für die vatikanischen Museen erwerben, in einem der Souvenirshops, Buch- und Devotionalienhandlungen einkaufen, die jüngsten Vatikan-Münzen und -Medaillen oder Fotos und Videos von der letzten Papstaudienz bestellen wollten, hieß es plötzlich: Nichts geht mehr. Jedenfalls nicht per Kreditkarte.

Ganze zwölf Wochen lang, genauer gesagt bis zum 22. März 2013, konnte man innerhalb der Grenzen des Vatikan-Staates nur noch in bar bezahlen. Über 30 000 Euro pro Tag gingen dadurch an Einnahmen verloren – ein Gesamtbetrag von über zweieinhalb Millionen Euro. Die offizielle Begründung lautete, dass der Vatikan nicht in vollem Umfang den internationalen Geldwäschevorschriften nachkomme. So wurde der Deutschen Bank, die ein Netz von Geldautomaten im Vatikan betreibt, die Lizenz dafür von der italienischen Zentralbank entzogen.

Brülhart fluchte: »Imagemäßig ist das schrecklich für uns, es ist peinlich. Offensichtlich hat die Banca di Italia ein Interesse daran, die Geldgeschäfte des Vatikans zu kontrollieren. Zudem ist es ein eleganter Schachzug, um von den eigenen Schwierigkeiten abzulenken. Anders kann ich mir das nicht erklären. Denn was stellt das IOR für eine Gefahr für den Finanzplatz Italien dar? Ein Witz ist das!«

Tatsächlich hat der Vatikan von den 40 allgemeinen und 16 »zentralen« Empfehlungen der Experten des Europarates nur sieben bislang nicht erfüllt; zwei weniger als die Bundesrepublik Deutschland. Von Italien ganz zu schweigen: »Wir sind die Einzigen südlich der Alpen, die das überhaupt ernst nehmen«, erklärte mir Brülhart lachend.

Vielleicht hatte der Vatileaks-Skandal, der Versuch, Misstrauen in der römischen Kurie zu sähen und den Papst gegen seinen Kardinalstaatssekretär auszuspielen, auch etwas mit der geplanten Reform des IOR zu tun. Jedenfalls war es ausgerechnet der Autor des Skandalbestsellers *Vatikan AG*, Gianluigi Nuzzi, dem nicht nur, wie zuvor seinen Kollegen, einzelne vertrauliche Dokumente zugespielt wurden, sondern gleich genug, um ein ganzes Buch damit zu füllen. Das aber erschien unter dem Titel *Seine Heiligkeit* am 19. Mai 2012, nur fünf Tage vor Gotti Tedeschis Rücktritt. Vier Tage später, also am Tag vor dem Amtsverzicht des Bankmanagers, wurde der Kammerdiener des Papstes, Paolo Gabriele, verhaftet. Es bestand kein Zweifel mehr, dass er es gewesen war, der seit Jahren Dokumente vom Schreibtisch Benedikts XVI. und seines Sekretärs Msgr. Dr. Georg Gänswein entwendet, kopiert und so ordentlich wieder zurückgelegt hatte, dass bis dahin niemand etwas bemerkt hatte.

Entlarvt hatte ihn Gänswein, und das aufgrund eines einzigen Dokuments, das in Nuzzis Buch abgedruckt worden war. Es handelte sich um die Bilanz der Stiftung »Joseph Ratzinger – Benedikt XVI.«, die für 2012 einen Überschuss von 1,3 Millionen Euro bescheinigte. Dabei handelte es sich um Einnahmen aus den weltweiten Buchverkäufen des Papstes, die dieser wohltätigen Zwecken zukommen ließ. Der Brief war direkt an den Papst adressiert und wurde nach Kenntnisnahme ohne

Umweg an den Stiftungspräsidenten zurückgeschickt. Der Dieb, das stand damit fest, musste direkten Zugang zum Schreibtisch des Kirchenoberhaupts gehabt haben.

Beim Abendessen am 21. Mai konfrontierte Gänswein die Anwesenden mit seinem Verdacht. Versammelt waren die beiden Sekretäre, die vier Schwestern der »Memores Domini«, die den Haushalt führten, und der Kammerdiener Seiner Heiligkeit; der Papst war zuvor von Gänswein eingeweiht worden und hatte sich bereits in seine privaten Räumlichkeiten zurückgezogen. Jeden Einzelnen fragte der schlanke, sportliche Schwarzwälder direkt, ob er die Dokumente an Nuzzi gegeben habe. Zunächst stritt Gabriele alles ab. Doch Gänswein ließ nicht locker. Schließlich waren in Nuzzis Buch auch zwei Briefe abgedruckt, die er persönlich dem Kammerdiener gegeben hatte, um eine kurze Antwort vorzubereiten; auch sie hatten das päpstliche »appartamento« nie verlassen.

Gabriele leugnete weiter. Doch als gleich am nächsten Tag Beamte der vatikanischen Gendarmerie seine Wohnung in der Via di Porta Angelica durchsuchten, wurden sie fündig. Am Ende trugen sie Kisten voller Dokumente heraus. Daneben fanden sie bei ihm einen Scheck über 100 000 Euro, einen Goldbarren und ein wertvolles Buch aus dem 16. Jahrhundert; Geschenke an den Papst, die sich Gabriele natürlich nur ausgeborgt hatte, wie er später vor Gericht behauptete.

Zwei Monate blieb er in Untersuchungshaft, das gesetzlich festgelegte Maximum, dann wurde er unter Hausarrest gestellt. Am 13. August 2012 gab Pater Lombardi bekannt, dass die Voruntersuchung abgeschlossen sei. Gegen Paolo Gabriele wurde Anklage wegen schweren Diebstahls erhoben. Am 29. September begann der Prozess. Auch Claudio Sciarpelletti, ein Informatiker aus dem Staatssekretariat und Freund Gabrieles, von dem weitere Dokumente stammen sollen, wurde angeklagt. Der Papst bestand darauf, dass alle Gerichtsprotokolle veröffentlicht wurden, wollte absolute Transparenz; nur die Namen der beteiligten und befragten Personen wurden verschlüsselt. Schließlich, konfrontiert mit der Last an Beweisen, gab Gabriele seine Schuld zu und wurde am 6. Oktober 2012 zu 18 Monaten Haft verurteilt. Sciarpelletti bekam als Mittäter lediglich fünf Jahre auf Bewährung.

Am 22. Dezember, zwei Tage vor Weihnachten, besuchte Benedikt XVI. seinen treulosen Kammerdiener im Gefängnis – und begnadigte ihn. Noch am selben Tag durfte er zu seiner Familie zurückkehren. Einzig die Wohnung im Vatikan musste er aufgeben. Stattdessen besorgte man ihm einen neuen Job im Kinderkrankenhaus Bambino Gesù, der seiner Kernkompetenz entsprach: Er arbeitet jetzt ganz offiziell am Fotokopierer.

Doch was hatte Paolo Gabriele, der allen aus seinem Umfeld als tiefgläubiger Mensch bekannt war, zu diesem schweren Vertrauensbruch, ja Verrat, veranlasst? Im Interview mit Nuzzi gab er sich kryptisch. »Es geht darum, keine Angst zu haben, die Wahrheit zu bezeugen und dafür die Konsequenzen zu tragen«, erklärte er dem Journalisten. »Die Kirche ist eine Institution göttlichen Ursprungs, weil sie, so glauben wir, von Gottes Sohn begründet worden ist. Und deswegen glauben wir an sein Wort, das uns von der Kirche vermittelt wird. Wenn die Kirche sich dann auf Strukturen stützt, die den Glauben behindern, dann ist das nicht in Ordnung.« So berief Gabriele sich auch bei seinem Prozess darauf, »im Auftrag des Heiligen Geistes« und »aus Liebe zu Papst Benedikt«, der »für ihn wie ein Vater« sei, gehandelt zu haben. Der frühere Putzmann, den der damalige Kurienerzbischof (heute Kardinal) Paolo Sardi für den vakant gewordenen Posten empfohlen hatte, als selbst ernannter Retter der Kirche also?

Nicht wenigen erschien diese Selbstdarstellung als eine Größe zu groß, zumal alle, die ihn kennen, Paoletto (»Paulchen«) nicht gerade als hellstes Licht am Kurienhimmel beschreiben. Er habe selbst einfache Aufgaben eher langsam begriffen, stellte Msgr. Gänswein vor Gericht fest, er zeichnete sich durch eine gewisse Begriffsstutzigkeit aus und tat wenig aus eigenem Antrieb. »Ein unvorstellbares Chaos« herrschte derweil in seiner Seele, »eine fragile und labile Identität und Beeinflussbarkeit«, bescheinigte ihm der Psychologe und Gerichtsgutachter Prof. Dr. Tonino Cantelmi. Ein solcher Charakter lässt sich leicht manipulieren, war vielleicht sogar »von Anfang an eine Zeitbombe im päpstlichen Palast«, wie der Vatikan-Korrespondent der *Welt*, Paul Badde, sicher zutreffend feststellte. Doch von wem platziert?

Badde begann, das Umfeld Gabrieles näher zu untersuchen. Empfohlen hatte den Kammerdiener, wie gesagt, Kardinal Sardi, den dieser im Prozess als seinen »geistlichen Führer« bezeichnete, um dann schnell hinzuzufügen, dass er das jetzt nicht mehr sei. Wer wohnte mit ihm im

gleichen Haus und war zudem mit seiner Familie befreundet? Ausgerechnet Ingrid Stampa, die ehemalige Haushälterin Kardinal Ratzingers und damals enge Vertraute. Sie ist gut befreundet mit Sardi, aber auch mit dem einstigen Sekretär des Bayern, dem ehrgeizigen Bischof Josef Clemens. Alle paar Monate trafen sich diese drei, so Badde, zu einem Abendessen mit dem Papst.
Zumindest Clemens und Stampa haben einen gemeinsamen Feind, nämlich Georg Gänswein. Clemens hält sich selbst für den besseren Papstsekretär und bereut wohl noch heute, zu früh das Bischofsamt angestrebt zu haben. Frau Stampa, die nach der Wahl Benedikts am liebsten gleich auch im Papstappartement eingezogen wäre, wurde von Gänswein mit einem Büro im Staatssekretariat versorgt. Dass sie sich im *Focus* als »Benedikts First Lady« betiteln und vom People-Magazin *Bunte* als »freier Vogel im Vatikan« mit einer Bildstrecke porträtieren ließ, mag wohl eher unangenehm aufgefallen sein.
Haben sie also zu dritt Paolo angesetzt, war es »mehr Dostojewski als Shakespeare«, nämlich ein »Reigen klopfender Herzen voller Neid und Missgunst«, der den Hintergrund der Vatileaks-Affäre ausmachte? Natürlich bestritten die Beteiligten Baddes Darstellung, und auch das vatikanische Staatssekretariat und Pater Lombardi dementierten energisch. Andere glauben, dass auch Badde nur die Spitze eines Eisbergs beschrieb; dass auch dieses Trio seine Hintermänner hatte, die sich die persönlichen Motive von Clemens und Stampa zunutze machten. Verortet wurden diese im Umfeld Kardinal Sodanos und seiner beiden engsten Mitarbeiter, die heute ebenfalls Kardinäle sind, nämlich Leonardo Sandri und Giovanni Battista Re, ein Förderer Sardis. Insgesamt 20 Kurienmitarbeiter, so jedenfalls der Autor Nuzzi, sollen dem Verschwörerkreis angehört haben.
Dieses Szenario würde zumindest erklären, weshalb nicht Gänswein – auf den freilich der Verdacht fallen sollte, selbst der »Rabe« zu sein –, sondern Bertone durch Nuzzis zweites Buch desavouiert werden sollte. Die »alte Clique« wollte vielleicht wieder an die Macht und die Reformen rückgängig machen, die zu den großen Errungenschaften des Ratzinger-Pontifikats zählen müssen. Doch das wahre Opfer der Intrige war, auch wenn alle Beteiligten das vehement abstritten, natürlich der Papst.

Als Benedikt XVI. acht Tage nach der Enttarnung Paolo Gabrieles zum ersten Mal auf das Thema zu sprechen kam, war die menschliche Enttäuschung, ja Bitterkeit in seiner Stimme unüberhörbar. Wer sein Leben, wer die Mentalität der Ratzingers kennt, der weiß, wie völlig unfassbar dieser Verrat aus dem engsten Kreis für ihn gewesen sein muss. Er war zu Anstand und Verlässlichkeit erzogen worden, in seiner Familie stand einer für den anderen ein, da vertraute man sich ohne jedes Wenn und Aber, und das ein ganzes Leben lang. Zu Joseph Ratzingers Charakter gehört ein großes Harmoniebedürfnis, was gewiss auch dazu führte, dass er Streit stets gerne aus dem Weg ging (wie einst in Bonn oder Tübingen), auch als Präfekt der Glaubenskongregation lieber zu einem Gespräch einlud, als zu verurteilen, noch als Papst seinen scharfzüngigsten Gegner, Hans Küng, zu einem Gespräch in seine Sommerresidenz einlud und sich mit Entlassungen immer schwertat.

Als Georg Gänswein bereit war, die Verantwortung für Gabrieles Verrat auf sich zu nehmen, sich vorwarf, den Papst nicht genug beschützt zu haben, und seinen Rücktritt anbot, beruhigte Benedikt ihn mit einem milden Lächeln: »Wo kämen wir denn hin, wenn wir uns nicht mehr vertrauten.«

Dass tatsächlich jemand, der für ihn wie ein Sohn war, der im Papamobil auf dem Petersplatz hinter ihm saß, ihm den Schirm hielt, wenn es regnete, ihm das Essen servierte und die geliebte Orangenlimonade einschenkte, sein Vertrauen so brutal missbrauchte, muss für ihn unbegreiflich gewesen sein. Der Papst sei »betrübt und betroffen«, verlautete es aus seinem engsten Kreis. Das war noch untertrieben. Benedikt XVI. war in seinen Grundfesten erschüttert und fassungslos im Anblick jener Abgründe der menschlichen Seele, die sich ihm jetzt offenbarten und die er nur mit einem Wort seines liebsten Kirchenvaters, des hl. Augustinus, umschreiben konnte: »Ein abgrundtiefes Geheimnis ist der Mensch.«

So sprach Benedikt XVI. in seiner Ansprache vom 30. Mai 2012, also eine Woche nach Gabrieles Verhaftung, zunächst über den Apostel Paulus und die »großen Schwierigkeiten und Mühsale«, die dieser erlitt, ohne sich je entmutigen zu lassen, »gestützt von der Gnade und Nähe des Herrn«. Er habe wohl »schrecklich gelitten« in diesen Situationen, »in denen sich kein weiterer Weg aufzutun schien«, hieß es weiter, doch noch ging es um Paulus und nicht um ihn. Erst zu Ende der Ansprache kam Benedikt XVI. auf seine eigene aktuelle Not zu sprechen:

»Die Ereignisse, die in diesen Tagen geschehen sind und die Kurie und meine Mitarbeiter betreffen, haben mein Herz mit Traurigkeit erfüllt, aber es hat sich nie die feste Gewissheit getrübt, dass trotz der Schwachheit des Menschen, der Schwierigkeiten und Prüfungen die Kirche vom Heiligen Geist geleitet ist und der Herr es ihr niemals an seiner Hilfe mangeln lassen wird, um sie auf ihrem Weg zu stützen. Es haben sich jedoch völlig unhaltbare Behauptungen vermehrt, von einigen Kommunikationsmitteln verstärkt, die weit über die Tatsachen hinausgegangen sind und die ein Bild vom Heiligen Stuhl vermitteln, das nicht der Wirklichkeit entspricht. Ich möchte daher meinen engsten Mitarbeitern sowie allen, die mir täglich in Treue, Opfergeist und Stille bei der Ausübung meines Dienstes helfen, erneut mein Vertrauen und meine Ermutigung aussprechen.«

Tatsächlich sollte Kardinal Bertone noch einmal in seinem Amt bestätigt werden, während Georg Gänswein eine ganz besondere Ehre widerfuhr. Am 6. Januar 2013 wurde er von Benedikt XVI. zum Bischof geweiht, zugleich zum Erzbischof und zum Präfekten des Päpstlichen Hauses ernannt; seinen Posten als Papstsekretär behielt er außerdem. Deutlicher hätte der Mann in Weiß nicht zeigen können, wem er in dieser Zeit der heftigsten Stürme am meisten vertraute.

Schon zu Beginn der Vatileaks-Affäre im April 2012 hatte der Papst eine Untersuchungskommission eingesetzt, die aus den drei von ihren einstigen Ämtern emeritierten Kardinälen Julián Herranz, Jozef Tomko und Salvatore De Giorgi bestand. Nach Abschluss ihrer Ermittlungen legten sie Benedikt XVI. am 17. Dezember 2012 ihren 300-seitigen Bericht vor. Gerüchten zufolge soll es darin auch um »Verstöße gegen das sechste und siebte Gebot«, also »Du sollst nicht ehebrechen« und »Du sollst nicht stehlen«, sprich: um Verstöße gegen den Zölibat und um Korruption, gegangen sein. Eine italienische Zeitung spekulierte daraufhin über die Existenz geheimer homosexueller Netzwerke im Vatikan. Doch was wirklich in dem Bericht steht, das wissen nur die drei Kardinäle, der Papst und sein Sekretär. So ordnete Benedikt XVI. noch am 25. Februar 2013 nach einer erneuten Zusammenkunft mit Herranz, Tomko und De Giorgi an, das Papier weiterhin unter Verschluss zu halten; lediglich sein Nachfolger habe das Recht, es zu lesen.

Zu seinem Entschluss abzudanken, hat der Bericht der Kommission jedenfalls nicht beigetragen. Schon im Herbst hatte der Ratzinger-Papst den Auftrag gegeben, das einstige Klausurkloster Mater Ecclesiae im Vatikan, in dem er künftig leben wollte, umzubauen. Wahrscheinlich Mitte November weihte er seinen Bruder in seine Pläne ein. So war es ein gut vorbereiteter Abgang, keine Flucht. Im Gegenteil. Joseph Ratzinger handelte auch in diesem Fall vernunftgemäß. Er hatte sein Haus bestellt.

Pünktlich zu Weihnachten war der dritte Band seines Jesus-Buches erschienen, das sein Lebenswerk und theologisches Vermächtnis war. Er hatte die Vatikanbank saniert, einen der weltbesten Finanzdetektive damit beauftragt, schwarze Konten aufzuspüren. Mit dem deutschen Finanzberater Max von Freyberg hatten Headhunter im Auftrag des Vatikans einen fähigen Nachfolger für Tedeschi gefunden. Von Freyberg hatte nicht nur eine Investment-Bank geleitet, er war auch Schatzmeister des Souveränen Malteserordens. Seine Firma DC Advisory ist auf Restrukturierungs- und Finanzierungsberatung in ganz Europa spezialisiert. Er würde zum 15. Februar 2013 seinen Dienst am IOR antreten. Auch die Vatileaks-Affäre war aufgeklärt, Paolo Gabriele hatte seine Strafe abgesessen und war wieder auf freiem Fuß.

Akut anstehende Aufgaben stellten sich dem Papst keine mehr. »Ich bin ein alter Mann, von mir können Sie nicht mehr viel erwarten«, vertraute er seinem Biografen Peter Seewald bei einem Treffen im August 2012 an. So wurde wahr, was Benedikt XVI. eben jenem Seewald schon 2010 erklärt hatte, bei den Interviews für das Buch *Licht der Welt*: »Wenn die Gefahr groß ist, darf man nicht davonlaufen. (...) Gerade in so einem Augenblick muss man standhalten und die schwere Situation bestehen. Das ist meine Auffassung. Zurücktreten kann man in einer friedlichen Minute, oder wenn man einfach nicht mehr kann. Aber man darf nicht in der Gefahr davonlaufen und sagen, es soll ein anderer machen.«

Den Termin hatte Papst Benedikt gründlich ausgesucht, und er hatte, wie so vieles in seinem Pontifikat, eine tiefere Bedeutung. Der 11. Februar ist der Jahrestag der ersten Marienerscheinung von Lourdes, mit der sich Benedikt XVI. sich auf geheimnisvolle Weise verbunden fühlt, da er am Festtag der hl. Bernadette, der Seherin von Lourdes, geboren wurde. An jedem 11. Februar begeht die katholische Kirche seit 1993 den Welttag der Kranken, deren zentrale Veranstaltung Jahr für Jahr an einem anderen Ort stattfindet. Für 2013 sollte das ausgerechnet Altötting sein, der bayerische Marien-Wallfahrtsort, in dessen Umland – in Marktl am Inn – Joseph Ratzinger vor 86 Jahren das Licht der Welt erblickte und wohin er als kleiner Bub mit seinen Eltern gepilgert ist. So schloss sich ein Kreis, kehrte Benedikt XVI. an diesem Tag zu seinen Wurzeln zurück und gesellte sich zu den Schwachen und Kranken der Welt.

Er konnte dies mit gutem Gewissen tun, denn er hatte lange genug den Wölfen getrotzt.

IX. Wie ein Blitz aus heiterem Himmel

Ich fühlte mich hundeelend an diesem Montagmorgen und ich weiß, dass es vielen ähnlich ging. Vielleicht hatte mich ein Grippevirus überwältigt. Übelkeit, Schüttelfrost und Schwäche hielten mich im Bett, während im Wohnzimmer unentwegt das Telefon klingelte. Ich beschloss, es zu ignorieren. Wahrscheinlich wollten mich Freunde überreden, mit ihnen den Düsseldorfer Rosenmontagszug anzuschauen, dachte ich mir. Kein Interesse, dieses Mal. Doch das Telefon hörte nicht auf, zu klingeln. Irgendwann hievte ich mich aus dem Bett, schlich ins Wohnzimmer und griff zum Handy. Ich traute meinen Augen nicht, als ich auf das Display starrte: 18 SMS und 23 Anrufe waren gerade in meiner Abwesenheit eingegangen. Ich begann, die Textnachrichten zu lesen. Sie stammten von Journalisten wie von guten Freunden, die alle nach einer Antwort suchten, weil sie gerade das Unglaubliche erfahren hatten: »Der Papst ist zurückgetreten. Was wird nun aus der Kirche?«, lauteten sinngemäß die meisten. »Bitte rufen Sie uns an!«
Ich war mir nicht sicher, ob ich mich inmitten eines Albtraums befand oder ob das alles wirklich geschehen war. An einen Karnevalsscherz, wie meine Kollegen in Köln, habe ich an keinem Augenblick gedacht; dazu kamen die Nachrichten und Anrufe aus zu vielen Teilen des Landes, ja sogar aus den USA und Rom. Ich fuhr den Computer hoch und schaltete den Fernseher an, um Näheres über die Umstände zu erfahren. Während ich noch immer mit den Grippesymptomen kämpfte, verhalfen mir N24 und NTV dazu, in die bedrückende Wirklichkeit dieses 11. Februars 2013 einzutauchen. Auch wenn es mir noch immer schwerfiel zu glauben, was ich dort sah und hörte.
Dabei hätte ich es wissen müssen. Schon im Sommer 2010, als ihn der Münchener Journalist Peter Seewald für sein Buch *Licht der Welt* interviewte, hatte Benedikt XVI. erklärt: »Wenn ein Papst zur klaren Erkenntnis kommt, dass er physisch, psychisch und geistig den Auftrag seines Amtes nicht mehr bewältigen kann, dann hat er ein Recht und unter Umständen auch eine Pflicht, zurückzutreten.« Ein Jahr später erschien *Mein Bruder, der Papst*, für das ich mit Prälat Dr. Georg Rat-

zinger, den Bruder Benedikts XVI., ausführliche Gespräche geführt hatte. Am 13. September 2011 stellten wir das Buch gemeinsam im »Institut Papst Benedikt XVI.« in Regensburg der Presse vor. Im Anschluss wurden wir von einem Redakteur der *Bunten* interviewt, als Georg Ratzinger auf die Frage nach einem möglichen Rücktritt seines Bruders antwortete: »Wenn es gesundheitlich nicht mehr geht, sollte mein Bruder den Mut und die Überwindung haben, vom Amt zurückzutreten. Aber noch ist es nicht so weit, er ist sehr aktionsfähig.« Der *Focus* übernahm diese Meldung, und so kam es, dass sie von den mitreisenden Journalisten entdeckt wurde, als Benedikt XVI. anderthalb Wochen später Deutschland besuchte. Sofort sorgte sie für Spekulationen: Würde der Papst zu seinem 85. Geburtstag zurücktreten, den er im April 2012 feiern sollte? Georg Ratzinger dementierte ausdrücklich, dass solche Pläne existierten, und so gab ich es der Presse weiter. Noch zwei Wochen vor dem Papstgeburtstag rief mich John Follain, Vatikan-Korrespondent der *Sunday Times*, an und versuchte, mir Insiderwissen zu entlocken. Ich winkte ab. Natürlich litt er an Bluthochdruck und Arthrose, hatte er Schmerzen beim Gehen, weshalb er seit Oktober 2011 auf einer Plattform in den Petersdom geschoben wurde und ansonsten einen Stock benutzte. Er trägt einen Herzschrittmacher, hatte bereits 1991 einen leichten Schlaganfall erlitten und muss seitdem blutverdünnende Medikamente einnehmen, ist zudem auf dem linken Auge fast blind, während er auf dem rechten Ohr schlecht hört. Zudem hatte ihn der Besuch in Mexiko und Kuba nur zwei Wochen vor den Osterfeierlichkeiten gesundheitlich schwer mitgenommen. Doch mit einem Rücktritt zum 85. Geburtstag sei definitiv nicht zu rechnen, sagte ich Follain. Auch dem jüngsten Gerücht aus den Vatileaks-Enthüllungen, Kardinal Paolo Romeo habe bei einem China-Besuch den Tod des Papstes für November 2012 vorausgesagt, maß ich zunächst keinerlei Bedeutung zu; seiner Eminenz traute ich, bei allem Respekt, keine prophetischen Gaben zu.

Doch dann, in eben diesem Monat, fiel es mir sofort wieder ein, als ich Papst Benedikt XVI. zum ersten Mal seit der Sommerpause wieder aus der Nähe sah. Ich war von der »Fondazione Pro Musica e Arte Sacra« eingeladen worden, am 11. November der vatikanischen Uraufführung von Georg Ratzingers großartiger *Missa Anno Santo* in der Sixti-

nischen Kapelle beizuwohnen. Doch als Benedikt XVI., auf seinen Stock gestützt, mit gebeugtem Rücken die Sixtina betrat, erschrak ich. Schmal war er geworden, müde wirkte er, noch breiter und dunkler wirkten die Ringe unter seinen Augen. Doch offenbar erholte er sich schnell. Die Musik muss wie ein Jungbrunnen auf ihn gewirkt haben, jedenfalls atmete ich auf, als er sichtlich erfrischt dem Chor und den Veranstaltern dankte, um danach wieder, sogar ohne den Stock zu gebrauchen, in sein »appartamento« zurückzukehren.
Als er schließlich am 6. Januar 2013 seinen treuen Sekretär Dr. Georg Gänswein in den Rang eines Erzbischofs erhob, hieß es einhellig unter uns Vatikan-Journalisten, die sich allabendlich in der Trattoria La Vittoria gleich auf der anderen Seite der Via di Porta Cavalleggeri treffen: »Der Heilige Vater bestellt sein Haus.«
Am 8. Februar ging es erneut in die Ewige Stadt. Die Malteser hatten mich eingeladen, an ihrer großen Jubiläumswallfahrt teilzunehmen. Genau 900 Jahre war es her, dass Papst Paschalis II. die Bulle *Pie postulatio voluntatis* unterzeichnet hatte, die den Orden dem Schutz und der Jurisdiktion des Heiligen Stuhls unterstellte. Das sollte mit einem Pontifikalhochamt im Petersdom gefeiert werden, das von Kardinalstaatssekretär Bertone zelebriert wurde. Danach würde, ebenfalls im Petersdom, eine Papstaudienz stattfinden, bevor man in die Audienzhalle Pauls VI. zu einem festlichen Empfang lud.
Papst Benedikt wirkte an diesem Tag noch ein wenig gekrümmter, noch ein wenig filigraner als fünf Wochen zuvor, und als er seine Grußbotschaft verlas, klang seine Stimme schwächer, als wir es gewohnt waren. Doch ansonsten gab er uns keinen Anlass zur Sorge. Im Gegenteil: Er sprach ausgiebig mit den Auserwählten, die ihm persönlich vorgestellt wurden, und immer wieder blitzte etwas Schalkhaftes aus seinen fröhlichen Augen.
»Aber was ist los mit Gänswein?«, fragte mich meine Kollegin Joan Lewis, die Rom-Korrespondentin des amerikanischen TV-Senders EWTN, die neben mir auf einem der Presseplätze in der sechsten Reihe saß. Ich richtete meine Kamera auf ihn. Tatsächlich, so hatte ich ihn noch nie erlebt, nicht ein einziges Mal in den fast acht Jahren dieses Pontifikats. Seine Augen wirkten schmal und verquollen, seine Wangen eingefallen, sein Mund merkwürdig verkniffen. Als Mann, den die

Äußerlichkeiten eines anderen Mannes wenig interessieren, hatte ich mich immer köstlich darüber amüsiert, wie Vatikan-Journalistinnen von ihm als »George Clooney in Soutane« geschwärmt, Donatella Versace ihm eine ganze Modekollektion gewidmet, die italienische *Vanity Fair* ihm, ausgerechnet zu seiner Bischofsweihe, eine Titelgeschichte mit der Headline »Schön sein ist keine Sünde« gewidmet hatte. Aber dass er eine gewisse souveräne Nonchalance ausstrahlte, einen Optimismus und eine Positivität, das schätzte auch ich immer an ihm. Es gibt nur wenige Audienzbilder von Georg Gänswein, auf denen er nicht lächelt, und manchmal verlieh er dem oft eher schüchtern wirkenden Papst eine Leichtigkeit, die dieser alleine nie hatte.

»Vielleicht ist er krank?«, versuchte ich, das völlig ungewohnte Erscheinungsbild zu erklären. Oder hatte ihn eine schlechte Nachricht aus dem Kreis seiner vielen Angehörigen erreicht, die ich fünf Wochen zuvor, beim Empfang nach seiner Bischofsweihe, alle kennenlernen durfte? Es dauerte nur 48 Stunden, bis ich die Antwort kannte.

Für den 11. Februar 2013 hatte der Papst ein Konsistorium angesetzt, eine Zusammenkunft der in Rom befindlichen Kardinäle. Eine Routinesitzung, nicht mehr. Kardinal Angelo Amato, Präfekt der Heiligsprechungskongregation, hatte gerade die neuen Heiligen der katholischen Kirche vorgestellt, zwei Ordensgründerinnen und die 800 Märtyrer von Otranto, die im 15. Jahrhundert einem Massaker durch die Türken zum Opfer gefallen waren. Mancher der Kardinäle mag da schon auf die Uhr geschaut haben, vielleicht weil er um 12.30 Uhr bereits zum Essen verabredet war. Doch an diesem Karnevalsmontag fiel die Mittagsmahlzeit nicht nur in Rom reihenweise aus. Mit einem dramatischen Schritt durchkreuzte Benedikt XVI. auch die Pläne aller, die zu wissen glaubten, was die nächsten Monate im Vatikan bringen würden. So ergriff er zum Ende der Sitzung noch einmal das Wort, um auf Latein jene Ansprache zu halten, die, wie keine andere, die Welt erschüttern würde:

»Liebe Mitbrüder!
Ich habe euch zu diesem Konsistorium nicht nur wegen drei Heiligsprechungen zusammengerufen, sondern auch, um euch eine Entscheidung von großer Wichtigkeit für das Leben der Kirche mitzuteilen. Nachdem ich wiederholt mein Gewissen vor Gott geprüft habe, bin ich zur Gewissheit gelangt, dass meine Kräfte infol-

ge des vorgerückten Alters nicht mehr geeignet sind, um in angemessener Weise den Petrusdienst auszuüben. Ich bin mir sehr bewusst, dass dieser Dienst wegen seines geistlichen Wesens nicht nur durch Taten und Worte ausgeübt werden darf, sondern nicht weniger durch Leiden und durch Gebet.

Aber die Welt, die sich so schnell verändert, wird heute durch Fragen, die für das Leben des Glaubens von großer Bedeutung sind, hin- und hergeworfen. Um trotzdem das Schifflein Petri zu steuern und das Evangelium zu verkünden, ist sowohl die Kraft des Körpers als auch die Kraft des Geistes notwendig, eine Kraft, die in den vergangenen Monaten in mir derart abgenommen hat, dass ich mein Unvermögen erkennen muss, den mir anvertrauten Dienst weiter gut auszuführen.

Im Bewusstsein des Ernstes dieses Aktes erkläre ich daher mit voller Freiheit, auf das Amt des Bischofs von Rom, des Nachfolgers Petri, das mir durch die Hand der Kardinäle am 19. April 2005 anvertraut wurde, zu verzichten, sodass ab dem 28. Februar 2013, um 20.00 Uhr, der Bischofssitz von Rom, der Stuhl des heiligen Petrus, vakant sein wird und von denen, in deren Zuständigkeit es fällt, das Konklave zur Wahl des neuen Papstes zusammengerufen werden muss.

Liebe Mitbrüder, ich danke euch von ganzem Herzen für alle Liebe und Arbeit, womit ihr mit mir die Last meines Amtes getragen habt, und ich bitte euch um Verzeihung für alle meine Fehler. Nun wollen wir die heilige Kirche der Sorge des höchsten Hirten, unseres Herrn Jesus Christus, anempfehlen. Und bitten wir seine heilige Mutter Maria, damit sie den Kardinälen bei der Wahl des neuen Papstes mit ihrer mütterlichen Güte beistehe. Was mich selbst betrifft, so möchte ich auch in Zukunft der heiligen Kirche Gottes mit ganzem Herzen durch ein Leben im Gebet dienen.«

Man kann sagen, dass die 48 Kardinäle, die an diesem Vormittag in die Sala del Concistoro gekommen waren, wie vom Donner gerührt auf diese Worte reagierten. Erst Kardinaldekan Sodano durchbrach die Schockstarre, erhob sich und sprach aus, was in diesem Augenblick alle empfanden:

»Heiliger Vater, geliebter und verehrter Nachfolger Petri, wie ein Blitz aus heiterem Himmel hat diese Versammlung Ihre bewegende Botschaft gehört. Wir haben sie mit Fassungslosigkeit und beinahe ungläubig gehört. In Ihren Worten haben wir die große Liebe bemerkt, die Sie immer für die heilige Kirche Gottes hatten, für diese Kirche, die Sie so geliebt hat. Jetzt erlauben Sie mir, Ihnen im Namen dieser apostolischen Versammlung, des Kardinalskollegiums, im Namen Ihrer werten Mitarbeiter, zu sagen, dass wir Ihnen näher sind denn je, wie wir es in diesen leuchtenden acht Jahren Ihres Pontifikats waren. (…) Natürlich leuchten auch die Sterne am Himmel immer weiter, und so wird unter uns immer der Stern Ihres Pontifikats weiterstrahlen.«

Dass Sodano dabei einen Zettel zur Hand nahm, auf dem er offenbar diese kleine Ansprache vorbereitet hatte, zeigte, dass zumindest er in die Pläne des Papstes eingeweiht worden war; vielleicht schon am Samstag durch Erzbischof Gänswein. Benedikts Geheimsekretär, Alfred Xuereb, soll sogar bereits eine Woche zuvor mit der Niederschrift des Rücktrittstextes beauftragt worden sein.

In den folgenden Stunden diskutierte die Welt das Unfassbare. Staatschefs, von Bundespräsident Joachim Gauck bis Bundeskanzlerin Angela Merkel, von Italiens Präsident Giorgio Napolitano bis Ministerpräsident Mario Monti, von Großbritanniens Premierminister David Cameron bis UN-Generalsekretär Ban Ki Moon bekundeten ihre Hochachtung vor der Entscheidung des Papstes. Der Vorsitzende des »Zentralrats der Juden in Deutschland«, Dieter Graumann, dankte ihm für seinen »Kurs der Nähe und Freundschaft«; er habe dem jüdisch-christlichen Verhältnis nicht nur neue Impulse verliehen, sondern es vor allem mit Herzlichkeit erfüllt.

Der *Deutschlandtrend* des ARD-*Morgenmagazins* ermittelte, dass unglaubliche 70 Prozent der Katholiken in Deutschland und 52 Prozent aller Befragten mit der Amtsführung des Papstes zufrieden seien. Nur 24 Prozent gaben an, »weniger oder gar nicht einverstanden« mit den Taten und Worten Benedikts XVI. gewesen zu sein. Ein Pontifikat der »Pleiten, Pech und Pannen«, wie seine Kritiker behauptet hatten, konnte es also nicht gewesen sein. Selbst sein einstiger Kollege und langjähriger Gegenspieler Hans Küng zollte ihm Respekt. Nur Kardinal Stanislaw Dziwisz, der Erzbischof von Krakau und einstige Sekretär Johannes Pauls II., fand kritische Worte: »Vom Kreuz steigt man nicht herunter.« Was Dziwisz nicht begriffen hatte, war das unterschiedliche Amtsverständnis der beiden Päpste, so nahe sie sich menschlich und geistig auch standen. Johannes Paul II. war ganz und gar Papst, zu 100 Prozent in seinem Amt aufgegangen. Ich erinnere mich noch gut an seinen letzten Besuch in Polen, als Jugendliche sich abends vor dem Bischofspalais in der Franziskanerstraße versammelten, bis er endlich im Fenster erschien, mit ihnen sang und zu ihnen sprach. »Danke, Papst, wir lieben dich!«, riefen sie ihm zu, bis er ihnen erklärte: »Der Papst ist jetzt müde. Wenn ihr den Papst liebt, dann geht jetzt nach Hause. Gute Nacht.« Aus dem Munde Benedikts XVI. habe ich nie etwas Vergleichbares gehört. Dass er eine »Grenze zwischen Mensch und Amt ganz deutlich spürt und seine Grenzen kennt«, erklärte mir Georg Ratzinger. Der Applaus, die Ehrungen, die Geschenke sind dem bescheidenen Theologen eigentlich unangenehm, doch er glaubt, so sein Bruder: »Als Papst muss man das alles mit offenem Herzen annehmen, als Person würde es ihm nicht zustehen.«

Diese Worte sind vielleicht der beste Schlüssel zum Verständnis für seinen Rücktritt: Dieser Joseph Ratzinger hat einen so großen Respekt vor dem Papstamt, dass er fürchtet, ihm nicht mehr gerecht zu werden. Doch gerade diese Demut, diese Bescheidenheit, dieses buchstäbliche Zurück-Treten vor der großen Aufgabe der Nachfolge Petri, für die er, der »einfache Arbeiter im Weinberg des Herrn«, sich jetzt nicht mehr stark genug fühlt, machen seine wahre Größe aus. Er spürte, dass seine Arme zu schwach wurden, um das Schiff Petri auch weiterhin in dem so heftigen Gegenwind zu lenken; also machte er den Weg frei für einen jüngeren Steuermann mit kräftigeren Schultern. »In seiner Bescheidenheit und Frömmigkeit ist das wohl die beeindruckendste Rücktrittserklärung der jüngeren Geschichte«, stellte der *Spiegel*-Kulturjournalist Matthias Matussek fest. Sie war, wie alles in seinem Pontifikat, getragen von Glaube und Vernunft.

Tatsächlich hat Benedikt, der Reformer, mit diesem mutigen Schritt auch das Papsttum für immer verändert. In den langen Leidensjahren Johannes Pauls II. verbot es sich geradezu, das Wort »Rücktritt« in den Mund zu nehmen; wer immer es tat, musste sogleich wieder zurückrudern. Obwohl das Kirchenrecht ausdrücklich die Möglichkeit eines Amtsverzichtes bot, war es ein ungeschriebenes Gesetz, dass ein alter und kranker Papst durchzuhalten habe, bis dass der Herr ihn abberief. Vielleicht hat aber gerade diese Erfahrung des Leidens seines Vorgängers Benedikt XVI. darin bekräftigt, es anders zu machen. Schließlich hatte er hautnah die Stagnation miterlebt, die das lange Sterben des großen Polen für die Arbeit der römischen Kurie bedeutete, das Machtvakuum, das so manchen Missstand wuchern ließ. So sehr der Ratzinger-Papst den Heroismus seines Freundes und Vorgängers auch bewunderte, durch sein öffentliches Sterben gegen die Verdrängung von Leid, Alter und Tod aus unserer Gesellschaft zu demonstrieren, so fremd muss dem Ästheten und Perfektionisten aus Bayern diese Rolle gewesen sein. Papst Johannes Paul II. lehrte durch starke Bilder, das Charisma Benedikts XVI. aber lag in klugen Worten und geschliffenen Predigten, die nicht selten filigrane Meisterwerke waren. Doch was, wenn etwa ein Schlaganfall ihm diese Möglichkeit rauben würde?

All das mag den Mann aus Marktl dazu veranlasst haben, nach reichlicher Überlegung und Meditation dieses ungeschriebene Gesetz zu brechen. So gab er den Päpsten der Zukunft endgültig die Freiheit, sich so oder so zu entscheiden, wenn die Last des Alters drückte: durchzuhalten oder zurückzutreten.

Das aber war neu in der fast 2000-jährigen Geschichte des Papsttums. Es gab, wenn überhaupt, nur einen einzigen Präzedenzfall, auf den er sich berufen konnte, und auch hier waren die Umstände doch ganz anders. In den anderen sechs Fällen (von, wohlgemerkt, 264 Nachfolgern Petri) zwangen äußere Faktoren die Päpste zu diesem Schritt. Der erste Papst, der auf sein Amt verzichtete, war der 3. Nachfolger Petri, der hl. Clemens (88–97), den der römische Kaiser Nerva nach Pontus, auf die heutige Krim, ins Exil schickte. Auch der hl. Pontianus (230–235) dankte ab, als er während der Christenverfolgung des Maximinus Thrax festgenommen und nach Sardinien deportiert wurde – zusammen mit dem ersten Gegenpapst, Hippolytus. Der Tag seines Rücktritts, der 28. September 235, gilt sogar als erstes gesichertes Datum der Kirchengeschichte. Zur Abdankung gezwungen wurde der hl. Silverius (536–537), der sich mit dem byzantinischen General Belisar überworfen hatte. Johannes XVIII. (1003–1009) kennen wir Deutschen vor allem, weil er Heinrich III. die Einrichtung Bambergs als Bischofssitz bestätigte. Einige Quellen behaupten, er sei abgesetzt worden, nach anderen hat er freiwillig abgedankt; jedenfalls zog er sich in das Kloster von St. Paul vor den Mauern zurück, wo er nur wenige Monate später verstarb.

Das Pontifikat Benedikts IX. (1032–1044, 1045, 1047–1048) gehört zu den abwechslungsreichsten der Geschichte. Erst wurde er in einer Revolte vertrieben, dann exkommunizierte er seinen Rivalen Sylvester III., ergriff wieder den Papstthron, um nur zwei Monate später gegen eine großzügige Entschädigung zugunsten seines Patenonkels Gregor VI. abzudanken. Als der deutsche Kaiser Heinrich III. nach Rom kam, wurde auch dieser abgesetzt und Clemens II. gewählt. Der aber starb zwei Monate nach seiner Inthronisierung, und seine Sippe, die Tusculaner, machte Benedikt IX. zum dritten Mal zum Papst.

Der bislang letzte Papst, der auf sein Amt verzichtete, war Gregor XII. (1406–1415), zugleich einer der drei letzten Päpste des großen abendländischen Schismas. Während die Gegenpäpste Benedikt XIII. und Johannes XXIII. abgesetzt werden mussten, hielt er sich an die Beschlüsse des Konzils von Konstanz und trat freiwillig zurück, um den Weg für einen neuen Papst freizumachen. Zum Dank wurde ihm eine Würde zuerkannt, die nur unter der seines Nachfolgers stehen sollte. Er starb allerdings schon 1417, nur wenige Wochen vor der Wahl Martins V.

Eindeutig aus freien Stücken trat dagegen nur ein einziger Papst in der gesamten Kirchengeschichte zurück, um wieder ein Leben in Einsamkeit und im Gebet führen zu können.

Die Rede ist vom hl. Coelestin V. (Juli bis Dezember 1294). Seine Wahl folgte einer 27-monatigen Sedisvakanz. Die zwölf Kardinäle, die es damals gab, konnten sich einfach auf keinen Kandidaten einigen. Schließlich besannen sie sich auf einen heiligmäßigen Mann: Pietro del Morrone, der lange als Einsiedler erst in einer Höhle auf dem Monte Morrone, dann auf den Höhen der Maiella gelebt hatte. Er galt nicht nur als Asket, Heiler und Reformer, er hatte auch die Coelestiner-Kongregation mit ihren beiden Klöstern gegründet, die sich bald dem Benediktinerorden anschloss.

Vielleicht nahmen ihm die Kardinäle übel, dass er in einem Brief das Konklave zur Eile gedrängt und vor göttlicher Strafe gewarnt hatte, wahrscheinlich spielte auch der Druck des Königs von Neapel, Karl II. von Anjou, eine Rolle, jedenfalls wählten sie ihn am 5. Juli 1294 zum neuen Papst. Die Nachricht von seiner Wahl wurde in der ganzen katholischen Welt mit Begeisterung aufgenommen. Man hielt ihn für den prophezeiten »Engelspapst«, dessen Aufgabe es sei, das Zeitalter des Heiligen Geistes einzuläuten und die Kirche und die Welt zu läutern. Das entsprach der Geschichtstheologie des kalabrischen Abtes und Ordensgründers Joachim von Fiore, der, entsprechend der Trinität, von einem Zeitalter des Vaters (der Zeit des Alten Bundes), des Sohnes (beginnend mit der Menschwerdung) und des Heiligen Geistes ausging. Der junge Joseph Ratzinger hatte sich intensiv mit Joachim befasst und über seine Rezeption durch den hl. Bonaventura habilitiert.

Doch als Pietro del Morrone von seiner Wahl erfuhr, floh der Einsiedler zunächst. Erst als man ihm gut zuredete und ihn gemahnte, dass es Gottes Wille sei, akzeptierte er. Doch er wollte dann alles anders machen als seine Vorgänger. Auf einem Esel ritt er, wie Jesus am Palmsonntag, am 28. Juli 1294 in Begleitung Karls II. in die Stadt L'Aquila ein, wo er einen Tag später in der von ihm gegründeten Kirche Santa Maria di Collemaggio, der Hauptkirche seines Ordens, gekrönt wurde. Fortan nahm er den Namen Coelestin V. an. Rom, dessen Bischof er jetzt offiziell war, sollte er nie betreten.

Von Anfang an wurde er von Karl II. hemmungslos manipuliert, schließlich sogar nach Neapel geholt. Im Castel Nuovo wurde ihm eine hölzerne Mönchszelle eingerichtet, da er sich weigerte, in Prunk und Pracht zu leben; eine Rückbesinnung auf die Lehre Christi bedeutete für ihn den konsequenten Verzicht auf alle weltlichen Güter. Doch schon bald bemerkte er, dass die Angelegenheiten der Kurie ihn immer mehr vereinnahmten, ihn davon abhielten, sich seinen geistlichen Bedürfnissen zu widmen. Zudem musste er zur Kenntnis nehmen, dass seine Bemühungen, die Kirche im Sinne des Evangeliums zu reformieren und moralisch zu erneuern, bei den Kardinälen auf wenig Gegenliebe stießen. Der listige Kardinal Benedetto Caetani überzeugte ihn schließlich davon, sein Amt aufzugeben, zitierte frei erfundene Präzedenzfälle aus der Kirchengeschichte – und sollte als Bonifaz VIII. schließlich sein Nachfolger werden.

Am 13. Dezember 1294 erklärte Coelestin V. vor dem Konsistorium seine Abdankung. Der Text seiner Ansprache zu diesem Anlass ist überliefert und muss auch Benedikt XVI. als Vorbild gedient haben, denn die Parallelen sind offensichtlich:

»Ich, Coelestin V., trete hiermit aus freiem Willen vom Pontifikat zurück. Rechtmäßige Gründe ebenso wie Gewissensgründe bewegen mich dazu. Aus notwendiger Demut, zur moralischen Vervollkommnung, aber auch aus der Schwäche meines Körpers und der Unfähigkeit zum Lehramt, überhaupt wegen der Schwäche meiner gesamten Person, verzichte ich ausdrücklich auf den Thron, die Würde, das Amt und die Ehre des Papstes. Um den Frieden und die Versöhnung mit meinem früheren Leben wiederzuerlangen, übergebe ich deshalb dem heiligen Kollegium der Kardinäle die volle und freie Macht, einen neuen Oberhirten für die Universalkirche zu wählen.«

Dann legte er seinen roten Papstmantel ab, streifte den Fischerring vom Finger und zog seine alte Mönchskutte an, die er in den letzten Monaten so sehr vermisst hatte. Aus Papst Coelestin V. wurde wieder der einfache »Mönch Petrus«. Sein einziger Wunsch war es jetzt, in seine Eremitenklause zurückzukehren. Doch das erlaubte ihm Bonifaz VIII. aus Angst vor einem Schisma nicht; stattdessen hielt er ihn zuerst in Anagni, dann im Turm des Schlosses von Fumone in einer Art Ehrenhaft fest. Sein Versuch, nach Griechenland zu fliehen, war zuvor vereitelt worden. Als Pietro del Morrone anderthalb Jahre später im Alter von 87 Jahren verstarb, wurde bald darauf behauptet, er sei von seinem Nachfolger ermordet worden; doch das ist eher unwahrscheinlich. In einer stillen Feier wurde er in der Kirche Santa Maria di Collemaggio in L'Aquila bestattet, dort, wo er einst zum Papst gekrönt worden war.

Die Reaktionen auf seinen Rücktritt waren unterschiedlich. Die einen, etwa Petrarca, bewunderten seine Demut. Andere, darunter auch Dante in seiner *Göttlichen Komödie*, bezichtigten ihn der Feigheit und sahen ihn schon an den Pforten der Hölle. Erst später dominierten die positiven Einschätzungen, begriff man, was man an ihm hatte – einen Heiligen, der zu gut für diese Welt war. So dauerte es nur 17 Jahre, bis der Eremit auf dem Papstthron von Clemens V. 1313 heiliggesprochen wurde.

Zu seinen größten Bewunderern zählt heute Benedikt XVI. Bei dem schweren Erdbeben von L'Aquila am 6. April 2009 erlitt auch die Kirche S. Maria di Collemaggio schwerste Beschädigungen. Einzig der gläserne Reliquienschrein, in dem die Gebeine Coelestins V. bestattet sind, blieb wie durch ein Wunder völlig unversehrt. Als Papst Benedikt XVI. am 29. April 2009 das Erdbebengebiet besuchte, um den Menschen Trost zuzusprechen, pilgerte er auch zum Grab seines heiligen Vorgängers und drückte ihm durch eine ganz besondere Geste seine Hochachtung aus. Er nahm sein eigenes Pallium, das Symbol seiner Würde als Bischof von Rom, vom Hals und platzierte es auf dem gläsernen Sarg des »Engelspapstes«. Es war das Pallium, das er am Tag seiner Amtseinführung bekommen und als »Joch Christi, das der Bischof dieser Stadt, der Diener der Diener Gottes, auf seine Schultern nimmt« bezeichnet hatte. Deutlicher konnte er seine Verbundenheit mit dem Schicksal Coelestins wohl kaum ausdrücken. Er deutete damals wohl schon an, dass er seinem Beispiel einmal folgen und ebenfalls »sein Joch ablegen« würde.

Benedikt XVI. würdigte Coelestin noch ein zweites Mal anlässlich dessen 800. Geburtstag im Juli 2010: Bei einem Gottesdienst in der Abruzzenstadt Sulmona bezeichnete er den heiligen Papst und Einsiedler als Vorbild für die heutige Kirche und für alle, die bereit seien, »die Stimme Gottes wahrzunehmen«: »Er wusste, wie man seinem Gewissen folgen und Gott gehorsam sein kann; wie man also ohne Angst und mit großem Mut handeln kann. So hatte er auch in den schwierigen Momenten seines kurzen Pontifikats keine Furcht, seine Würde zu verlieren, sondern wusste, dass diese darin besteht, in der Wahrheit zu bleiben. Und der Garant der Wahrheit ist Gott.«

So sei sein Rückzug in die Einsiedelei auch »keine Flucht vor der Verantwortung« gewesen, sondern die Berufung zu etwas Höherem: »Das einsame Leben des Gebets und der Buße stets im Dienst der Gemeinschaft, es ist offen für die anderen, es steht niemals im Gegensatz zu den Bedürfnissen der Gemeinschaft.« Ähnlich würde Papst Benedikt zweieinhalb Jahre später seinen eigenen, scheinbar so radikalen Schritt begründen. Er machte ihn, als er 85 Jahre alt war – genauso alt wie Coelestin V. bei seinem Amtsverzicht.

Doch bald wurden die vielen Respektsbekundungen für die Entscheidung des deutschen Papstes immer häufiger unterbrochen durch Häme und Triumphgeheul. Ein Gewitter braute sich über Rom zusammen an jenem Tag, der von Anfang an nur grau, kalt und regnerisch gewesen war. Minutenlang war es, als würde die Welt untergehen, blitzte und donnerte es, während sintflutartig die Regenmassen auf das steinerne Pflaster des Petersplatzes prasselten. Zwei Fotografen, ein britisches und ein amerikanisches Fernsehteam, dessen Korrespondentin in den Zwölf-Uhr-Nachrichten über das dramatische Ereignis des Tages berichten sollte, wurden Zeugen, wie ein gigantischer Blitz in die Kuppel des Petersdoms einschlug – exakt sechs Stunden nach der Amtsverzichtserklärung des Papstes. »Ein Himmelszeichen«, sagten die einen. »Der Teufel versucht, uns Angst zu machen«, meinten andere. »Wie ein Blitz aus heiterem Himmel«, hatte bereits Kardinal Sodano den Rücktritt kommentiert. Ganz gewiss aber war die ganze Situation von geradezu apokalyptischem Charakter.

Der Teufel tanzte vor Freude. Gleich am nächsten Morgen drang eine Bande von Frauen in die ehrwürdige Pariser Kathedrale Notre Dame ein und riss sich die Kleider vom Leib, um halb nackt, mit blanken Busen, einen Hexensabbat zu zelebrieren. Vor den Augen schockierter Kirchgänger, irritierter Touristen und hilfloser Sicherheitskräfte skandierten sie den Slogan, den sie mit schwarzer Farbe auf ihre entblößten Oberkörper geschmiert hatten: »Pope no more.« Dabei schlugen einige von ihnen wie besessen auf eine unschuldige Glocke ein, während andere hasserfüllt die zu Fäusten geballten Hände in die Luft reckten oder hysterisch kreischten.

Das gottlose Spektakel sollte den Sieg der »Homo-Ehe« feiern, den die sozialistische Regierung Hollande gegen den Widerstand der Kirche und den friedlichen Protest von anderthalb Millionen Katholiken durchgeboxt hatte, um dem christlichen Europa eines seiner Fundamente zu rauben: die Sakramentalität der Ehe und die Privilegierung der Familie als Keimzelle der Gesellschaft.

Die zweifelhaften »Damen« waren erst ein paar Wochen zuvor aus der Ukraine geflohen, wo ihnen eine Strafverfolgung drohte. Eine von ihnen hatte in Kiew barbusig mit der Kettensäge ein Kreuz gefällt, das an die Märtyrer des Stalin-Terrors erinnerte. In Frankreich jedoch drohte ihnen kein Prozess; Hollandes Polizei nahm lediglich die Personalien auf.

In Deutschland wiederum besetzten die notorischen Papstgegner die einschlägigen Talkshows, um die Welt wissen zu lassen, wie sie sich den nächsten Nachfolger Petri vorstellten: Jung müsse er sein, eine

Frau oder zumindest homosexuell, vielleicht aber auch eine Mischung aus Hans Küng und Heiner Geißler, nur eben nicht, wie diese, unfehlbar. Als in der gleichen Woche, am 15. Februar, in Russland ein Meteoritenschauer niederging, Zigtausende Glasscheiben zum Bersten brachte und dadurch Tausende Menschen verletzt wurden, war auch mir, zugegeben, ein wenig mulmig zumute. An der Erde raste haarscharf ein Asteroid vorbei, während sich bereits ein Komet am Nachthimmel ankündigte. In Italien bebte ausgerechnet in der Coelestin-Stadt L'Aquila die Erde, brachen der Stromboli und der Ätna fast gleichzeitig aus. Im Internet kursierten die abenteuerlichsten Prophezeiungen, die sich darin einig waren, dass Benedikt XVI. der letzte oder vorletzte Papst der katholischen Kirche gewesen sei. Meist beriefen sie sich auf Pseudo-Malachias, dem zufolge auf »Gloria Olivae« tatsächlich nur noch ein Mann auf den Thron Petri folgen würde, »Petrus Romanus«, von dem es heißt: »Der römische Petrus wird die Schafe unter vielen Bedrängnissen weiden. Dann wird die Siebenhügelstadt zerstört werden, und der furchtbare Richter wird sein Volk richten.«
Man brauchte schon einiges Gottvertrauen, um sich in diesen Tagen keine Sorgen zu machen. Doch eben das schien der Papst zu besitzen. Die letzten 17 Tage seines Pontifikats nutzte Benedikt XVI. jedenfalls dafür, noch einmal Zeichen zu setzen. Er wusste, dass jetzt jeder seiner Schritte von den Tausenden Journalisten, die in diesen Tagen nach Rom geschickt wurden, aufmerksam verfolgt würde. Da war es Zeit, Klartext zu reden.
Am 13. Februar, auf seiner ersten Generalaudienz nach der Ankündigung des Amtsverzichts, sprach er von den Schwierigkeiten des Christen in der Gegenwart, seinem Glauben treu zu bleiben. »Aber auch in unserer Zeit, in der der Sinn für das Heilige verdunkelt wird, ist Gottes Gnade am Werk und wirkt Wunder im Leben vieler Menschen«, stellte der Papst fest und nannte als Beispiele ausgerechnet drei Nichtkatholiken: den orthodoxen Russen Pavel Florenskiy, die Jüdin Etty Hillesum, die in Auschwitz ermordet wurde, und die evangelikale Amerikanerin Dorothy Day. Deutlicher konnte der »Papst der Versöhnung« seinen Respekt vor den Gottsuchern auch außerhalb seiner Kirche kaum zum Ausdruck bringen.

Am gleichen Nachmittag feierte Benedikt XVI. seine letzte große Liturgie. Gewöhnlich findet die Aschermittwochsmesse des Papstes in der antiken Kirche S. Sabina auf dem Aventin statt, einem der sieben Hügel Roms, doch aus gegebenem Anlass verlegte man sie in den Petersdom. Ein letztes Mal fuhr der Papst auf seiner beweglichen Plattform am Ende einer langen Prozession der Monsignori, Bischöfe und Kardinäle, jetzt alle in das Violett der Fastenzeit gehüllt, durch Gottes Marmorpalast zum Hochaltar über dem Grab des Apostelfürsten.

Doch kein feierliches *Tu es Petrus* erklang, als er zum letzten Mal die Eucharistie unter der Kuppel des Michelangelo und Berninis bronzenem Baldachin zu feiern gedachte, sondern die Allerheiligenlitanei zur Bußprozession. Schließlich gibt es Antrittsmessen für Päpste, aber keine Abschiedsgottesdienste, und so sollte zunächst alles danach ausschauen, als sei es ein ganz normaler Aschermittwoch, nur eben in der »falschen« Kirche.

In seiner Predigt betonte Benedikt XVI., wie Schläge gegen ihre Einheit manchmal das Antlitz der Kirche verunstalteten. Den »Individualismus und Rivalitäten« zu überwinden, so betonte der Papst, könne ein »demütiges und kostbares Zeichen« für all jene sein, die dem Glauben fern seien: »Der wahre Jünger dient nicht sich selbst oder der Öffentlichkeit, sondern seinem Herren.« Spielte er damit auf Rivalitäten auch in der römischen Kurie an?

Erst gegen Ende der zweistündigen Liturgie unterbrach Kardinal Bertone die angespannte, gleichermaßen andächtige wie bedrückte Stimmung und ergriff das Wort:

> »Heiliger Vater, sehr bewegt und mit tiefem Respekt hat nicht nur die Kirche, sondern die ganze Welt Ihre Entscheidung aufgenommen. Wir wären nicht ehrlich, Eure Heiligkeit, wenn wir Ihnen verschweigen würden, dass unsere Herzen heute Abend von Trauer verschleiert sind. Mit unserer Bewunderung und unserer Liebe wollen wir Ihnen dafür danken, dass Sie uns ein Vorbild waren, ein einfacher und bescheidener Arbeiter im Weinberg des Herrn. Ein Arbeiter, der es verstanden hat, Gott zu den Menschen zu bringen und die Menschen zu Gott.«

Sofort sprangen die Ersten auf, folgten minutenlange Standing Ovations, während selbst den hartgesottensten Kardinälen die Tränen in den Augen standen. Auch viele Gläubigen konnten ihre Gefühle nicht mehr kontrollieren. Sie erlebten gerade das Ende einer Ära.

Auch dem sonst so scheuen Papst fiel es in diesem Augenblick schwer, seine Rührung zu verbergen. Ein Lächeln huschte über sein an diesem Tag so ernstes Gesicht. Doch man merkte auch, wie unwohl ihm bei all dem Lob doch war. »Danke, wir kehren zurück zum Gebet«, meinte er kurz, um dann den liturgischen Segen zu spenden.

Die wichtigste Ansprache dieser bewegten Tage hielt Benedikt XVI. am Donnerstag, als er den Klerus von Rom, einige Tausend Priester, in der Audienzhalle Pauls VI. um sich scharte. Die Rede beeindruckt schon dadurch, dass der Papst sie völlig frei hielt, denn die knappe Zeit hatte ihm nicht erlaubt, ein Manuskript vorzubereiten. So wurde jeder, der bei ihm auch ein Schwinden der geistigen Kräfte befürchtete, eindrucksvoll widerlegt. Wie ein Professor in einem Seminar schüttelte der Nachfolger Petri Namen, Daten und Fakten nur so aus dem Ärmel. Dabei ging es um nicht weniger als die Identität der Kirche heute, 50 Jahre nach der Eröffnung des Zweiten Vatikanischen Konzils. Und da Joseph Ratzinger als Konzilstheologe hier seine erste Begegnung mit der Weltkirche gehabt, das Konzil geprägt, aber auch seine Folgen genauestens studiert hatte, war dieser Vortrag gewissermaßen auch ein Fazit aus seinem Leben und Werk.

»Wir sind damals nicht nur mit Freude, sondern mit Begeisterung zum Konzil gegangen. Es gab eine unglaubliche Erwartungshaltung. Wir hofften, dass alles erneuert werden würde, dass wirklich ein neues Pfingsten käme, eine neue Ära der Kirche«, erinnerte sich der Papst. Die Konzilsväter hätten sich mit einem gesellschaftlichen Wandel konfrontiert gesehen und wollten die Kirche wieder zu einer »Trägerin der Zukunft« statt zu einem Relikt der Vergangenheit werden lassen. Sie hofften auf eine »Einigung zwischen der Kirche und den besten Kräften der Welt«, um »die Zukunft der Menschheit zu öffnen, um den wahren Fortschritt zu öffnen«. Dabei hätten die Bischöfe den Anspruch gehabt, nicht nur vorbereitete Texte abzunicken, sondern selbst als Gestalter mitzuwirken. So seien viele wichtige Dokumente erarbeitet worden, vor allem *Gaudium et spes* und *Nostra aetate*, die nach wie vor wegweisend für die Kirche sind.

Doch neben dem Konzil der Bischöfe, so Benedikt XVI., gab es noch ein »Konzil der Medien«, der öffentlichen Wahrnehmung, das oft wenig mit der echten Konzilsarbeit zu tun hatte:

> »Und während das Konzil der Väter sich innerhalb des Glaubens vollzog, ein Konzil des Glaubens war, der den ›intellectus‹ sucht, der versucht, einander zu verstehen und die Zeichen Gottes in jenem Augenblick zu verstehen, der versucht, auf die Herausforderung Gottes in jenem Augenblick zu antworten und im Wort Gottes das Wort für heute und morgen zu finden, während das ganze Konzil sich also, wie gesagt, innerhalb des Glaubens bewegte, als ›fides quaerens intellectum‹, entfaltete sich das Konzil der Journalisten natürlich nicht im Glauben, sondern in den Kategorien der heutigen Medien, also außerhalb des Glaubens, mit einer anderen Hermeneutik. Es war eine politische Hermeneutik: Für die Medien war das Konzil ein politischer Kampf, ein Machtkampf zwischen verschiedenen Strömungen in der Kirche. Selbstverständlich haben die Medien für jene Seite Partei ergriffen, die ihnen zu ihrer Welt am besten zu passen schien.«

Durch diese bewusste Fehldeutung und Überakzentuierung von Minderheitsmeinungen seien »viel Unheil, viele Probleme, wirklich viel Elend« entstanden, die heute von Kritikern dem Zweiten Vatikanum zugeschrieben würden. Sie seien verantwortlich für die fatalen Folgen dieser falschen Exegese des Konzils, nämlich »geschlossene Seminare, geschlossene Klöster, (eine) banalisierte Liturgie«. Erst jetzt würde allmählich dieses »virtuelle Konzil« zerbrechen und »das wahre Konzil mit all seiner geistlichen Kraft zum Vorschein« kommen, wozu auch das Jahr des Glaubens seinen Teil beitragen sollte. Jeder, der Papst Benedikt XVI. kennt, weiß, dass er in dieser letzten großen Ansprache auf sein Herzensanliegen zurückgekommen war. Der Mann, dessen Weg nach Rom als Konzilstheologe begonnen hatte und auf der Kathedra Petri endete, wollte sicherstellen, dass die wahren Früchte des Zweiten Vatikanums nicht durch einen imaginären, von Außenstehenden hineinprojizierten »Geist des Konzils« vergiftet würden. Das zu tun war seine historische Pflicht, denn tatsächlich sollte er der letzte Papst der Kirchengeschichte sein, der noch persönlich am Konzil teilgenommen hatte. So ging es darum, auch sein persönliches, geistiges Erbe vor denen, die es für ihre Zwecke missbrauchen wollten, zu schützen.

Schon im ersten Jahr seines Pontifikats, genauer gesagt: beim Weihnachtsempfang für die Kardinäle und Mitglieder der römischen Kurie am 22. Dezember 2005, war Benedikt XVI. auf die zwei Lesarten des Konzils eingegangen. Die »Hermeneutik der Diskontinuität und des Bruches«, so stellte er fest, würde ironischerweise von Progressisten und Traditionalisten gleichermaßen vertreten, doch sie habe nichts mit den Absichten der Konzilsväter gemein. Stattdessen plädierte der Ratzinger-Papst für eine »Hermeneutik der Reform unter Wahrung der Kontinuität«. Sie gelte für alle Konzilien der Kirche, die immer wieder auf den stets gleichen Grundlagen Kurskorrekturen und neue Akzentsetzungen festgelegt hätten. Das allein aber sei die Absicht der Konzilspäpste Johannes XXIII. und Paul VI. gewesen, wie Letzterer in seiner Abschlussansprache am 7. Dezember 1965 erklärte:

»Es ist notwendig, die unumstößliche und unveränderliche Lehre, die treu geachtet werden muss, zu vertiefen und sie so zu formulieren, dass sie den Erfordernissen unserer Zeit entspricht. Eine Sache sind nämlich die Glaubensinhalte, also die in unserer ehrwürdigen Lehre enthaltenen Wahrheiten, eine andere Sache ist die Art, wie sie formuliert werden, wobei ihr Sinn und ihre Tragweite erhalten bleiben müssen.«

»So können wir heute mit Dankbarkeit auf das Zweite Vatikanische Konzil zurückblicken«, schloss Benedikt XVI. seine Ausführungen: »Wenn wir es mithilfe der richtigen Hermeneutik lesen und rezipieren, dann kann es eine große Kraft für die stets notwendige Erneuerung der Kirche sein und immer mehr zu einer solchen Kraft werden.« Hierin liegt die große Herausforderung auch für seinen Nachfolger, Papst Franziskus.

Nach genau 13 Tagen des Dauerregens, der ausgerechnet am Tag von Benedikts Rücktrittsankündigung begonnen hatte, kam am Sonntag, dem 24. Februar 2013, das erste Mal wieder die Sonne durch. An diesem Tag sollte der Papst zum letzten Mal vom Fenster seines Arbeitszimmers im Apostolischen Palast aus mit den Gläubigen um 12.00 Uhr mittags das Angelus-Gebet sprechen. So eilten die Menschen zu Tausenden auf den Petersplatz, um ihn noch einmal zu sehen und ihrer Liebe zum Nachfolger Petri Ausdruck zu verleihen. Bald drängten sie sich auch auf der anschließenden Piazza Pio XII., dann auf der Via della Conciliazione, bis schließlich geschätzte 250 000 Menschen die Straße bis zum Tiberufer füllten. Sie wurden nicht enttäuscht, denn der Papst teilte mit ihnen nicht weniger als seine eigene, mystische Vision seiner Zukunft.

Das Evangelium des Tages handelte von der Verklärung des Herrn, davon, dass Jesus auf den »hohen Berg« (der Tradition nach der Berg Tabor bei Nazareth) stieg, um dort zu beten und seinem Vater nahe zu sein. Petrus, so berichtet der Evangelist Lukas, wollte dort in der Gegenwart Gottes bleiben, statt herunterzusteigen zu den Mühen und Schmerzen des Alltags. Das christliche Leben aber, so der Papst, bestünde daraus, immer wieder neu den Tabor zu besteigen und die Nähe Gottes zu suchen. Denn ohne das Gebet würde »jeder Einsatz im Apostolat und in der Nächstenliebe auf Aktivismus reduziert werden«, stellte er fest, um schließlich auf seine eigene Situation einzugehen:

> »Liebe Brüder und Schwestern, ich fühle, wie dieses Wort Gottes in diesem Augenblick meines Lebens besonders an mich ergeht. (…) Der Herr ruft mich, den ›Berg hinaufzusteigen‹, mich noch mehr dem Gebet und der Betrachtung zu widmen. Doch dies bedeutet nicht, dass ich die Kirche im Stich lasse, im Gegenteil. Wenn Gott dies von mir fordert, so gerade deshalb, damit ich fortfahren kann, ihr zu dienen, mit derselben Hingabe und mit derselben Liebe, wie ich es bislang versucht habe, doch auf eine Weise, die meinem Alter und meinen Kräften angemessener ist.«

Auch wenn er nach dem 28. Februar alle administrativen Aufgaben niederlegen würde, so Benedikt XVI., bliebe er doch der Kirche erhalten als einer, der den Rest seines Lebens damit verbringe, für sie zu beten, während er das höchste Ziel aller religiösen Praxis anstrebe, die mystische Begegnung mit Gott.

Am Montag, dem 25. Februar, flog ich schließlich auch nach Rom, um bei der letzten Audienz »meines« Papstes dabei zu sein. Ich war nicht allein, ganz gewiss nicht. Der Medienzirkus hatte gerade seinen ersten Höhepunkt erreicht. Auf der Piazza Pio XII. und am Ende der Via della Conciliazione standen mehrstufige Plattformen, um möglichst vielen TV-Teams gleichzeitig die Möglichkeit zu geben, vor dem Hintergrund des Petersdoms das Geschehen zu kommentieren. Zudem war jede Dachterrasse rund um den Vatikan von Fernsehteams besetzt. Der Petersplatz bot ein symbolträchtiges Bild, befand er sich doch inmitten von Restaurierungsarbeiten. Die linke Seite, die zu den Kolonnaden führt, und die Fassade der »Pfarrkirche der Welt« erstrahlten schon in neuem Glanz. Nur die rechte Seite, die dem Staatssekretariat vorgelagert ist, lag noch hinter Planen und Baugerüsten versteckt. Wie ließe sich besser zeigen, dass Benedikts Programm zur Sanierung der Kirche bereits weit fortgeschritten, aber gewiss noch nicht abgeschlossen war?

Um 10.30 Uhr sollte, wie jeden Mittwoch, die Audienz beginnen. Gewöhnlich reicht es völlig, eine Stunde zuvor vor Ort zu sein, um noch einen halbwegs guten Platz zu ergattern, doch heute war alles anders. Als ich um 8.00 Uhr früh die Piazza del Sant'Ufficio erreichte, drängten sich dort bereits die Menschenmassen vor den Durchlässen. Kein Zweifel, Benedikts letzte Audienz würde zum Triumphzug werden. Fahnen und Transparente verrieten, dass Gläubige aus allen Teilen der Welt gekommen waren. Eine Blaskapelle aus Traunstein, Männer mit Trachtenhüten, in Lederhosen und Lodenjanker, nahm auf den Stufen zum Sagrato Platz, wo sie Kardinal Reinhard Marx, der leutselige Erzbischof von München, begrüßte. Sie sollten zum Abschluss der Audienz die Bayernhymne spielen. Die vielen weißblauen und schwarzrotgoldenen Fahnen auf dem Petersplatz verrieten, dass sie nicht die einzigen Vertreter aus der Heimat des Papstes waren.

Dann endlich, pünktlich um 10.30 Uhr, ging ein Aufschrei durch die Menge, gefolgt von tosendem Applaus und frenetischen »Be-ne-detto!«-Rufen. Das Papamobil erschien, darauf stehend, unter einem kugelsicheren Verdeck, der Papst, sitzend begleitet von Erzbischof Gänswein. Ein letztes Mal leuchteten die weißen Haare Benedikts XVI. in der Sonne, funkelte sein goldener Fischerring im Licht, nahmen Zigtausende Kameras auf, wie er Babys küsste und Kranke segnete. Dann, nach einer großen Runde durch sämtliche Gänge zwischen den Blocks der Besucher, erreichte das Papamobil endlich die Altarplattform, auf der jetzt nur der weiße Papststuhl stand. Ein sichtlich bewegter, seltsam befreit wirkender Joseph Ratzinger streckte seine Arme in die Höhe, als wollte er die Menge umarmen und an sein Herz drücken, bevor er sich für immer von ihr verabschieden würde.

Noch einmal, vielleicht auch um seinem Ruf als »Paulus-Papst« gerecht zu werden, wurde aus dem Brief des Völkerapostels an die Kolosser gelesen, bevor Benedikt XVI. das Wort ergriff – und uns alle beruhigte. Denn es waren keine Worte der Weltflucht und Resignation, sondern der Zuversicht und Dankbarkeit, die seine letzte Botschaft an die Welt sein sollten:

> »Nach einem fast achtjährigen Pontifikat kann ich sagen, dass der Herr mich wirklich geführt hat, er ist mir nahe gewesen, täglich habe ich seine Gegenwart wahrnehmen können. Es war eine Wegstrecke der Kirche, die Momente der Freude und des Lichtes kannte, aber auch Momente, die nicht leicht waren; ich habe mich gefühlt wie Petrus mit den Aposteln im Boot auf dem See Gennesaret: Der Herr hat uns viele Sonnentage mit leichter Brise geschenkt, Tage, an denen der Fischfang reichlich war, und es gab Momente, in denen das Wasser aufgewühlt war und wir Gegenwind hatten, wie in der ganzen Geschichte der Kirche, und der Herr zu schlafen schien. Aber ich habe immer gewusst, dass in diesem Boot der Herr ist, und ich habe immer gewusst, dass das Boot der Kirche nicht mir, nicht uns gehört, sondern ihm.«

Wie die Zukunft des Papstes geplant sei, hatte Vatikan-Sprecher Pater Lombardi bereits am Vortag der Presse erklärt. Benedikt XVI. würde sich zunächst nach Castel Gandolfo, in die Sommerresidenz der Päpste, zurückziehen. Dann, Anfang Mai, würde er im Anbetungskloster Mater Ecclesiae auf dem Vatikan-Gelände, gleich an der Leoninischen Mauer, Zuflucht finden. Er würde weiterhin weiß tragen, allerdings ohne die Insignien des Papsttums, also ohne rote Schuhe, goldenes Pektoral-Kreuz und Fischerring; Letzterer, der auch ein Siegelring ist, würde nach seinem Amtsverzicht am 28. Februar um 20.00 Uhr zerstört. Damit endete seine Amtsgewalt als Nachfolger Petri, seine Vollmacht »zu binden«, was auch im Himmel gebunden, und »zu lösen«, was auch im Himmel gelöst sein wird, die Jesus selbst dem Ersten unter seinen Aposteln im Juli 29 n. Chr. bei Caesarea Philippi übertrug. Die berühmten roten Schuhe symbolisieren die Bereitschaft des Papstes zum Martyrium. An ihrer Stelle würde Benedikt XVI. ein paar brauner Slipper tragen, die ihm auf seiner Mexiko-Reise ein Schuster geschenkt hatte. Sein offizieller Titel laute jetzt »Papa emerito«, also

Papst im Ruhestand, seine Anrede, nach wie vor, »Eure Heiligkeit« oder »Heiliger Vater«.
»Es gibt keine Rückkehr ins Private. Meine Entscheidung, auf die aktive Ausführung des Amtes zu verzichten, nimmt dies nicht zurück. Ich kehre nicht ins private Leben zurück – in ein Leben mit Reisen, Begegnungen, Empfängen, Vorträgen usw.«, stellte Benedikt XVI. auf seiner letzten Audienz fest, um gleich auch auf den Vorwurf von Kardinal Dziwisz zu antworten, er »steige vom Kreuz«:

»Ich gehe nicht vom Kreuz weg, sondern bleibe auf neue Weise beim gekreuzigten Herrn. Ich trage nicht mehr die amtliche Vollmacht für die Leitung der Kirche, aber im Dienst des Gebetes bleibe ich sozusagen im engeren Bereich des heiligen Petrus. Der heilige Benedikt, dessen Name ich als Papst trage, wird mir da ein großes Vorbild sein: Er hat uns den Weg für ein Leben gezeigt, das aktiv oder passiv ganz dem Werk Gottes gehört.«

»Ora et labora« lautete das Lebensmotto des Mönchsvaters und Ordensgründers, der zum ersten Patron des christlichen Europas wurde. Auch wenn Papst Benedikt zu schwach zum Arbeiten sein werde, bliebe ihm immer noch das Gebet, das ohnehin bei ihm stets Vorrang hatte.

Mit einem geradezu verklärten Lächeln trat der Mann aus Marktl von der Weltbühne ab. Nachts hielten Hunderte Gläubige mit Kerzen in der Hand auf dem Petersplatz Wache vor den noch lange hell erleuchteten Fenstern des Apostolischen Palastes. Im Gebet waren sie mit ihrem Papst vereint, und sie spürten, dass hier gerade etwas Großes, etwas Historisches geschah.

Am nächsten Morgen hingen in ganz Rom Plakate, die über Nacht von der Stadtverwaltung aufgehängt worden waren und den winkenden Papst zeigten: »Rimarrai sempre con noi. Grazie», stand darauf geschrieben: »Du wirst immer bei uns bleiben. Danke«. Es war der Tag des Abschiednehmens.

Pünktlich um 11.00 Uhr betrat Benedikt XVI. die Sala Clementina, den Empfangssaal der Päpste im zweiten Stock des Apostolischen Palastes, dessen herrliche Fresken die Taufe, das Martyrium und die Apotheose des dritten Nachfolgers Petri, des vor seiner Deportation zurückgetretenen Papstes Clemens (88–97), zeigen. Dort erwarteten ihn 144 der 206 Kardinäle sowie Dutzende Bischöfe, Präfekten der Kongregationen und hohe Kurienmitarbeiter, die sich von »ihrem« Papst persönlich verabschieden wollten. Darunter auch jene Kardinäle, die bereits aus aller Welt angereist waren, um an dem für den 4. März angesetzten Vorkonklave teilzunehmen, wie der Argentinier Jorge Mario Bergoglio. Bergoglio mag besonders gefallen haben, dass Benedikt XVI. in seiner kurzen Ansprache ausgerechnet seinen Lieblingstheologen zitierte, den Deutsch-Italiener Romano Guardini (1885–1968). Der argentinische Jesuit war sogar im Sommer 1985 für ein paar Monate nach Deutschland gekommen in der festen Absicht, über Guardini zu promovieren. Ratzinger hatte Guardini nicht nur persönlich gekannt, er zitierte sogar aus einem Buch, das dieser ihm einst gewidmet hatte. Die Kirche, so der große Theologe, sei »keine erdachte und konstruierte Institution (…), sondern ein lebendiges Wesen (…) Sie lebt durch die Zeit weiter; werdend wie alles Lebendige wird; sich wandelnd (…) dennoch im Wesen immer die gleiche und ihr Innerstes ist Christus.« Jetzt konnte Benedikt XVI. diese Worte nur bestätigen: »Das scheint mir auch gestern auf dem Petersplatz unsere Erfahrung gewesen zu sein: zu sehen, dass die Kirche ein lebendiger, vom Heiligen Geist belebter Leib ist und dass sie wirklich aus der Kraft Gottes lebt. Durch die Kirche bleibt das Geheimnis der Menschwerdung für immer gegenwärtig.«

Seinem Nachfolger jedenfalls, von dem er ahnte, dass er sich bereits unter den versammelten Kardinälen befand, versprach der scheidende Pontifex »schon heute meine bedingungslose Ehrerbietung und meinen bedingungslosen Gehorsam«.

Die Kardinäle applaudierten minutenlang, bevor jeder Einzelne von ihnen ein letztes Mal vor den Mann trat, der nur noch acht Stunden lang Papst sein würde. Mancher flüsterte ihm etwas ins Ohr, mit anderen tauschte er ein scheues Lächeln aus. Mit Bergoglio sprach er, wie Millionen an den Bildschirmen verfolgen konnten, ganz besonders herzlich. Dann verließ Benedikt XVI. mit langsamen, fast vorsichtigen Schritten ein letztes Mal diesen Raum.

Es folgten das Mittagessen und eine kurze Siesta. Dann, kurz vor 16.55 Uhr, fuhr auf dem San-Damaso-Hof, dem Innenhof des Apostolischen Palastes, der schwarze Mercedes mit dem amtlichen Kennzeichen SCV-1 vor. Unter dem letzten Applaus seiner Mitarbeiter, die den Hof säumten, und einem letzten Salut seiner Schweizergarde verließ der Papst seine Residenz, begleitet von Erzbischof Gänswein und Kardinalstaatssekretär Bertone, der als Camerlengo (Kardinalkämmerer) dem Kirchenstaat bis zur Wahl eines Nachfolgers vorstehen würde. Für Gänswein, dem Benedikt XVI. zu einem zweiten Vater geworden ist, wurde es der vielleicht schwerste Weg seines Lebens. Hatte er morgens noch Haltung bewahrt, sogar zeitweise gelächelt, konnte er jetzt seine Gefühle nicht mehr verbergen; er ließ seinen Tränen freien Lauf. Machte er sich Vorwürfe, den Papst nicht gut genug beschützt zu haben, ahnte er, dass auch die tiefe menschliche Enttäuschung durch die Vatileaks-Affäre zu seinem körperlichen Zerfall in den letzten Monaten beigetragen hatte? Sicher, durch sein beherztes Eingreifen wurde der Täter überhaupt erst entdeckt; doch es blieb der Vorwurf, das Treiben des »Judas« nicht früh genug durchschaut zu haben.

Den Weg zum vatikanischen Heliport legte die schwarze Limousine in wenigen Minuten zurück. Sie hielt erst neben dem weißen Helikopter, dessen Piloten der Noch-Papst begrüßte. Dann stieg der kleine große Deutsche, gefolgt von seinen beiden Sekretären Gänswein und Xuereb, Msgr. Leonardo Sapienza von der Präfektur des Päpstlichen Hauses und seinem Leibarzt, dem Kardiologen Prof. Patrizio Polisca, in den Hubschrauber ein. Die Sonne stand schon tief am Himmel, als der VH139A der italienischen Luftwaffe sich exakt um 17.07 Uhr mit lautem Rattern steil in die Luft erhob.

»Grazie – Vergelt's Gott« stand auf einem Spruchband, das Menschen auf der Dachterrasse eines benachbarten Gebäudes angebracht hatten. Es waren die Worte des Tages, die in diesen Stunden jeder in seinem Herzen trug, seit Kardinal Sodano mit ihnen morgens seine kurze Ansprache beendet hatte. In diesem Augenblick läuteten in ganz Rom, ja fast in der ganzen Welt, die Glocken. Tausende waren auf den Petersplatz geströmt, um Zeugen dieses historischen Augenblicks zu werden. Und wieder wurde die Natur zum größten aller Regisseure. Der ganze Tag war sonnig gewesen, jetzt färbte die Abendsonne den Himmel in ein goldenes Licht. In dieses Licht gebadet erschien die schwarze Silhouette des Helikopters hinter den Statuen der Heiligen, die seit vier

Jahrhunderten die Kolonnaden des Bernini säumen: Der Papst hatte seinen Piloten gebeten, noch einmal eine große Runde um den Vatikan-Staat zu drehen und den Petersplatz zu passieren, auf dem ein letztes Mal der Jubel der Massen für ihn erklang. Dann überquerte er den Tiber, passierte das Forum Romanum und das Kolosseum, die Lateran-Basilika, die Bischofskirche der Päpste, um, die Via Appia Antica entlang, Kurs auf Castel Gandolfo zu nehmen, ein 9000-Seelen-Städtchen 24 Kilometer südöstlich von Rom. Dort, über den Ruinen einer Villa des römischen Kaisers und Christenverfolgers Domitian hoch über dem Albaner See, steht seit 1628 die Sommerresidenz der Päpste.

Ich war nicht in Rom geblieben an diesem Nachmittag, denn es reizte mich nicht sonderlich, den Abflug aus der Ferne zu verfolgen. Stattdessen hatte ich mir mit meinem Kollegen Martin Lohmann und einer Münchener Journalistin ein Taxi geteilt, um Zeuge des letzten öffentlichen Auftritts von Benedikt XVI. zu werden und noch einmal seinen Segen zu empfangen.

Als wir gegen 16.00 Uhr in Castel Gandolfo eintrafen, war der Platz vor dem Papstpalast schon von Tausenden belagert. Viele hatten eigens für den Papstabschied Transparente und Plakate vorbereitet. Nur für die Presse war ein kleines Areal vor dem Brunnen der Piazza reserviert, zu dem wir uns durchkämpften. So konnten wir aus bester Position verfolgen, wie der Helikopter des Papstes den Ort überflog, die Schweizergardisten Position bezogen, dann der allgemeine Jubel ausbrach.

Exakt um 17.36 Uhr erschien Benedikt XVI. auf dem Balkon der Papstresidenz, von dem ein großer, burgunderroter Teppich mit seinem persönlichen Wappen herunterhing. Noch einmal begrüßte er die Menge, dankte für ihre Sympathie, Freundschaft und Zuneigung. »Ich bin bald nicht mehr Papst, nicht mehr oberster Hirte der katholischen Kirche«, erklärte er mit leichter Wehmut in der Stimme. »Ich bin einfach ein Pilger, der nun die letzte Etappe seines Weges auf dieser Erde antritt. Aber ich möchte weiterhin, mit meinem Herzen, mit meiner Liebe, mit meinem Gebet, mit meinem Denken, mit allen meinen geistigen Kräften für das allgemeine Wohl, für das Wohl der Kirche und der Menschheit weiterarbeiten.«

Ich gebe zu, wir hatten Tränen in den Augen. Noch einmal zeigte sich die Größe dieses Mannes in seinem Mut und der Anmut dieses Abschieds, vor allem aber in seiner Demut. Er würde in nicht einmal drei Stunden das höchste Amt auf Erden, das Papstamt, niederlegen, um fortan ein Betender zu sein. Einer wie wir alle, nur Gott ein wenig näher. Noch einmal winkte er der Menge zu, segnete sie, wünschte allen eine »Gute Nacht«. Dann drehte er sich um und verschwand im Innern seiner Residenz.

In diesem Augenblick geschah etwas, das uns alle erstaunte, ja, das an ein Wunder grenzte. Die ganze Zeit über war es nahezu windstill gewesen in Castel Gandolfo, hingen die Fahnen, die von den Einheimischen zur Feier des historischen Tages auf beiden Seiten der Piazza aufgehängt worden waren, wie nasse Lappen an ihren Masten. Erst als der Papst erschien, begann der burgunderrote Wappenteppich sich langsam und nahezu unmerklich zu bewegen. Doch in dem Augenblick, als Benedikt XVI. gerade den Balkon verlassen hatte, kam ein Windstoß auf. Er wehte den Teppich mit dem Papstwappen beiseite und legte frei, was dieser bislang verdecken musste: die Tiara, die Krone der Päpste mit den gekreuzten Schlüsseln des hl. Petrus, die zum Wappen Alexanders VII. (1665–1667) über dem Portal des Apostolischen Palastes gehört. Ein Pontifikat endete, was bleibt, in Stein gemeißelt bis in alle Ewigkeit, ist das Petrusamt selbst, das Papsttum, von dem schon Jesus sagte, nicht einmal die Mächte der Unterwelt könnten es überwältigen (Mt. 16, 18). Danach war es wieder völlig windstill, bewegte sich der Wappenteppich nicht mehr, bis ihn die päpstlichen Kammerdiener einholten.

War es ein Zufall, dass in eben diesem Augenblick, als Benedikt XVI. die weltliche Bühne verließ, wie von unsichtbarer Hand sein Wappen beiseitegeschoben wurde und das Zeichen des ewigen Papsttums zutage trat? Ich kann das immer noch nicht glauben.

»Seine Biografie scheint überwölbt von einem Kosmos voller Zeichen, ein Timing nach himmlischer Regie scheint sein Leben zu regieren«, schrieb Paul Badde über den Mann aus Marktl. Dieser Rosenkranz der Vorsehung begann mit seiner Geburt und Taufe am Karsamstag, ließ eine Lerche am Tag seiner Priesterweihe im Freisinger Dom singen, umschloss die Entdeckung des Paulus-Ankers am Tag seiner Amtseinführung, den Regenbogen von Auschwitz und die Aschewolke über Europa, als er nach Malta reiste, und endete mit dem Blitzschlag nach seiner Abdankung am Lourdes-Tag und dieser letzten, feinen Geste des Heiligen Geistes, die uns lehrte, dass alles nur Windhauch ist, wie das Buch *Kohelet* lehrt – selbst das, was uns ewig erscheint. Wir waren schon wieder in Rom, wollten um 20.00 Uhr auf dem Petersplatz sein, als in Castel Gandolfo die Ehrenwache der Schweizergarde abgezogen wurde und die Türen sich schlossen. Die deutsche Stunde der Kirchengeschichte war vorüber. Benedikt XVI. hatte ernst gemacht mit seiner Forderung nach einer »Entweltlichung« und gleich bei sich begonnen. Nur im Gebet würden die Schafe seiner weltweiten Herde jetzt noch mit ihm vereint sein.

Auch wenn das Pontifikat des kleinen, großen Deutschen an diesem 28. Februar 2013 offiziell endete, so reichte es doch bis in den Karsamstag hinein. An diesem Tag nämlich sollte, so lautete eine seiner letzten Anweisungen, für nur 90 Minuten, von 17.10 bis 18.40 Uhr, im Dom zu Turin das Grabtuch Christi mit dem geheimnisvollen Abdruck des Gekreuzigten gezeigt werden. Hatte eine sechswöchige Ausstellung bereits im Priesterjahr 2010 stattgefunden, so würde diese Begegnung mit dem Antlitz Christi ein Höhepunkt im Jahr des Glaubens sein. Nichts konnte das Vermächtnis des Gottsuchers aus Marktl am Inn deutlicher zum Ausdruck bringen als diese Geste, die wie eine Bilanz seines Lebens erscheint. Schließlich wurde Joseph Ratzinger am Karsamstag des Jahres 1927 geboren und gleich getauft, worin er, wie er 1998 in einem Interview meinem Journalistenkollegen Martin Lohmann anvertraute, »Vorsehung« und »eine Weisung«, ja »ein Programm für mein Leben« sah. Es sei ein »Tag von besonderer Bedeutung«: »Es scheint schon irgendwie Ostern herein, aber es ist doch auch ein dunkler, verhüllter Tag. Insofern spiegelt er etwas von der Situation der menschlichen Geschichte überhaupt, von der Situation unseres [20.] Jahrhunderts und meines Lebens – einerseits die Dunkelheiten, das Ungewisse, das Fragende, die Gefährdungen, das Drohende – aber doch auch die Gewissheit, dass es Licht gibt, dass es sich lohnt, zu leben und weiter zu gehen.« So sei es ein Tag, über dem Christus stünde, »geheimnisvoll verborgen und zugleich anwesend«.

Als Benedikt XVI. am 2. Mai 2010 selbst nach Turin pilgerte, gab er zu, obwohl er das Grabtuch bereits zu anderen Gelegenheiten gesehen habe, jetzt »sensibler geworden zu sein für die Botschaft dieses außer-

gewöhnlichen Bildes«, dessen Geheimnis »das Mysterium des Karsamstags« sei: »Gerade von dort, aus dem Dunkel des Todes des Sohnes Gottes, ist das Licht einer neuen Hoffnung hervorgebrochen: das Licht der Auferstehung.«
Einer Zeit der Apostasie, des Abfalls vom Glauben, der Identitätskrise des einst christlichen Abendlandes und der Schwerhörigkeit Gott gegenüber, einer Welt also, die so dramatisch in der irrenden Finsternis des Karsamstags lebt, präsentierte Papst Benedikt das Bild des Auferstandenen. »Gott ist kein unbekannter Gott, sondern ein Gott mit einem Antlitz: Jesus Christus«, lautete sein Credo.
Er fand es im Grabtuch von Turin wie in seinem geheimnisvollen Gegenstück, dem »Heiligen Antlitz«, einst Kronschatz der byzantinischen Kaiser, dann als »Schweißtuch der Veronika« in Rom verehrt, bis es in das Abruzzendorf Manoppello gelangte. Dorthin pilgerte Benedikt XVI. am 1. September 2006 auf seiner ersten selbstständig geplanten Reise innerhalb Italiens, um vor dem Tuch als erster Papst der Neuzeit die Knie zu beugen. Auf die ewige Suche des Menschen nach Gott hat dieser durch seine Menschwerdung geantwortet. Sein Antlitz war fast schon vergessen gewesen, bis der deutsche Pontifex es erneut offenbarte. Ihn selbst aber zog es in die Einsamkeit, um in Dialog mit ihm zu treten.
Aus der Ferne des Bergstädtchens Castel Gandolfo verfolgte der »Papa emerito«, wie in Rom ein neues Kapitel der Kirchengeschichte aufgeschlagen wurde. Auf Benedikt folgte Franziskus, auf Gelehrsamkeit der Dienst an den Armen. Auch das muss der Mann aus Marktl geahnt haben. »Sind Sie nun das Ende des Alten oder der Beginn des Neuen?«, hatte ihn sein Biograf Peter Seewald bei einer letzten Begegnung im August 2012 gefragt. Seine Antwort war kurz, aber vielsagend gewesen: »Beides«, hatte der Ratzinger-Papst geantwortet – und geschmunzelt.

Intermezzo I.: Interview mit HH Prälat Dr. Georg Ratzinger

Ich will die ganze Wahrheit über den Amtsverzicht Benedikts XVI. wissen und kann sie nur von einer einzigen Person erfahren, seinem Bruder Georg. Seit ich 2011 mit ihm das Buch *Mein Bruder, der Papst* schrieb, das mittlerweile in 14 Sprachen erschienen ist, stehe ich mit ihm in regelmäßigem Kontakt.

Sehr bald nach dem 28. Februar 2013, nämlich am 2. März, war ich wieder in Regensburg, wo »Deutschland pro Papa« ein Abschiedskonzert für den Heiligen Vater veranstaltete, an dem so renommierte Künstler wie der Star-Violinist Baptiste Pawlik, der große Tenor Wolfgang Nöth, Tobias Neumann und Nastasja Dokalou von der Münchener Staatsoper, die Harfenistin Brigitta Erl und der Organist Wolfgang Kraus teilnahmen. Natürlich waren Prälat Dr. Georg Ratzinger und der Regensburger Bischof Dr. Rudolf Voderholzer Ehrengäste der Veranstaltung.

Doch meine Fragen stelle ich dem Bruder des Papstes erst am 23. April 2013, seinem Namenstag; da ist er gerade von einem 14-tägigen Besuch bei Benedikt XVI. in Castel Gandolfo zurück.

Herr Domkapellmeister, viele machen sich Sorgen um die Gesundheit Ihres Bruders. Wie geht es ihm?

Wieder besser. Er brauchte eine Zeit, um sich umzustellen, um sich zu erholen, aber er wirkt jetzt doch schon wieder sehr viel frischer. Die Last des Amtes, die auf ihm lag, die vielen Verpflichtungen und die große Verantwortung hatten ihn schon arg mitgenommen. Jetzt wirkt er geradezu erleichtert und scheint sich allmählich zu erholen.

Sein Nachfolger, Papst Franziskus, findet viele Sympathien, ja geradezu Begeisterung. Trotzdem gibt es viele, die Ihrem Bruder noch nachtrauern und sich schwer umgewöhnen können. Weiß er das?

Doch, er weiß schon, dass er sich noch großer Wertschätzung erfreut und dass der neue Stil, den sein Nachfolger eingeführt hat, noch ungewohnt ist für die Leute und einigen auch Schwierigkeiten bereitet, weil er doch vieles einfach anders macht, als es bisher gewesen ist. In Bekleidungsfragen, in der liturgischen Kleidung und so weiter. Dass das einigen Schwierigkeiten bereitet, ist ihm durchaus bekannt.

Hat er dazu etwas gesagt, sieht er das ähnlich oder begrüßt er die Neuerungen?

Er spricht eigentlich nie darüber, denn er will seinem Nachfolger ja nicht im Wege stehen und ihm in keinster Weise Schwierigkeiten oder Probleme bereiten. Aber er schätzt ihn auch sehr.

Wie gut kannte er seinen Nachfolger, Papst Franziskus?

Er hat nie über ihn gesprochen früher, ich glaube, er kannte ihn nicht gut, wohl eher nur oberflächlich.

Ein bekannter Autor behauptete unlängst, Papst Benedikt habe Kardinal Bergoglio geradezu für einen Heiligen gehalten. Ist da was dran?

Na, so gut hat er ihn sicher nicht gekannt.

Viel wurde spekuliert über die Gründe für den Rücktritt Ihres Bruders. Der Herausgeber eines amerikanischen Magazins schrieb, Ihr Bruder habe 2012 zwei kleine Schlaganfälle gehabt und sei von seinen Ärzten gewarnt worden. Ist daran etwas wahr, ist er aus Angst vor einem Schlaganfall zurückgetreten?

Na, das glaub ich nicht, das stimmt einfach nicht.

Wie geht es ihm denn nun wirklich gesundheitlich?

Er tut sich schwer mit vielem. Das Gehen macht ihm Schwierigkeiten. Er kann schwer laufen, seine täglichen Spaziergänge sind erheblich verkürzt worden, weil er einfach beim Gehen Schmerzen hat. Auch seine Stimme ist schwach geworden und funktioniert nicht mehr richtig, es fällt ihm schwer, zu sprechen, und er wird einfach sehr schnell müde. Vielleicht kommt dazu, dass der Arzt ihm gesagt hat, er dürfe keine transatlantischen Reisen mehr machen, und mir scheint, er hält es für unerlässlich, etwa jetzt in Brasilien beim Weltjugendtag dabei zu sein. Auch ein Besuch auf den Philippinen wäre angestanden, und solch große Reisen kann und darf er nicht mehr machen. Daher glaubte er, nicht mehr der Richtige zu sein für das Amt.

Vielen fällt es schwer, zu glauben, dass das die einzigen Gründe sind für einen solchen doch historischen Schritt.

Nun, das Alter zwingt ihn eben dazu. Unser Vater hätte dazu gesagt: Warte, bis du in meine Schuhe hineingewachsen bist, nicht wahr? Wer einmal den Zustand des Alt-Seins erreicht hat, für den ist das leicht zu begreifen. Unsereiner hätte ja auch nie gedacht, dass ich einmal so ungeschickt und a bisserl hilflos sein würde wie heute. Wer selber die Erfahrung gemacht hat, wie es ist, alt zu sein, der versteht das eigentlich sehr gut. Hinzu kommt, dass auch die Anforderungen an einen Papst heute sehr viel größer sind als noch vor 50 Jahren. Ein Papst muss heute reisen, muss immer und überall präsent sein, die großen Papstmessen zelebrieren, die im Fernsehen übertragen werden, die großen Audienzen abhalten. Da muss man einfach halbwegs im Vollbesitz seiner Kräfte sein und kann sich nicht, wie es früher war, einfach zurückziehen. Aber irgendeine akute Krankheit hat er nicht.

Wollte er eine Zeit der Stagnation vermeiden, wie er sie doch selbst in den letzten Jahren der Amtszeit des damals schwer kranken Johannes Paul II. erlebt hat, als vieles auch hinter dem Rücken des Papstes geschah?

Darüber haben wir eigentlich nicht gesprochen. Aber unter Johannes Paul II. gab es doch ziemliche Rivalitäten, und da hat der eine mal etwas fester gezogen und mal der andere. Das war bei meinem Bruder nie der Fall, er hat eigentlich die Zügel immer fest in der Hand gehabt.

Es ist nur so: Auf die Dauer ist er dem, was im Amt der Alltag fordert, nicht mehr gewachsen.

Spielte auch die menschliche Enttäuschung über den Vatileaks-Skandal eine Rolle, der Diebstahl persönlicher Dokumente aus dem päpstlichen »appartamento« und der Verrat durch seinen Kammerdiener Paolo Gabriele, der für ihn fast wie ein Sohn war?

Nein, das glaube ich nicht. Es haben ja von Anfang an einige davor gewarnt, den (Paolo Gabriele) einzustellen. Eigentlich hat die ganze »Tafelrunde« darunter gelitten, wie wir diejenigen nannten, die mit dem Heiligen Vater an einem Tisch saßen beim Mittagessen, also die beiden Sekretäre und die vier Schwestern, die ihm den Haushalt machten; sie alle wurden ja mit verraten. Das betraf also nicht meinen Bruder allein, sondern sie alle. Zudem waren es ja keine entscheidenden Texte, die da veröffentlicht wurden, es war doch alles relativ harmlos. Aber dass etwas geklaut wird, das kommt halt überall mal vor.

Der Untersuchungsbericht der drei Kardinäle, der die Hintergründe von Vatileaks aufdecken sollte, spielte also keine Rolle bei seiner Entscheidung?

Nein, es war einfach die Erfahrung seiner altermäßigen Entwicklung und das Wissen darum, was die Leitung der Kirche verlangt.

Wann hat er denn die Entscheidung getroffen, auf sein Amt zu verzichten?

Das kann ich nicht sicher sagen. Ich glaube, das ist gewachsen, seit er aus Mexiko zurückkam und die Ärzte ihm davon abgeraten haben, noch einmal so weit zu reisen. Wann er mir das nun gesagt hat, ob nun zu Weihnachten oder einen Besuch früher, als ich im November in Rom war, daran erinnere ich mich nicht mehr. Irgendwann in diesem Zeitraum jedenfalls.

Hat er seine Entscheidung seitdem je bereut? Oder war es ein Befreiungsschlag, ist er erleichtert?

Es ist für ihn schon eine große Befreiung, doch, das kann man sagen.

Am 16. April feierte Ihr Bruder seinen 86. Geburtstag, und Sie waren in Castel Gandolfo dabei. Wie feiert ein »papa emerito«?

Das war alles ganz einfach. Morgens in der Früh, da war die heilige Messe ein bisserl feierlicher, dann gab es ein kleines Ständchen von der »Tafelrunde«, es gab einen Kuchen, und die Speisekarte war etwas üppiger als normal. Von mehreren Seiten sind noch Torten gekommen und viele Blumen, vor allem aber Tausende Briefe von Menschen, die ihm gratulieren wollten.

Wie war sein Appetit? Er hat ja stark abgenommen im letzten Jahr.

Nun, er isst nicht sehr viel. Er hat gegessen wie immer eigentlich.

Am 2. Mai kehrt Ihr Bruder nach Rom zurück und wohnt dann im Kloster Mater Ecclesiae an der Leoninischen Mauer. Wird er dort auch den heißen Sommer über bleiben?

Wo er im Sommer sein wird, das weiß er noch nicht. Papst Franziskus hat ihm angeboten, er könne dann wieder nach Castel Gandolfo, denn dort wolle er nicht hin. Aber ob er von diesem Angebot Gebrauch macht, das steht noch offen.

Dort entstand ja sein großes, dreibändiges Jesus-Buch. Glauben Sie, er wird jetzt, wo er Zeit hat, noch etwas schreiben?

Nein, schreiben wird er nichts mehr, sein schriftstellerisches Werk ist abgeschlossen, es wird keine weiteren Veröffentlichungen geben. Aber natürlich liest er noch viel, das ist klar.

Danke, Herr Domkapellmeister!

X. Vom Ende der Welt

Vielleicht war diese letzte Amtshandlung von Papst Benedikt XVI., die ich im neunten Kapitel beschrieb, auch ein versteckter Hinweis auf seinen Nachfolger; so verborgen freilich, dass er ihn selbst nicht verstanden haben mag. Denn ausgerechnet aus Turin, der Stadt, in der seit 1578 das Grabtuch Jesu mit dem geheimnisvollen Abdruck und den Blutspuren der Passion verehrt wird, stammt die Familie Jorge Maria Bergoglios, der sich als erster Papst Franziskus nennen sollte, wie der Mann, der an seinem Leib die Wundmale Christi trug.

Doch wer den neuen Papst wirklich verstehen will, der darf nicht in Europa nach seinen Spuren suchen, sondern muss dies in seiner Heimat tun: »am Ende der Welt«, in Argentinien. So machte auch ich mich Ende April, vier Tage nach meinem Interview mit Georg Ratzinger, auf den Weg in die Neue Welt, um eine Woche lang die Stätten seines Wirkens zu besuchen und mit einigen seiner Weggefährten zu sprechen. 17 Stunden war ich dorthin unterwegs, zwölf Stunden dauerte allein der Direktflug von Madrid. Angenehm kurz dagegen war der Weg vom Flughafen Buenos Aires Ministro Pistarini in die Innenstadt; schon nach einer halben Stunde hatte ich, Dank einer modernen Autobahn, mein Hotel erreicht. Schon auf dieser kurzen Fahrt begriff ich, wie wenig Argentinien unseren Klischees von »Südamerika« entspricht. Ich kannte Mexiko von einem Dutzend Reisen, ich war in Peru und ein halbes Dutzend Mal in Brasilien gewesen, doch hier war alles anders. Ich fühlte mich, als sei ich mitten in Europa, vielleicht im Süden Spaniens gelandet.

Das Land mag nicht zur Ersten Welt gehören, aber bestimmt auch nicht zur Dritten. Es ist ein Sonderfall. Armut gibt es, aber sie existiert versteckt. Allgegenwärtig ist sie nur in Gestalt der vielen Obdachlosen, die nachts die Straßen bevölkern. Oder in den Elendsvierteln, den Villas, was freilich nur im Deutschen wie ein Euphemismus klingt. Im Spanischen bedeutet »villa« »Dorf« – und »villas miserias« heißen die »Elendsdörfer« bei den Einheimischen. Nur die Regierung spricht von »villas de emergencia«, also »Notsiedlungen«. Zehn Prozent der Bewohner von Buenos Aires leben in diesen Slums. 22 Prozent der 40 Millionen Argentinier verortet die Katholische Universität von Argentinien (UCA) unterhalb der Armutsgrenze. Nach Regierungsangaben sind es gerade einmal sieben Prozent.

Gleich neben der Flughafenautobahn erhebt sich ein gigantisches, rundes, neugotisches Gotteshaus, die Basilika Unserer Lieben Frau von der Wundertätigen Medaille, wie mir mein Fahrer verrät. Ein deutliches Zeichen dafür, wie allgegenwärtig der Katholizismus in Argentinien ist. Der Mormonentempel auf der anderen Seite der Straße, den wir gerade erst passiert hatten, wirkt dagegen wie ein Bauwerk von einem anderen Stern.

Allmählich erreichten wir die Innenstadt, wo das Antlitz der berühmtesten Frau der argentinischen Geschichte, einer Ikone gleich, die Besucher begrüßt: die Diktatorengattin und Wohltäterin Eva Perón (1919–1952). Spätestens durch Andrew Lloyd Webbers Musical *Evita*, verfilmt mit keiner Geringeren als Madonna in der Hauptrolle, wurde sie weltweit zur Popikone. Hier aber prangt sie von den neun obersten Stockwerken eines Hochhauses und zeigt an, dass ihr Volk noch immer um sie weint. Doch noch monumentaler, sich nämlich über die Höhe und Breite einer zehnstöckigen Parkhausfront erstreckend, begrüßte mich auf der anderen Seite der Straße der Papst, im Hintergrund die blauweiße Flagge mit der Sonne Argentiniens: »La Ciudad celebra con orgullo y alegría al Papa Francisco« – »Die Stadt feiert mit Stolz und Freude Papst Franziskus«. So etwas hätte es in Deutschland nach der Wahl von Papst Benedikt geben müssen!, dachte ich mir.

Tatsächlich ist Buenos Aires noch immer im Papstfieber, wie ich in den nächsten Tagen feststellen sollte. In der Nacht nach dem »Habemus Papam« tobte ein Freudentaumel über den Rio de la Plata, fand in jeder Straße eine Fiesta statt. Zehntausende Begeisterte hatten sich auf der Plaza de Mayo, dem zentralen Platz im Herzen der Stadt, versammelt, zwischen dem pinkfarben angestrahlten Regierungsgebäude, der Casa Rosada, und der Kathedrale, deren später angesetzte neoklassizistische Fassade sie so gar nicht wie einen Bau aus der Kolonialzeit, sondern eher wie einen antiken Tempel erscheinen lässt. Seitdem stehen an vielen Ecken Straßenhändler und verkaufen Sticker, Feuerzeuge, Schlüsselanhänger, Karten und Poster mit dem Konterfei des Papstes, abwechselnd vor dem Blauweiß der argentinischen Flagge oder dem Blaurot seines geliebten Fußballvereins San Lorenzo.

Und doch ist die Stadt so anders als sechs Wochen zuvor. Vier Tage Dauerregen hatten Anfang April den Fluss über die Ufer treten lassen und die Straßen überschwemmt. Der Schaden, den die Unwetter verursachten, beträgt mehrere Hundert Millionen Pesos; über 60 Menschen kamen ums Leben. Seitdem ist die Innenstadt von Buenos Aires, genauer gesagt: das historische Stadtviertel San Nicolás, das dem Rio de la Plata am nächsten liegt, eine einzige, riesige Baustelle, da fast überall die Straßen neu gepflastert werden müssen.

Schließlich passierten wir den 67 Meter hohen Obelisken an der Plaza de la Republica, das Wahrzeichen von Buenos Aires, auch von einem Bauzaun umgeben. Er wurde ausgerechnet im Geburtsjahr des Papstes errichtet, 1936, als die Stadt ihren 400. Geburtstag feierte.

Entdeckt wurde Argentinien bereits 1516 durch den spanischen Abenteurer Juan Diaz de Solis, der nach einem Wasserweg nach Asien suchte. Doch seine Expedition, die ihn in die Nähe des heutigen Tigre brachte, fiel einem Überfall der Indios zum Opfer, bei dem auch er ums Leben kam. Andere Conquistadores folgten, gründeten erste Niederlassungen und lauschten aufmerksam den Berichten der Einheimischen von einem sagenhaften Silberberg irgendwo im Nordwesten. So bekam Argentinien, das Silberland, seinen gewiss nicht unattraktiven Namen.

20 Jahre später, am 2. Februar 1536, landete der Spanier Pedro de Mendoza mit 1600 Mann, auf eine Flotte von 16 Schiffen verteilt, an der Mündung des Paraná, die man auch den Silberfluss, den Rio de la Plata, nannte. Sein Auftrag lautete, das Land an der Ostküste Südamerikas zu erobern, zu kolonisieren und eine Straße nach Peru anzulegen. Am Südufer des Flusses errichtete er ein Fort, das er auf Anraten seines Kaplans, eines Sarden, nach der Virgen de Bonaria von Cagliari nannte – vollständig und auf Spanisch: Puerto de Nuestra Señora Santa Maria del Buen Ayre. »Guten Wind« konnte ein Seemann schließlich immer gebrauchen! Doch unter einem guten Stern stand auch diese Expedition nicht. Man hatte nicht daran gedacht, dass auf der Südhalbkugel nicht der Frühling, sondern der Herbst bevorstand, es also zu spät zum Anbau von Getreide war. So zwangen die Siedler die

Einheimischen vom Stamm der Querandi, ihnen Essbares zu besorgen, was diese mit diversen Angriffen vergalten. Einem Augenzeugen, dem Straubinger Patriziersohn Ulrich Schmidl, verdanken wir nicht nur einen realistischen Bericht, sondern auch einen Holzschnitt mit der ersten Darstellung der unglücklichen neuen Stadt. Er zeigt, wie die Menschen übereinander herfallen, drei Pferdedieben, die am Galgen hingen, wurden die Beine abgetrennt; vor lauter Hunger machte man selbst vor Kannibalismus nicht halt. Vier Jahre später folgte die Resignation, gab man das Fort auf, kehrten die Überlebenden der Expedition in ihre Heimat zurück.

Erst 1580 wurde die Stadt als Ciudad de la Santisima Trinidad y Puerto Santa Maria de los Buenos Aires neu gegründet. Die Hoffnung auf Silber hatte man zu diesem Zeitpunkt freilich längst aufgegeben, seit man wusste, dass es den sagenhaften Silberberg zwar gab, er sich jedoch in Potosí im heutigen Bolivien befand. Trotzdem galt es, an der Ostküste Präsenz zu zeigen und den Vormarsch des Rivalen Portugal zu stoppen. Statt auf die Suche nach Bodenschätzen konzentrierte man sich jetzt auf Viehzucht und Landwirtschaft – und damit auf die Ausbeutung der unterworfenen indigenen Urbevölkerung. Doch erst als Karl III. (1759–1788) Buenos Aires zum offenen Hafen bestimmte, blühte die Stadt auf. Stolz bezeichnen sich die Einheimischen noch heute als Porteños, als »Hafenbewohner«.

Als es 1806 Einheimische und nicht etwa die schwachen spanischen Truppen waren, die einen Angriff der Engländer abwehrten, stieg das Selbstbewusstsein der Argentinier ins Unermessliche. Nur vier Jahre später vertrieben bewaffnete Bürger den spanischen Vizekönig, nach sechs weiteren Jahren wurde die nationale Unabhängigkeit erklärt. Bald galt Argentinien bei Südeuropäern als das, was die USA zunächst vor allem für Briten, Iren und Deutsche waren: das Land der unbegrenzten Möglichkeiten, das Traumziel für Auswanderer. Speziell Italiener zog es an den Rio de la Plata, was zur Entstehung einer Mischsprache aus Spanisch und Italienisch, des sogenannten Cocoliche, führte.

Als die Bergoglios im Januar 1929 an Bord der Giulio Cesare den Hafen von Buenos Aires erreichten, waren es keineswegs finanzielle Nöte, die sie zur Auswanderung gezwungen hatten. Der Grund war politischer Natur. Die Großmutter des Papstes war öffentlich gegen den ita-

lienischen Faschistenführer Benito Mussolini aufgetreten, der 1922 mit seinem Marsch auf Rom die Macht an sich gerissen hatte.
»Unsere Großmutter war einfach göttlich!«, erzählte mir die Schwester des Papstes, Maria Elena Bergoglio, als ich sie in ihrem Haus in Ituzaingó, einem Vorort von Buenos Aires, interviewte (siehe Intermezzo II.): »Sie stieg nach der hl. Messe oder dem Rosenkranzgebet in der Kirche auf die Kanzel und begann, gegen Mussolini zu wettern. Dabei saßen damals die Carabinieri mit Maschinengewehren in der Kirche. Sie war sehr tapfer, sehr mutig. An einem gewissen Punkt mussten unsere Großeltern einfach Italien verlassen, oder Mussolini hätte sie verhaften lassen.«
Die Bergoglios stammten aus dem Dorf Portacomaro bei Asti im äußersten Nordwesten Italiens, dem Piemont; ein Menschenschlag, der als unbequem gilt, manchmal sogar als starrköpfig. Als ihr Bruder 2001 von Papst Johannes Paul II. zum Kardinal erhoben wurde, besuchte Frau Bergoglio mit ihm zusammen die Heimat ihrer Eltern.
»Die Gegend ist herrlich, wir sind zusammen durch die Hügel spaziert«, erinnerte sie sich, »es war bewegend, das Haus zu sehen, in dem mein Vater geboren wurde, den Garten, in dem er als Kind gespielt hat, den Keller, in dem unser Onkel einst Wein machte. Wir waren überwältigt von so vielen Emotionen.«
Doch die Großeltern hatte es in diesem Dorf nicht gehalten. Sie gingen in die piemontesische Hauptstadt Turin, eröffneten dort, so Maria Elena Bergoglio, »die feinste Konditorei der Stadt. Am Tag unterhielten sie ein Café, nachts wurde es zur eleganten Bar; man tauschte dazu bloß die Tischdecken aus, stellte die Tische und Stühle ein wenig um und servierte Drinks. Es ging ihnen finanziell wirklich gut, auch wenn sie dafür hart arbeiten mussten.« Der soziale Aufstieg war vorprogrammiert. Ihr Sohn Mario Giuseppe Francesco hatte gerade eine Ausbildung als Buchhalter abgeschlossen und bei einer großen Bank angefangen. Als Großmutter Rosa, die sich stolz Vasallo de Bergoglio nannte, das Schiff betrat, trug sie einen eleganten Mantel mit Fuchskragen. Sie wollte ihn auch dann nicht ablegen, als sie in der Sommerhitze der Südhalbkugel in Argentinien eintraf. Denn in den Kragen hatte sie Bargeld eingenäht, das ganze und nicht unbeträchtliche Vermögen der Familie.

Die Entscheidung, nach Argentinien auszuwandern, war den Bergoglios nicht allzu schwergefallen, weil dort bereits ihre nächsten Verwandten lebten. Die Brüder des Papstgroßvaters hatten 1922 in Paraná eine Fabrik für Straßenpflaster gegründet. Das Unternehmen war so erfolgreich, dass sie sich schon bald eine vierstöckige Residenz bauen konnten, die bei den Einheimischen nur »Palacio Bergoglio« hieß. Die Jugendstilvilla hatte nicht nur eine spitze Kuppel, die an die legendäre Confiteria del Molino im berühmten Barrio Once von Buenos Aires erinnerte, sondern auch als erstes Haus der Stadt einen Fahrstuhl.
In jeder Etage wohnte einer der Brüder. Doch schon in der Wirtschaftskrise 1932 ging das Unternehmen bankrott. Der »Palast« musste verkauft werden, die nächsten Jahre wurden damit verbracht, für die entstandenen Schulden aufzukommen. Erst dann verteilte man sich über das Land: Die Großeltern mit dem Vater des Papstes gingen nach Buenos Aires, Onkel Eugenio ließ sich in Córdoba nieder, Onkel Albino in Azul.
In Almagro im Westen der Hauptstadt eröffneten die Großeltern Bergoglio ein Lebensmittelgeschäft. Ihr Sohn wollte zunächst wieder als Buchhalter arbeiten, doch seine Abschlüsse aus Italien hatten in der Neuen Welt keine Gültigkeit. Noch einmal eine Ausbildung absolvieren, quasi »bei null« anfangen, wollte er auch nicht. Also wurde er zunächst im elterlichen Betrieb tätig und fuhr Bestellungen mit dem Fahrrad aus. Später stellte ihn eine Strumpfwarenfabrik an, die gleich gegenüber des Lebensmittelladens lag. Er war wieder Buchhalter, auch wenn er die Tagesabschlüsse nicht abzeichnen durfte.
»Arbeitete er denn nie für die Eisenbahn?«, fragte ich Maria Elena Bergoglio; sämtliche bislang auf dem Markt befindlichen Papstbiografie-Schnellschüsse hatten ihn abwechselnd als »Bahnarbeiter« (Heiko Haupt) oder »Buchhalter bei der Eisenbahn« (Andreas Englisch) bezeichnet. Sie lachte nur. »Was sich die Leute doch alles zusammenfantasieren! Unser Vater arbeitete nie für die Eisenbahn, auch nicht als Buchhalter.« Den Mythos vom »Papst aus der Arbeiterklasse« hatte ich jedenfalls entlarvt. Alles an den Bergoglios war durch und durch bürgerlich.
Die Pfarrkirche von Almagro ist wohl die prachtvollste, die man um die Jahrhundertwende in Buenos Aires errichtet hatte, als die Vororte

der jungen Weltstadt aus dem Boden gestampft wurden, um die Scharen der Einwanderer zu beherbergen. Die Bergoglios müssen sich hier schnell heimisch gefühlt haben, denn ihr Patrozinium erinnerte an Turin. Die Basilica de San Carlos Borromeo y Maria Auxiliadora wurde von den Patres des Salesianerordens betreut, den der große Heilige der piemontesischen Hauptstadt, Giovanni Don Bosco, im 19. Jahrhundert gegründet hatte. Ihr Name verwies auf Turins prachtvolle Basilika Maria Ausiliatrice (Maria Hilf), die 1864 auf Initiative des Ordensgründers errichtet worden war. Sie ist noch heute das Mutterhaus des Ordens, der sich von Anfang an speziell darum bemühte, Straßenkindern durch Ausbildung eine Zukunft zu schenken. Schon 1875 hatte Don Bosco die erste Missionsexpedition nach Argentinien geschickt. Von Anfang an machten sich die Salesianer einen Namen dadurch, dass sie die Einheimischen vor ihrer Ausbeutung durch die Großgrundbesitzer schützten. Ihre reich geschmückten Kirchen aber verkündeten die Herrlichkeit des Herrn. So wurde die neugotische Basilika von Almagro in ihrer Opulenz, die selbst die der Kirchen Italiens übertreffen wollte, zum Stolz des ganzen Viertels.

Hier, nach einer Sonntagsmesse, lernte Mario Giuseppe Bergoglio, der jetzt seinen zweiten Vornamen in José änderte, 1934 seine spätere Frau Regina Maria Sivori kennen. Sie war die Tochter einer Piemontesin und eines Argentiniers, der seine Wurzeln in Genua hatte. Es muss wohl Liebe auf den ersten Blick gewesen sein, denn nur ein Jahr später, am 12. Dezember 1935, heiratete das Paar. Das Datum war, sicherlich nicht zufällig, der Festtag der Gottesmutter von Guadalupe, der Patronin Amerikas. Ziemlich genau ein Jahr später, am 17. Dezember 1936, kam das erste ihrer fünf Kinder zur Welt. Am ersten Weihnachtstag wurde der Junge in der Basilica de San Carlos auf den Namen Jorge Mario getauft. Seine Taufpaten waren seine Großmutter Rosa und ein Onkel mütterlicherseits, Francisco Sivori.

Es war eine harmonische Kindheit, die der spätere Papst verbrachte, verzaubert vor allem durch die liebevolle Fürsorge der Mutter. »Unsere Mutter hatte einen starken, festen Charakter«, erklärte mir Maria Elena. »Natürlich hat unser Vater sich auch um die Erziehung gekümmert, aber er musste arbeiten. Mutter war für den Haushalt zuständig. Sie zeigte uns ihre Liebe durch die Dinge, die sie für uns tat. Sie war be-

dingungslos. Mutter tat so viel für uns und war dabei immer fröhlich.« Ihre besondere Leidenschaft galt der Musik. »Sie liebte die Oper. *Madame Butterfly* war ihre Lieblingsoper, aber auch alle anderen Komponisten der Klassik wurden geschätzt. Klassische Musik war einfach Teil unseres Lebens. Unsere Eltern sind oft mit meinen älteren Brüdern in das Teatro Colón gegangen, die Oper von Buenos Aires.«
»Typisch für Mutter und Vater war, dass sie uns durch ihr Beispiel belehrten. Das waren vielleicht keine ausgedehnten Familiendialoge oder großen Ansprachen. Sie sagten ganz einfache Dinge, sodass wir sofort verstanden, was sie uns damit sagen wollten. Und ihre Worte bezogen sich immer auf ganz konkrete Beispiele. Ich erlebte meine Eltern immer nur als freundlich und offen. Sie waren mit anderen Ehepaaren und Familien befreundet, führten ein offenes Haus. Zudem waren sie in unserer Kirchengemeinde aktiv, sehr aktiv sogar«, erklärte die Schwester des Papstes, »unser Haus gehörte immer uns Kindern. Wir mussten nicht rausgehen, um Spaß zu haben. An den Wochenenden trafen wir uns oft mit unseren Verwandten. Unser Vater war ein richtiger Familienmensch. Dabei verwöhnte er uns nicht, im Gegenteil, er war auch streng. Wir hatten bei Weitem nicht all die materiellen Dinge, die wir uns wünschten. Aber es fehlte uns auch an nichts. Vor allem aber war unser Vater ein sehr frommer Mann. Er betete immer mit uns den Rosenkranz, wirklich jeden Tag. Unserer Mutter sagte er: Wenn du einmal stirbst, trete ich in ein Kloster ein und werde Mönch.« Noch größer aber war der Einfluss der frommen Großmutter, die oft morgens den kleinen Jorge und später auch seine Geschwister zu sich nahm, um seine Mutter etwas zu entlasten, und ihnen dann von der Heimat erzählte oder von den Heiligen.
Bei der Pfingstvigil mit den kirchlichen Gemeinschaften, am 19. Mai 2013 auf dem Petersplatz, erinnerte sich Papst Franziskus an diese Glaubensvermittlung durch seine geliebte Nonna:

> »Sie war eine Frau, die uns Jesus erklärte, uns von ihm erzählte, uns den Katechismus beibrachte. Ich erinnere mich immer noch, dass sie uns am Karfreitag abends zur Kerzenprozession mitnahm, und am Ende dieser Prozession kam der liegende Christus, und die Großmutter ließ uns – uns Kinder – niederknien und sagte zu uns: ›Seht, er ist tot, aber morgen wird er auferstehen.‹ Ich habe die

erste christliche Verkündigung ausgerechnet von dieser Frau empfangen, von meiner Großmutter! Und das lässt mich an die Liebe so vieler Mütter und so vieler Großmütter in der Weitergabe des Glaubens denken. Sie sind es, die den Glauben weitergeben.«

In diesem ebenso frommen wie behüteten familiären Umfeld wuchs Jorge Mario Bergoglio als ganz normaler Junge auf. In der Schule galt er als lebhaft, »war manchmal ein kleiner Teufel«, aber auch gutherzig, erinnerte sich eine ehemalige Lehrerin, Schwester Rosa, die erst im letzten Jahr im Alter von 101 Jahren verstarb. Seine Multiplikationstabelle etwa lernte er auf der Treppe, indem er unermüdlich die Stufen hochhüpfte, immer zwei auf einmal – zwei, vier, sechs. Kardinal Bergoglio hat die lehrende Nonne bis zu ihrem Tod regelmäßig besucht, um mit ihr Tee zu trinken. »Ja, du warst ein Teufel«, hielt sie ihm dann lachend vor, »und, hast du dich gebessert?«

Jorges Leidenschaft galt schon früh dem Fußball, was wenig erstaunt bei einem Jungen aus Almagro. Denn dort ist der Fußballclub San Lorenzo zu Hause, der seinen Namen dem gleichnamigen Märtyrer verdankt und auf den katholischen Priester Lorenzo Massa zurückgeht; er hatte den fußballbegeisterten Bewohnern des Viertels erlaubt, Spiele im Hinterhof seiner Kirche zu veranstalten. Schon 1946, als San Lorenzo seinen dritten Meistertitel gewann, will der damals neunjährige Jorge nach eigenen Angaben kein Spiel der Mannschaft versäumt haben. Noch heute bringt kaum ein Marienbild die Augen des Papstes so sehr zum Leuchten wie das blaurote Trikot seines Vereins, dessen Ehrenmitglied er längst ist. Als seine Eltern dann von Almagro in den pittoresken Stadtteil Flores im Westen von Buenos Aires zogen, lag ein schöner Platz, auf dem er Fußball spielen konnte, gleich um die Ecke. »Es war ein wunderbares Viertel«, erinnerte sich Maria Elena Bergoglio, »die ganze Nachbarschaft war wie eine große Familie.« Hier, in der Calle Membrillar, lebten viele gut situierte Bürger in adretten, bunt bemalten ein- oder zweistöckigen Häuschen und pflegten einen durchaus mondänen Lebensstil. Berühmt aber war Flores vor allem wegen des Pueyrredón-Theaters, in dem der gefeierte Tango-Tänzer Leonel Edmundo Rivero die Gäste begeisterte. Sogar ein eigenes Tango-Lied beschreibt das lebensfrohe Viertel »San José de Flores«.

Nur ein Zwischenfall unterbrach die familiäre Idylle. Jorge war gerade zwölf Jahre alt, als seine Schwester Maria Elena geboren wurde. Seine Mutter war nach der Entbindung zeitweise gelähmt. Plötzlich mussten die vier Jungs sich um den Haushalt kümmern, Verantwortung übernehmen, auch wenn die Mutter sich langsam wieder erholte. Damals lernte der heutige Papst, unter Anleitung seiner Mutter, zu kochen.

Ein Jahr später, er war gerade 13, wollte Jorges Vater, dass er eine neue Verantwortung übernahm; er sollte sich für die Schulferien einen Job suchen. Der Junge bewarb sich in der Strumpffabrik, deren Buchhaltung sein Vater betreute, übernahm zunächst Reinigungsarbeiten, dann Verwaltungsaufgaben. Als er das Technisch-Mathematische Gymnasium mit Spezialisierung in Nahrungsmittelchemie besuchte, erhielt er einen Laborplatz, an dem er täglich vormittags arbeitete; nachmittags, bis acht Uhr abends, fand der Unterricht statt. Die Begegnung mit der Arbeit prägte den späteren Papst. »Es ist doch eine Tatsache, dass die Arbeit eine Person mit Würde quasi ›salbt‹«, erklärte er seinen Biografen Sergio Rubin und Francesca Ambrogetti, als sie ihn für das Buch *El Jesuita* interviewten: »Würde als solche erreichen wir ausschließlich durch Arbeit.« So gesehen ist Papst Franziskus nur begrenzt ein Anhänger des Sozialstaats. Eine Regierung, so Bergoglio damals, sollte »eine Kultur der Arbeit fördern, nicht eine des Almosens«. Schließlich ist er überzeugt: »Der Schlüssel zur sozialen Frage ist die Arbeit.«

Sein ganzes Interesse galt damals den Naturwissenschaften, und vielleicht wäre er ein guter Chemiker oder auch ein Arzt geworden, wenn nicht plötzlich etwas ganz anderes in sein Leben eingebrochen wäre. Damals, an jenem 21. September 1953, der in Argentinien Frühlingsanfang ist, freute er sich schon darauf, mit seinem Kameraden den »Tag des Schülers« zu feiern. Er hatte viele Freunde, erinnerte sich Maria Elena Bergoglio, er liebte die zeitgenössische Musik und ging gerne auf Feste. Er lernte gerade, Tango zu tanzen, und hatte schon ein Auge auf das eine oder andere Mädchen geworfen. Doch irgendetwas zog ihn an diesem Tag in die benachbarte Pfarrkirche, San José de Flores.

Sie ist ausgerechnet dem heiligen Joseph geweiht, dem zweiten Namenspatron seines Vaters, an dessen Festtag Jorge Bergoglio 60 Jahre später den Antritt seines Papstamtes zelebrieren würde. Er war oft in dieser Kirche, diente dort als Ministrant, kannte jeden ihrer Priester und Kapläne. Doch als er sie an diesem Morgen betrat, begegnete er einem Priester, den er noch nie zuvor gesehen hatte. Er kam mit ihm ins Gespräch und spürte, wie ein Feuer in ihm entfacht wurde. Spontan bat er den Fremden, bei ihm beichten zu dürfen. Diese Beichte ließ ihn erkennen, dass sein Leben anders verlaufen müsse, als er es bislang geplant hatte. Dass ihn Gott dazu berief, Priester zu werden. Er konnte anschließend nicht mehr mit seinen Freunden in die Stadt fahren und eine Party feiern, denn er wusste, dass er bereits erwartet wurde.»Von diesem Zeitpunkt an ist es Gott, der einen mit einer Ausschließlichkeit umwirbt, wie es sie nur in der ersten Liebe gibt«, gestand Bergoglio seinem Biografen. Später erfuhr er, dass sein Beichtvater, ein Aushilfspriester, ein Jahr später an Leukämie verstorben war.

Ich wollte diese Kirche sehen, die im Zentrum von Flores an der befahrenen Avenida Rivadavia zwischen zwei Jugendstil-Bankpalästen liegt, und stellte fest, dass sie etwas ganz und gar Römisches hat, sobald man sie betritt. Ihre Seitenschiffe werden durch monolithische Porphyrsäulen mit vergoldeten, korinthischen Kapitellen getrennt, ihre Vierung wird von einer hellen, lichtdurchfluteten Kuppel überragt, ihre Altäre schmückt römischer Barock. Tatsächlich verlieh ihr Papst Pius X. 1912 den Status einer Basilica Minor und erklärte sie damit zur Papstkirche, die im Rang nur durch die vier großen Basiliken Roms und ihre beiden »Geschwister« in Assisi übertroffen wird. Eine Marmortafel am Eingang klärt auf, welche Ablässe mit ihrem Besuch verbunden sind. Gleich am Eingang rechts wacht der heilige Petrus, eine kleinere Kopie der berühmten Bronzestatue im Petersdom, mit der einen Hand segnend, mit der anderen die Schlüssel zum Himmelreich ans Herz gedrückt. Genau gegenüber, gleich neben der Statue der Gottesmutter von Luján, der Schutzpatronin Argentiniens, steht noch heute der Beichtstuhl, in dem Jorge Mario Bergoglio sein Berufungserlebnis hatte.

Doch damals dauerte es zunächst ein wenig, bevor er die Konsequenz aus dieser Entscheidung zog. Erst einmal schloss der Junge das Gymnasium ab, arbeitete weiterhin im ernährungswissenschaftlichen Labor, erwarb sogar ein Diplom als Chemietechniker. Privat traf er sich mit Mädchen, tanzte Tango, feuerte die Kicker von San Lorenzo an. Er interessierte sich für Politik, las Schriften der Kommunisten, beobachtete fasziniert den Aufstieg Juan Peróns, des Generals, der noch heute in Argentinien eine Legende ist, überflügelt nur noch von Evita, seiner zweiten Frau. »Er konnte sich schon mit Perón identifizieren«, vertraute mir seine Schwester an, »schließlich basierte der Peronismus ursprünglich auf den Prinzipien der Soziallehre der Kirche.« Dieser »dritte Weg« zwischen Kommunismus und Kapitalismus schrieb sich zunächst einmal soziale Gerechtigkeit auf die Fahnen. Er stärkte die Rechte der Arbeiter, verschaffte einem Großteil der Bevölkerung Anrecht auf Weihnachtsgeld und Rentenzahlungen und trug maßgeblich zur Industrialisierung des Landes bei. Erst als der Peronismus auf Konfrontationskurs mit der Kirche ging, begann Bergoglio, den Präsidenten kritischer zu sehen. Für ihn selbst aber stand längst eine ganz andere Entscheidung an.

Eines Tages, mit 19 Jahren, sagte er seiner Mutter, er wolle Arzt werden. Maria Elena Bergoglio erinnert sich: »Mutter freute sich natürlich, meinte: ›Dann mach ich dir im ersten Stock ein kleines Zimmer frei, damit du in Ruhe studieren kannst.‹ Doch eines Tages, als sie die Kammer putzen wollte, fand sie lauter Bücher, in denen es um Philosophie, Theologie und Latein ging. Sie stellte ihn sofort zur Rede: ›Jorge, warum hast du mich angelogen?‹ – ›Mutter, ich habe dich nicht angelogen‹, erwiderte er seelenruhig, ›ich möchte Medizin für die Seelen studieren.‹ Unser Vater war überglücklich über diese Entscheidung. Er wollte immer das Haus voller Nonnen und Priester haben. Doch Mutter tat sich damit ziemlich schwer und versuchte zunächst, ihm das auszureden. Ihr Problem war dabei gar nicht die Berufung an sich, sondern die Vorstellung, dass er dann das Haus und die Familie verlassen würde. Sie wollte ihn einfach nicht gehen lassen.«

Knapp 20 Jahre war Jorge Mario Bergoglio alt, als er in das diözesane Priesterseminar in Villa Devoto am Westrand der Hauptstadt eintrat. Am 11. März 1958 wechselte er in das Seminar der Jesuiten über – »angezogen von der fortschrittlichen Kraft der Gesellschaft Jesu für die Kirche«, wie er Rubin und Ambrogetti erklärte. Vor allem aber träumte er davon, den Spuren des hl. Franz Xaver zu folgen und als Missionar nach Japan gehen zu können. Doch dann kam wieder einmal alles ganz anders.

Der junge Seminarist erkrankte schwer, wurde mit hohem Fieber in ein Krankenhaus eingeliefert, gleich darauf gab man der Familie Bescheid.

Eine Lungenentzündung, ergab die erste Diagnose. Drei Tage lang schwebte Jorge zwischen Leben und Tod. Bei näherer Untersuchung stellte sich heraus, dass sich in der Lunge drei Zysten gebildet hatten. Als sich sein Zustand stabilisiert hatte, wurde operiert. Die obere Hälfte der rechten Lunge musste entfernt werden. Die Infusionen, die notwendig waren, um das Brustfell und die Narben zu reinigen, schmerzten fürchterlich.

»Wir machten uns alle so große Sorgen um ihn«, erinnerte sich Maria Elena Bergoglio; sie war damals gerade neun. Doch vor allem der Trost einer Besucherin baute den jungen Seminaristen wieder auf und schenkte ihm tiefen Frieden. Es war Schwester Dolores, die Nonne, die ihn auf seine Erstkommunion vorbereitet hatte. »Jetzt folgst du Jesus nach«, erklärte sie ihm. Da wusste Jorge, dass er nicht umsonst litt, dass die Krankheit und Konfrontation mit dem Tod auch eine Stärkung seines Glaubens bedeuteten. An den Tod aber denkt er, wie er seinen Biografen anvertraute, seitdem jeden Tag.

Für den Einsatz als Missionar kam der Seminarist jetzt nicht mehr infrage, entschied sein Novizenmeister, dafür war er gesundheitlich zu labil. Nach seiner Genesung absolvierte er sein Noviziat in Córdoba, wo er am 12. März 1960 seine ersten Gelübde ablegte – auf den Tag genau 53 Jahre, bevor das für ihn so entscheidende Konklave begann. Zum anschließenden geisteswissenschaftlichen Grundstudium schickte ihn der Novizenmeister nach Chile. Dort, nahe der Hauptstadt Santiago, lebte er in einem Haus des Ordens in der Siedlung Padre Hurtado, benannt nach Luis Alberto Hurtado (1901–1952), einem Jesuitenpriester, der 2005 durch Benedikt XVI. heiliggesprochen werden sollte. Hurtado hatte sich zeitlebens für Obdachlose eingesetzt und Geld gesammelt, um »jenen ein Heim zu schaffen, die kein Dach über dem Kopf haben«. Unter dem Namen El Hogar de Cristo, »Das Haus Christi«, wurde die Notunterkunft 1945 eröffnet. Nur ein Jahr später folgte ein zweites Asyl an der damaligen Calle Chorrillos, die heute ebenfalls den Namen des Heiligen trägt. Fast täglich fuhr Pater Hurtado damals mit seinem grünen Kleinbus durch die Stadt, um Bedürftige mit sauberer Kleidung und einer warmen Mahlzeit zu versorgen. Zudem kümmerte sich der Jesuit um die Ausbildung von Heimkindern und ermöglichte einigen von ihnen sogar das Universitätsstudium. Nach seinem

Tod lebte dieses karitative Werk fort. Heute gilt El Hogar de Cristo als die größte Wohltätigkeitsorganisation im Land. Man kann gewiss sagen, dass Pater Hurtado zu einem der großen Vorbilder des heutigen Papstes wurde.

Die Unterkunft des Gaststudenten Jorge Mario Bergoglio, das Haus der Jesuiten, lag 23 Kilometer vom Zentrum der Millionenstadt entfernt geradezu malerisch inmitten der Natur, umgeben von Obst- und Nussbäumen, Wiesen und Feldern. Doch diese scheinbare Idylle war nur die eine Seite, die andere war eiserne Disziplin. Sein Schlafzimmer befand sich im Nordflügel des Gebäudes: ein kleiner Raum mit vier schmalen Betten und einfachen, hölzernen Schreibtischen, in dem zwischen zwei und vier Seminaristen untergebracht wurden. Der einzige Schmuck war ein kleines, hölzernes Kreuz an der kahlen Wand. Schon bei Morgengrauen wurden die Studenten aus den Betten gerissen, mussten schweigend ihr Frühstück einnehmen. Zur Körperpflege gab es nur kaltes Wasser, allein im Winter ein- oder zweimal in der Woche warmes. Um Punkt 6.00 Uhr begann mit der auf Latein gehaltenen Frühmesse ein fester Tagesablauf, der erst abends um 18.00 Uhr endete. Auch Mittag- und Abendessen wurden schweigend eingenommen, Aufenthaltsräume, in denen man plaudern und sich mit den anderen Novizen austauschen konnte, gab es nicht. Nur auf den Zimmern waren Gespräche und Kartenspiele erlaubt. Ansonsten stand im Zentrum dieses fast klösterlichen, gewiss aber asketischen Lebens allein das Gebet.

Nach dem geisteswissenschaftlichen Grundstudium kehrte Bergoglio nach Argentinien zurück. Am Colegio Maximo de San José – wieder ein Wink des heiligen Joseph! – in San Miguel studierte er bis 1964 Philosophie, dann, bis 1966, Literatur und Psychologie am Colegio de la Inmaculada in Santa Fé. Sein Theologiestudium absolvierte er schließlich am Colegio del Salvador, der Jesuitenuniversität von Buenos Aires. Am 13. Dezember 1969, vier Tage vor seinem 33. Geburtstag und »natürlich« an einem Fatima-Tag, wurde Jorge Manuel Bergoglio schließlich von Ramón José Castellano, dem Erzbischof von Córdoba, zum Priester geweiht. Es war der Höhepunkt im Leben des späteren Papstes.

Nach Abschluss seines Studiums, 1970, begann für den jungen Priester das Tertiat, die dritte und letzte Ausbildungsstufe und damit Bedingung für die Eingliederung in den Orden. Vielen jungen Jesuiten gilt es als »Urlaub«. Doch für den reisescheuen Bergoglio war es alles andere als das. Die Eindrücke, die er in dieser Zeit auf seinen Reisen durch Kolumbien und Mexiko sammelte, prägten ihn für sein Leben. Er wurde erstmals mit umzäunten und von der Polizei bewachten Elendssiedlungen der Ausgestoßenen der Gesellschaft konfrontiert, einer Armut, wie es sie in Argentinien nie gab. In Spanien, wo er ein halbes Jahr in Alcalá de Hernares verbrachte, lernte er dagegen erstmals die europäische Kultur und Lebensart kennen. Er nutzte die Zeit, um nicht nur Madrid, sondern auch »die Noviziate im restlichen Europa« zu besuchen.

Nachdem er als Novizenmeister und Berater des Provinzoberen in San Miguel gedient hatte, durfte er endlich am 22. April 1973 seine Ewigen Gelübde ablegen; jetzt war er – nach der Regel der Jesuiten – zudem zu besonderem Gehorsam gegenüber dem Papst verpflichtet.

Offenbar erkannten seine Ordensbrüder schon bald das Potenzial, das in ihm steckte. Jedenfalls dauerte es nur drei Monate, bis sie den nur 37-Jährigen zum Provinzial, also zum Ordensoberen von ganz Argentinien, wählten. Bergoglio konnte nicht ahnen, dass dies die schwerste Prüfung und die größte Herausforderung seines Lebens werden würde. Denn die folgenden Jahre standen im Zeichen der Auseinandersetzung mit der Befreiungstheologie – und im Schatten der Terrorherrschaft eines skrupellosen Militärregimes.

Seit der kommunistische Revolutionsführer Fidel Castro 1959, den argentinischen Berufsguerillero Ernesto Che Guevara an seiner Seite, in Kuba die Macht übernommen hatte, wurde in ganz Südamerika der Ruf nach gesellschaftlichen Veränderungen immer lauter. In den Sog reformistischer wie revolutionärer Bewegungen gerieten dabei auch katholische Priester und Ordensleute – speziell jene der Gesellschaft Jesu. Den Anfang machte der kolumbianische Priester Camilo Torres, der Revolution für Christenpflicht hielt. Das Gebot der Nächstenliebe, so glaubte er, würde den Kampf gegen Armut und Unterdrückung bedingungslos einfordern. Als persönliche Konsequenz schloss er sich 1965 den Rebellen an – und kam ein Jahr später bei einem Schusswechsel mit Regierungstruppen ums Leben.

Andere bemühten sich, Seelsorge und Sozialreform zusammenzuführen. In Brasilien entstanden die sogenannten Basisgemeinden, deren

Mitglieder – meist landlose Bauern, Landarbeiter und Slumbewohner – versuchten, gemeinsam den Alltag zu bewältigen. Ihre Priester wollten den Verzweifelten durch die biblische Botschaft neue Hoffnung schenken. So entstand eine lebensnahe und praktische Exegese, bei der sich die Armen unserer Zeit selbst als Empfänger des Evangeliums verstanden.

Auf der Versammlung der lateinamerikanischen Bischofskonferenz (CELAM) im kolumbianischen Medellin 1968 bemühten sich erstmals die Bischöfe, ihre Position angesichts der neuen sozialen Bewegungen zu definieren. Unter Führung des brasilianischen Erzbischofs Helder Camara prangerten sie offen die »gewaltigen sozialen Ungerechtigkeiten in Lateinamerika« an, erteilten aber gleichzeitig marxistischen Utopien, ebenso wie dem Liberalismus und Kapitalismus westlicher Prägung, eine Absage. Auf der Grundlage der Enzyklika Pauls VI. *Populorum progressio* forderten sie einen »dritten Weg« zur Befreiung und machten die »Option für die Armen« zur offiziellen Leitlinie der Kirche. Ausgehend von einer sozio-ökonomischen Analyse sollten die Priester versuchen, im Lichte des Glaubens eine neue pastorale und politische Praxis zu entwickeln, erklärte der peruanische Theologe Gustavo Gutiérrez, dessen 1971 erschienenes Buch *Teología de la liberación* schließlich der Bewegung ihren Namen gab.

Doch auch dieser Schritt ging einigen nicht weit genug. Immer mehr Befreiungstheologen suchten das Heil eher bei Marx als bei Christus und bedienten sich des Vokabulars linker Demagogen, wenn sie von der »herrschenden Klasse«, »Ausbeutung«, »Entfremdung«, »Klassenkampf« und ihrem Traum von einer »sozialistischen Gesellschaft« sprachen. Eine Bewegung nannte sich ganz unverhohlen »Christen für den Sozialismus«; kein anderes politisches System, so glaubten sie, könne Gerechtigkeit in ihrem Teil der Welt herstellen. Eine »Theologie des Politischen« müsse in der Lage sein, »den christlichen Inhalt einer jeden Praxis deutlich zu machen, selbst wenn sie sich als ›atheistisch‹ ausweist, jedoch wirklich befreiend ist«, erklärte einer ihrer Vordenker, der brasilianische Franziskanerpater Leonardo Boff (der den Orden 1992 verließ).

Doch gerade diese Option auch für einen atheistischen Sozialismus spaltete die junge, hoffnungsvolle Bewegung. Zugleich setzte sie die

Befreiungstheologie ganz pauschal dem Verdacht aus, christlich getarnter Marxismus zu sein und damit das Evangelium zu politischen Zwecken zu missbrauchen. Hatte nicht Jesus selbst zwar den Armen die Frohbotschaft verkündet und zur Solidarität aufgerufen, aber auch jede politische Agitation gegen die römischen Besatzer untersagt? Hatte er nicht ausdrücklich verlangt, dem Kaiser zu geben, was des Kaisers ist, weil sein Reich nun mal nicht von dieser Welt sei? Schrieb nicht der Apostel Paulus im *Römerbrief*, »jede Obrigkeit ist von Gott« (Röm 13, 1)?

Auch die Gesellschaft Jesu war in dieser Frage gespalten. Auf der 32. Generalkongregation des Ordens 1974/75, an der auch Bergoglio als Provinzial teilnahm, prallten die Fronten aufeinander. Er selbst gehörte zum konservativen Flügel des Ordens, verfolgte mit Skepsis, wie sich junge Patres mit Marxisten verbrüderten – und stieß damit ausgerechnet auf die Opposition seines Generaloberen Pater Pedro Arrupe, der extrem linke Positionen vertrat und dadurch immer wieder mit dem Papst in Konflikt kommen sollte.

Noch in Rom, in der Kurie der Jesuiten, hatte ich einen Ordensbruder Bergoglios interviewt, der sich bestens an die damalige Diskussion erinnern konnte. Pater Prof. Peter Gumpel SJ ist ein Jesuit der »alten Schule«, und das ist in seinem Fall wörtlich zu verstehen. Seit fast sieben Jahrzehnten lebt der bald 90-jährige gebürtige Berliner in Rom, jahrzehntelang lehrte er Kirchengeschichte an der Gregoriana, der renommierten Universität des Ordens, leitete als Relator (Untersuchungsrichter) Dutzende Seligsprechungsprozesse und beriet vier Päpste. Sein bester Freund ist der geradezu legendäre Konzilstheologe und Postulator Pater Paolo Molinari SJ, mit dem er auch dienstlich eng zusammenarbeitete. Ich kannte Pater Gumpel, seit ich ihn 2008 bei den Recherchen für mein Buch über Pius XII. konsultierte, und besuche ihn seitdem regelmäßig, wann immer ich in Rom bin. Wie sich herausstellte, kannte Pater Gumpel seinen Ordensbruder Jorge Mario Bergoglio nicht nur recht gut, er war sogar einer seiner wenigen Freunde in der Ordenszentrale.

»Die Ordensleitung war damals gegen ihn, aber er wusste, dass Pater Molinari und ich ganz auf seiner Seite standen«, vertraute Pater Gumpel mir an, »er war in der Kurie nicht sehr beliebt, weil er gegen die

Theologie der Befreiung war. Bei uns gab es einige, die sich dafür begeisterten und nicht verstanden, dass sich manche Vertreter dieser Richtung längst mit den Kommunisten verbrüdert hatten – und das gefiel weder dem Papst noch uns, noch gefiel es Bergoglio. Er war immer für die Armen, er hat viel für sie getan, aber nicht in einer Art revolutionärer oder philomarxistischer Bewegung. Er kam damals nicht sehr häufig, aber wenn wir ihn in oder auch außerhalb der Kurie getroffen haben, haben wir ihm immer klargemacht, dass wir nicht alle so denken wie der Generalobere und dass wir Verständnis dafür hatten, dass er als Ordensprovinzial manche Entscheidung treffen musste, für die er von einigen heftig kritisiert wurde.«
Tatsächlich hatte Pater Bergoglio gute Gründe für seine Skepsis gegenüber den Befreiungstheologen. Er ahnte, dass sie buchstäblich mit dem Feuer spielten und dass es nur gut für die Kirche sein konnte, sich in politischen Lagerkämpfen neutral zu verhalten.
Das galt besonders für Argentinien, dessen politische Lage seit dem Sturz Peróns 1955 alles andere als stabil war. Zwei demokratisch gewählte Regierungen wurden von den antiperonistischen Militärs vorzeitig aus dem Amt geputscht, zwischen 1966 und 1973 übernahmen die Generäle ganz die Macht. Erst die immer lauter werdenden Proteste der Bevölkerung erzwangen die Wiederherstellung der Demokratie. Viele Intellektuelle, aber auch sozial engagierte Christen setzten ihre Hoffnung wieder auf Perón, dem allein sie die soziale und politische Umgestaltung des Landes zutrauten. Als er endlich aus dem spanischen Exil zurückkehren konnte, wurde Perón mit beachtlicher Mehrheit erneut zum Präsidenten gewählt – und verstarb ein Jahr später. Seine dritte Ehefrau, Isabel Perón, war nun die neue Präsidentin – und mit dem Amt völlig überfordert. Im Land herrschten chaotische Zustände, die Inflation galoppierte, Guerillatruppen sorgten für Terror. Und wieder putschte das Militär.
Nach dem Staatsstreich vom 24. März 1976 lag die Macht bei einer Junta, die aus den Oberkommandierenden der drei Waffengattungen, General Jorge Rafael Videla (Heer), Admiral Emilio Massera (Marine) und General Ramon Agosti (Luftwaffe), bestand. Videla wurde zudem zum neuen Präsidenten ernannt. Noch in seiner Regierungserklärung versprach er, seine Politik auf der Grundlage christlich-konservativer

Werte auszurichten, aber gegen Guerillaorganisationen und sonstige »Akte der Subversion« hart vorzugehen. Doch was die Junta als »Prozess der Nationalen Reorganisation« bezeichnete, erwies sich als Herrschaft des offenen Staatsterrors. Wer auch immer sich kritisch äußerte, wer für einen Regimegegner gehalten wurde oder den Machthabern schlicht missfiel, war seines Lebens nicht mehr sicher. Tausende wurden verfolgt und ausgespäht, bei Nacht und Nebel verhaftet, in Geheimgefängnissen brutal gefoltert und schließlich, wenn ihre Peiniger sicher waren, nichts mehr von ihnen erfahren zu können, ermordet, dann verscharrt oder verbrannt. In anderen Fällen wurden die Opfer betäubt, in ein Flugzeug verladen und ins offene Meer geworfen. Kein Angehöriger sollte je von ihrem Schicksal erfahren. Sie sind die Desaparecidos, die »Verschwundenen«, vielleicht 30 000 an der Zahl. Ihre Mütter, die noch immer nicht wissen, unter welchen Umständen ihre Kinder starben, demonstrieren noch heute an jedem Donnerstag, pünktlich um 15.00 Uhr, vor der Casa Rosada, dem Präsidentenpalast an der Plaza de Mayo, dem Zentrum der Stadt.

Brachten schwangere Frauen in der Haft Kinder zur Welt, wurden diese illegal an Adoptiveltern vermittelt – und sollten nie etwas über ihre Herkunft erfahren. Auch die wenigen überlebenden Mütter, vor allem aber die Großmütter, halten heute noch Mahnwachen, um an den Schandfleck der argentinischen Geschichte zu erinnern, der auch zu Pater Bergoglios härtester Bewährungsprobe wurde – und ihn noch bis in das Papstamt verfolgte.

1974 hatte der Ordensprovinzial zwei jungen Jesuiten, den Priestern Franz Jalics und Orlando Yorio, erlaubt, in der Elendssiedlung Boja Flores zu wirken, die sich gleich südlich seines einstigen Heimatsviertels gebildet hatte. Mit Sorgen beobachteten ihre Mitbrüder, wie sich die zwei dabei immer mehr abkapselten und zu einer links stehenden Gruppe Verbindungen knüpften. Schließlich legten sie drei Bischöfen ihre Pläne zur Gründung einer eigenen Gemeinschaft vor. Der Generalobere der Jesuiten, Pater Arrupe, forderte die beiden Patres auf, sich zwischen der Gesellschaft Jesu und dieser Gemeinschaft zu entscheiden, und beide baten um ihre Entlassung. Bei Pater Yorio wurde sie nach einem Jahr gewährt, bei Pater Jalics war sie nicht möglich; er hatte bereits die feierlichen Professgelübde abgelegt, nur der Papst selbst konnte ihn davon entbinden. In diese Zeit fiel der Putsch, und Pater Bergoglio riet den Patres, sich vorsichtig zu verhalten. Vorübergehend, bot er ihnen an, könnten sie doch im Provinzialat der Gesellschaft Jesu wohnen. Doch beide lehnten ab.

Am Morgen des 23. Mai 1976, eines Sonntags, umstellten 300 schwer bewaffnete Polizisten die Hütte, in der die beiden Priester lebten. Soldaten stülpten ihnen Kapuzen über den Kopf und verschleppten sie in die Marineschule ESMA, das größte Foltergefängnis des Regimes. Fünf Monate blieben sie in Haft, mit verbundenen Augen, gekettet an Eisenkugeln. Dann ließ man sie frei, indem man sie aus einem Helikopter auf ein Feld abwarf. Yorio ging für eine Weile in die USA, wo er im Jahr 2000 verstarb, Jalics nach Deutschland, wo er heute noch lebt. In Wilhelmsthal/Oberfranken betreibt er ein Exerzitienhaus.

In seinem Buch *Kontemplative Exerzitien* schildert der Ordensmann nicht nur, wie er die Zeit der Isolation nutzte, um seine Gebetserfahrungen zu vertiefen. Er behauptet auch, er sei als Guerilla denunziert worden. »Ich ging zu der entsprechenden Person und erklärte, dass sie mit unserem Leben spiele. Dieser Mann versprach mir, den Militärs mitzuteilen, dass wir keine Terroristen seien.« Doch nach den späteren Aussagen eines Offiziers und mehreren Dokumenten sei »unzweifelhaft klar, dass dieser Mann sein Versprechen nicht gehalten, sondern im Gegenteil eine falsche Anzeige bei den Militärs erstattet hatte«. Dieser Mann, so erklärte Jalics' Familie, sei Bergoglio gewesen. Auch Yorio glaubte fest daran, von »Pater Jorge« denunziert worden zu sein. Schon 1985 waren beide nach Rom gereist und hatten dem neuen Generaloberen der Jesuiten, Pater Peter Hans Kolvenbach, die angeblichen Beweise für ihre Behauptung vorgelegt. Der wiederum gab unverzüglich eine Untersuchung in Auftrag, zu der Bergoglio nach Rom geladen und befragt wurde.

Pater Gumpel war als erfahrener Untersuchungsrichter bei den Anhörungen präsent gewesen – und hielt anschließend Bergoglios Version der Geschichte für glaubwürdiger. »Die Situation in Argentinien war damals alles andere als einfach«, erzählte er mir. »Er hat uns erklärt, manche Leute wollten unbedingt, dass er ganz offen gegen die damalige Militärregierung protestiere, aber das würde niemandem helfen, das würde nur schaden. Stattdessen versuchte er hinter dem Rücken der Machthaber alles nur Mögliche, um die beiden Männer aus dem Gefängnis zu holen. Er verteidigte sie auf jede nur denkbare Weise. Doch er wusste auch, dass offene Proteste nichts nutzen würden, dass sie nur schadeten, da sie die Machthaber verärgern und dadurch jede Hilfe erschweren würden. Stattdessen bemühte er sich auf privater Ebene, alles zu tun, damit sie freikamen. ›Bitte glauben Sie daher nicht alles, was in dieser Sache gegen mich behauptet wird‹, meinte er zu uns.«

Sicher ist: Gleich, als er von der Verhaftung der beiden Patres erfuhr, wurde Bergoglio aktiv. Nicht, indem er das Regime offen angegriffen hätte, sondern durch kluge Taktik. Schließlich bat er den Hauskaplan des Diktators Videla, eine Krankheit vorzutäuschen und ihn die »Vertretung« übernehmen zu lassen. Nach der Messe hatte er dann Gelegenheit, mit dem Machthaber zu sprechen – und dadurch die Freilassung von Yorio und Jalics zu bewirken.

Für diese Version der Geschichte gibt es drei Indizien. Das erste Indiz ist die schlichte Tatsache, dass beide Patres überlebt haben; gewöhnlich ermordeten und verscharrten die Folterknechte auch Unschuldige. Das zweite ist ein Brief, den Bergoglio am 15. September 1976 an die Familie von Jalics schrieb: »Ich habe viele Aktionen unternommen bei der Regierung, damit Ihr Bruder freikommt. Bis jetzt haben wir keinen Erfolg gehabt. Aber ich habe die Hoffnung nicht verloren, dass er bald doch freigelassen wird.« Weiter betonte er: »Ich habe diese Angelegenheit zu ›MEINER‹ Sache gemacht. Die Schwierigkeiten, die Ihr Bruder und ich gehabt haben über das religiöse Leben, haben damit nichts zu tun. Ich liebe ihn und ich werde alles tun, was ich kann, damit er freikommt.« Dieses Versprechen, zumindest das ist unbestreitbar, hat er erfüllt. Das dritte ist die Aussage des jesuitischen Befreiungstheologen Juan Carlos Scannone, der zu den engsten Freunden Yorios zählte. Er lebte damals mit Bergoglio in der gleichen Kommunität und beteuert, der Provinzial habe wirklich alles versucht, um die beiden Mitbrüder freizubekommen: »Jeden Tag berichtete er, was er unternommen und in Erfahrung gebracht hatte.«

Auch Jalics musste zwischenzeitlich zugeben, dass sein Verdacht falsch gewesen ist. Nicht wegen einer Anzeige sei er festgenommen worden, stellte er am 20. März 2013 öffentlich klar, sondern wegen seiner Kontakte zu einer Katechetin, die zunächst mit den beiden Patres zusammengearbeitet hatte, dann aber in die Guerilla eintrat: »Ein Dreivierteljahr haben wir sie nicht gesehen. Zwei oder drei Tage nach ihrer Verhaftung wurden dann auch wir festgenommen. Der Offizier, der mich verhört hat, bat um meine Dokumente. Als er sah, dass ich in Budapest geboren war, hielt er mich für einen russischen Spion.« Mit Bergoglio hat Jalics sich längst versöhnt; bei einer Begegnung in Buenos Aires feierte er mit ihm gemeinsam die hl. Messe und umarmte ihn anschließend herzlich.

Tatsächlich bestätigte auch der brasilianische Befreiungstheologe und Vatikan-Kritiker Leonardo Boff, der aus dem Franziskanerorden ausgetreten war, nachdem ihm Rom Lehrverbot erteilt hatte, im Interview mit dem *Spiegel*, Bergoglio habe »wohl sogar viele Priester versteckt und sie so gerettet«. Darunter Gonzalo Mosca, einen Regimegegner aus Uruguay, der nach Argentinien geflohen war und dort plötzlich ins Visier der Militärs geriet. Dessen Bruder, ein Jesuitenpater, hatte Bergoglio um Hilfe gebeten. Prompt wurde Mosca in einem Kloster etwa 30 Kilometer vor Buenos Aires versteckt. Schließlich brachte der spätere Papst ihn sogar persönlich zum Flughafen; er hatte alles für eine Flucht nach Brasilien arrangiert. Einem anderen Dissidenten, der ihm ähnlich sah, lieh er sogar seinen Pass, sodass dieser ungehindert ausreisen konnte.

So sehen argentinische Menschenrechtler im Aufwärmen der Gerüchte um Bergoglios vermeintliche Regimenähe eher ein Manöver der linken argentinischen Regierung Kirchner, das ihn vor der Papstwahl desavouieren sollte. »Das letzte, was Cristina (Kirchner) wollte, ist, dass Bergoglio Papst wird«, glaubte die Menschenrechtlerin Graciela Fernandez Meijide. Sie nahm Franziskus in Schutz: »Ich habe keine Anzeichen dafür, dass er Komplize der Diktatur war.« Ihre Kollegin Alicia Oliveira bestätigte: »Als die Diktatur mich rausgeworfen hat, war er auf meiner Seite.« Selbst der kritische Friedensnobelpreisträger Adolfo Pérez de Esquivel aus Buenos Aires sprang für ihn in die Bresche, stellte fest: »Bergoglio war kein Komplize der Diktatur.« Umso peinlicher war die Schlagzeile der linken *taz* zwei Tage nach seiner Wahl zum Papst: »Junta-Kumpel löst Hitlerjunge ab.« Zwei Verleumdungen in einem Satz, das war schon eine Leistung!

»Halten Sie das denn für möglich?«, erwiderte Maria Elena Bergoglio auf die Frage nach den Anschuldigungen gegen ihren Bruder, »das würde doch bedeuten, dass er das Beispiel vergessen hätte, das unsere Großmutter uns mit ihrer Lebensentscheidung gegeben hat. Sie war vor dem Faschismus geflohen. Da soll Jorge mit einem Diktator gekungelt haben? Das wäre ihm gewiss wie ein Verrat an seiner geliebten *nonna* erschienen!«

Erst 1983 endete die Schreckensherrschaft der Militärs, kehrte Argentinien zur Demokratie zurück. Um Bergoglio freilich war es zu diesem Zeitpunkt erstaunlich still geworden. Seine Zeit als Provinzial endete 1979, er wurde Theologieprofessor, Rektor des Kollegiums von San Miguel und Pfarrer; ausgerechnet in der Pfarrei von San José, die, eine klare Konstante im Leben des späteren Papstes, wieder einmal dem hl. Joseph geweiht ist.

Doch bald packte ihn der Ehrgeiz, endlich wissenschaftlich zu arbeiten, vielleicht sogar zu promovieren – zumindest aber das Werk seines Lieblingstheologen Romano Guardini (1885–1968), eines Deutsch-Italieners, im Original zu studieren. Dazu kam er nach Deutschland. Zwei Monate lang lernte er am Goethe-Institut in Boppard die Sprache, wohnte dabei zur Untermiete bei einem Ehepaar namens Schmidt. Den Fortgeschrittenenkurs belegte er in Rothenburg, jetzt als Untermieter des Ehepaars Pester in der Judengasse; man verstand sich bestens, mit beiden Gasteltern-Paaren blieb er drei Jahrzehnte lang in Kontakt. In Frankfurt nutzte Bergoglio die gut sortierte Bibliothek der Philosophisch-Theologischen Hochschule St. Georgen, die von den Jesuiten betrieben wird. Viele Abende diskutierte er mit seinen Ordensbrüdern Erhard Kunz und Michael Sievernich seine Forschungen, schloss mit ihnen zwei lebenslange Freundschaften. Später lud er Sievernich als Gastprofessor nach San Miguel ein. Doch eine Dissertation, von der Kardinal Karl Lehmann noch am Abend der Papstwahl gesprochen hatte, kam nie zustande.

Stattdessen nutzte Bergoglio die Zeit, um sich »mit Land und Leuten« vertraut zu machen. Seitdem liest er fließend Deutsch; eine von acht Sprachen, die er beherrscht (außerdem Spanisch, Italienisch, Englisch, Französisch, Portugiesisch, Latein und Altgriechisch). Nur mit der Aussprache tut er sich schwer. »Ich habe einfach kein Gehör für die richtige Betonung«, vertraute er seinen Biografen an. Daher verzichtet er als Papst darauf, Botschaften in diversen Sprachen zu verlesen, wie es seine Vorgänger taten.

Von einer Reise nach Augsburg brachte er seinem Land ein Geschenk mit. Dort nämlich, in der romanischen Wallfahrtskirche St. Peter am Perlach, faszinierte ihn das Marienbild der »Knotenlöserin«, ein Werk des Barockmalers Johann Georg Melchior Schmidtner (1625–1707), der lange in Italien gelebt hatte. Es war eine Auftragsarbeit, der Dank der Patrizierfamilie Langenmantel für Mariens Hilfe. Der Großvater des Clans wollte sich von seiner Frau trennen, bat einen Jesuitenpater um Rat. Der betete vor einem Marienbild und erklärte: »In diesem religiösen Akt erhebe ich das Band der Ehe, löse alle Knoten und glätte es.« Danach sei Friede in der Ehe eingekehrt, war von Trennung keine Rede mehr. So dankte der Enkel nach deren Tod im Namen seiner Großeltern der Gottesmutter, die alle Wirrnisse des Lebens entknoten kann. Bergoglio verliebte sich spontan in dieses Bild, kaufte einige Kunstdruck-Karten und nahm sie mit in die Heimat. Als »Familienhelferin« fand die »Knotenlöserin« dort begeisterten Zuspruch. Erst hängte der Jesuit ihr Bild in Córdoba auf, dann, als er 1992 von Papst Johannes Paul II. zum Weihbischof von Buenos Aires ernannt wurde, auch in der Hauptstadt. Die Malerin Marta Beti fertigte eine großformatige Kopie an, die seit dem 8. Dezember 1996 in der Kirche von San José del Talar verehrt wird. An jedem 8. eines Monats pilgern dort Tausende zu ihr. Selbst in der Kathedrale von Buenos Aires ließ er eine Kopie aufhängen.

Dass Bergoglio so völlig »unjesuitisch« zum Bischof geweiht wurde, hat er allein einem Mann zu verdanken, der sein größter Gönner werden sollte: Kardinal Antonio Quarracino, den Papst Johannes Paul II. nur zwei Jahre zuvor zum neuen Erzbischof von Buenos Aires bestimmt und ein Jahr später in den Kardinalsrang erhoben hatte. Quarracino galt als erbitterter Gegner der marxistischen Befreiungstheologie. 1978, gleich nach seiner Wahl, hatte der polnische Papst ihn als apostolischen Visitator nach Honduras geschickt, um zu untersuchen, ob nicht Erzbischof Oscar Romero zu sehr in das Fahrwasser der Linken geraten war. In seinem anschließenden Bericht erklärte Quarracino ihn kurzerhand für unfähig, noch Bischof zu sein, und empfahl die Einsetzung eines

Diözesanadministrators. Bevor Rom handelte, wurde Romero von den Machthabern der Militärdiktatur erschossen. Seitdem läuft sein Seligsprechungsprozess. Erst 2008 erklärte Papst Benedikt XVI. in einer Botschaft an die Bischöfe El Salvadors, der Märtyrerbischof habe »reiche Früchte der Heiligkeit und des christlichen Lebens« getragen.

Von Bergoglio wusste Quarracino, dass er einerseits konservativ war, andererseits aber ein exzellenter Seelsorger; sozial engagiert, immer auf der Seite der Armen, aber frei von politischen Ideologien. Statt auf Marx vertraute er bedingungslos auf Christus. Gerade deshalb hatte er sich bei den linken Ordensbrüdern unbeliebt gemacht. Er war regelrecht kaltgestellt worden. Von 1989 bis 1992 hatte er lediglich als Beichtvater in der Jesuitenkommunität von Córdoba gedient.

Der Kardinal förderte nicht nur den Jesuiten, er baute ihn systematisch zu seinem Nachfolger auf. Zuerst wurde er Bischofsvikar für den Bezirk Flores, der seine ehemalige Heimatpfarrei einschloss. Dann, 1993, Generalvikar der Erzdiözese. 1997 Koadjutor des Erzbischofs mit dem Recht der Nachfolge. Und schließlich, nach dem Tod Quarracinos am 28. Februar 1998, neuer Erzbischof von Buenos Aires. Jetzt konnte Bergoglio endlich beweisen, was in ihm steckte – und ob er dem Profil gerecht wurde, das er selbst seinem Amt in einem Vortrag auf einer vatikanischen Bischofssynode 2001 gab: »(Ein Bischof muss) ein Mann des Gebets (sein). Dazu berufen, ein Heiliger zu sein. Arm um des Gottesreiches willen, wie Jesus. Nicht nur für den Dienst im eigenen Bistum geweiht, sondern für das Heil aller Menschen.«

Vor allem überzeugte Bergoglio durch seine demonstrative Bescheidenheit. Die Residenz seines Vorgängers ließ er vermieten. Er wohnte lieber in einem kleinen Zimmer im 3. Stock des Generalvikariats, ausgestattet mit einem schmalen Holzbett, einem Heizofen und dem Kruzifix seiner geliebten Großmutter. Einmal in der Woche kam eine Putzfrau vorbei, das Bett machte er täglich selbst. Auch eine Sekretärin wollte er nicht; er ging bei jedem Anruf selbst ans Telefon, hatte auch seinen Terminkalender unter Kontrolle. Als ihm Papst Johannes Paul II. am 21. Februar 2001 die Kardinalswürde verlieh, reiste er in der Holzklasse nach Rom. Dort angekommen, bat er eine Tante, die noch im Piemont wohnt, darum, die Gewänder für ihn zu nähen. »Es ist doch niemandem aufgefallen«, freute er sich anschließend wie ein Kind.

Sein besonderer Einsatz galt den Armen der argentinischen Hauptstadt. Schließlich war schon das Jahr seines Amtsantritts der Beginn einer schweren Wirtschaftskrise in seinem Land, die schließlich zum Staatsbankrott und der Abwertung des Pesos führte. Zu Beginn des Jahres 2002 blieben in ganz Argentinien die Banken zwangsweise geschlossen, Geldautomaten wurden abgestellt. Selbst ein Teil der Mittelklasse drohte, ins Elend abzurutschen. Bergoglio prangerte die »Vergötzung des Geldes« und den »regelrechten Wirtschafts- und Finanzterrorismus« an, die für die Krise verantwortlich seien. In einem Hirtenbrief riefen die argentinischen Bischöfe derweil dazu auf, »die Botschaft des Katechismus«, sprich: die Lehre der Kirche, zu studieren und die Würde des Menschen neu zu entdecken.

Einer, der ihn damals dabei begleitete, wie er in die Villas ging, war der Priester José Luis Rey. Mit dem Bus sei Bergoglio zu den Elendsvierteln gefahren, um Gottesdienste für die Ärmsten der Armen abzuhalten. »Er trägt nur ein einfaches Eisenkreuz, weil alles Wertvolle gestohlen werden konnte. Das wurde dann quasi zu seinem Markenzeichen, seinem Symbol für eine Kirche, die anders ist«, erklärte Rey. Mangels Infrastruktur mussten oft längere Wege durch die engen Gassen zwischen den provisorischen Hütten zurückgelegt werden, an deren Rand sich der Müll türmte. »Aus der Peripherie kann man die Stadt besser sehen«, lautete das Motto des Kardinals. Bei den Weihnachtsgottesdiensten setzte er sich zu den Menschen, statt an den Altar zu gehen. Rey: »Er hat uns immer gesagt, dass wir in die Armenviertel gehen sollen und die Menschen dort nicht vergessen dürfen. Sonst würden wir sie verlieren. Er wollte immer eine Kirche von der Straße.« 2009 richtete Bergoglio sogar ein eigenes Bischofsvikariat für die Pastoral in den Villas ein.

Doch es gab auch eine andere Seite Bergoglios, die des papsttreuen Konservativen. So dauerte es nur 48 Stunden nach dem Inkrafttreten des Motu proprio *Summorum Pontificum* durch Benedikt XVI., dass in Buenos Aires die erste Alte Messe gefeiert wurde, versicherte mir Sergio Rubin, sein Biograf. Einige Hundert Gläubige kamen dazu in die Kirche San Miguel Arcángel im Stadtzentrum, gerade einmal vier Straßen von der Kathedrale entfernt. Pater Ricardo Dotri, ein erfahrener Liturgiker, erhielt den Auftrag, fortan regelmäßig dort die tridentinische Messe zu lesen und junge Priester, die es lernen wollten, in ihrem nicht ganz einfachen Ritus zu unterweisen. »Als ich noch im Priesterseminar war, sagte mir meine Großmutter, dass ich nie vergessen solle, dass es das Wichtigste für einen Priester sei, die heilige Messe zu feiern«, erinnerte Bergoglio sich in einem Interview mit dem TV-Sender EWTN, »nichts kann schöner und großartiger sein und uns so mit Freude erfüllen.«

So gab es auch im Vatikan unlängst Entwarnung. Die gleich nach dem Amtsantritt kolportierte Meldung, die franziskanische Kurienreform beginne mit der Entlassung des Zeremonienmeisters Guido Marini, wurde zwei Monate später vom Papst persönlich dementiert. Anlass war eine Audienz für die apulischen Bischöfe am 13. Mai, die glaubten, sie liefen offene Türen ein, als sie sich bei Franziskus über traditionalistische Priester und die Feier der Alten Messe beschwerten. Doch seine Antwort war für sie eine große Überraschung:

>»Schaut: Einige sagen auch, dass mein päpstlicher Zeremonienmeister (Msgr. Guido Marini, d. Verf.) traditionalistischer Prägung sei. Und viele haben mich nach meiner Wahl aufgefordert, ihn seines Amtes zu entheben und zu ersetzen. Ich habe Nein gesagt, gerade damit ich selbst für mich durch seine traditionelle Formung Nutzen ziehe und gleichzeitig, damit er auf dieselbe Weise es durch meine emanzipiertere Formung tut.«

Auch wenn Franziskus persönlich eine eher schlichte Liturgie bevorzugt, ruft er die Bischöfe auf, die Tradition zu achten, sich von ihr inspirieren zu lassen und ihr Potenzial für die Kirche zu nutzen – ganz wie er es in seiner Diözese gehalten hat.

Seit 2003 der Sozialist Néstor Kirchner die Regierung übernahm, war der Streit zwischen dem Präsidentenpalast und dem Erzbischöflichen Stuhl ein Dauerthema der argentinischen Politik. Er begann, als Gesundheitsminister Ginés González García 2005 ankündigte, die Abtreibung legalisieren zu wollen, was auf heftigen Widerstand der Kirche stieß. »Schwangere haben schließlich keinen Tumor im Bauch«, verurteilte Bergoglio das geplante Gesetz. Aus Protest blieb Kirchner demonstrativ den Trauerfeierlichkeiten für Papst Johannes Paul II. fern. Auch das traditionelle Te Deum, eine Dankandacht am Unabhängigkeitstag (25. Mai), zu der je-

des Jahr Vertreter aller im Lande vertretenen Religionsgemeinschaften und der Regierung in die Kathedrale geladen sind, mied er. Stattdessen nahm er an einer Feier praktisch am anderen Ende des Landes teil.
2005 wählten seine Amtsbrüder Bergoglio zum Vorsitzenden der Argentinischen Bischofskonferenz. Als solcher kämpfte er gegen die Straflosigkeit des Drogenbesitzes für den Privatkonsum und prangerte die Prostitution als »moderne Sklaverei« an. 2007 verstarb Präsident Kirchner, folgte ihm seine Gattin Cristina im Amt. Mit ihr kam es zum offenen Konflikt, als Argentinien als drittes katholisches Land der Welt 2010 die Ehe und das Adoptionsrecht für gleichgeschlechtliche Paare einführen wollte. In einem Brief forderte der Kardinal die Mönche der vier kontemplativen Karmeliten-Klöster des Landes auf, für die Abgeordneten des Parlaments zu beten, dass sie sich gegen den Gesetzesentwurf entscheiden würden. »Auf dem Spiel steht die Identität und das Überleben der Familie«, stellte Bergoglio fest, »auf dem Spiel steht das Leben vieler Kinder, die von vornherein benachteiligt werden und die nicht die Entwicklungsmöglichkeiten haben, wie sie ein Vater und eine Mutter geben und wie es von Gott gewollt ist.« Daher ginge es um mehr als eine politische Auseinandersetzung: »Das ist nicht nur ein Gesetz, sondern ein Schachzug des Vaters der Lüge, der die Kinder Gottes verwirren und verführen will!«
Gemeinsam mit evangelikalen Gruppierungen rief die Kirche zu Protesten gegen das Gesetz auf. Über 60 000 Menschen zogen in einer Demonstration am Vorabend der Abstimmung auf die Plaza de Mayo vor der Casa Rosada. »Hier wirkt der Neid des Teufels, durch den die Sünde in die Welt kam«, erklärte der spätere Papst in einem offenen Brief zur Senatsabstimmung, »ein Neid, der beharrlich das Ebenbild Gottes zu zerstören versucht – Mann und Frau, die den Auftrag erhalten, zu wachsen, sich zu mehren und sich die Erde untertan zu machen!« Doch Frau Kirchner ließ sich von ihrem Gesetz nicht abbringen. Der Ton der Kirche erinnere »an Mittelalter und Inquisition«, warf sie Bergoglio an den Kopf, bezeichnete ihn als »Teufel im Talar« und mied ihn fortan, wo es nur ging. Erst nach seiner Wahl prahlte sie damit, »von einem Papst geküsst« worden zu sein.
Doch auch in der Weltkirche machte sich der »Kardinal der Armen«, wie er bald genannt wurde, allmählich einen Namen. Schon im Okto-

ber 2001 wurde er zum Generalrelator der X. Ordentlichen Vollversammlung der Bischofssynode ernannt. Der ursprünglich für diese Aufgabe vorgesehene Kardinal Egan aus New York war zu diesem Zeitpunkt unabkömmlich; nach den Terroranschlägen vom 11. September 2001 konnte er sein Land nicht verlassen. So sprach eine Stimme aus Lateinamerika statt aus der »Ersten Welt« von der »prophetischen Sendung des Bischofs« als »Prophet der Gerechtigkeit«, der »beständig« die Soziallehre der Kirche verkünden und ein »authentisches Urteil im Bereich des Glaubens und der Moral« zum Ausdruck bringen solle.

Auf der Lateinamerikanischen Bischofskonferenz, die 2007 im brasilianischen Aparecida tagte, stand Bergoglio der Redaktionsgruppe des Schlussdokuments vor – und sorgte dafür, dass auch hier deutlich für die Armen Partei ergriffen wurde. Die nämlich sind für ihn alles andere als die Verlierer der Gesellschaft, sondern vielmehr, um ein Wort des hl. Diakons und Märtyrers Laurentius (+ 258) zu benutzen, »die wahren Schätze der Kirche«. Der neue Papst glaubt, so erklärte sein einstiger Lehrer und langjähriger Weggefährte, Pater Juan Carlos Scannone, »dass die Armen Ideen von Gemeinwohl, Frieden und Gerechtigkeit besser bewahrt haben als die Mittel- und Oberschicht, die meist nach Europa und Amerika blicken«. Auch die Volksfrömmigkeit, die er so sehr schätzt, ist beim einfachen Volk am ehesten anzutreffen.

Vor allem aber sind die Armen Opfer einer Welt, die aus dem Lot geraten ist, weil sie so lebt, als ob es Gott nicht gäbe. Dass sich Franziskus darüber keine Illusionen macht, zeigt seine geradezu erschütternde Analyse der Gegenwart in seinem wichtigsten Buch *Über Himmel und Erde*. Er schrieb es drei Jahre vor seiner Wahl zusammen mit einem Rabbi aus Buenos Aires:

> »Das Drama spielt sich auf den Straßen, in der Nachbarschaft, in unserem Haus und – warum nicht? – sogar in unseren Herzen ab. Wir leben mit einer Brutalität, die tötet, Familien zerstört, die Kriege und Konflikte in vielen Ländern verursacht. Wir leben mit Neid, Hass, Verleumdung, Weltlichkeit in unseren Herzen. Das Leiden der Unschuldigen und Friedfertigen hört nicht auf, uns zu bewegen; Verachtung für die Rechte der schwächsten Personen und Völker ist nicht so weit entfernt; die Herrschaft des Geldes mit seinen dämonischen Wirkungen wie Drogen, Korruption, Men-

schenhandel – sogar der Handel mit Kindern – in Verbindung mit einer materiellen und moralischen Armut sind heute allgegenwärtig. Die Zerstörung ehrlicher Arbeit, schmerzhafte Migrationen, das Fehlen von Zukunftsperspektiven sind auch Teil dieser Symphonie. Auch unsere Fehler und Sünden als Kirche gehören zu diesem Bild.«

Er konnte damals noch nicht ahnen, dass es auch seine ganz persönliche Herausforderung als Oberhirte der Kirche sein würde, die er mit diesen Worten in geradezu brutaler Offenheit beschrieb.

XI. Die Zukunft der Kirche

Mein nächstes Ziel war Belgrano, ein elegantes Viertel im Norden von Buenos Aires; luxuriöse Häuser und teure Autos verraten, dass hier die obere Mittelschicht der Hauptstadt wohnt. Auch Deutsche ließen sich gerne in dieser Gegend nieder, es gab bis in die 1950er-Jahre sogar zweisprachige Schulen. Zu der ersten Flüchtlingswelle, die in den 1930er-Jahren Argentinien erreichte, gehörten viele Juden. Für sie gründete der 1938 aus Münster geflohene Rabbiner Fritz Leopold Steinthal ein Jahr nach seiner Ankunft in Buenos Aires eine Synagoge, die er nach seinem Lehrer, dem großen deutschen Rabbi Leo Baeck (1873–1956), benannte. In ihrer Thora-Nische (Oraun Hakaudesch) fanden Thora-Rollen Aufnahme, die aus den brennenden Synagogen der Juden in Deutschland gerettet worden waren. Das neue Gotteshaus wurde bald zum Zentrum deutsch-jüdischen Lebens einer Stadt, in der bis in die Nachkriegsjahre hinein gleich zwei deutschsprachige jüdische Tageszeitungen erschienen. Doch dass hier eines Tages auch ein ganz neues Kapitel in der nicht gerade unproblematischen Beziehung zwischen Juden und Katholiken aufgeschlagen werden sollte, das konnte ihr Gründer gewiss nicht erahnen.
Der Mann, mit dem ich in Belgranos Benei-Tikva-Synagoge verabredet war, heißt Dr. Abraham Skorka. Er war nicht sonderlich groß, seine dicken, kurzen, grauen Haare waren nach hinten gekämmt und machten Platz für eine zerfurchte, hohe Stirn. Zwei warme braune Augen blitzten klug hinter einer Hornbrille hervor, während sich ein verschmitztes Lächeln auf den schmalen Lippen breitmachte. Man könnte ihn eher für einen Philosophen oder Wissenschaftler halten als für einen jüdischen Gottesmann, und doch ist er der vielleicht außergewöhnlichste Rabbi unserer Zeit. Außergewöhnlich nicht nur, weil er Doktor der Chemie ist und als Biophysiker in der Forschung tätig war, bevor er seine Berufung empfing, was dem Werdegang des Papstes nicht ganz unähnlich ist. Sondern vor allem, weil er den jüdisch-christlichen Dialog wörtlich nahm, sehr wörtlich sogar. Er wurde zum besten persönlichen Freund des Erzbischofs von Buenos Aires, der bald Kardinal und

schließlich Papst werden sollte – Jorge Mario Bergoglio. Ich wollte, ich musste diesem Mann begegnen und war überwältigt von der Freundlichkeit, mit der er mich, einen deutschen Katholiken, empfing. Obwohl meine argentinische Kollegin Mary Molly Hamilton-Baillie mitgekommen war, um für mich zu übersetzen, stellten wir bald fest, dass unser Gespräch ganz unproblematisch verlief. Rabbi Skorka spricht nicht nur fließend Englisch, sondern auch Deutsch mit einem gemütlichen jiddischen Akzent. Seine Eltern, die aus Polen nach Argentinien geflohen waren, haben es ihm beigebracht. Er bat uns, in seinem kleinen Büro Platz zu nehmen, um uns dann die Geschichte seiner höchst ungewöhnlichen Freundschaft zu Jorge Bergoglio erzählen. »Alles begann Ende der 1990er-Jahre. Ich war, wie jedes Jahr, vom Präsidenten der Republik eingeladen worden, als Repräsentant des Judentums an dem feierlichen Te Deum teilzunehmen, der Dankandacht, die jedes Jahr an unserem Unabhängigkeitstag, dem 25. Mai, in der Kathedrale abgehalten wird. Sie findet immer im Beisein von Vertretern aller in Argentinien beheimateten Religionen und Konfessionen statt. Wie Sie vielleicht wissen, ist auch bei uns Fußball sehr populär, und so ist es immer eine einfache Methode, mit einem Menschen in Kontakt zu kommen, wenn man ihn fragt, mit welchem Verein er sympathisiert. Vor dem Te Deum kamen die Priester zu uns, begrüßten uns und wünschten uns einen frohen Unabhängigkeitstag. Auch Erzbischof Bergoglio kam und fragte, für welchen Verein ich denn sei. Ich erwiderte, ich sei ein Fan von River (Plate), die bei uns in Belgrano zu Hause sind, und er? Natürlich San Lorenzo, lachte er, denn San Lorenzo wurde von einem Priester gegründet. Gut, das war verständlich, dass er ein Fan dieses Vereins ist, ein richtiger Fan, wie ich später erfuhr. Ein Jahr später, genauer gesagt am 25. Mai 1999, kam nach dem Te Deum einer der Staatssekretäre für Religionsangelegenheiten zu uns und erklärte uns, der Präsident würde uns noch erwarten. Wir sollten uns daher bitte schnell anstellen, um den Erzbischof und den Apostolischen Nuntius kurz zu grüßen, um dann zum Präsidenten geführt zu werden. Eindrücklich machte er uns klar, wir sollten bitte nichts weiter sagen, nur kurz die Hände schütteln und einen guten Unabhängigkeitstag wünschen, denn der Präsident hätte wenig Zeit. Aber wissen Sie, Bergoglio und ich haben eines gemeinsam, wir mögen beide kein

Protokoll. Wir möchten uns einfach nicht hetzen lassen. Wenn uns der Präsident sehen will, dann soll er gefälligst warten! So wünschte ich dem Erzbischof alles Gute, gratulierte ihm zu seiner Predigt und erlaubte mir ein paar Worte mehr, nur um das Protokoll zu brechen. Nur 20 Sekunden, dachte ich mir, das ist doch nichts! ›Ihr Jeremias-Zitat war gut gewählt‹, meinte ich also zu ihm, das war alles. Er schaute mir sehr, sehr tief in die Augen.

Lassen Sie mich kurz erklären, dass die Fans vom River-Club, weil sie 24 Jahre lang vergeblich auf die Meisterschaft gehofft hatten, den Spitznamen ›die Hühner‹ verliehen bekamen. Es hieß, wir seien hilflos wie die Hühner, was natürlich schmerzt. Bergoglio schaute mir also tief in die Augen und meinte nur, als Antwort auf meinen Kommentar über den Vers des Jeremias: ›Dieses Jahr essen wir Hühnersuppe!‹ In diesem Jahr war River einfach sehr schlecht und San Lorenzo sehr gut. Ich stockte, wusste zunächst nicht, was ich von dieser Antwort halten sollte. Doch eine halbe Sekunde später konnte ich es mir einfach nicht mehr verkneifen, zu sagen: ›Oh, das ist wirklich hundsgemein!‹ Der Apostolische Nuntius schaute zu uns herüber und flüsterte streng: ›Aber mein Herr, so etwas sagt man doch nicht in einer Kirche!‹ – ›Wir sprechen doch über Fußball‹, klärte ihn Bergoglio auf. ›Ah!‹, entfuhr es dem Nuntius, ›dann fahren Sie fort!‹

Doch so bitter das klang, ich verstand, dass hinter diesem Scherz eine tiefere Absicht stand, dass er eine ganz andere Botschaft beinhaltete. Da war ein Mann, der mir etwas signalisieren wollte: Wenn Sie mit mir reden möchten, wissen Sie jetzt, dass ich ein ganz normaler Mensch bin wie Sie auch. Vergessen Sie das Protokoll! Es gibt keine Mauer zwischen uns. Die Tür steht Ihnen weit offen. Und damit begann unsere Freundschaft.

Wir tauschten Briefe aus, Glückwünsche zu unseren jeweiligen Festen, ich stellte ihm Fragen, wir trafen uns wieder auf anderen Te Deums und Gebeten um den Frieden. 2004 lud ich ihn schließlich zu den Slichot ein, den Gebeten um Vergebung vor dem jüdischen Neujahrsfest. Ich bat ihn um ein Grußwort an unsere Gemeinde. Und er kam, gleich zweimal, das nächste Mal 2007. Jedes Mal hielt er eine wundervolle Ansprache. Beim zweiten Mal blieb er bis zum Mitternachtsgebet. Als ich ihn dann heimfuhr, meinte er immer wieder: ›Glauben Sie mir,

ganz ehrlich: Ich habe Ihr Gebet gespürt! Ich habe mit euch gebetet.‹ Das war für mich eine sehr schöne Erfahrung. Doch die Zeit der wirklich intensiven Zusammenarbeit waren die letzten drei Jahre – 2010, 2011 und 2012. Wir haben uns in dieser Zeit mindestens einmal im Monat getroffen.
2010 haben wir unser Buch zusammen geschrieben, *Über Himmel und Erde*, das jetzt weltweit ein Bestseller ist. Es war das erste Mal in der Geschichte, dass ein Erzbischof und ein Rabbi ein gemeinsames Buch herausgaben. Es behandelt all die Fragen, die der kleine Mann von der Straße an uns, an unsere Religionen, stellt: Wie bereitet man sich auf den Tod vor? Wie geht man mit den Problemen unserer Zeit um? Was ist Geld für uns? Ein Idol? Betreiben wir mit ihm heutzutage keine Götzendienerei? Was können wir auf der Grundlage unserer religiösen Tradition, unserer Weltanschauung, die so viele gemeinsame Werte und Wurzeln hat, dazu sagen? Schließlich verehren wir doch beide die gleichen Propheten! Zu Anfang war das Christentum eine Bewegung im Judentum. In der *Apostelgeschichte* kann jeder nachlesen, wie die Apostel mit Rabbinern über das Evangelium diskutierten ...«
Ich unterbrach ihn kurz, erinnerte daran, dass man bis zum Apostelkonzil im Jahre 48 sogar zunächst Jude werden musste, wenn man getauft und in die Urgemeinde aufgenommen werden wollte.
Rabbi Skorka nickte. »Genau das sagte Bergoglio auch!«, erklärte er mir, um mit seiner Geschichte fortzufahren: »Nachdem das Buch so ein Erfolg geworden war, trafen wir uns 2011 und 2012 regelmäßig, um gemeinsam eine Fernsehsendung für den erzbischöflichen TV-Kanal in Buenos Aires aufzunehmen. Da sprachen wir über die gleichen Themen. Über Freundschaft, Familie, was es bedeutet, glücklich zu sein, und so viele andere Themen, die den Mann von der Straße interessieren.«
»Doch wer hatte die Idee zu diesem Buch?«, wollte ich wissen. Für einen Augenblick dachte der Rabbi nach, zögerte. »Das ist eine gute Frage«, gestand er, »ich hatte schon die Idee, ein Buch über theologische und philosophische Fragen zu schreiben. Eines Tages bat ich meinen Freund (Bergoglio): Bitte schreibe mir ein Kapitel über Gott! Ich wollte dann andere große Philosophen und Denker um Beiträge bitten und eine schöne Anthologie daraus machen. Er zögerte, meinte, er sei in-

nerlich nicht bereit, dieses Kapitel zu schreiben. Ein paar Wochen später rief er mich an: ›Lass uns ein Buch schreiben. Aber ein Buch über Gott, den Teufel, das Böse, Freundschaft, den Konflikt zwischen Israel und Palästina, Politik – nicht aus einer theoretischen, philosophischen Perspektive, nicht auf höchstem intellektuellem und sprachlichem Niveau, sondern für die einfachen Menschen.‹ Das ist typisch für Bergoglio: Er spricht und schreibt sehr tiefgründig – aber in einer sehr einfachen Sprache. Und natürlich hatte er recht. Das war das Buch, das die Menschen berührte!

Und ich verrate Ihnen noch etwas über unsere Freundschaft. Als Sergio Rubin, sein Biograf, an dem Buch *El Jesuita* (*Mein Leben, mein Weg*) arbeitete, fragte er Bergoglio, wen er vorschlagen würde, das Vorwort zu schreiben. Der aber antwortete sofort: Rabbi Skorka! Ich sah es als sehr große Ehre an, als Rabbi das Vorwort zur Biografie eines Kardinals, ja jetzt des Papstes, beizusteuern. Daher fragte ich ihn: ›Warum hast du mich dafür vorgeschlagen?‹ Und er antwortete, ohne zu zögern: ›So kam es aus meinem Herzen!‹

Oder noch eine Geschichte: Als wir die Gespräche für das Buch führten, kam ich immer zu ihm, er wohnte gleich bei der Plaza de Mayo im Generalvikariat, bis er plötzlich sagte: ›Ich kann von dir nicht immer erwarten, dass du durch die halbe Stadt fährst, um zu mir zu kommen. Nächstes Mal treffen wir uns bei dir.‹ Ich wollte das nicht, er ist ja 14 Jahre älter als ich, seine Gesundheit ist nicht bestens. Aber er bestand darauf. So stellten wir in einem Vorraum der Synagoge einen Tisch auf, an dem wir beide diskutieren konnten. Dienstagmorgens kam er, wir stellten Croissants auf den Tisch und begannen, über Gott und die Welt zu diskutieren.

Dann schockierte er mich. Am 11. Oktober 2012 lud mich die Päpstliche Universität Buenos Aires zu einer Feierstunde ein. Anlass war der 50. Jahrestag der Eröffnung des Zweiten Vatikanischen Konzils. Dort verlieh er mir die Ehrendoktorwürde. Ich konnte es kaum glauben. Es war das erste Mal, dass eine päpstliche Universität einem Juden, einem Rabbi, den Doktorhut verlieh. Er ist der Kanzler dieser Universität. Als wir uns dann anschauten, als er mir die Plakette übergab und die Kameras blitzten, flüsterte er mir zu: ›Du kannst dir nicht vorstellen, wie lange ich diesen Moment herbeigesehnt habe.‹

Als ich ihn dann nach der Papstwahl im Fernsehen auf dem Balkon sah in seiner weißen Soutane, da war es mir, als erschienen zwischen diesem Bild und meinen Augen die Augen meines Freundes. Und ich dachte mir, gut, eine neue Etappe hat jetzt begonnen. Unsere Sendungen, unsere Bücher, die sind jetzt Geschichte – buchstäblich Geschichte. Jetzt fängt etwas Neues an!«

Und dann machte Rabbi Skorka mir ein Geständnis: »Es mag seltsam klingen, doch als ich hörte, dass Benedikt XVI. zurücktrat, da meinte ich zu meiner Frau: Warte ab, mein Freund Jorge Mario wird der neue Papst! Warum? Ich weiß nicht warum. Ich kann Ihnen keine vernünftige, logische Erklärung dafür geben. Es war nur ein Gefühl. Aber ich fühlte, dass Bergoglio ein Mensch ist, wie ihn die ganze Menschheit, nicht nur die katholische Kirche, in dieser Zeit braucht. Ein Mensch, der jeden Glauben respektiert, tief verwurzelt in Spiritualität und Gerechtigkeit, der jeden Menschen achtet. Er handelt aus dem gleichen Geist heraus wie die Propheten, die das Herz unseres gemeinsamen Erbes als Juden und Christen sind.

Ohne einander zu respektieren, können wir keine Wirklichkeit schaffen, in der sich Gott den Menschen offenbart. Sich Gott zu nähern, heißt an erster Stelle, sich mit Respekt seinem Mitmenschen zu nähern. Gott zu ehren beginnt damit, seinen Nächsten zu lieben: ›Du sollst Gott, deinen Herrn, ehren‹ und ›liebe deinen Nächsten wie dich selbst‹ heißt es doch auch im *Neuen Testament*. Und genau das verkörpert Bergoglio. Bergoglio weiß, dass Theologie ohne Frieden, Liebe, Gerechtigkeit und Nächstenliebe nur intellektuelle Spiegelfechterei ist. Theologie muss eine Realität sein, etwas, das man in seinen täglichen Handlungen ausdrückt. Das glauben wir beide, Juden und Christen. Wo Hass ist, da kann Gott nicht sein. Das ist eine Mitzwah, das ist ein Gesetz Gottes: Du darfst deinen Bruder nicht hassen!

Um Frieden zu schaffen, muss man eine wirklich ernsthafte, ehrliche Beziehung aufbauen, und das können wir mit Bergoglio. Er ist dabei nicht auf politische Rezepte angewiesen. Er weiß zwar, wie man sich politisch korrekt benimmt, aber er handelt nicht politisch korrekt. So wie ich ihn kennengelernt habe, bin ich sicher, dass er alles tun wird, um eine Kehrtwende herbeizuführen, nicht nur in der Kirche, sondern in der ganzen Welt! Er wird Ungerechtigkeit und Armut und alles, was den Menschen degradiert, anprangern. Das ist der Bergoglio, den ich kenne und der mit Gottes Hilfe und der von uns allen etwas verändern wird. Auch wenn diese Veränderungen für viele Leute unbequem sein werden. Doch er weiß, dass er damit Gott aufrichtig dient. Denn Gott toleriert keine Ungerechtigkeit! Bergoglio ist sehr tolerant gegenüber jeder Form des menschlichen Leidens. Wenn jemand zu ihm kommt und ihm sagt, er sei etwa homosexuell, dann wird er ihm dafür keine Vorwürfe machen, er wird mit großer Geduld versuchen, ihn zu verstehen, ihm sagen, schau, unsere Moral kann das nicht akzeptieren, aber ich sehe in dir einen Bruder, ich möchte dir helfen, mit diesem Problem fertig zu werden. Aber wenn es um Raub, Mord oder Ausbeutung geht, da kennt er keine Toleranz.«

Wie ernst er es damit meint, enthüllt ein Blick in das besagte Buch *Über Himmel und Erde*. Eine dort festgehaltene Aussage Bergoglios erklärt, weshalb er auch heute, als Papst, darauf verzichtet, wie seine Vorgänger bei Papstmessen Auserwählten die heilige Kommunion zu spenden, aber auch, warum er sich bei Papstaudienzen auffällig zurückhält:

»In der Kirchengemeinde gibt es tatsächlich Menschen, die nicht nur dem Geiste nach oder physisch getötet haben, sondern die indirekt durch den schlechten Gebrauch des Kapitals, durch das Zahlen ungerechter Löhne, getötet haben. Vielleicht gehört jemand einer Wohltätigkeitsgesellschaft an, zahlt seinen Angestellten aber nicht den angemessenen Lohn oder stellt ›schwarz‹ ein. Das ist Heuchelei, die Schizophrenie, die ich meine. Von manchen kennen wir die Lebensdaten und wissen, dass sie sich als Katholiken geben, doch sie haben diese unanständige Einstellung und bereuen sie nicht. Aus diesem Grund gebe ich in manchen Situationen nicht die Kommunion, ich bleibe im Hintergrund, und die Helfer geben sie, denn ich möchte nicht, dass solche Personen für ein Foto vor mich hintreten.«

Doch was wird Bergoglio als Papst in der Kirche verändern? Wie wird sie in zehn Jahren aussehen? Ich war neugierig, was der Rabbi seinem Freund in dieser Hinsicht zutraut. »Ich denke, er wird vor allem ihren Kern verändern«, meinte Abraham Skorka nach einigem Nachdenken. »Ich weiß nicht, ob er liturgisch etwas ändern wird, ich glaube nicht, dass er den Zölibat aufhebt – in all diesen Fragen ist er sehr konservativ. Seine Revolution ist geistlicher Natur. In all diesen Skandalen, die in den Medien waren, ob es nun um die Vatikanbank oder um homosexuelle Priester ging, da wird er keine Toleranz kennen. Er wird kämpfen, um eine Kirche der Demut, eine Kirche für die Armen, finanziell und geistig, ja eine Kirche der Reinheit aufzubauen. Andere Dinge sind nicht so wichtig für ihn. Relevant ist für ihn die Reinheit, die Integrität der Kirche. Wenn er das erreicht hat, dann könnte er einen nächsten Schritt wagen. Doch bevor man eine religiöse Veränderung beginnt, muss man rein sein, sonst ist das unmöglich. Dann ist es bloß, als würde man die Dekoration austauschen.

Wir haben viel über diese Skandale gesprochen, und so glaube ich, seine Ansichten ziemlich gut zu kennen. Sein Problem ist jetzt: Wie kann ich den Katholiken und der Welt eine andere katholische Kirche zeigen? Und in diesem Licht sind seine Handlungen der letzten Wochen und Monate zu verstehen. Dazu gehört auch, und da geht es um unser eigentliches Thema: Wie können wir einen nächsten, einen zweiten Schritt in unserem Dialog mit den Juden beginnen? Das ist ein Thema, das ihm sehr viel bedeutet.«

Eine Selbstreinigung der Kirche ist also das Ziel von Bergoglios Pontifikat. Ich war nachdenklich geworden, als ich den weisen und gelehrten Rabbi verließ. Noch einmal verharrte ich vor der Gedenktafel für die Opfer des Holocaust, die gleich am Eingang seiner Synagoge hängt, dann führte mich mein Weg wieder zurück ins Zentrum dieser aufregenden Stadt. Ich hoffte, dass mein nächster Gesprächspartner mir weiterhelfen konnte, den »Bergoglio-Style« und die Vision des neuen Papstes von der Zukunft der Kirche zu verstehen.

Es ist ungewöhnlich, abends um neun einen Interviewtermin zu bekommen, auch in Buenos Aires. Doch der Mann, den ich treffen wollte, ist schwieriger zu erreichen als so mancher Prominenter. Nicht, weil er so wichtig ist (oder es zu sein glaubt), sondern weil er tatsächlich jede Stunde seiner Zeit in die kirchliche Jugendarbeit steckt. Er leitet die Studentenseelsorge in Buenos Aires. Bei dieser Aufgabe steht Pater Guillermo Marcó ständig unter Strom. Doch die Energie geht ihm nie aus, denn seine Kraftquelle ist das Wort Gottes.

Das Haus, in dem wir verabredet waren, glich einem Bienenstock. Jugendliche kamen und gingen, packten Pakete, schnitten einen Kuchen an oder beteten miteinander. In dieser Nacht wollten sie wieder hinaus auf die Straße, sich um Obdachlose kümmern.

»Wir haben da ein ganz besonderes System«, erklärte mir Fernando, einer der Helfer, »und das besteht darin, Beziehungen aufzubauen. Es sind nicht ›wir‹ und ›die Obdachlosen‹. Wir bilden Zweiergruppen, und jede dieser Gruppen geht zu einem ganz speziellen Mann oder einer Frau, den oder die sie betreut. Wir bringen dem Einzelnen dann Essen, Wasser, Kuchen, Kleidung, Decken. Vor allem aber reden wir mit ihm. Wir fragen nach seinen Nöten und Sorgen. Wir hören ihm zu. Wir beten mit ihm. Und wir bieten ihm an, ihn am Sonntag in die heilige Messe zu begleiten.«

Auch diese Initiative, so erfuhr ich, war eine Idee des von allen heiß geliebten ehemaligen Erzbischofs Jorge Bergoglio. Die Studenten werden nicht nur zu Empfängern, sondern zu Trägern und Überbringern der Frohbotschaft Christi. Sie arbeiten als Missionare im Großstadtdschungel von Buenos Aires, gehen in die Bahnhöfe, auf die Plätze, in die Einkaufsstraßen. »Die Mehrheit der Bevölkerung fragt nicht nach dem Sinn des Lebens«, erklärte mir Pater Marcó, als man mich schließlich in sein kleines, ziemlich vollgestelltes Büro führte. »Wir müssen sie also motivieren, nach Gott zu fragen. Wir haben die Antworten. Doch wenn niemand von sich aus darauf kommt, zu fragen, müssen wir da etwas nachhelfen.«

Pater Marcó war der Pressesprecher des heutigen Papstes gewesen, denn Bergoglio tat auch damals schon nichts weniger gerne, als seine Zeit mit neugierigen Journalisten zu verbringen. Und dann erzählte er mir, wie alles begann.

»Eines Tages rief mich der Erzbischof an, er war damals noch kein Kardinal, und fragte mich, ob ich mit ihm zu Abend essen würde. Ich wunderte mich sehr, denn das war selten. Gewöhnlich lebt er wie ein Mönch. Er steht sehr früh auf, jeden Tag gegen 4.00 Uhr, um in Ruhe beten zu können, er ist ein Mann des Gebets. Deshalb geht er immer früh zu Bett. Abends noch auszugehen, ist einfach nicht seine Welt. Wir trafen uns jedenfalls, als er mir anvertraute, was ihm auf der Seele lag. Er sei immer ein wenig nervös, wenn er Journalisten vor sich hätte, gestand er mir und fragte, wie er am besten damit umgehen könne. Ich war gerade seit sechs Jahren Priester und hatte zuvor im Bereich Medien und Kommunikation gearbeitet. Doch bevor ich ihm eine Antwort geben wollte, besprach ich mich zunächst mit einem erfahrenen Medienberater. Auch er riet Erzbischof Bergoglio dringend davon ab, Interviews zu geben. Man solle die Presse lediglich zu seinen öffentlichen Auftritten einladen, damit sie seine Predigten hören könnte.« Bergoglio folgte diesem Rat – und setzte Pater Marcó ein, fortan die Presse mit offiziellen Texten zu versorgen und ihre Fragen zu beantworten. Vielleicht konnte der junge Priester, der ein gutes Jahrzehnt lang sein Sprachrohr war, jetzt auch mir helfen, Papst Franziskus besser zu verstehen.

»Zu den beeindruckendsten Bildern seiner Zeit als Bischof gehören jene, wie er Kranken, Behinderten und Strafgefangenen am Gründonnerstag die Füße wäscht«, begann ich. »Auch als Papst besuchte er am 28. März eine römische Jugendstrafanstalt und vollzog die Fußwaschung an zwölf Insassen, darunter zwei Mädchen; eine davon war eine Muslima. Was inspirierte ihn ursprünglich dazu?«

»Als er Erzbischof wurde, hatte er vier Weihbischöfe, und so ließ er jeden von ihnen eine der Feiern in der Heiligen Woche leiten; er selbst zelebrierte nur die Osternacht«, erklärte mir Pater Marcó. »Doch je näher der Gründonnerstag rückte, umso besorgter stellte er fest, dass er an diesem Tag gar nichts zu tun hatte. Da meinte er zu mir: Ich nutze die Zeit, um ein Gefängnis zu besuchen. Er wollte keine Fotografen dabeihaben, sondern einfach nur bei den Gefangenen sein und sie aufbauen. Ein anderes Mal, 2001, ging er in das Muñiz-Krankenhaus und wusch Aids-Kranken die Füße. Was er jetzt also in Rom tat, ist uns sehr vertraut. Sein ›neuer Stil‹ ist nichts anderes als das, was er bei uns schon immer tat.«

»Doch was ist so typisch für diesen Stil, was ist anders in Buenos Aires?«, fragte ich nach.

»Dass wir auf die Menschen zugehen, sie dort abholen, wo sie gerade sind, dass wir für sie da sind«, erwiderte Pater Marcó. »Das ist, was der Kardinal (Bergoglio) immer gesagt hat: ›Wir müssen rausgehen und die verlorenen Schafe suchen, statt uns in der Kirche zu verbarrikadieren.‹ Daher betreiben wir beispielsweise die Straßenmission. Vor allem aber wollen wir es den Menschen leicht machen, in die Kirche zu kommen. Bei uns in der Kathedrale werden täglich fünf heilige Messen gehalten, am Sonntag sogar acht. Wir haben auch jeden Tag eine Messfeier um 12.30 Uhr, wenn die Menschen Mittagspause haben. Seien wir doch einmal ehrlich, wer geht schon gerne zur Frühmesse, wenn er danach arbeiten muss, wer steht denn gerne noch eine Stunde früher auf? Aber in der Mittagspause hat man Zeit. Darum sind bei uns die Kirchen immer voll.«

»Ist es auch typisch, dass er keine Scheu davor hatte, einer Muslima die Füße zu waschen?«, bohrte ich weiter.

»Nun, in diesem Fall wusste er vorher nicht, dass in Europa die Mehrheit der jugendlichen Strafgefangenen offenbar Moslems sind. In Argentinien findet man in den Haftanstalten fast nur Katholiken. Er konnte natürlich keinen Rückzieher mehr machen, als er versprochen hatte, zu kommen, und noch weniger jemanden wegen seines Glaubens diskriminieren. Außerdem haben wir hier in Buenos Aires ein gutes Verhältnis zu unseren Moslems. Zumindest fast alle, die hier leben, sind anständige Leute und keine religiösen Fanatiker. Schließlich war die römisch-katholische Kirche immer schon eine Verfechterin der Religionsfreiheit. Einmal im Jahr, am argentinischen Nationalfeiertag, findet in der Kathedrale von Buenos Aires, wie Sie vielleicht schon gehört haben, ein Te Deum statt, eine Feierstunde mit gemeinsamem Gebet, an der der Präsident und die Vertreter der Regierung teilnehmen. Dazu luden wir auch immer Vertreter aller Religionsgemeinschaften ein, auch Muslime.«

»Doch weshalb verzichtete Papst Franziskus von Anfang an auf päpstliche Insignien wie die Mozetta oder die roten Schuhe?«, wollte ich als Nächstes von Pater Marcó wissen.

»Weil das kaiserliche Insignien sind«, antwortete er ein wenig ungeduldig, »das Purpurrot war die Farbe der römischen, später der byzantinischen Kaiser! Für uns aber ist ein Bischof ein Diener des Volkes Gottes, nicht sein König. Das gilt natürlich auch für den Bischof von Rom. Kardinal Bergoglio ist nie wie ein König aufgetreten. Wenn wir nach Rom mussten, sind wir immer in der Touristenklasse geflogen. Ich erinnere mich noch gut daran, wie ich zum ersten Mal mitgekommen bin, wir in einem Gästehaus abstiegen und ich ihn fragte: ›Wie kommen wir jetzt in den Vatikan?‹ Seine knappe Antwort lautete: ›Zu Fuß natürlich!‹

Hier in Buenos Aires hat er immer den Bus genommen oder die U-Bahn, wenn er Termine hatte. Auch wenn er in eine andere Stadt musste, ist er mit dem Bus oder der Eisenbahn gefahren. Er hatte nicht einmal einen Fahrer, und der Dienstwagen wurde nur benutzt, um Gäste zu transportieren. Schauen Sie, vieles in Europa ist doch noch monarchisch geprägt. Wir hier in Argentinien hatten nie einen König. Argentinien war immer ein Land der Freiheit, ohne Adel oder soziale Klassen. Daher reagieren wir Argentinier sehr sensibel, ja geradezu allergisch auf alles, was uns monarchisch erscheint. Er aber möchte Jesus ähnlich leben und nicht wie die Könige der Welt. Er glaubt nicht an weltliche Macht, nur an die Macht des Gebets.«

»Und warum lässt er das Papst-Appartement leer stehen?«

»Weil es in einem Palast liegt. Wie können wir in den Hütten das Evangelium verkünden, wenn wir selbst in Palästen leben? Als er Erzbischof wurde, sollte er in die Residenz von Kardinal Quarracino einziehen, doch er weigerte sich. Stattdessen nahm er sich ein Zimmer im Haus des Generalvikariats. Er will sich nicht von den Menschen isolieren lassen.«

»Sie nannten ihn selbst eben Bischof von Rom. Tatsächlich ist dies der einzige Titel, den er benutzt. Nie spricht er von sich als der Papst, wie es Johannes Paul II. etwa gerne tat. Warum?«

»Er möchte Primus inter Pares, Erster unter Gleichen sein, Bischof wie alle Bischöfe der Welt. Man verlieh ihm das Primat, aber keinen Thron und keine Krone. Und das möchte er betonen, weil es so wichtig für den ökumenischen Dialog ist.«

Wie würde ein Mann, der in Argentinien Bergoglios engster Mitarbeiter war, Papst Franziskus charakterisieren? Pater Marcó geriet ins Schwärmen: »Er ist ein Einzelgänger und ein Mann des Gebets«, erklärte er mir. »Alle seine Entscheidungen basieren auf dem Gebet. Jeder Entscheidung geht eine lange Zeit des Schweigens voraus. Er scheint spontan zu handeln, doch tatsächlich ist alles, was er tut, vorher sorgsam durchdacht worden. Ich nenne Ihnen ein Beispiel. Einmal haben ihn die Evangelikalen hier in Buenos Aires auf eine Veranstaltung in einem großen Stadion eingeladen. Er sollte dort reden. Stattdessen ging er auf die Knie und bat um den Segen der Menschen dort, um ihr Gebet. Er glaubt sehr an die Kraft des Gebets. Wo Worte nur Unterschiede definieren können, vereint das Gebet und vertraut alles Gott an. Dann entschuldigte er sich, die Kirche ›habe ihre Zärtlichkeit verloren‹, was alle tief berührte. Er hat ein angeborenes Führungstalent, eine Gabe, Menschen zu inspirieren. Er führt durch sein eigenes, gutes Beispiel und lädt alle ein, ihm darin nachzueifern. Er hat einen starken Willen, ist hochintelligent, ja brillant. Er hört gut zu, aber er spricht nicht viel. Er kann Ihnen lange zuhören und wird am Ende nur ein paar Worte sagen, die es dann aber in sich haben.«

Mir wurde signalisiert, dass meine Zeit abgelaufen war; Pater Marcó musste sich noch um die Jugendlichen kümmern. So stellte ich meine wohl wichtigste Frage: »Was haben wir von Jorge Bergoglio als Papst zu erwarten?«

»Wir stehen am Anfang, im ersten Stadium eines Wandels«, meinte der Pater, »er möchte die Kirche zu ihren Anfängen zurückführen, so, wie sie einmal in der Zeit der ersten Christen war. Eine Kirche nicht der Macht, sondern der Pastoralarbeit. Die ganzen Privilegien müssen verschwinden. Nehmen wir das Kardinalskollegium. Von 205 Kardinälen stammen 112, also mehr als die Hälfte, aus Europa, und nur 29 aus Lateinamerika. Dabei leben rund 40 Prozent aller Katholiken auf unserem Kontinent. Die Zahlen in Europa stagnieren oder sind rückläufig, wir haben die Menschen, bei uns wächst die Zahl der Gläubigen. Doch im Vatikan scheint man das bislang nicht so richtig wahrgenommen zu haben. Daher hoffe ich zumindest, dass zukünftig die Kardinalstitel nicht mehr danach vergeben werden, ob der Vorgänger bereits einen hatte, sondern nach Leistung. Und ich befürchte, Benedikt XVI. war vielleicht der letzte europäische Papst. Die Zukunft der Kirche jedenfalls liegt in Lateinamerika.«

Pater Marcó strotzte vor Selbstvertrauen. Doch was war nun die Wahl von Papst Franziskus? Eine Revolution, vielleicht sogar gegen seinen Vorgänger, Papst Benedikt?

»Nein, ganz im Gegenteil. Kardinal Bergoglio hat Benedikt XVI. geradezu verehrt. Er war ein großer Papst und er ist vielleicht der letzte große europäische Intellektuelle. Die beiden hatten eine gute Beziehung, ja, sie standen sich sogar sehr nahe. Papst Benedikt hat die so wichtige

Selbstreinigung der Kirche in Gang gebracht und ist sich immer treu geblieben. Schauen Sie, es zeugt doch schon allein von Größe, der Macht so einfach ›Lebwohl‹ zu sagen. Das war auch ein Zeichen an die Politiker, die bekanntlich an ihren Posten ›kleben‹. Aber Benedikt XVI. und Franziskus haben die gleichen Ziele. Man kann sogar sagen, dass Franziskus die Vision Benedikts XVI. verwirklicht.«

Ich staunte über das Selbstbewusstsein des hemdsärmeligen Priesters und ahnte, dass wirklich ein neuer Wind weht, ein »guter Wind« aus Buenos Aires, der jetzt Rom erreicht. Es wird ein Wind der Veränderung sein.

Intermezzo II.: Gespräch mit Maria Elena Bergoglio

Eine gute Stunde lang sind wir unterwegs vom Barrio San Nicolás, dem Stadtzentrum von Buenos Aires, bis in den Vorort Ituzaingó, in dem Maria Elena Bergoglio, die 64-jährige Schwester des Papstes, zusammen mit ihrem Sohn Jorge ein einfaches, aber hübsches Häuschen bewohnt. Gewöhnlich dauert es länger, sind die Straßen verstopft, vertraut mir mein Taxifahrer an, aber es ist der 1. Mai heute, ein Feiertag auch am Rio de la Plata. Lediglich als wir am Präsidentenpalast vorbeimüssen, staut es sich dann doch; die Polizei hat Straßensperren aufgestellt wegen einer sich gerade formierenden Demonstration.

Ituzaingó ist ein schmucker, nicht ganz mittelständischer Vorort mit meist gepflegten Vorgärten. Vor dem Haus der Bergoglios steht ein Polizeiwagen, die Vorhänge sind zugezogen, es war wohl etwas zu viel des Trubels in den vergangenen sechs Wochen, dem sich die Betroffene notgedrungen durch zeitweise Abwesenheit entzog. Erst nach tagelangen Versuchen hat meine argentinische Kollegin Molly Maria Hamilton-Baillie sie erreicht und einen Termin für mein Gespräch mit ihr bekommen. Jetzt begleitet sie mich, um zu übersetzen.

Ich drücke die Türklingel, Hundegebell ertönt, die Gardine wird beiseitegeschoben, ich werde von einer neugierigen schwarzen Schnauze inspiziert. Sie gehört, wie ich später erfahre, zu der temperamentvollen, verspielten, tolpatschigen und ungemein wilden Labradorhündin Iris, die Papstneffe Jorge nur mühsam halten kann, um zu verhindern, dass sie Menschen und Möbel gleichermaßen umwirft. Sie wird vorsorglich weggesperrt (und erst später, auf meinen Wunsch hin, wieder freigelassen), während Frau Bergoglio uns hereinlässt.

Der Empfang ist herzlich, und sie öffnet sich schnell, während ich fasziniert in ihre warmen braunen Augen blicke, die mich immer wieder an den fast mystischen Blick des Papstes erinnern. Vielleicht liegt ein wenig Melancholie in ihnen, auf jeden Fall aber Tiefgründigkeit und Wärme. Ihr Sohn Jorge dagegen, ein freundlicher, langhaariger, schlaksiger junger Mann in bequemer Sportkleidung, der als Architekt in der Schule Buckminster Fullers Multifunktions-Strukturen aus geodätischen Kuppeln entwickelt, ist eher schüchtern und möchte nicht reden. Dafür hält er nicht nur Iris in Schach, neben der Hauskatze und einer Straßenhündin, der die Bergoglios Asyl gewähren, die dritte tierische Bewohnerin des Hauses. Er bringt uns auch zum Abschluss des Interviews ein Glas Mate-Tee; *ein* Glas natürlich nur, denn Mate wird gemeinsam aus einem Glas getrunken. Der Genuss des leicht bitteren argentinischen Nationalgetränks ist ein Verbrüderungsritual. Der Krug mit dem Kraut, auf das heißes Wasser geschüttet wird, geht herum, nacheinander trinkt man aus einem Strohhalm. Danach fühle ich mich in die Familie aufgenommen und darf sogar mit Iris herumtollen.

Frau Bergoglio ...

Bitte sagen Sie doch Maria Elena zu mir.

Gerne, Maria Elena. In einem Interview mit meinem amerikanischen Kollegen John L. Allen jr. vom National Catholic Reporter erklärten Sie, Sie würden Georg Ratzinger gerne zu seinem Bruder gratulieren. Wenn Sie jetzt die Möglichkeit dazu hätten, was würden Sie ihm sagen?

Ich würde ihm zunächst einmal aus tiefstem Herzen für seinen Bruder danken. Benedikt XVI. war ein großer, ein außergewöhnlicher Papst, auch wenn das viele Menschen nicht zu schätzen wussten. Wir – ich will mich da gar nicht ausnehmen – waren unfair zu ihm, einfach weil er sich mit den Menschen zunächst schwerer tat. Jeder Nachfolger von Johannes Paul II., der mit seiner ganzen, so charismatischen Persönlichkeit die Herzen der Gläubigen gewann, hätte es nicht leicht gehabt. Dafür ist Benedikt XVI. intellektuell sehr stark. Er war es ja, noch als Kardinal, der für die wichtigsten Reflektionen und Dokumente des polnischen Pontifikats verantwortlich war. Aber auch ich brauchte ein wenig, um Papst Benedikt für mich zu entdecken: seinen großen inneren Reichtum. Als Papst begann er, Probleme und Skandale der Kirche offenzulegen, auch das rechne ich ihm hoch an. Und weil er die Demut und die Ehrlichkeit hatte, sein Amt aufzugeben. Zum Glück erkennen immer mehr Christen, dass er ein großer Papst und ein außergewöhnlicher Mensch war, der in jeder Hinsicht großen Mut gezeigt hat.

Ich verspreche Ihnen, ich werde Ihre Worte an Prälat Dr. Ratzinger weiterleiten. Aber kommen wir auf Ihren Bruder zu sprechen. Wie haben Sie das »Habemus Papam« erlebt?

Ich war hier im Haus mit meinem Sohn, wir hatten natürlich den ganzen Nachmittag lang den Fernseher laufen, dann kam der weiße Rauch. Aber es dauerte ja noch eine ganze Weile, bis wir den neuen Papst zu sehen bekamen. Dabei habe ich nie damit gerechnet, dass es mein Bruder sein könnte. Das Einzige, was ich dann vom »Habemus Papam« hörte, war Georgius Marius, Jorge Mario. Den Nachnamen hörte ich schon nicht mehr, auch nicht den Namen des neuen Papstes, so überwältigt, ja, so schockiert war ich.

Dann kamen immer mehr Menschen zu meinem Haus, glückliche Menschen, und das Telefon klingelte den ganzen Tag. Am nächsten Tag standen schon früh die Fernsehkameras vor meinem Haus. Das war verrückt und zugleich wundervoll! Die Reporter waren sehr nett zu mir, als ich die Tür öffnete und zu ihnen herauskam. Ich bin diesen Reportern sehr dankbar für ihre Rücksichtnahme und Höflichkeit.

Hatten Sie eine Ahnung, dass Ihr Bruder der neue Papst werden könnte, als er zum Konklave reiste? Hat er damit gerechnet?

Darüber haben wir nie gesprochen. Ich denke, er hat gar nicht über diese Möglichkeit nachgedacht. Persönlich hätte ich mir Kardinal Scherer als neuen Papst gewünscht, während (mein Sohn) Jorge einen der vier franziskanischen Kardinäle (Amigo Vallejo, Hummes, Napier, O'Malley) bevorzugt hätte.

Wann haben Sie denn das erste Mal nach der Wahl mit Ihrem Bruder gesprochen?

Jorge hat mich noch am Tag der Wahl angerufen. Wir waren uns im Gespräch sehr nahe. Er fragte, wie es mir gehe. Ich wiederholte die

Frage, und er meinte nur: Wie könnte ich dich jetzt nicht anrufen? Ich sagte, dass ich ihn jetzt gerne umarmen würde, und er erwiderte: Glaube mir, das machst du gerade!

Wie eng ist seither der Kontakt?

Seitdem hat er mich viele Male angerufen. Wir telefonieren miteinander wie zu den Zeiten, als er noch hier in der Stadt war. Aber er hat natürlich sehr viel zu tun. Allerdings sahen wir ihn auch nicht, als er Erzbischof von Buenos Aires war. Glauben Sie mir, er hat es nicht einmal geschafft, uns hier in Ituzaingó zu besuchen. Die letzten Wochen hat er aber so oft angerufen, wie es nur ging. Immer er mich. Ich weiß gar nicht, wie ich ihn erreichen könnte, ich will es auch gar nicht wissen, denn ich will ihn nicht stören.

Spricht er dann auch über seine Aufgaben als Papst oder seine Pläne für die Kirche?

Nein, wir sprechen nur über Familienthemen, nie über seine Arbeit oder seine Vorhaben.

Aber er hat Ihnen erzählt, was Papst Benedikt XVI. zu ihm sagte, als sie sich vor dem Konklave verabschiedeten?

Ja, das hat er. Er war immer sehr loyal. So flog er schon am 26. Februar nach Rom, um bei der Verabschiedung dabei zu sein. Als die Kardinäle dann einzeln vor den scheidenden Papst traten, sagte Benedikt XVI. zu Jorge: »Du schuldest mir Gehorsam. Wenn du gewählt wirst, musst du annehmen.«

Wie nahe standen Sie sich in der Kindheit? Ihr Bruder ist doch etliche Jahre älter als Sie.

Ja, Jorge Mario war schon fast erwachsen in der Zeit, aus der meine ersten Erinnerungen an ihn stammen. Als ich acht Jahre alt war, verließ er unser Elternhaus, um auf das Seminar zu gehen. Doch wir blieben immer in Kontakt, er war also immer in meinem Leben präsent, auch auf die Entfernung hin. Und er wird es auch weiterhin sein.

Wie wird er als Papst Franziskus die Kirche verändern?

Er erklärte mir immer wieder, sein Traum sei eine Kirche für die Armen. Er will eine Kirche, die sich ihrer materiellen Reichtümer und Privilegien entledigt und deren Hirten »wie ihre Schafe riechen«, sich also nicht abkapseln, nicht hoch über den Gläubigen stehen und jeden Kontakt mit ihnen vermeiden, sondern unter den Menschen leben und ihnen dienen. Darum hat er sich auch geweigert, die roten Schuhe anzuziehen, die für ihn ein Symbol des Königtums sind; der Papst aber ist doch ein Diener der Diener Gottes! Er wird einige Zeit dafür brauchen, um der Kirche ein neues Gesicht zu geben, das kann nur langsam geschehen. Ich denke, er will etwas in der römischen Kurie verändern. Tatsächlich reagieren ja einige Kardinäle schon auf seine Gesten und fühlen sich herausgefordert, ihm nachzueifern.

In Europa stieß er damit auf viel Begeisterung!

Ich bin ganz glücklich darüber, wie man ihn in Europa willkommen hieß. Er ist eine Revolution für Europa und die Welt. Wer Veränderungen will, der muss sich zunächst selbst verändern. Das kann nur, ja das muss im Alltag geschehen. Wir müssen auf Gottes Gnade vertrauen, denn hinter allem, was er jetzt als Papst Franziskus tut, steht doch Jesus selbst.

Wie viel Jorge Bergoglio darf denn Papst Franziskus sein? Wird er all das durchhalten können?

Franziskus ist immer noch Jorge und er trägt das Evangelium in seinem Herzen. Das wird ihm dabei helfen, ein guter Papst zu sein. Wir müssen für ihn beten. Ich hoffe, die Flamme des Heiligen Geistes erlischt nie in seinem Herzen.

Danke, Maria Elena!

XII. Das Zeichen des Franziskus

Wohin also steuert die Kirche im dritten Jahrtausend? Welcher Natur ist die »Revolution«, von der Maria Elena Bergoglio sprach? Sicher ist: Sie geht nicht in die Richtung, die von den ewiggleichen, von den Medien hofierten »Reformern« gefordert wird. Deren mit gebetsmühlenartiger Penetranz vorgetragener Kanon ist klar definiert. Karl-Josef Schäfer etwa von der Initiative mit dem irreführenden Namen »Wir sind Kirche« sagte ihn unlängst erst in einem Interview mit der *Frankfurter Rundschau* wieder brav auf:

> »Dann muss dringend etwas an der Gleichstellung der Frau in der Kirche getan werden und an der Beteiligung der Laien. Außerdem bedarf die katholische Sexualethik einer Überarbeitung, zum Beispiel, was die Stellung der Homosexuellen betrifft. Und wir fordern die Wiederzulassung von verheirateten Geschiedenen zu den Sakramenten sowie die freie Entscheidung für die Geistlichen, ob sie zölibatär leben wollen oder nicht.«

Wer *Über Himmel und Erde* gelesen hat, der weiß: Da wird nicht viel zu machen sein. Während Franziskus unlängst bei einer Generalaudienz die Bedeutung der Frauen für die Kirche hervorhob – zu Priestern wird auch er sie nicht weihen können. Schließlich war der höchste Priester, Jesus, ja auch ein Mann. Die Frauen dagegen hätten eine andere Rolle, erklärte der Papst, verfügten sie doch über das »Geschenk der Mutterschaft, der Zärtlichkeit«. Und auch die Kirche, mit der Jesus sich vermählte, sei »eine Frau«.
Seine Sexualethik entspricht der traditionellen Lehrmeinung der Kirche, ganz wie es sich auch bei Benedikt XVI. verhielt; allerdings räumte er ein, die Religion habe »kein Recht, sich in irgendjemandes Privatleben einzumischen«. Abtreibung bedeutet für Bergoglio, »jemanden zu töten, der sich nicht wehren kann«. Homosexualität sei im Prinzip zwar ebenfalls eine Privatsache, die die Kirche nichts angehe. Doch die Vorstellung, homosexuelle Paare könnten eine Ehe schließen wie Mann und Frau, widerspreche dem Zweck der Ehe: der Gründung ei-

ner Familie, der Geburt und Erziehung von Kindern. Der Zölibat wird bleiben – lediglich Ausnahmefälle, wie etwa heute schon bei den mit Rom unierten Ostkirchen, kann Papst Franziskus sich vorstellen, auch wenn er selbst als junger Seminarist einmal so verliebt war, »dass sich mir der Kopf drehte«. Lediglich die wiederverheirateten Geschiedenen können in Einzelfällen mit Barmherzigkeit rechnen. Im Prinzip ist aber auch für Bergoglio/Franziskus jede Scheidung ein Verstoß gegen »die Unauflösbarkeit der Ehe«.

Womit dies abgehakt wäre und wir auf die wichtigen Themen zu sprechen kommen können, statt unsere Zeit mit den Sonderwünschen deutscher Befindlichkeit, den Luxusproblemen des Westens, zu vergeuden. Wer dagegen die echten Herausforderungen für den Katholizismus des 21. Jahrhunderts verstehen will, der greife lieber zu John Allens exzellenter Studie *Das neue Gesicht der Kirche*. Damit ist, ausnahmsweise, nicht Papst Franziskus gemeint. Vielmehr geht es darum, dass die Kirche von morgen stärker von den Ländern der südlichen Erbhalbkugel geprägt sein wird. Dann werden die bislang üblichen Schablonen wie »konservativ« oder »liberal«, »links« oder »rechts« einfach nicht mehr passen. Die kirchliche Morallehre ist auf der anderen Hälfte der Erdhalbkugel viel fester verankert als in den liberalen westlichen Ländern, und so steht manches, was den Europäer bewegt, im Süden gar nicht erst zur Debatte.

Auch der Glaube ist in den neuen Kernländern der Kirche ein anderer, tiefer verwurzelt in der Volksfrömmigkeit und weniger kritisch reflektiert. In dieser Hinsicht, moralisch und theologisch, ist auch Papst Franziskus durch und durch konservativ; in vielem konservativer als sein Vorgänger, der Philosoph und Schöngeist Benedikt XVI.

Ganz anders sieht es in der Forderung nach sozialer Gerechtigkeit aus, die in Südamerika viel zwingender ist, als sie es je im Westen der Nachkriegsjahrzehnte war. Findet hier der Arbeitskampf auf höchstem Niveau statt, geht es allenfalls um ein paar zusätzliche Urlaubstage, Freistunden oder wird an Löhnen gefeilscht, die für die meisten Latinos ohnehin schon ferne Träume wären, stellt sich dort die Frage nach der nackten Existenz. Es gibt kein Hartz IV in Südamerika, keine Alters-, Renten- und Sozialversicherung. Stattdessen leben Millionen Menschen unterhalb der Armutsgrenze, ohne Strom, fließend Wasser, ein richtiges Bett oder eine geregelte Mahlzeit. Auch deren Kinder haben meist keine Chance, dem Elend zu entkommen. Hier wird, ja muss die katholische Kirche Lateinamerikas im Kampf um soziale Gerechtigkeit eine Vorreiterrolle einnehmen.

Die katholische Soziallehre wird gewiss im Bergoglio-Pontifikat eine größere Rolle spielen als etwa der Diskurs mit der Philosophie oder die Versöhnung von Glaube und Vernunft. In dieser Hinsicht ist Franziskus ein Sozialrevolutionär im Herrn, der, gerade um linken Utopien eine Absage zu erteilen, dafür eintreten wird, den Menschen eine bessere Zukunft zu ermöglichen. Eine Befreiungstheologie, die neben der Befreiung aus Sünde und Tod auch konkrete Lebenswirklichkeiten in den Blick nimmt, ohne freilich den konkreten politischen Kampf auf ihre Fahnen zu schreiben, wird vielleicht sogar zur Leitdoktrin der Weltkirche werden. Die Kirche muss sich auf die Seite der Armen und Entrechteten stellen und Korruption, Ausbeutung und Gewalt verurteilen, wenn sie die Botschaft des Evangeliums ernst nimmt.

In diesem Sinne war die letzte große Personalentscheidung Benedikts XVI. geradezu prophetisch. Mit Erzbischof Gerhard Ludwig Müller berief er nicht nur einen exzellenten Theologen von Weltrang zum neuen Präfekten der Glaubenskongregation, sondern auch einen profunden Kenner und Vertreter der nichtmarxistischen Befreiungstheologie, der zudem perfekt Spanisch spricht. Ihm ist die Bestätigung im Amt wohl ebenso gewiss wie der Kardinalshut beim nächsten Konsistorium, zumal er als »Neuling« bislang jedem Kurienklüngel fern blieb.

Auch mit dem Stichwort vom »evangelikalen Katholizismus« trifft Allen in seinem Buch die Sache auf den Punkt. Wäre sein Buch nicht bereits 2009 erschienen, man könnte dem Autor glatt unterstellen, es auf Franziskus zugeschnitten zu haben. Die Ökumene mit dem Protestantismus deutscher Prägung steckt in der Sackgasse, weil seine Wünsche einseitig sind. Die Lutheraner erwarten von den Katholiken Öffnung und Zugeständnisse – bis hin zur Aufgabe ihrer Sakramentenlehre –, ohne eigene Irrtümer und Fehler einzugestehen. Im Gegenteil: Sie entfernen sich immer weiter nicht nur von der katholischen Glaubenslehre, sondern auch von der Orthodoxie. Eine immer stärker verwässerte Theologie, immer bizarrere liturgische Experimente, Homo-Paare in

Pfarrhäusern und Skandalbischöfinnen tragen nicht gerade zu ihrem Ansehen in der Weltgemeinschaft der Kirchen bei. Umso größer aber ist das Potenzial bei den Evangelikalen, was Papst Franziskus längst erkannt hatte, als er noch Erzbischof von Buenos Aires war. Gerade in Lateinamerika wurden diese Bewegungen zur größten Herausforderung für die Kirche, weil sie volksnah sind. Von ihrer Sprache, ihren Frömmigkeitsformen und der Art, wie sie Menschen begeistern, lässt sich durchaus einiges lernen, und Franziskus zeigt gerade deutlich, wie man das macht. So ließ sich der Trend speziell in Argentinien längst umkehren. Zwar wechselten zuerst Gläubige geradezu in Massen zu den evangelikalen Bewegungen über, doch nach Jahren kehrten viele davon auch wieder in die Arme der katholischen Kirche zurück. In den neuen Gemeinschaften fehlten ihnen die Authentizität der katholischen Tradition und die Heiligkeit der Sakramente. Einem »evangelikalen Katholizismus«, der auch charismatischen Bewegungen mehr Platz einräumt, könnte der Bergoglio-Papst durchaus die Türen öffnen. Das authentische Zeugnis des Einzelnen wird im Mittelpunkt dieser neuen Frömmigkeit stehen.

Große Schritte sind von Franziskus in der Ökumene mit den Ostkirchen zu erwarten, wie sich schon zu Anfang seines Pontifikats zeigte. Tatsächlich waren die Beziehungen zur Orthodoxie schon unter Benedikt XVI. so gut wie nie im letzten Jahrtausend der Kirchengeschichte. Hier sendet jetzt auch der Argentinier die richtigen Signale aus, um den Dialog zu intensivieren. Tatsächlich ist Bergoglio ein profunder Kenner des ostkirchlichen Ritus. In Buenos Aires freundete er sich mit dem griechisch-katholischen Ukrainer Stefan Czmil (1914–1978) an, zelebrierte mit ihm die Göttliche Liturgie und wurde schließlich Beauftragter für die unierten Ostkirchler in seinem Land, als diese über keinen eigenen Seelsorger verfügten. Als Weihbischof war er speziell auch für die Ukrainer zuständig, bis Johannes Paul II. 2009 den jungen Bischof Swjatoslaw Schewtschuk aus Lwiw mit dieser Aufgabe betraute. Auch er pflegte engen Kontakt zu Bergoglio, dessen »unglaubliche Bescheidenheit« ihn ebenso beeindruckte wie seine kurzen Predigten, »gefüllt mit ganz tiefem Sinn«. Nur zwei Jahre später wurde Schewtschuk zum neuen Oberhaupt der ukrainisch-katholischen Kirche gewählt und kehrte in seine Heimat zurück.

Wie herzlich sich die Beziehungen zu den Ostkirchen entwickeln könnten, zeigte sich, als der koptische Papst Tawadros II. vom 9. bis 13. Mai 2013 Rom besuchte. Seine Kirche ist eine der ältesten der Welt; sie wurde 62 n. Chr. vom Evangelisten Markus begründet. Als Patriarch von Alexandria und ganz Afrika, so die offizielle Nomenklatur, führt er den Papsttitel völlig zu Recht. Schon im 3. Jahrhundert nannten sich seine Amtsvorgänger »Papa«, was sich in Rom erst ein Jahrhundert später einbürgerte.* Auch Tawadros ist neu im Amt, wurde am 4. November 2012 per Losentscheid gewählt. Auch er war einst Chemiker, wie Bergoglio, und leitete ein pharmazeutisches Werk im Nildelta, bevor er seine Berufung empfing. Auch die Liebe zur Einfachheit vereinigt die Männer; Tawadros lebte jahrelang in einem Kloster in der ägyptischen Wüste, zog sich monatelang als Einsiedler in eine Höhle zurück. In ihrer mönchischen Ausrichtung und ihrer Nähe zu den Armen ist die koptische Kirche eigentlich ganz »franziskanisch« und hütet so manchen Schatz, den es für Katholiken zu entdecken gilt.

Der fünftägige Besuch des koptischen Papstes im Vatikan erinnerte an die gemeinsame christologische Erklärung beider Kirchen vor 40 Jahren. Im Mai 1973 hatten Tawadros' Vorgänger Shenouda III. und Papst Paul VI. in einem Dokument bekannt, beide Kirchen teilten den gleichen Glauben, trotz unterschiedlicher Formulierungen. Damit wurde zumindest inhaltlich das Schisma nach dem Konzil von Chalcedon 451 aufgehoben. Papst Franziskus würdigte das damalige Ereignis als Meilenstein der Ökumene nach Jahrhunderten des Misstrauens und als Ausgangspunkt für eine Annäherung der Katholiken an die gesamte Familie der Ostkirchen. Auch Tawadros II. betonte, die wichtigste Aufgabe für beide Kirchen sei jetzt »die Förderung des ökumenischen Dialogs, um das meistangestrebte Ziel zu erreichen: die Einheit«.

Auf die Frage, wie er die Atmosphäre der Gespräche empfand, antwortete Papst Tawadros anschließend nur mit einem Wort: »Fantastisch!« Sogar seine Einladung, zu einem Gegenbesuch nach Ägypten zu kommen, habe Franziskus spontan angenommen. Es müsse nur noch ein geeigneter Termin dafür gefunden werden.

---

* Siehe Michael Hesemann: *Jesus in Ägypten. Das Geheimnis der Kopten*, München 2012.

Vielleicht lässt sich dies ja verbinden mit der Reise ins Heilige Land, die Franziskus für 2014 plant; womit er wiederum einer Einladung des konstantinopolitanischen Patriarchen Bartholomäus folgen wird. Ebenfalls nach Israel lud ihn Präsident Shimon Peres ein, der am 30. April 2013 den Vatikan besuchte. Dass auch die guten Beziehungen zum Judentum, die Benedikt XVI. so wichtig waren, weiter gepflegt werden, ist angesichts von Bergoglios Vorgeschichte geradezu selbstverständlich.

Obwohl damit mindestens zwei Reisen für 2014 anstünden, wird Franziskus mit Sicherheit kein »Reisepapst« werden, wie Johannes Paul II. oder auch noch Benedikt XVI. es waren. Das schloss jedenfalls Maria Elena Bergoglio aus, als ich sie interviewte. Selbst in seinen Erinnerungen *El Jesuita* betonte der damalige Kardinal, er sei »casalingo« – ziemlich häuslich. In Deutschland sollte man ihn, zumindest vorerst, nicht erwarten, auch wenn die Begegnung mit Bundeskanzlerin Merkel am 18. Mai geradezu freundschaftlich verlief.

Umso mehr wird der neue Papst sich der Aufgabe widmen, die Kurie zu reformieren. Dabei ist vor allem mit einer Internationalisierung ihres Personals zu rechnen. Nur einen Monat nach seiner Wahl, am 12. April, berief der Papst eine Kommission aus acht Kardinälen aller fünf Kontinente, unter ihnen der Münchener Erzbischof Reinhard Kardinal Marx. Koordinator der Gruppe ist der honduranische Erzbischof Oscar Andres Kardinal Rodriguez Maradiaga. Als Sekretär fungiert der Bischof des italienischen Albano, Marcello Semeraro. Ihre Aufgabe wird es sein, »das Projekt einer Revision der Apostolischen Konstitution *Pastor Bonus*« zu erörtern. Mit diesem päpstlichen Erlass hatte Johannes Paul II. 1988 die römische Kurie neu organisiert und ihr die heutige Gestalt gegeben. Das erste Treffen der Kommission wird vom 1. bis 3. Oktober 2013 stattfinden. Neben Maradiaga und Marx gehören der Kommission auch Giuseppe Kardinal Bertello, der Präsident des Governatorats des Vatikan-Staates, Francisco Kardinal Errázuriz Ossa, der emeritierte Erzbischof von Santiago de Chile, Oswald Kardinal Gracias, Erzbischof von Bombay, Laurent Kardinal Monsengwo Pasinya, Erzbischof von Kinshasa, Sean Patrick Kardinal O'Malley, OFMCap., Erzbischof von Boston, sowie George Kardinal Pell, Erzbischof von Sydney, an.

Dabei steht noch offen, ob auch die umstrittene Vatikanbank IOR weiteren Reformen unterzogen werden wird. Hier ist wohl erst einmal abzuwarten, wie weit die Maßnahmen Benedikts XVI. fruchten. Noch am 10. Mai 2013 dementierte Erzbischof Angelo Becciu, Substitut im vatikanischen Staatssekretariat, in der Vatikan-Zeitung *L'Osservatore Romano* ausdrücklich alle Spekulationen, es sei eine Statusänderung oder gar Schließung des Instituts geplant. Das bestätigte Kardinal Maradiaga am 14. Mai 2013 in einem Interview mit der italienischen Tageszeitung *Corriere della Sera*. Entscheidend sei zunächst, dass die Rolle des IOR neu definiert und Klarheit geschaffen werde. Dazu gehöre auch, dass das Institut wie jede andere Bank zukünftig seine Bilanzen veröffentliche.

Ein wichtiges Thema, auf das der Papst vielleicht sogar mit der Gründung einer neuen Kurienbehörde reagieren könnte, ist die zunehmende Christenverfolgung insbesondere in den islamischen Ländern. Auch darum ging es beim Besuch des Koptenpapstes Tawadros II., dessen Kirche speziell seit der Machtergreifung des islamistischen Präsidenten Mohammed Mursi immer wieder Ziel von gewalttätigen Übergriffen fanatischer Muslime wurde. Franziskus sicherte daraufhin Tawadros II. die Solidarität der Katholiken mit den Kopten zu, die in Ägypten »täglich leiden«. »Es gibt auch eine Ökumene des Leidens«, erklärte der Argentinier. Auf dem Weg zur kirchlichen Einheit sei das Mitgefühl ein wichtiges Element. Ein »päpstlicher Rat für die verfolgten Christen« könnte die Situation der leidenden Glaubensbrüder publik machen, zur Solidarität aufrufen und Hilfsaktionen koordinieren.

Wohin also steuert die Kirche unter Papst Franziskus? Um diese Frage zu beantworten, gilt es noch einmal, einen Blick auf Buenos Aires zu werfen, wo Bergoglio immerhin fast 15 Jahre lang zeigen konnte, was in ihm steckt. Da werden allerdings alle, die ihn für einen Bilderstürmer halten, gründlichst enttäuscht. Seine eigene Bischofskirche ist von innen so prachtvoll, wie es sich für ein Gotteshaus gehört. Altar und Ambo sind mit massivem Silberblech verziert, ein reich geschmücktes barockes Patriarchenkreuz aus Silber steht neben einem silbernen Osterleuchter aus der gleichen Zeit. Ganz offensichtlich hielt es der spätere Papst Franziskus mit dem Mann aus Assisi, der in einem Brief seinen Ordensbrüdern schrieb: »Die Kelche, die Korporalien, den Altarschmuck und alles, was zum eucharistischen Opfer in Beziehung steht, sollen sie in kostbarer Ausführung haben.« Eine Kirche für die Armen darf nicht armselig sein, wenn es darum geht, den Herrn zu ehren.

Doch wer das Herz des argentinischen Katholizismus schlagen hören möchte, der muss raus aus der Stadt, in das 75 Kilometer westlich gelegene Luján. Der wichtigste Wallfahrtsort des Landes beherbergt ein Gnadenbild der Gottesmutter, dessen Geschichte bis in die Anfänge seiner Christianisierung zurückreicht. 1630, so heißt es, habe ein portugiesischer Siedler in Brasilien eine Marienstatue bestellt, die ihm von einem Konvoi geliefert werden sollte. Doch als man etwa 40 Kilometer östlich von Luján nach einer Rast weiterziehen wollte, blieb der Karren, auf den sie geladen war, in der Erde stecken. Er bewegte sich erst weiter, als das Paket mit der Madonna abgeladen worden war. Das sahen die Boten als Zeichen Gottes an, dass die Statue an diesem Ort bleiben sollte, und übergaben sie dem Besitzer des Feldes, auf dem dies alles geschah. Der ließ eine kleine Kapelle errichten, die sofort von Pilgern frequentiert wurde. Ein junger Sklave aus Westafrika namens Manuel wurde der erste Priester, der sie betreute.

Als 33 Jahre später abseits des alten Weges eine neue Straße gebaut wurde, blieben plötzlich die Pilger fort. Eine Frau aus dem heutigen Luján bot an, der Madonna gleich neben der Straße eine neue Kapelle zu errichten, und ihr Besitzer stimmte schließlich zu. Doch gleich dreimal verschwand die Statue von dort und tauchte in ihrer alten Kapelle wieder auf. Erst als man ihr Prozessionen und Messen widmete und schließlich auch den Sklaven Manuel kaufte, um ihn in dem neuen Ort als Pfarrer einzusetzen, blieb sie endlich dort. Als das Wunder bekannt wurde, zog die Statue noch mehr Pilger an, und so platzte die Kapelle bald aus allen Nähten. 1748 wurde sie durch eine richtige Kirche ersetzt, 1887 begann man mit der Errichtung eines gigantischen neogotischen Gotteshauses, das den Kölner Dom zum Vorbild hatte. Heute strömen die Gläubigen an jedem Feiertag zu Tausenden nach Luján, und auch Bergoglio hat, noch als Kardinal, hier stundenlang Beichte gehört. In den Santerias, den Devotionalienläden um die riesige Plaza, die der Basilika vorgelagert ist, stehen die Heiligen der Kirche in Reih und Glied und enthüllen den Kosmos der argentinische Volksfrömmigkeit. In der Kirche selbst liegen schlafende Hunde auf den Stufen zu den Beichtstühlen oder zwischen den Kirchenbänken. Bei der Mes-

se geht einer von ihnen herum, legt den Gläubigen der Reihe nach seine Schnauze auf die Beine und will gestreichelt werden. Es sind meist einfache Menschen, die hier Trost suchen, gläubiges Volk von tiefer Frömmigkeit. Der Geist unter ihnen ist fast familiär. Der Friedensgruß wird nicht per Händedruck ausgetauscht, sondern man umarmt sich. In Argentinien ist das normal; der Handschlag gilt als distanziert, geradezu unhöflich. Nur hierzulande warf man Franziskus vor, »es zu übertreiben«.
Das, so begreife ich bei meinem Besuch in Luján, ist die »Kirche der Armen«, die der Papst uns schenken will. Keine Genüsse der Hochkultur, gewiss, dafür aber menschliche Wärme und Brüderlichkeit. Etwas, das auch unserer verkopften, vor allem aber verwöhnten und überbürokratisierten Kirche in Deutschland guttun würde.
So erklärte Papst Franziskus am 25. Mai bei der Frühmesse in der Kapelle des Domus S. Marthae, der Glaube des Volkes Gottes sei »ein einfacher Glaube, ein Glaube, der vielleicht ohne viel Theologie gegeben ist, der aber in sich eine Theologie trägt, die nicht irrt, da der Heilige Geist dahintersteht«. Und dann nannte er ein Beispiel für diese Aussage, die ihren Ursprung in dem Dokument *Lumen gentium* des Zweiten Vatikanischen Konzils hat: »Wenn du wissen willst, wer Maria ist, dann geh zum Theologen, und er wird es dir gut erklären. Wenn du aber wissen willst, wie man Maria liebt, dann geh hin zum Volk Gottes: es lehrt dich das besser.«
Für den Papst ist die Marienverehrung viel mehr als Folklore oder Andacht, sie ist Evangelisierung durch das Volk selbst.
Die Liebe gerade zur marianisch geprägten Volksfrömmigkeit zieht sich wie ein roter Faden durch das junge Pontifikat des Franziskus. Es begann mit seinem frühmorgendlichen Besuch in der Basilika S. Maria Maggiore, der gerade bei den einfachen Römern beliebtesten Kirche, in die Papst Franziskus noch einmal, am 4. Mai, zurückkehrte, um mit den Gläubigen den Rosenkranz zu beten. Das passt zu dem Mann, der am Fatimatag gewählt wurde und am 13. Mai 2013 in Fatima vor Hunderttausenden Pilgern der Gottesmutter sein Pontifikat weihen ließ. Das Gebet dieser einfachen Gläubigen, das weiß er, ist die Kraftquelle der Kirche, die er jetzt, unter den Schutzmantel Mariens gestellt, erneuern kann.

So betrachtet wird klar, worum es bei der Entweltlichung ging, die Benedikt XVI. gefordert hat, bei der »Kirche der Armen« von Papst Franziskus. Nämlich um »die Wegnahme des Überflüssigen, damit das Wesentliche zum Vorschein kommt«, wie es mein Kollege Guido Horst vom *Vatican Magazin* so treffend formulierte: »Die Papstwähler wollten nicht, dass Franziskus alles anders macht als sein Vorgänger, sondern dass er dessen Werk weiterführt. Franziskus hat denselben übernatürlichen Blick wie Benedikt. (…) Die Augen des Glaubens sehen eine klare Kontinuität im Wesentlichen.«
Doch erst beim Pfingsttreffen der geistlichen Gemeinschaften auf dem Petersplatz am 19. Mai 2013, als er die Gläubigen einlud, ihm Fragen zu stellen, erklärte der Papst, was er meinte, als er von seinem Traum von einer »armen Kirche für die Armen« sprach:

»Armut ist für uns Christen keine soziologische oder philosophische oder kulturelle Kategorie – nein, es ist eine theologische Kategorie. Ich würde sagen, vielleicht sogar die erste Kategorie, denn der Sohn Gottes hat sich erniedrigt, ist arm geworden, um mit uns den Weg zu gehen. Und das ist unsere Armut: die Armut des Leibes Christi, die Armut, die uns der Sohn Gottes mit seiner Menschwerdung gebracht hat. Eine arme Kirche für die Armen tut ihren ersten Schritt, indem sie auf den Leib Christi zugeht. Wenn wir auf den Leib Christi zugehen, beginnen wir, etwas zu verstehen – zu verstehen, was diese Armut ist: die Armut des Herrn. Und das ist nicht einfach. Doch es gibt ein Problem, das den Christen nicht guttut: der Geist der Welt, der weltlich orientierte Geist, die spirituelle Mondanität. Das führt uns in eine Selbstgefälligkeit, nach dem Geist der Welt zu leben und nicht nach dem Geist Christi.«

Was »Armut« in diesem Zusammenhang bedeutet, erklärte der hl. Paulus im Philipperbrief: »Er (Jesus) entäußerte sich all seiner Gewalt und war gehorsam.« »Eine arme Kirche ist also die Gemeinschaft derer, die Jesus nachfolgen in seinem Vertrauen und Gehorsam gegenüber dem Vater – zunächst einmal vollkommen unabhängig vom Kontostand des Einzelnen«, fasste die katholische Journalistin Monika Gräfin Metternich diese Lehre zusammen. Kern dieses »Arm-Seins« ist, so der Papst, »die Überwindung von allem Egoismus in der Logik des Evangeliums, das lehrt, auf Gott zu vertrauen«. Eine »Kirche der

Armen im Herzen« strebt nicht nach Ansehen, Einfluss und Macht; sie vertraut bedingungslos auf Gott und nährt sich an Seiner Liebe. Gräfin Metternich: »Es ist ein Weg in die Paradoxe des Christentums: Wer klein ist, ist groß. Wer schwach ist, ist stark. Wer verliert, gewinnt.« Eine Kirche der Demut und der offenen Herzen also ist es, die der Papst fordert. Wer dagegen »Armut« lediglich materiell deutet, läuft Gefahr, ihn gründlich misszuverstehen. Die Armut, die er meint, ist vor allem die Befreiung von jeder Bindung an das Materielle, von jeder Abhängigkeit an die Welt. Sie ist, mit den Worten Benedikts XVI., die totale »Entweltlichung«.

Eine arme Kirche für die Armen heißt aber auch, »sich als Bedürftiger von Christus führen zu lassen und Christus in den Bedürftigen zu erkennen«. Das geschieht, wie der Papst uns vorlebt, oft in kleinen, aber bedeutungsschweren Gesten »der Aufmerksamkeit und des Verständnisses für jene, die der Hilfe bedürfen, um ihnen die herzliche Nähe der Liebe Gottes zu bringen«. Die Kirche des Franziskus ist keine »verbürgerlichte« Kirche der Privilegien und Strukturen; jede Macht, jede Bedeutungsschwere und jeder Triumphalismus sind ihr fremd. Auch in den Mittwochsaudienzen sind es nicht die Reichen, Mächtigen und Prominenten, sondern die Behinderten und Kranken, denen er seine ganze Aufmerksamkeit und Liebe schenkt. Damit offenbart er, mehr als durch alle Worte, seine Vision einer Kirche der Demut und Nächstenliebe, die so nah an den Bedürftigen ist, weil sie konsequent Christus nachfolgt.

Die schönste Erklärung für diese »franziskanische Revolution«, die in Wahrheit die Verwirklichung der »benediktinischen Vision« ist, stammt von einem der klügsten und feinsinnigsten Köpfe der Kirche. Papst Benedikt XVI. hat mit seinem Amtsverzicht ein »Eingeständnis seiner eigenen Schwäche und seiner Grenzen gemacht«, durch das es erst möglich wurde, »dass der Geist Gottes wirken« und die Kirche erneuern konnte, erklärte Christoph Kardinal Schönborn, Erzbischof von Wien, in seiner Pfingstpredigt 2013. Die Offenheit und kritische Selbstreflektion des großen Deutschen habe dazu geführt, dass man auch beim Vorkonklave sehr offen sprach. »Und es wurde plötzlich auch über Schwächen geredet, denn der Heilige Geist sagt: Steig herab vom hohen Ross; bekenne, dass du Hilfe brauchst.« Eben dieser Heili-

ge Geist, so Kardinal Schönborn, habe »Zeichen gegeben«, damit ein Papst gewählt wurde, »der nicht in unseren Plänen war – auch nicht bei Journalisten und Medien«. Daraus könne man eine Lehre auch für das eigene Leben ziehen: »Gott gibt uns Zeichen. Wir müssen heruntersteigen von unserer Selbstsicherheit. Wir müssen die Gabe des Rates, der Stärke und der Weisheit empfangen.«
Joseph Ratzinger sah dies alles schon vor einiger Zeit zumindest theoretisch voraus. Nämlich 1955, als er über *Die Geschichtstheologie des Heiligen Bonaventura* habilitierte. Bonaventura (1221–1274) war der Biograf des hl. Franziskus, Generalminister der Franziskaner und einer der größten Kirchenlehrer des Mittelalters. Seiner Deutung ist es zu verdanken, dass sich nie ein Papst vor Bergoglio traute, den Namen des Mannes aus Assisi anzunehmen. Er hielt nämlich den Ordensgründer für nicht weniger als »ein Zeichen der Endzeit, einen Gesandten Gottes«, nannte ihn »den Herold der anbrechenden Gottesherrschaft«, gezeichnet mit »dem Siegel des Herrn« (den Wundmalen).

Tatsächlich verstanden sich die ersten Franziskaner als nicht weniger denn als endzeitliche Bewegung. Geprägt von den Visionen des kalabresischen Abtes Joachim von Fiore verstand Bonaventura seinen Orden als Vorboten einer »neuen endzeitlichen Geistkirche«, in der man die Bergpredigt wörtlich auslegt. Diese neue Kirche würde eine »Kirche der Armen« sein, wie es die Urgemeinde in Jerusalem einmal war. Damit sei das Wort des Kirchenlehrers Hieronymus erfüllt: »Am Ende schließt sich der Ring zum Anfang zurück.« Die »Vernunfttheologie« habe dann ein Ende und würde durch den »reinen Glauben« ersetzt. Strebte Benedikt von Nursia, der Vater des westlichen Mönchtums, noch nach klösterlicher Gelehrsamkeit und monastischer Kultur, lehrte Franziskus eine bodenständige, volkstümliche Frömmigkeit und den Dienst an den Armen. Die Gläubigen sollten »die Beweise für ihren Glauben nicht aus der Vernunft, sondern aus der Schrift und den Wunderzeichen schöpfen«, fasste Ratzinger die franziskanische Exegese zusammen. Als der Sultan den Mann aus Assisi aufforderte, mit seinen Gelehrten zu diskutieren, lehnte dieser den Dialog ab: Über den Glauben, so erklärte er, »lasse sich nicht mit Vernunftgründen diskutieren, weil er über der Vernunft liege«. Für den konträren Ansatz plädierte Benedikt XVI. in Regensburg. Doch in seiner eigenen Habilschrift zitiert Ratzinger auch das Fazit der Geschichtstheologie des Bonaventura: »Die Lebensform des heiligen Franz wird einmal die allgemeine Lebensform der Kirche sein – der ›simplex et idiota‹ (wie sich Franz von Assisi selbst nannte, d. Verf.) wird triumphieren über alle die großen Gelehrten, und die Kirche der Endzeit wird Geist von seinem Geiste atmen.«

Zurück zu den Wurzeln, zum schlichten, einfachen Glauben des Volkes Gottes also. So erscheint doch alles, als verliefe es nach einem unsichtbaren Plan, der nicht nur Franziskus mit Benedikt verbindet, sondern beide auch noch mit ihrem großen Vorgänger, dem Menschenfischer aus Polen. »Glaube, Hoffnung, Liebe, diese drei«, lehrte der hl. Paulus, machen die Botschaft Christi aus. Johannes Paul II. war der Botschafter der Hoffnung, seine globale Mission begeisterte die Massen für die Kirche, seine Weltjugendtage holten eine ganze Generation in ihre Reihen zurück.

Benedikt XVI. lehrte den Glauben wie kein anderer. So war es wie im Leben: Wer eine Berufung empfängt, muss zunächst Theologie studieren oder zumindest Katechismusunterricht nehmen, bevor er selbst hinausgehen und missionarisch oder seelsorgerisch wirken kann. Sein achtjähriges Pontifikat wurde zum größten »Grundkurs Glaube« in der Kirchengeschichte, seine Audienzhalle zum Hörsaal, er selbst zum »Professor Dr. Papst«. Er lehrte, dass das höchste Ziel die Nächstenliebe ist: *Deus caritas est* lautete, wie gesagt, der Titel seiner ersten, programmatischen Enzyklika. Dann kam Franziskus, der Praktiker der Nächstenliebe, mit seinem ganz eigenen Charisma. Unter ihm muss sich das Erlernte im Leben bewähren. Der Glaube aber wird einfacher und bodenständiger werden. Auf paulinischen Missionseifer und benediktinische Gelehrsamkeit folgt franziskanische Schlichtheit. Zwölf Jahrhunderte der Kirchengeschichte spiegeln sich wider in den letzten drei Päpsten.

Auf den Papst der Bilder, Johannes Paul II., folgte der Papst der Worte, Benedikt XVI. Papst Franziskus aber ist der Papst der Gesten. Zu dem einen strömten die Menschen, um ihn zu sehen, zu dem anderen, um ihn zu hören. Zu Franziskus werden sie kommen, um sich berühren zu lassen. Und das ist gut so.

Dank

An erster Stelle möchte ich Papst em. Benedikt XVI. danken, dessen achtjähriges Pontifikat so reich an Inspirationen für unser aller Glauben, aber auch ganz speziell für meine schriftstellerische Arbeit war. Er ist zum Papst meines Herzens geworden. Besonders danke ich HH. Prälat Dr. Georg Ratzinger für sein Vertrauen und seine Hilfe, auch wenn es darum ging, den Amtsverzicht seines großen »kleinen Bruders« zu verstehen. Und natürlich danke ich Seiner Exzellenz, Erzbischof Dr. Georg Gänswein, dass er mir meine Begegnungen mit diesem großen Papst ermöglichte und auch das Manuskript dieses Buches so wohlwollend prüfte.

Von Herzen danke ich den Kardinälen, denen ich vor und nach dem Konklave begegnen durfte und deren Fazit ich in diesem Buch zitiere: Ihre Eminenzen James Michael Kardinal Harvey, Kurt Kardinal Koch; Karl Kardinal Lehmann, Erzbischof von Mainz; Reinhard Kardinal Marx, Erzbischof von München und Freising; Joachim Kardinal Meisner, Erzbischof von Köln; Christoph Kardinal Schönborn, Erzbischof von Wien; Rainer Maria Kardinal Woelki, Erzbischof von Berlin. Unter den Bischöfen, denen mein Dank gilt, möchte ich insbesondere S.E. Erzbischof Gerhard Ludwig Müller und S.E. Rudolf Voderholzer, Bischof von Regensburg, hervorheben. Weiter danke ich HH Prälat Prof. Dr. Max-Eugen Kemper, Prälat Dr. Hubert Schöner und Msgr. Prof. Dr. Stefan Heid.

Mein ganz besonderer Dank gilt Maria Elena Bergoglio, die sich die Zeit nahm, mich zu empfangen und mir das Leben ihres in jeder Hinsicht großen Bruders zu schildern. Ebenso herzlich danke ich Rabbi Abraham Skorka, der mich tief beeindruckte, Pater Guillermo Marcó, der mir half, Papst Franziskus besser zu verstehen, und seinem Mitbruder Pater Prof. Peter Gumpel SJ für die wertvollen Gespräche. Ohne meine so engagierte Kollegin Mary Molly Hamilton-Baillie, die diese Begegnungen so gut vorbereitete, wären meine Recherchen in Argentinien nicht möglich gewesen. Ihr dafür ein von Herzen kommendes »Vergelt's Gott«!

Allen Mitarbeitern des Sala Stampa della Santa Sede und des Servizio Fotografico dell' Osservatore Romano danke ich von Herzen für die jahrelange gute Zusammenarbeit.

Schließlich danke ich René Brülhart von der vatikanischen Finanzaufsicht, den Papstfotografen Arturo Mari und Francesco Sforza sowie Benedikt Steinschulte vom Päpstlichen Medienrat für die Einsichten, die sie mir vermittelten.

Ganz besonders danke ich Dr. Reinhard Schweppe, Botschafter der Bundesrepublik Deutschland beim Heiligen Stuhl, und seiner Frau, die sich bei diversen Empfängen als perfekte Gastgeber erwiesen haben.

Mein herzlicher Dank gilt auch meinen Journalistenkollegen, die in vielen Gesprächen und Begegnungen ihre Eindrücke mit mir teilten, insbesondere Paul Badde, Lauren Green, Guido Horst, Joan Lewis, Martin Lohmann, Roland Noé, Matthias Matussek, Monika Gräfin Metternich, Robert Moynihan und Martin Rothweiler. Dr. Norbert Otterbeck danke ich von Herzen für die Durchsicht dieses Buches und seinen fachlichen Rat. Claudio und dem Team der La Vittoria danke ich für ihre Gastlichkeit und gute Küche in unser aller »römischem Wohnzimmer«. Ebenfalls danke ich dem Team von Deutschland pro Papa, insbesondere Sabine Beschmann, Roswitha Biersack und Wolfgang Nöth, auch und besonders für das würdige Abschiedskonzert für Benedikt XVI., das wir in Regensburg veranstaltet haben.

Ganz persönlich danke ich Fr. Louis Thevalakara von der Glaubenslehrekongregation für seine wertvolle Freundschaft und seinen stets guten Rat, meiner Mutter Renate Hesemann, vor allem aber Yuliya, meiner Verlobten, die mich auf meinen Recherchen in Rom begleitete und mich danach, während der Arbeiten an diesem Buch, so oft entbehren musste.

Last, but certainly not least danke ich meiner Verlegerin, Frau Brigitte Fleissner-Mikorey, für ihre spontane Begeisterung, ihr Engagement und ihr Vertrauen in dieses Projekt sowie dem ganzen Team des Herbig Verlags.

Auch allen, die hier nicht genannt werden können, ein von Herzen kommendes »Vergelt's Gott«.

Literatur

Allen, John L.: Das Neue Gesicht der Kirche, Gütersloh 2010
Benedikt XVI.: Deus Caritas est, Vatikanstadt 2006
Ders.: Wo war Gott? Die Rede in Auschwitz, Freiburg 2006
Ders.: Spe Salvi, Vatikanstadt 2007
Ders.: Jesus von Nazareth, Bd. I-III, Freiburg 2007-2012
Ders.: Das Fundament der Apostel, Regensburg 2007
Ders.: Kirchenväter und Glaubenslehrer, Augsburg 2008
Ders.: Von Gott geliebt. Der Papst spricht über Paulus, Augsburg 2009
Ders.: Caritas in Veritate, Vatikanstadt 2009
Ders.: Verbum Domini, Vatikanstadt 2010
Ders. Mit Seewald, Peter: Licht der Welt, Freiburg 2010
Ders.: Die Ökologie des Menschen. Die großen Reden des Papstes, München 2012
Ders.: Fragen an mich, Augsburg 2012
Ders.: Non mi sono mai sentito solo, Vatikanstadt 2013
Bergoglio, Jorge: Offener Geist und gläubiges Herz, Freiburg 2013
Ders. mit Skorka, Abraham: Il cielo e la terra, Milano 2013
Ders. mit Rubin, Sergio/Ambrogetti, Francesca: Mein Leben, mein Weg (El Jesuita), Freiburg 2013
Biallowons, Simon: Franziskus. Der neue Papst, München 2013

Carreras, Sandra/Potthast, Barbara: Eine kleine Geschichte Argentiniens, Berlin 2010
Cordes, Paul Josef/Lütz, Manfred: Benedikts Vermächtnis und Franziskus' Auftrag, Freiburg 2013
Curic, Anton: Benedikt XVI. Demut und Bescheidenheit, Köln 2013

Englisch, Andreas: »Habemus Papam«, München 2005
Ders.: Benedikt XVI. Der deutsche Papst, München 2011
Ders.: Franziskus. Zeichen der Hoffnung, München 2013

Feldmann, Christian: Benedikt XVI. Bilanz des deutschen Papstes, Freiburg 2013

Galgano, Mario: Franziskus. Der Papst vom anderen Ende der Welt, Augsburg 2013
Gatt, Mark: Paulus. The Shipwreck 60 A.D., Valletta 2009
Haub, Rita: Die Geschichte der Jesuiten, Darmstadt 2007
Haupt, Heiko: Franziskus. Der Papst der Armen, München 2013
Hesemann, Michael: Das Fatima-Geheimnis, Rottenburg 2002
Ders.: Johannes Paul der Große, Wien 2005
Ders.: Die Dunkelmänner, Augsburg 2007
Ders.: Paulus von Tarsus, Augsburg 2008
Ders.: Jesus von Nazareth, Augsburg 2009
Ders.: Das Bluttuch Christi, München 2010
Ders.: Johannes Paul II. Erbe und Charisma, Augsburg 2011
Ders.: Hitlers Religion, Augsburg 2012
Ders.: Jesus in Ägypten. Das Geheimnis der Kopten, München 2012
Ders. mit Benedikt XVI.: Der Papst in Deutschland, Augsburg 2011
Ders. mit Ratzinger, Georg: Mein Bruder, der Papst, München 2011
Ders. mit Tkachova, Yuliya: Benedetto. Die Kirche ist jung, München 2005
Himitian, Evangelina: Francisco. El Papa de la Gente, Buenos Aires 2013

Kasper, Walter Kardinal: Barmherzigkeit, Freiburg 2012
Kaufmann, Hans-Günther/Lohmann, Martin: Mit den Augen des Heiligen Vaters, Augsburg 2006
Kemper, Max-Eugen/Nesselrath, Arnold: Herzkammer der Kirche, Bergisch-Gladbach 2011
Kempis, Stefan von: Benedetto. Die Biografie, Leipzig 2007
Ders.: Papst Franziskus, Freiburg 2013
Kissler, Alexander: Papst im Widerspruch. Benedikt XVI. und seine Kirche 2005–2013, München 2013
Koch, Kurt Kardinal (Hrsg.): Das Zweite Vatikanische Konzil. Die Hermeneutik der Reform, Augsburg 2012
Kramer von Reisswitz, Crista: Papst Benedikt XVI. in seiner Heimat, Augsburg 2006
Kreiml. Josef (Hrsg.): Neue Ansage des Glaubens. Benedikt XVI. und das Projekt der Neuevangelisierung, Regensburg 2012

Lohmann, Martin. Maximum. Wie der Papst Deutschland verändert, Gütersloh 2007

Mai, Klaus-Rüdiger: Benedikt XVI., Bergisch-Gladbach 2005
Martinez, Felisa: Iglesias de Buenos Aires, Buenos Aires 2012
Messori, Vittorio: La chiesa di Francesco, Milano 2013
Nuzzi, Gianluigi: Seine Heiligkeit, München 2012
Politi, Marco: Benedikt. Krise eines Pontifikats, Berlin 2012
Ratzinger, Joseph: Einführung in das Christentum 1968
Ders.: (Hrsg.): Schriftauslegung im Widerstreit, Freiburg 1989
Ders.: Die Geschichtstheologie des heiligen Bonaventura, St. Ottilien 1992
Ders.: Via Crucis, Vatikanstadt 2005
Rodari, Paolo/Tornielli, Andrea: Der Papst im Gegenwind, Kißlegg 2011

Seewald. Peter: Benedikt XVI. Ein Porträt aus der Nähe, Berlin 2005
Skorka, Abraham: 70 Aniversario de Benei Tikva: una gesta por la fe, Buenos Aires 2009
Söding, Thomas (Hrsg.): Tod und Auferstehung Jesu. Theologische Antworten auf das Buch des Papstes, Herder 2011
Sweeney, Jon M.: The Pope Who Quit, New York 2012

Thiele, Christian: Gebrauchsanweisung für Argentinien, München 2010
Twomey, Vincent: Benedikt XVI. Das Gewissen unserer Zeit, Augsburg 2006

Valente, Gianni: Francesco. Un Papa dalla fine del mondo, Bologna 2013
Voderholzer, Rudolf (Hrsg.): Benedikt XVI. Mit Christus für die Menschen, Regensburg 2011

Wright, Jonathan: Die Jesuiten, Essen 2005/6

Das Porträt aus nächster Nähe

Niemand kennt Papst Benedikt XVI. besser, keiner ist ihm näher als sein eigener Bruder: Im Interview mit Michael Hesemann erzählt Georg Ratzinger freimütig aus dem privaten Leben des ehemaligen Kirchenoberhaupts: wie sein Bruder Joseph als Kind war, wie die Familie die Wirren des Nationalsozialismus und des Krieges überstand, warum in ihm der Wunsch wuchs, der Kirche zu dienen, und wie er die Herausforderungen seiner Ämter pflichtbewusst und freudig annahm.

»*Ein sehr privater Blick in die Welt und Herkunft des katholischen Oberhaupts, reich bebildert, ein erstaunliches Dokument.*« NZZ am Sonntag

»*Ein anrührendes Porträt und zugleich ein bewegendes Zeugnis der engen Geschwisterbeziehung zwischen Joseph und Georg Ratzinger.*«
Katholische Sonntagszeitung

Georg Ratzinger
Mein Bruder, der Papst
Aufgezeichnet von Michael Hesemann
272 Seiten mit Abb., ISBN 978-3-7766-2678-0

HERBiG   www.herbig-verlag.de